STUDIENKURS SOZIALWIRTSCHAFT

Lehrbuchreihe für Studierende der Sozialwirtschaft und des Sozialmanagements an Universitäten und Hochschulen.

Praxisnah und verständlich führen die didaktisch aufbereiteten Bände in die zentralen Felder der Sozialwirtschaft und des Sozialmanagements ein: sozialwirtschaftliche Organisationen und Unternehmensformen, Personalmanagement, Qualitätsmanagement, Wissensmanagement, Management des Wandels etc.

**Herausgegeben von
Prof. Dr. Armin Wöhrle**

Wöhrle | Beck | Grunwald | Schellberg
Schwarz | Wendt

Grundlagen des Managements in der Sozialwirtschaft

3., unveränderte Auflage

Die Deutsche Nationalbibliothek verzeichnet diese Publikation in
der Deutschen Nationalbibliografie; detaillierte bibliografische
Daten sind im Internet über http://dnb.d-nb.de abrufbar.

ISBN 978-3-8487-4989-8 (Print)
ISBN 978-3-8452-9096-6 (ePDF)

3. Auflage 2019
© Nomos Verlagsgesellschaft, Baden-Baden 2019. Gedruckt in Deutschland. Alle Rechte, auch die des Nachdrucks von Auszügen, der fotomechanischen Wiedergabe und der Übersetzung, vorbehalten. Gedruckt auf alterungsbeständigem Papier.

Inhalt

Einleitung zur 3. Auflage — 7

Kapitel 1   Sozialwirtschaft — 11
Wolf Rainer Wendt
1. Begriffliche Umgrenzung — 11
2. Sozialwirtschaft gründet auf Bedarf und leistet Versorgung — 12
3. Vom geschlossenen Haushalt zur freien Assoziation — 14
4. Genossenschaftliche Anfänge und europäische Weiterungen — 16
5. Not-for-profit und zivil — 17
6. Öffentliche, gemeinschaftliche und private Daseinsvorsorge — 20
7. Die Bedienung von Versorgung — 21
8. Das Leistungssystem auf der sozialpolitischen Makroebene — 23
9. Institutionelle Vielfalt auf der Mesoebene der Sozialwirtschaft — 24
10. Personalisierung und Verantwortungsteilung auf der Individualebene — 25
11. Die Wohlfahrtsproduktion steuern — 26
12. Kooperation und Koordination im Welfare Mix — 29
13. Der Umfang der Sozialwirtschaft — 30
Literatur — 31

Kapitel 2   Sozialstaat, Sozialpolitik und (sozial-)politische Steuerung — 35
Reinhilde Beck/Gotthart Schwarz
1. Der Sozialstaat – eine „Mischform" aus staatlichen Leistungen, marktförmigen Angeboten und selbstorganisierten Hilfen — 36
2. Gesellschaftliche Funktionen der staatlichen Sozialpolitik — 40
3. Interpretationen des Sozialstaats in (West-)Deutschland seit 1949 — 43
4. Gestaltungsprinzipien der Sozialpolitik — 47
5. Konstruktionsprinzipien des Sozialstaats und der kommunalen Sozialverwaltung — 51
6. Konzepte von Sozialstaat in der innerdeutschen Diskussion — 58
7. Der Sozialstaat in der Krise — 60
8. Sozialstaat und Sozialmanagement im Kontext politischer und wirtschaftlicher Entwicklungen — 66
Literatur — 74

Kapitel 3   Soziale Arbeit, ihre Selbstverortung und ihr Verhältnis zu Fragen der Steuerung sozialwirtschaftlicher Unternehmen — 77
Klaus Grunwald
Einführung — 77
1. Soziale Arbeit als Disziplin und Profession — 78
2. Steuerungskonzepte für das Management sozialwirtschaftlicher Organisationen — 82
3. Das Konzept einer Lebensweltorientierten Sozialen Arbeit und seine Fruchtbarkeit für das Management sozialwirtschaftlicher Unternehmen — 88

4. Zur Selbstverortung der Sozialen Arbeit aus Sicht einer Sozialen Arbeit als personenbezogene soziale Dienstleistung — 92
5. Fazit: Zum Verhältnis von Sozialer Arbeit und Sozialmanagement sowie den inhärenten Steuerungsoptionen — 97
Literatur — 103

Kapitel 4 Die Wirtschaftswissenschaften und ihr Verhältnis zur Sozialwirtschaft (und der Sozialen Arbeit) — 111

Klaus Schellberg
1. Standortbestimmung der Wirtschaftswissenschaften — 112
2. Die Betriebswirtschaftslehre von Sozialunternehmen — 125
3. Fazit — 143
Literatur — 146

Kapitel 5 Organisationstheorien und Managementlehre — 149

Armin Wöhrle
1. Organisationstheorien — 149
2. Managementlehre — 157
Literatur — 176

Kapitel 6 Sozialmanagement und Management in der Sozialwirtschaft — 179

Armin Wöhrle
1. Entwicklungslinien des Sozialmanagements und Managements in der Sozialwirtschaft — 179
2. Einordnung, Kennzeichen, Besonderheiten und Merkmale der Leistungserbringung in der Sozialwirtschaft — 186
3. Begriffsklärungen und Definitionen — 207
Literatur — 214

Kontrollfragen und Antworten — 219

Autorenangaben — 237

Stichwortverzeichnis — 239

Einleitung zur 3. Auflage

Mit der Neuauflage des „Studienkurses Management in der Sozialwirtschaft", der jetzt bei UTB erscheint, wird deutlich, dass die Einrichtung dieser Reihe Anfang 2000 im Programm des Nomos Verlages ein Erfolgsprojekt war. Aufgrund des wenig vorhandenen Studienmaterials für die enorm wachsenden Studiengänge Sozialmanagement war es angesagt, grundlegende Einführungen und Vertiefungen zu überschaubaren Modulen zu schaffen, die das gesamte Gebiet des Sozialmanagements und Management in der Sozialwirtschaft behandeln. Ein Jahrzehnt später, nachdem weit mehr als hundert Studiengänge im deutschsprachigen Raum hinzugekommen und auch schon wieder mehrere Dutzend ihr Angebot eingestellt haben,[1] war es geboten, Bilanz zu ziehen, die Bände der Nomos-Reihe auf die Kernbestandteile einer Studienkurs-Reihe zu konzentrieren und entsprechend Bände herauszunehmen, andere zu überarbeiten und neue Bände zu schaffen.

Der vorliegende Band ist eine völlige Neubearbeitung des Bandes von 2003, den der Herausgeber der Reihe als Alleinautor mit dem Titel „Grundlagen des Managements in der Sozialwirtschaft" vorlegte. Es gab die Überlegung, den Titel in „Grundlagen des Sozialmanagements" zu ändern, da manche Literaturrundschauen das Management in der Sozialwirtschaft nicht mehr in Verbindung bringen mit dem längst eingeführten Begriff des Sozialmanagements. Auch die Suche im Internet hätte hierdurch teilweise erleichtert werden können. Letztlich wurde jedoch der alte Titel beibehalten, da er die der realen Entwicklung angemessene Bezeichnung ist.

Trotz gleichlautendem Titel liegt eine völlige Neufassung vor. Sie wird auch schon dadurch erkennbar, dass bei dieser Neuauflage nun mehrere Autoren und eine Autorin auf dem Cover erscheinen. Im Rückblick war es aus Blick des damaligen Alleinautors ein Wagnis, ein solches Thema allein „stemmen" zu wollen. In der neu bearbeiteten Fassung ist durch den bestehenden Diskussionszusammenhang in der Internationalen Arbeitsgemeinschaft Sozialmanagement die Möglichkeit aufgegriffen worden, die Protagonisten zu den verschiedenen Themen zusammenzubringen, damit ein Grundlagen schaffendes Werk für die Ausbildung entsteht.

Im **ersten Kapitel** wird durch den führenden Theoretiker zum Thema Sozialwirtschaft, **Wolf Rainer Wendt**, der grundlegende Zusammenhang des Wirtschaftens aus einheitlicher Perspektive (historisch gesehen: „οἶκος" bzw. die Betrachtung des „ganzen Hauses" bei den alten Griechen) entfaltet. Die Bewirtschaftung des Sozialen wird aus dem „Ghetto" bzw. dem „Anhängseldasein" an eine funktionierende Profitwirtschaft zu befreien gesucht und als bedeutsamer Bereich des gesellschaftlichen Wirtschaftens, als Wohlfahrtsproduktion bzw. Bewirtschaftung des Sozialen, mit entsprechenden Konsequenzen eingeführt.

Gotthart Schwarz hat durch seine Beiträge seit den 1970er Jahren die Sozialpolitik aus der Sicht der Sozialen Arbeit kommentiert und war seit den 1990er Jahren zu-

---

1 In der letzten Untersuchung von Boeßenecker und Markert werden 118 Studiengänge im deutschsprachigen Raum registriert (Boeßenecker/Markert 2011). Gegenwärtig läuft eine weitere Erhebung, deren Ergebnisse noch nicht vorliegen.

sammen mit **Reinhilde Beck** Vorreiter für die Entwicklung eines Konzeptes und von Studienmaterialien für Sozialmanagementstudiengänge. Beck und Schwarz beschäftigen sich im **zweiten Kapitel** mit zentralen Steuerungsfragen dieser Wohlfahrtsproduktion, die für das Management in der Sozialwirtschaft und das Sozialmanagement die entscheidende Grundlage darstellen. Dabei werden die aktuellen Rahmenbedingungen auf dem historischen Hintergrund erklärt, Strömungen und alternative Modelle deutlich gemacht und die aktuellen Diskussionslinien mit ihren Anforderungen an das Sozialmanagement und Management in der Sozialwirtschaft aufgezeigt.

Lange Zeit war das Verhältnis zwischen der Sozialen Arbeit und dem Sozialmanagement ein schwieriges. Wenige Autoren nähern sich auf dem Hintergrund der Sozialen Arbeit unideologisch und gleichzeitig kompetent und kritisch dem bestehenden Spannungsverhältnis und noch weniger schaffen es, tragfähige und produktive Verbindungslinien herzustellen. **Klaus Grunwald**, der das **dritte Kapitel** verantwortet, ist einer der wenigen. Statt Vorurteile und Abgrenzungen, die teilweise immer noch im Rahmen der Sozialen Arbeit vorgetragen werden, neu aufzuwärmen, werden von ihm die fachlichen Bezüge der Sozialen Arbeit hinsichtlich Steuerungsfragen aufgegriffen und geklärt. Es wird Anschlussfähigkeit zu Organisationstheorien und Ansätzen in der Managementlehre deutlich. So werden Möglichkeiten eröffnet, theoretisch wie praktisch Steuerungsfragen aus dem Kontext der Sozialen Arbeit und der Managementlehre interdisziplinär zu lösen.

Klaus Schellberg ist einer der wenigen und dadurch einer der wichtigsten Wirtschaftswissenschaftler, die sich sehr früh mit dem Wirtschaften in sozialwirtschaftlichen Zusammenhängen beschäftigten. Wie Grunwald scheut er sich nicht, bisher nicht gestellte Fragen zu stellen und unbequeme Antworten für die eigene und fremde Disziplin zu geben. Im **vierten Kapitel** beschreibt er das Selbstverständnis der Wirtschaftswissenschaften, klärt ihr Verhältnis zur Sozialwirtschaft und zur Sozialen Arbeit. Dabei wird ein Spielraum des Wirtschaftens unter fachlichen Gesichtspunkten der Sozialen Arbeit verdeutlicht, der oftmals der Betriebswirtschaftslehre kategorisch abgesprochen wird. Allerdings werden auch vielfältige Aufgaben deutlich, die noch zu lösen sind und nur in Kooperation zwischen Forschenden und Praktikern bzw. Praktikerinnen aus der Sozialen Arbeit und den Wirtschaftswissenschaften zu lösen sein werden.

Dem Autor des ersten Bandes von 2003 bleiben nach diesen Beiträgen, ein paar grundlegende Bezüge zu bestehenden Organisationstheorien und der Managementlehre nachzutragen. Sie sind wichtig, um den Kontext zu füllen. Damit befasst sich das **fünfte Kapitel**.

Wichtig im Rahmen der Grundlagen des Sozialmanagements und Managements in der Sozialwirtschaft ist aber auch die Bestimmung des Gegenstandes. Damit setzt sich der Autor des ersten Bandes im **sechsten Kapitel** anhand der Entwicklungs- und Diskussionslinien über das Sozialmanagement und das Management in der Sozialwirtschaft, ihrer Besonderheiten und den verschiedenen Definition auseinander, die den Gegenstand durchaus unterschiedlich zu fassen trachten.

Nicht unterzubringen in einen ersten Band, der dem Verstehen der Eigenlogik des Sozialmanagements und Managements in der Sozialwirtschaft dient, sind weitere Grundlagen aus angrenzenden Disziplinen, die eine Basis für das Handeln des Sozialmanagements und des Managements in der Sozialwirtschaft darstellen. Während im vorliegenden Band eher die Hintergründe der Sozialpolitik mit ihrem Einfluss auf das Managementhandeln dargestellt werden, bedarf es der Zwischenschritte über das Verwaltungshandeln und insbesondere das Recht, um konkrete Vorgaben fassen zu können. Und während im vorliegenden Band das Verständnis der Wirtschaftswissenschaften von der Sozialen Arbeit, also ihr Zugang verdeutlicht wird, bedarf es für das Managementhandeln auch eine eigene betriebswirtschaftliche Grundlage. Beide Anliegen werden in dieser Reihe – analog der Curricula der meisten Studiengänge Sozialmanagement – mit **zwei weiteren Bänden** aufgegriffen (Schick 2012; Bettig/Christa/Faust/Goldstein/Kolhoff/Wiese 2013).

Auf den drei Grundlagenwerken aufbauend wurden im Rahmen des Nomos-Verlags weitere Bänden herausgegeben, die sich mit anwendungsorientierten Themen des Managements in der Sozialwirtschaft beschäftigen. Wie eingangs angedeutet, werden hier die zentralen Themen mit den Curricula der Studiengänge und ihren Modulen abgeglichen und bedient. Wesentliche Themenbereiche sind hier das Qualitätsmanagement, die Organisationsentwicklung und das Personalmanagement.

Mittweida, Reinsdorf, Roßwein, 2013 *Armin Wöhrle*

Literatur:

Bettig, U.; Christa, H.; Faust, W.; Goldstein, A.; Kolhoff, L.; Wiese, B. (2013): Betriebswirtschaftliche Grundlagen in der Sozialwirtschaft, Baden-Baden (Nomos UTB).
Boeßenecker, K.H./Markert, A. (2011): Studienführer Sozialmanagement, Baden-Baden 2011.
Schick, St. (2012): Rechtliche und steuerliche Grundlagen in der Sozialwirtschaft, Baden-Baden (Nomos UTB).

Die vorliegende 3. Auflage, die nun beim Nomos Verlag erscheint, ist unverändert zur Vorauflage von 2013.

Waldheim, 2019 *Armin Wöhrle*

Kapitel 1 Sozialwirtschaft

Wolf Rainer Wendt

Im Wirtschaftsleben spielt die Sozialwirtschaft eine große Rolle, weil sie ein bedeutender Sektor der Beschäftigung ist und weil sie einen hohen Anteil des Staatshaushalts, öffentlicher wie auch privater Ausgaben, für ihre Zwecke beansprucht. Gesamtwirtschaftlich kann mit ihr (im Bruttoinlandsprodukt) und muss mit ihr (auf der Ausgabenseite im Sozialprodukt) gerechnet werden. So sehr der Bereich der Sozialunternehmen (und dazu der Gesundheitsunternehmen) als Branche unter anderen Branchen zählen mag und „wirtschaften" für jene heißen kann, einen finanziellen Ertrag zu erreichen, ihrem Sachziel nach steht die Performanz der Sozialwirtschaft – was sie an Diensten und in Einrichtungen für einzelne Menschen und für die Gemeinschaft leistet und an Wert schöpft – auf einem anderen Blatt. Der Ertrag ist hier ein *sozialer*, und Geschäfte werden nicht primär aus dem formalen Grund betrieben, mit ihnen einen finanziellen Gewinn zu erzielen. Sozialwirtschaftlich handeln heißt, sich wirtlich und wohlfahrtsdienlich um (die Versorgung von) Menschen kümmern.

1. Begriffliche Umgrenzung

Der sozialwirtschaftliche Handlungsrahmen bestimmt mit seiner Aufgabenstellung darüber, welche Aktivitäten ihm zuzuordnen sind. *Institutionell* und als Bereich des Wirtschaftens insgesamt verstanden, umfasst die Sozialwirtschaft ihrem Umfang nach, also in extensionaler Definition, alle die Organisationen, Unternehmen, Dienste, Einrichtungen und Veranstaltungen, die nach ihrer Zweckbestimmung der sozialen und gesundheitlichen Versorgung von Menschen dienen. Unabhängig von seiner Rechtsform rechnet ein Unternehmen zur Sozialwirtschaft, wenn es einen entsprechenden Versorgungsauftrag erfüllt. Zugleich bezeichnet Sozialwirtschaft *funktional* die Art und Weise, wie in dieser Hinsicht gewirtschaftet und der Zweck erfüllt wird: die sozial gestaltete Bewirtschaftung von Versorgung.

In intensionaler Definition, das heißt dem Sinn und den Eigenschaften nach, besteht der Charakter der Sozialwirtschaft darin, für Menschen in organisierter Form eine Versorgung zu leisten, durch die sie mit dem für sie sozial und gesundheitlich Nötigen versehen werden. Darin besteht das primäre *Sachziel* sozialwirtschaftlichen Handelns (unabhängig vom Formalziel eines Unternehmens, als Betriebsergebnis einen Gewinn ausweisen zu können). Versorgen heißt im Einzelnen, dass Menschen unterstützt, beraten, behandelt, gepflegt, erzogen, betreut und integriert werden. Bei der Versorgungsaufgabe in „Diensten am Menschen" und in einer Gemeinschaft ist zu bedenken: Menschen versorgen sich jeher schon selbst und sie kümmern sich umeinander. Sie kommen aber unter beeinträchtigenden und benachteiligenden Bedingungen in der Gesellschaft und wegen allfälliger Risiken nicht alleine zurecht. Deshalb hat sich komplementär und kompensatorisch zur Selbstsorge ein vielgestaltiges betriebliches Geschehen ausgebildet, in dem ein Sorgen miteinander und füreinander erfolgt.

Eine sozialwirtschaftliche Organisation ist im Idealfall eine Solidar- und Versorgungsgemeinschaft, die für die an ihr teilhabenden Menschen einen bestimmten Bedarf im Unterhalt und in der Führung ihres Lebens deckt. Sozialwirtschaftliches Handeln kann aus der Verantwortung und Gegenseitigkeit hergeleitet werden, in der die Menschen im Zusammenleben ihr materielles und immaterielles Auskommen besorgen. In der modernen Gesellschaft ist die Erwerbstätigkeit weitgehend getrennt von der Sorgetätigkeit im Zusammenleben, so dass mit dem Lohn der Erwerbsarbeit der materielle Bedarf gedeckt werden kann. Ersatzweise und ergänzend sind zur Besorgung des Ergehens und zur Bewältigung von Problemen im sozialen und persönlichen Leben extra Einrichtungen und Dienste geschaffen worden. Unabhängig von ihnen wird *informell* gesorgt, oft unterstützt durch zivile Initiativen und freiwilligen Einsatz. Von *organisierter* Sozialwirtschaft wird gesprochen, um sie einerseits vom informellen Handlungsbereich abzuheben und um andererseits anzuerkennen, dass sie in einem amorphen Kontext von Hilfen, von Unterstützung und von Engagement existiert.

Die sozialwirtschaftliche Versorgungsaufgabe finden wir im staatlichen Rahmen formal reguliert vor. Sie wird sozialpolitisch bestimmt, gesetzlich festgelegt und großenteils öffentlich verwaltet. Ihre formale Ausgestaltung bedeutet, dass sich an sie der einzelne Betrieb halten muss, der mit seiner Leistung zur Erfüllung der Versorgungsaufgabe beitragen will. Er orientiert sich und kommuniziert in der gegebenen sozialwirtschaftlichen Struktur, beschafft sich in ihr Aufträge und Mittel und wird in ihr auch beaufsichtigt und geprüft. Sozialwirtschaft bezeichnet in diesem Sinne auch das ganze Geschehen, an dem die Akteure mit ihren Diensten und Einrichtungen teilhaben, in dem sie Vollzugsinstanz sind und das den Horizont ihrer Zweckerfüllung bildet.

Die Rechtsform, in der die Organisationen und Unternehmen mit wohlfahrtsdienlicher Zielsetzung auftreten, kann verschieden sein. Ihre Zuordnung zum gemeinnützigen oder öffentlichen oder privat-gewerblichen Bereich wird nicht als konstitutiv für ihre Zugehörigkeit zur sozialwirtschaftlichen Sphäre betrachtet. Der Anteil, den der assoziative und zivile, der öffentliche und der private Sektor an ihr haben, verschiebt sich im historischen Verlauf und im internationalen Vergleich. Der Terminus Sozialwirtschaft wird entsprechend unterschiedlich gebraucht und wir finden seine Bedeutung in der wissenschaftlichen Diskussion nicht einheitlich ausgelegt.

2. Sozialwirtschaft gründet auf Bedarf und leistet Versorgung

Wirtschaften heißt mit knappen Mitteln in überlegter (rationaler) Weise zurechtkommen. In der Erwerbswirtschaft geschieht das, indem Waren produziert werden, die sich auf einem Markt verkaufen lassen. Ein Angebot bedient, reguliert durch den Preismechanismus, eine Nachfrage. Sozialwirtschaftlich beginnt das Handeln nicht in dieser schlüssigen Beziehung von Lieferanten und Käufern. Es ist vielmehr direkt ein Bedarf zu decken und dafür sind in ausreichender Menge und in geeigneter Weise Mittel heranzuziehen und einzusetzen. Wie sich das unternehmerisch machen lässt, ist nachrangig gegenüber der Feststellung, dass ein Einsatz notwendig ist.

Die Sozialwirtschaft im Ganzen ist eine Bedarfswirtschaft. *Bedarf* als Konstituens von Sozialwirtschaft meint einen *sozial bestimmten* Bedarf. Haben Menschen irgendein Bedürfnis und verfügen sie über die nötige Kaufkraft, ist die Erwerbswirtschaft im Markt mit ihren Waren zur Stelle, so dass dieses Bedürfnis befriedigt werden kann. Bedarf als sozial erkanntes Erfordernis bemisst sich nicht an einzelnen sich meldenden Bedürfnissen oder an einer von ihnen herrührenden Nachfrage, sondern am Mangel im persönlichen oder lebensgemeinschaftlichen Zurechtkommen. Woran es dabei fehlt, wird zunächst geklärt und in ein Verhältnis zu möglichen Abhilfen gesetzt. Ein sozialer Bedarf besteht unabhängig von vorhandener Kaufkraft. Er ist „recht und billig" vorhanden, wenn er sozial in Erscheinung getreten und sozial (auch politisch oder fachlich) anerkannt ist. Impliziert ist die Notwendigkeit zu handeln und die, einen Nutzen (*benefit*) im Zurechtkommen bzw. für ein gutes Ergehen (*well-being*) von Menschen zu erreichen. Der Handlungsbedarf besteht, insoweit sich einer Problemlage tatsächlich abhelfen lässt.

Das Erfordernis stellt sich im Zusammenleben von Menschen heraus. Sie sorgen für ihren Unterhalt und für ihr – gemeinsames und persönliches – Wohlergehen. Am Unterhalt kann es mangeln; das Ergehen ist oft belastet oder beeinträchtigt. Soziale Lebensverhältnisse werden als ungerecht erfahren; Benachteiligung soll behoben, Teilhabe soll erreicht, Entwicklung ermöglicht, Risiken vorgebeugt werden. Dies alles wird in differenzierter Weise durch soziale und gesundheitliche Versorgung geleistet. Sie deckt den sozial festgestellten Bedarf. *Versorgung heißt hier, dass Menschen mit dem für sie Nötigen versehen werden.* Sie will in die Wege geleitet, eingerichtet und durchgeführt werden. Das Versorgungsgeschehen ist aufwändig. Es beansprucht eine Menge Ressourcen, die knapp, zu erschließen und bereitzustellen sind und die zweckmäßig verwendet sein wollen. Deshalb muss die soziale Versorgung insgesamt und von vornherein *bewirtschaftet* werden.

Der Prozess der Produktion von sozialer und gesundheitlicher Wohlfahrt lässt sich auf die eine oder andere Weise organisieren und strukturieren. Wie auch immer das geschieht, der Produktionsprozess bindet in großem Maße die Kräfte von Menschen und materielle Ressourcen. Vor den betriebswirtschaftlichen Fragen zu Sozialunternehmen und ihrem Geschäftsbetrieb stellt sich die ökonomische Grundfrage: Wie werden die Mittel, die für den sozialen Zweck benötigt werden, aufgebracht, zielgerichtet eingeteilt und zugewiesen und wie werden sie in der Versorgung wohlfahrtsdienlich verwandt? Die Aufgabe ist überall gegeben, wo Menschen sich miteinander und füreinander um ihr Auskommen und Wohlergehen kümmern: in kleiner und enger Gemeinschaft und subsidiär in der größeren Gemeinschaft, der sie angehören. Versorgung ist Sache einer (kleinen oder großen) Wirtschaftseinheit intern in Hinblick auf den Bedarf ihrer Angehörigen.

3. Vom geschlossenen Haushalt zur freien Assoziation

Der ursprüngliche Typus einer Versorgungsgemeinschaft zur unmittelbaren Deckung des Bedarfs von Menschen ist der Haushalt im Sinne des „ganzen Hauses" (griech. *oikos*). Im vormodernen, nicht auf Erwerb, sondern auf Unterhalt (Subsistenz) gerichteten Verständnis von Ökonomie wird das Zusammenleben von Menschen in einem Anwesen „bewirtschaftet" im gleichen Sinne wie „gepflegt" und „verwaltet". Wirtschaften heißt Haushalten und meint von vornherein eine sozial bestimmte Aufgabe.

Auf das *Paradigma des Haushaltens* verweist die Theorie der Sozialwirtschaft auch bei institutionell und funktional ausdifferenzierter Leistungserbringung, wie sie in der modernen arbeitsteiligen Gesellschaft erfolgt. Der Haushalt bedeutet einen materiellen und immateriellen Handlungszusammenhang, in dem sich der soziale Sachverhalt eines Lebens miteinander und des gemeinsamen Auskommens mit „wirtschaften" als dem dafür nötigen rationalem Einsatz von Ressourcen verbindet. In diesem Sinne verlangt die Führung eines Personenhaushalts, auf die Bedürfnisse seiner Angehörigen einzugehen, sie zu versorgen und mit ihnen auch schwierige Lebens- und Notlagen zu bewältigen. Dem entspricht das Sachziel der Sozialwirtschaft, insoweit es auf die auskömmliche und möglichst selbstbestimmte Lebensführung von Menschen in ihrem eigenen und gemeinsamen Haushalt und auf dazu nötige Verwirklichungschancen gerichtet ist.

Der Haushalt bzw. die Bewirtschaftung des Hauses schließt alle Belange seiner Angehörigen ein, auch deren Schutz und Sicherheit. Das Haus bietet sich als Gestalt des Unterkommens an, wenn Menschen „Heim und Herd" nicht haben oder außerhalb eine stationäre Versorgung brauchen. Abgeleitet davon ist die Institution *Heim* für die Aufnahme anderweitig unversorgter Personen, seien es Kinder, behinderte oder alte pflegebedürftige Menschen. Auch die Lebensform einer Genossenschaft war zunächst an eine feste Anlage des Zusammenlebens gebunden, wie sie in Europa Jahrhunderte lang die Klöster boten. In der fortgeschrittenen Moderne und im Kontext der kapitalistischen Erwerbswirtschaft und ihrer Marktdynamik übernehmen öffentliche Haushalte des Staates und der Kommune Versorgungsaufgaben – und schalten dafür Unternehmen ein, die wohlfahrtsdienliche Leistungen erbringen.

Indes sind *primäre soziale Netze* der Versorgung erhalten geblieben. Die Institution der Familie in ihren modernen Varianten, Lebensgemeinschaften, Freundeskreise und Nachbarschaften bilden informelle Strukturen der Selbsthilfe, gegenseitiger Beratung und Unterstützung, ohne deren Eigenleistungen und Beiträge das heute vorhandene formelle System gänzlich überfordert wäre. Es ist deshalb bestrebt, jene Netze funktionsfähig zu erhalten, sie zu stützen und zu fördern und an sie sozialwirtschaftlich in organisierter und professioneller Vernetzungsarbeit anzuschließen (s. u. Abschn.12). Diese Verbindung ist auch dort nötig, wo unter modernen Verhältnissen im Gemeinwesen zweckmäßige Institutionen geschaffen worden sind, die kompensatorisch und komplementär eintreten, wenn eine hinreichende – sichernde und schützende, gesundheitsbezogene, pädagogische, soziale, materiell auskömmliche – Versorgung im häuslichen Lebenskreis nicht mehr möglich ist oder ausfällt.

Der Übergang von der häuslichen Selbstversorgung zum kommunalen Unterhalt und endlich zur Staatsaufgabe ist bereits in der antiken Auffassung begründet, dass die Häuser (*oikoi*) immer schon einem Gemeinwesen (*polis*) angehören und sich in eine politische Ordnung des Lebens zu fügen haben. Andererseits gehörte die Absicht auf eine allen gemeine Wohlfahrt zur Funktion dieser Ordnung. So war es denn in Europa – ohne dass es eigenständige Sozialunternehmen gab und abgesehen von kirchlicher Mildtätigkeit – Aufgabe der Kommunen, sich um ihre Armen und andere aus ihren häuslichen Bindungen Gefallene zu kümmern. Bis heute besteht diese Zuständigkeit der kommunalen Gebietskörperschaft für Belange der Sozial- und Jugendhilfe. Überwölbt war und ist diese Zuständigkeit vom Staat, seinerseits als großer Haushalt vorgestellt und verfassungsgemäß in seinem Rahmen auf das Gemeinwohl verpflichtet.

Die genannten Einbindungen blieben historisch ohne Alternative, bis die Bürger in der Zeit der Aufklärung sich die Freiheit nahmen, sich selbständig und unabhängig von Herkommen und Stand zu assoziieren. In dieser „Gesellung" konnten sich ab dem 18. Jahrhundert auch Formen gemeinschaftlicher Selbsthilfe, insbesondere Versicherungen bilden, wie sie die *friendly societies* in England und die *mutuels* in Frankreich darstellten. Mit ihnen fängt die Entwicklungsgeschichte der organisierten Sozialwirtschaft an. In ihr wird nach einer Alternative oder zumindest Ergänzung zur vorherrschenden Ökonomie von Kommerz und Kapital gesucht.

Das Herkommen der Sozialwirtschaft von Gegenseitigkeitsgesellschaften und Kooperativen ist zu beachten, wenn ihr Verhältnis zur Sozialen Arbeit und zum Sozialmanagement bestimmt werden soll: Nicht die soziale Profession und die Steuerungserfordernisse in ihrem Betätigungsfeld generieren die Sozialwirtschaft, sondern sie ist unabhängig davon entstanden.

> „As an activity, the *Social Economy* (SE) is historically linked to popular associations and co-operatives, which make up its backbone. The system of values and the principles of conduct of the popular associations, synthesised by the historical co-operative movement, are those which have served to formulate the modern concept of the SE, which is structured around three large families of organisations: co-operatives, mutual societies and associations, with the recent addition of foundations. In reality, at their historical roots these great families were intertwined expressions of a single associative impulse: the response of the most vulnerable and defenceless social groups, *through self-help organisations*, to the new conditions of life created by the development of industrial capitalism in the 18th and 19th centuries" (Chaves/Monzón 2005, 11).

In Diensten und Einrichtungen organisierte Soziale Arbeit hat im Laufe der Zeit in vielen Funktionen die Selbsthilfe ersetzt. Im öffentlichen Gehäuse der Wohlfahrt gehen die Soziale Arbeit und selbstorganisierte Aktivitäten erst ineinander über, seitdem erkannt ist, dass sie zusammen gebraucht werden und ökonomisch in den Gefügen sozialen Auskommens aufeinander verwiesen sind.

4. Genossenschaftliche Anfänge und europäische Weiterungen

Im 19. Jahrhundert waren es Genossenschaften verschiedener Art, in denen sich von Versorgung abhängige Menschen ebenso wie Arbeiter zusammenschlossen, die selbst über das Produkt ihrer Arbeit bestimmen wollten. Die Zeit der Genossenschaftsgründungen war auch die Zeit, in dem der theoretische Diskurs über Sozialwirtschaft in Frankreich und England begann (vgl. Wendt 2009, 31 ff.). Die große Menge der mittellosen und verelendeten Menschen brachte diese Selbstorganisation nicht oder nicht andauernd zuwege, sodass sich die Wohltätigkeit für sie in anderen Formen etablierte. In Deutschland konzentrierten sich die meisten Genossenschaften auf den Erwerbszweck. Soziale Arbeit blieb trotz mancher Versuche, sie mit einem solidarischen Wirtschaften zu verbinden, außerhalb von ihm organisiert. Im 20. Jahrhundert hat der Wohlfahrtsstaat diese Arbeit weitgehend in Sozialdiensten absorbiert und sie in seinem sozialen Sicherungssystem lange ohne ökonomische Veranlagung gelassen.

Genossenschaftliche Lösungen zur gegenseitigen Unterstützung und gemeinschaftlicher Selbsthilfe blieben vor allem in Frankreich, aber auch in Spanien und Italien, präsent. In Form der „vier Familien", der *co-operatives, mutuals, associations, foundations*, abgekürzt *CMAFs*, kamen sie nach 1989 auf die Agenda der Europäischen Union. Diese Organisationen zeichnet aus, dass bei ihnen in Unterscheidung zur Erwerbswirtschaft nicht ein monetärer Gewinn als Formalziel von Unternehmen im Vordergrund steht, sondern das Sachziel einer unmittelbaren Deckung des Bedarfs von Menschen durch sie selbst und in einem solidarischen Miteinander.

Die Debatte über die Bedeutung und Funktion der *CMAFs* bezog bald auch andere soziale Akteure mit ihren Diensten ein, soweit sie nicht gewinnorientiert ihren Zweck im öffentlichen Interesse erfüllen. Dass sie in Solidarität unter Menschen und für sie arbeiten, scheint sie alle zu charakterisieren. In einer Auffassung von solidarischer Assoziation kommt die ansonsten international unterschiedliche Semantik von *économie sociale*, *social economy* und Sozialwirtschaft überein (vgl. Bridge/Brendan/O'Neill 2009, 75 ff., The Reader 2010).

1989 richtete die Kommission der Europäischen Gemeinschaften innerhalb der damaligen Generaldirektion XXIII ein Referat „Economie Sociale" ein. Im selben Jahr erging eine „Mitteilung der Kommission der Europäischen Gemeinschaften an den Rat über die Unternehmen der Economie Sociale und die Schaffung des europäischen Marktes ohne Grenzen" (SEK (89) 2187 endg.), worin die bestehenden Organisationen benannt und ihr Platz im europäischen Wirtschafts- und Sozialraum erörtert wurde. Seit 1989 hat auch eine Reihe von europäischen Konferenzen zur Sozialwirtschaft stattgefunden, und es sind verschiedene Gremien entstanden, die auf europäischer Ebene Belange der Sozialwirtschaft wahrnehmen.

In Frankreich (und analog in Belgien, in Kanada, sowie mit Abwandlungen in Spanien und Italien) hat sich die Economie Sociale in verschiedenen Rechtsformen ausgeprägt. Es gibt neben den Gegenseitigkeitsgesellschaften im Versicherungswesen Unternehmen der sozialen Integration, die ausgegrenzten Personengruppen Arbeitsplätze verbunden mit sozialer Betreuung anbieten, soziale Produktionsgenossenschaften (SCOP) in Selbstverwaltung der Beschäftigten, Genossenschaften von allgemeinem Interesse (SCIC) als Aktiengesellschaften oder GmbHs.

Im Laufe der Zeit sind in der Sozialwirtschaft Dienste und Einrichtungen in den Vordergrund gerückt, die nicht von freier Assoziation herkommen, sondern aus missionarischer oder unternehmerischer Initiative erwuchsen. Sie widmen sich ausgewählten sozialen Aufgabenstellungen und werden im wohlfahrtsstaatlichen Rahmen für die Erbringung bestimmter Sozialleistungen gebraucht. Man bezeichnet diese Dienste und Einrichtungen als *public-serving organisations*, die Fremdleistungen erbringen, und stellt sie neben *member-serving organisations*, die Eigenleistungen der an ihnen Beteiligten umschließen. Es sind damit zwei Kategorien von Organisationen benannt, die der US-amerikanischen Steuergesetzgebung nach generell im Nonprofit-Sektor unterschieden werden. Bei den Organisationen, die für ihre Mitglieder produzieren und für sie Dienstleistungen erbringen, handelt es sich um die sozialen Genossenschaften, Kooperativen und Gegenseitigkeitsgesellschaften, die in frankophonen Ländern herkömmlich den Hauptteil der *économie sociale* ausmachen. Dienstleistungen für Andere erbringen in eigener Mission oder im öffentlichen Auftrag die frei gemeinnützigen Wohlfahrtsorganisationen, die in Deutschland den sozialwirtschaftlichen Handlungsbereich besetzen, aber nicht allein, sondern neben öffentlichen Leistungserbringern und privat-gewerblichen Akteuren.

Die kategoriale Unterscheidung ist in Hinblick auf die Funktionserfüllung im Versorgungssystem wichtig, Leistungserbringer für Andere sind in der Regel professionell tätig und folgen einer Logik funktioneller Ausdifferenzierung. Mitgliederorganisationen gestalten ihre Leistungserbringung nach dem Willen und dem Bedarf der Mitglieder, stellen sich zumindest dem Organisationszweck entsprechend darauf ein. In vielen Fällen erbringen Mitgliederorganisationen (z.B. Kirchen oder Jugendvereine) auch Leistungen für Andere – und *public serving organisations* können Mitgliedschaft für die Nutzung ihrer Dienste voraussetzen. Diese Organisationen lassen so ihren solidargemeinschaftlichen Charakter erkennen.

5. Not-for-profit und zivil

Die Tatsache, dass das kommerzielle Geschehen im Markt nicht die sozialen Versorgungsaufgaben erfüllt, begründete seit den Anfängen der Sozialpolitik eine Staatstätigkeit, deren wirtschaftliche Bedeutung im 20. Jahrhundert mit dem Ausbau eines Wohlfahrtsregimes immer weiter anwuchs. Die Sphäre des Staates rückte neben dem Markt zum zweiten Sektor des Wirtschaftsgeschehens auf. Im sozialwissenschaftlichen Diskurs über die Aufgabenverteilung ließ sich in den 1970er Jahren ein auch ökonomisch gewichtiger „dritter Sektor" entdecken (Etzioni 1973), in dem jenseits von Markt und Staat eine Menge Betätigungen anzusiedeln sind, mit denen die Bürger und ihre Vereinigungen soziale, gesundheitliche, kulturelle und vielfältige gemeinschaftsbezogene Zwecke verfolgen.

Die Diskussion zum *Dritten Sektor* bezog das amerikanische Verständnis von Nonprofit-Organisationen, die Freiwilligentätigkeit (volunteering) und das zivile Engagement ein, das eine Basis des demokratischen Gemeinwesens bildet. Die Forschung im *Johns Hopkins Comparative Nonprofit Sector Project* entwickelte 1992 eine Systematik, nach der zum Dritten Sektor alle Vereinigungen gerechnet werden sollen, die „formal organisiert sind im Sinne einer feststellbaren institutionellen Dauerhaftigkeit, selbstverwaltet sind, nicht-gewinnorientiert arbeiten, nicht formal-rechtlich Teile der Hoheitsverwaltung und staatliche Anstalten bilden und in deren organisatorischem Verhalten und Mitgliedschaft dem Prinzip der Freiwilligkeit eine entscheidende Rolle zugewiesen ist". (Anheier/Salamon 1992, 45) Aufgestellt wurde in dem Projekt (weitergeführt vom *Center for Civil Society Studies* der Johns-Hopkins-Universität) eine *International Classification of Nonprofit Organizations – ICNPO*. Dieser Zuordnung nach lassen sich Organisationen dem Dritten Sektor zuordnen und eingruppieren, und zwar für

1. Kultur und Erholung, einschließlich Sport und Freizeit,
2. Bildungs- und Forschungswesen,
3. Gesundheitswesen,
4. Soziale Dienste, einschließlich Katastrophenschutz,
5. Umwelt, mit Naturschutz und Tierschutz,
6. Entwicklungsförderung, Wohnungswesen, Beschäftigung,
7. Rechtswesen, Bürger- und Verbraucherinteressen, Politik,
8. Stiftungswesen, Spendenwesen, Ehrenamtlichkeit,
9. Internationale Entwicklungsaktivitäten,
10. Religion,
11. Wirtschaftsverbände, Berufsverbände, Gewerkschaften,
12. Sonstige.

Es ist der Sektor der Assoziationen. Man spricht gleichbedeutend auch von „intermediären Organisationen", einem „Dritten System", von *Nonprofit-Organisationen* (NPOs) oder *Nongovernment-Organisationen* (NGOs). Alles, was der Staat nicht leisten kann (Staatsversagen) oder nicht übernehmen soll und was der Markt im freiem Wettbewerb von Anbieter nicht befriedigend zustande bringt (Marktversagen), lässt sich diesem Spektrum zurechnen (Badelt/Meyer/Simsa 2007, 98 ff.).

Die Szene bietet ein buntes Bild. Nur ein Teil der in jener Aufstellung genannten Organisationen und Aktivitäten kann in unmittelbarer Deckung eines Bedarfs in der individuellen und gemeinschaftlichen Wohlfahrt zur Sozialwirtschaft gerechnet werden. Andere spielen ihre Rolle im gesellschaftlichen Geschehen. Sie vertreten Interessen gesellschaftlicher Gruppen und kümmern sich um partielle oder generelle Belange des Gemeinwesens. Das Spektrum der Akteure ist weitgehend identisch mit dem Gefüge der organisierten Zivilgesellschaft. Wenn man in Deutschland auf die Menge der eingetragenen Vereine (2008 zählte die Statistik 554.394), die vielen Bürgerinitiativen, Stiftungen und sonstigen Nichtregierungsorganisationen sieht, kommt man auf über eine Million Organisationen. In ihnen und außerhalb von ihnen in irgendeiner Form freiwillig oder ehrenamtlich engagiert sind in Deutschland 23 Millionen Bürgerinnen und Bürger. Noch mehr sind in Personenvereinigungen Mitglied – etwa im Deutschen Olympischen Sportbund, bei dessen über 91.000 angeschlossenen Turn- und Sportvereinen 27,6 Mio. Personen eingetragen sind (2011) und an die 9 Mio. Personen freiwillig mithelfen, oder in Wirtschafts- und Berufsverbänden mit 12 Mio. Mitgliedern, hier aus Erwerbsinteresse und auch zwangsweise. Insgesamt ist die Datenlage zur Zivilgesellschaft allerdings für die einzelnen Tätigkeitsbereiche im Sinne der ICNPO recht unklar (Spengler/Priemer 2011).

Ein Teil der Organisationen erfüllt faktisch öffentliche Aufgaben. Man spricht von „Quangos" als *quasi-governmental organizations* bzw. *quasi-nongovernmental organizations*. Entweder haben sie sich aus dem Bereich staatlicher oder kommunaler Verwaltung verselbständigt oder sie rühren aus privaten Initiativen her und werden zur Erledigung öffentlicher Aufgaben herangezogen. An deren Zwecksetzung können lokale Vereine mit ihrer Mission anknüpfen, so dass sie sich im kommunalen Leistungsgeschehen als Partner empfehlen. Übernehmen sie einen Auftrag zum Beispiel in der Entwicklungshilfe, in der Bildungs- oder in der Kulturarbeit, werden sie auch staatlich finanziert. Ihre Dienstleistungen können sie wie gewerbliche Unternehmen vergüten lassen (ohne erzielte Überschüsse als Kapitalrendite auszuschütten).

So verschieden der Charakter der dem Dritten Sektor zugerechneten Organisationen ist, so nah oder fern stehen sie einer öffentlichen (staatlichen oder kommunalen) Aufgabenerfüllung, verbinden sich auch mit ihr oder halten bewusst Distanz von ihr. „Die Gemeinsamkeit des Objektbereiches ist schlicht der Verzicht auf Profit (Gewinnausschüttung) als dominante Entscheidungsorientierung" (Badelt/Meyer/Simsa 2007, 5). Organisationen im Dritten Sektor können Gewinne machen, dürfen sie aber nicht an Kapitaleigner austeilen (*nondistribution constraint*). Die Tatsache, dass die Organisationen mit Dienstleistungen „von allgemeinem Interesse", mit marktgängigen und mit nicht-marktgängigen, am Wirtschaftsleben teilnehmen, hat in der Europäischen Union zu der seit Jahren andauernden Diskussion in der Frage geführt, inwieweit sie den Wettbewerbsregeln im Binnenmarkt, den Bestimmungen zum Beihilfeverbot und den Regelungen zur Freiheit des Dienstleistungsverkehrs unterliegen. Diese Diskussion betrifft die Sozialwirtschaft mit ihren Beiträgen zur Daseinsvorsorge (s. u.) in besonderer Weise (Linzbach 2005, Krautscheid 2009, Rock 2010). Die Sachziele im Nonprofit-Bereich variieren; indes haben in ihm die der sozialen und gesundheitsbezogenen Versorgung gewidmeten Einrichtungen und Dienste nach der Zahl der Beschäftigten und der Wertschöpfung den größten Umfang.

Die freiwilligen Zusammenschlüsse, Interessenvertretungen und gesellschaftlichen Initiativen, die wir in diesem Bereich vorfinden, stellen für die Sozialwirtschaft, auch wenn sie nicht unmittelbar einen Versorgungsbedarf decken, gewichtige zivile Ressourcen dar. Aus ihnen erwachsen immer wieder neue Formen des Engagements: des Einsatzes zum Beispiel für Jugend, für Familie, für Gesundheit, für interkulturelle Verständigung, für lokale Lebensqualität, sozialen Zusammenhalt und für die Integration marginalisierter Gruppen. Die Negativ-Definition des Sektors, dass in ihm „not for profit" gehandelt wird, charakterisiert ihn in erster Linie aus dem Blickwinkel der Erwerbswirtschaft und ihres Geschäftsbetriebs. Unter diesem Gesichtspunkt ist das Sachziel – anders als in der Sozialwirtschaft im engeren Sinne – nicht entscheidend, das von einer Nonprofit-Organisation verfolgt wird, wenn sie denn mit ihrer Tätigkeit einer gesellschaftlichen Funktion nachkommt.

6. Öffentliche, gemeinschaftliche und private Daseinsvorsorge

Die Sozialwirtschaft erfüllt Aufgaben der Unterstützung, Fürsorge und Betreuung, der Integration und Teilhabe. Die Erfüllung dieser Aufgaben liegt im allgemeinen öffentlichen Interesse. In der europäischen Diskussion rechnet die Sozialwirtschaft zu den *services of public interest*, wird mithin der Versorgungswirtschaft zugeordnet, welche in einer Gemeinwohlsicherung und Grundversorgung für die Bevölkerung Wasser, Energie, Verkehrswege und Telekommunikationsdienste zur Verfügung stellt. Im Unterschied aber zu dieser durchaus marktwirtschaftlich zu leistenden Versorgung ist von Sozial- und Gesundheitsdiensten zu verlangen, dass sie einem je besonderen personenbezogenen Bedarf nachkommen. Ihre Leistungen können nicht einförmig wie Wasser oder Strom für die Bevölkerung angeliefert werden. Sie werden, soweit es sich um persönliche Dienstleistungen handelt, „am Menschen" und mit den Personen in ihrer Situation erstellt.

Die Bewirtschaftung von Sozialleistungen und von Humandiensten richtet sich auf Lebensverhältnisse aus, die gebessert oder bewältigt werden sollen. Sozialpolitisch sieht man dazu in der öffentlichen Daseinsvorsorge ein differenziertes System vor, das wir als national ausgeprägtes *Wohlfahrtsregime* kennen. In ihm kommt der Staat seiner allokativen, distributiven und stabilisierenden Funktion (Musgrave 1959) auf sozialem Gebiet nach. Das Regime bietet eine Menge an *services in cash* (Geldleistungen gesetzlicher Versicherungen, zur Grundsicherung, als Lastenausgleich und Lohnersatzleistungen) und an *services in kind* in den Bereichen der Jugendhilfe, der Sozialhilfe, der Beschäftigungsförderung und der gesundheitlichen Versorgung.

Sozialwirtschaftlich wird eine Daseinsvorsorge übernommen, wie sie anfangs in sozialen Belangen dem „ganzen Haus" zukam, später der Kommune aufgetragen wurde und heute dem Wohlfahrtsstaat mit seinem System der sozialen Sicherung obliegt. Dieses System steht in einem Spannungsverhältnis zur individuellen Eigensorge und Selbsthilfe einzelner Menschen und von Gemeinschaften, in denen sie sich zur Besorgung ihres Unterhalts und Wohlergehens zusammenfinden. Es handelt sich um ein Gegenüber von professioneller Versorgung im Sozial- und Gesundheitswesen (*social care* and *health care*) und dem Sorgen (*caring*) in individueller und gemeinsamer Lebensführung.

Die private Sorgearbeit, die vorwiegend von Frauen im häuslichen Bereich geleistet wird, ist unerlässlich für den Versorgungserfolg im Sozial- und Gesundheitswesen insgesamt: das System alleine kann das Wohlergehen von Menschen, die Erziehung von Kindern oder die Pflege im Alter nicht leisten. Es unterstützt und ergänzt die eigene Aktivität von Menschen, wirkt bei ihnen kurativ und ersetzt gegebenenfalls fehlendes individuelles Handlungsvermögen. Da die Eigensorge für den sozialwirtschaftlichen Erfolg im Gemeinwesen insgesamt entscheidend ist, ist man sozialpolitisch bestrebt, individuelle Verantwortung, Selbsthilfe, lebensgemeinschaftliches Sorgen, Familie, Nachbarschaft und soziales Bürgerengagement zu stärken und zu stützen. Als *informeller* Leistungsbereich werden die Privathaushalte mitsamt dem Austausch unter ihnen neben Staat, Markt und Drittem Sektor auch als ein vierter gesamtwirtschaftlich und im Wohlfahrtsregime relevanter produktiver Sektor betrachtet.

Private Daseinsvorsorge erstreckt sich ökonomisch nicht nur auf die individuelle Lebensführung mit Selbstversorgung, sozialer Beziehungspflege, Bildungs- und Qualifizierungs- und Gesunderhaltungsbestrebungen, sondern auch auf die eigene materielle risikobezogene Absicherung einer Person. Vormodern ließ sich mit der Zahl der Kinder für das Alter vorsorgen; in unseren Zeiten muss sich der Einzelne über das gesetzlich vorgeschriebene Maß auch noch privat versichern. Jenseits des materiellen Unterhalts sind viele Risiken individuell nicht beherrschbar und es ist der Hauptzweck der Dienste und Einrichtungen in der Sozialwirtschaft, in besonderen Lebenslagen, bei Ausfall der Familie, bei Behinderung oder Pflegebedürftigkeit, Arbeitslosigkeit oder sozialen Eingliederungserfordernissen bereitzustehen.

Die Organisationen der Sozialwirtschaft ziehen die dafür nötigen Mittel heran und produzieren Wohlfahrt für die Gemeinschaft bzw. auf der Individualebene für die einzelnen der Versorgung bedürftigen Personen. Die Beteiligten verwenden die Mittel zum Zweck im Idealfall selbstbestimmt, etwa in einer Kooperative, einer Produktivgenossenschaft oder einer Selbsthilfegruppe. Allerdings sind die meisten Organisationen, die Dienste für Menschen erbringen, auf eine Zuweisung von Mitteln von anderer Seite angewiesen.

7. Die Bedienung von Versorgung

Da es sehr viele verschiedene Aufgaben in der sozialen und gesundheitsbezogenen Versorgung der Bevölkerung gibt und weil eine Menge Ansprüche an den Umfang und die Art der Bedarfsdeckung angemeldet werden, thematisiert die Theorie der Sozialwirtschaft die Mechanismen der Allokation und der Distribution in der Gesellschaft vor der Verwendung verfügbarer Mittel im Einzelnen. Die Gestaltung von „Wohlfahrtspflege" beschäftigt die Sozialwirtschaftslehre generell und sie verfolgt darin die Art und Weise, in der das sozialwirtschaftliche Sachziel realisiert wird. Zu untersuchen ist, wie die als nötig erkannte Versorgung tatsächlich erfolgt, in welcher Gliederung sie organisiert ist und wer an ihr mit welchen Beiträgen und in welcher Funktion beteiligt ist.

Die Sozialwirtschaftslehre fragt zunächst, was sozial produziert werden soll und demnach zu finanzieren ist. Sie erörtert auch, in welchem Ausmaß und nach welchen Kriterien die Allokation der Mittel für eine bedarfsentsprechende Wohlfahrtsproduktion erfolgt. Entschieden wird darüber politisch. Auf die Frage nach dem „Was" ist eine Antwort die *normative* des Sozialleistungssystems: den Bedarf an Versorgung finden wir legal definiert in den Büchern des Sozialgesetzbuches. Sie bestimmen aber weder abschließend noch vollständig darüber, was im Sozial- und Gesundheitswesen zu tun ist. Die Bürger, gesellschaftliche Gruppen und die

Öffentlichkeit beschäftigen sich ständig mit Fragen einer angemessenen und gerechten Versorgung und zu dieser Erörterung gibt es Initiativen, Vorschläge und Projekte zur Lösung von einzelnen oder neu auftretenden Versorgungsproblemen.

In diesem Prozess kommen die *Professionen* ins Spiel, die herkömmlich für das eine oder andere Gebiet humandienstlicher Versorgung zuständig sind oder Kompetenz beanspruchen. Sie können fachwissenschaftlich begründen, dass bestimmte Vorgehensweisen angebracht und erfolgversprechend sind und sie vertreten beruflich einzelne soziale, physische, psychische und materielle Belange ihrer Klientel. Die Professionen können nach ihrem gesellschaftlichen Status und nach dem Grad ihrer organisierten Interessenvertretung Einfluss auf die Gestaltung der Versorgung nehmen. Deren Ökonomie ist Sache von Professionellen, aber nur insoweit, als sie selbst unternehmerisch (z.B. als niedergelassene, frei praktizierende Ärzte) tätig sind und von ihnen Wirtschaftlichkeit in der Leistungserbringung erwartet wird. Die meisten sozialberuflich und gesundheitsberuflich Beschäftigten gehören einer Organisation an, die für die Ökonomie ihres Geschäftsbetriebs einzustehen hat.

Sozialwirtschaftliche Akteure sind die an der sozialen Wohlfahrtsproduktion beteiligten Wirtschaftseinheiten. Wir können sie, soweit sie im Versorgungssystem zu berücksichtigen sind, drei Gruppen grob zuordnen:

- den öffentlich-rechtlichen *Leistungsträgern* – das sind in Deutschland die Gebietskörperschaften, gesetzlichen Versicherungen, die Bundesagentur für Arbeit,
- den intermediär tätigen *Leistungserbringern* in der frei-gemeinnützigen Wohlfahrtspflege, als privat-gewerbliche Dienstleister, als zivile Zweckvereine sowie Einrichtungen und Dienste in öffentlicher Trägerschaft,
- den *Leistungsnehmern*, die als Nutzer in eigener Aktivität in ihrem Haushalt an der personenbezogenen Wohlfahrtsproduktion beteiligt sind.

Die Einteilung ist eine grobe, insofern es des weiteren Akteure gibt, die in gemeinschaftlicher Selbsthilfe, freier Initiative und informell sozial tätig sind oder sich in Verbindung mit den genannten Akteursgruppen an der Versorgung beteiligen (s. u. zur „gemischten Wohlfahrtsproduktion").

In der Zivilgesellschaft finden wir viele Unternehmungen von Bürgern vor, die unabhängig vom System der Versorgung und außerhalb von ihm in Belangen der Wohlfahrt aktiv sind. Sie pflegen ein Gemeinschaftsleben (z.B. in gemeinsamer Freizeitgestaltung oder in einem alternativen Wohnprojekt), kümmern sich um die Besserung lokaler Zustände (z.B. Verkehrsberuhigung, Spielmöglichkeiten für Kinder in der Stadt oder Einkaufsmöglichkeiten auf dem Land) oder sie engagieren sich auf dem Gebiet von Bildung und Kultur. Sozialwirtschaftlich wird damit eine Menge geleistet, wofür sonst die öffentliche Hand oder andere Dienste aufwändig aufkommen müssten. Die Gruppen, Vereine und Initiativen nutzen ihre eigenen Ressourcen an Zeit und Kräften oder finanzieren sich aus Spenden, privaten Stiftungs- und öffentlichen Fördermitteln. Die gesetzlichen Leistungsträger hingegen erhalten ihren Auftrag und verfügen über ihr Budget nach gesetzlichen Vorschriften und politischen Maßgaben, so dass auf deren Ebene die sozialwirtschaftliche Gestaltung von Versorgung von sozialpolitischer Steuerung abhängig bleibt.

8. Das Leistungssystem auf der sozialpolitischen Makroebene

Der Wohlfahrtsstaat anerkennt soziale Rechte, die allen Bürgern zukommen, und bietet ihnen Sozialleistungen zur Realisierung dieser Rechte. Die gesetzlich beauftragten und öffentlich-rechtlich verfassten Sozialleistungsträger übernehmen diese Aufgabe. Zur Ausführung der Sozialleistungen sind die Leistungsträger gemäß § 17 (1) SGB I verpflichtet, „darauf hinzuwirken, dass

1. jeder Berechtigte die ihm zustehenden Sozialleistungen in zeitgemäßer Weise, umfassend und zügig erhält
2. die zur Ausführung von Sozialleistungen erforderlichen sozialen Dienste und Einrichtungen rechtzeitig und ausreichend zur Verfügung stehen."

Somit ist der sozialwirtschaftliche Handlungsauftrag durch das Erfordernis determiniert, die Gewährung von Leistungen in deren tatsächliche Erstellung zu überführen. Es werden für Sachleistungen ausführende Stellen gebraucht, soweit nicht die Empfänger von Leistungen „in cash" selbst umsetzen, was mit einer Alimentierung bezweckt wird.

Im wohlfahrtsstaatlichen Rahmen werden Sozialleistungen generell unterschieden in Geldleistungen (*services in cash*) einerseits und in organisierter Form von Personen an Personen erbrachte individuelle Dienstleistungen verschiedener Art (*services in kind*) andererseits. Mit direkt geleisteten Zahlungen finanzieren die Empfänger im eigenen Haushalt ihren Unterhalt, während die personenbezogenen Dienstleistungen sozialwirtschaftlich von den beauftragten Organisationen und Unternehmen erstellt werden.

Dienstleistungen „in kind" kommen personen- und situationsbezogen zu ihrem Erfolg. Hierfür bestimmt zur „Ausgestaltung von Rechten und Pflichten" der § 33 SGB I: „Ist der Inhalt von Rechten und Pflichten nach Art und Umfang nicht im Einzelnen bestimmt, sind bei ihrer Ausgestaltung die persönlichen Verhältnisse des Berechtigten oder Verpflichteten, sein Bedarf und seine Leistungsfähigkeit sowie die örtlichen Verhältnisse zu berücksichtigen, soweit Rechtsvorschriften nicht entgegenstehen. Dabei soll den Wünschen des Berechtigten oder Verpflichteten entsprochen werden, soweit sie angemessen sind."

Sozialleistungen setzen voraus, dass Menschen in Eigensorge und Eigenverantwortung handeln, so dass eine zu leistende Versorgung komplementär und kompensatorisch erfolgen kann. Zur Selbstbestimmung gehört auch die Ausübung des Wunsch- und Wahlrechts bei Bezug personenbezogener Leistungen. Bürger/innen sind Partner in der Gestaltung der ihnen zukommenden Versorgung. Sie muss variabel genug für Arrangements sein, in denen die eigene Handlungsmächtigkeit der Leistungsempfänger Platz greifen kann. Das heißt zum Beispiel im Bereich der Pflege, dass für pflegende Angehörige Regelungen zur Vereinbarkeit von Erwerbstätigkeit und häuslicher Pflege getroffen werden.

Sozialwirtschaftlich müssen der Staat und die zuständigen Leistungsträger in ihren wohlfahrtsbezogenen Dispositionen mit den entsprechenden Dispositionen jedes Einzelnen in der Bevölkerung rechnen. Wie viel Bereitschaft zu Eigenleistungen in Belangen sozialer, bildungs- und gesundheitsbezogener und finanzieller Vorsorge ist vorhanden und wie lässt sie sich fördern? Welche Umstände hindern am Erfolg von Eingliederungsmaßnamen und wie kann diesen Hindernissen begegnet werden? Inwieweit ist freiwillige Initiative und Mithilfe in das Leistungssystem einzurechnen? Werden Versorgungs- oder Kompetenzzentren eingerichtet, führen sie entweder nur vorhandene Dienste zusammen – oder sie binden den Einsatz und das Können von Nutzern und bürgerschaftlich Engagierten ein.

Sozialplanung im weitesten Sinne analysiert die Gegebenheiten auf der Makroebene der Versorgungsgestaltung und entwirft ihre weitere Entwicklung. Die *Sozialberichterstattung* informiert darüber. Gegenstand der Sozialplanung ist einerseits die bedarfsbezogene Infrastruktur der Dienste und Einrichtungen und andererseits der Prozess ihrer Nutzung. Zur Erörterung werden die Stakeholder der Versorgung herangezogen; Bürgerbeteiligung ist erwünscht. Sozialplanung gehört zur Steuerung des sozialwirtschaftlichen Geschehens in der Vertikalen der organisatorischen Verantwortung und in der Horizontalen mannigfaltiger Beteiligung an ihm.

9. Institutionelle Vielfalt auf der Mesoebene der Sozialwirtschaft

Die Aufgabenerfüllung in der Sozialwirtschaft erfolgt strukturell sehr gegliedert bzw. fragmentiert: in den verschiedenen Bereichen des Sozial- und Gesundheitswesens, auch der Beschäftigungsförderung und bei Überschneidung mit dem Bildungswesen. Generell kann von Sozialunternehmen und Gesundheitsunternehmen gesprochen werden, die Dienste anbieten, Einrichtungen vorhalten oder Veranstaltungen und Projekte durchführen. Es werden auch Zweckvereine gegründet und es treten Initiativen auf, die ohne den Charakter eines Unternehmens einzelne Hilfen bieten, zum Beispiel Beratung für Migranten, ein Mittagessen für Kinder aus armen Familien, Freizeiten für Menschen mit einer Behinderung oder für deren pflegende Angehörigen. Viele Einrichtungen und bereitgestellte Räume sind einfach dazu da, dass ihre Nutzer das Geschehen in ihnen – z. B. in einem Jugendtreff oder in einer interkulturellen Begegnungsstätte – selbst gestalten. Personell sind im Sozial- und Gesundheitsbereich verschiedenen Berufsgruppen mit je eigenem Profil, auch bürgerschaftlich und freiwillig Engagierte sowie die organisierte und die informelle Selbsthilfe beteiligt.

Die Dienstleister nehmen spezifizierte Aufträge wahr; sie werden eingeschaltet – von Leistungsträgern, die mit ihnen eine generelle Leistungsvereinbarung schließen, oder von Leistungsberechtigten, die sie auswählen und auch selbst bezahlen (gegebenenfalls vor Erstattung durch einen Leistungsträger, mit einem persönlichen Budget oder ihrem Eigenanteil). Die sozialwirtschaftliche Funktion der Dienstleister ist also dadurch bestimmt, dass sie gebraucht werden. Öffentliche oder gemeinschaftliche Vorhaben und individuelle Bedarfslagen indizieren, was zu tun ist.

Wenn die Bürger unmittelbar und der Staat mittelbar die Prinzipale der Sozialwirtschaft sind, macht es keinen Unterschied, ob die ihnen zuarbeitenden Dienstleister zum Nonprofit-Sektor oder zur gewerblichen Wirtschaft gehören. Der sozialwirtschaftliche Charakter ihrer ausführenden Aktivitäten wird durch den Auftrag bestimmt, den sie übernehmen. Sie sind Akteure *in der* Sozialwirtschaft. In ihrem Horizont ist eine *governance of welfare* gefragt, um die nötige Versorgung mit ihren vielseitigen Anforderungen – auch in ihrem steten Wandel – zu steuern (Jessop 1999). So gibt die Sozialwirtschaft im gesellschaftlichen Prozess der Erörterung von Bedarf mit der sich ergebenden Stellung von Aufgaben und den dafür vorgesehenen Budgets insgesamt einen Handlungsrahmen für die an der Versorgung beteiligten Akteure ab.

Humandienste werden im Sozialwesen, im Gesundheitswesen, im Bildungs- und auch im Beschäftigungswesen geleistet. Die Strukturen sind so vielfältig wie die in ihnen zu erfüllenden Funktionen. Es gibt eine Tendenz, die Abgrenzung der einzelnen Domänen der Versorgung zu überwinden, interdisziplinär Komplexleistungen zu erbringen und organisatorisch eine integrierte Versorgung (insbesondere im medizinischen Sektor) zu erreichen. Die Forderung nach Integration kann damit begründet werden, dass die Problematik im Leben von Menschen komplex ist und verwickelt und dass es deshalb unpassend und unwirtschaftlich ist, die Bearbeitung der Problematik in überkommenen Strukturen fragmentarisch und unkoordiniert vorzunehmen.

Basis im System der Sozialleistungen sind *Anrechte* der Bürger auf eine menschenwürdige Existenz, auf Arbeit und Wohnung, auf Teilhabe am gesellschaftlichen Leben, auf Hilfe in besonderen Lebenslagen, auf Beratung, Erziehung und Ausbildung und auf medizinische Versorgung. Das Sozialleistungssystem schließt die *Gesundheitsversorgung* der Bevölkerung ein. Insoweit gehört in den sozialwirtschaftlichen Handlungsrahmen auch die Gesundheitswirtschaft – es sei denn, sie bezeichnet explizit diejenigen Unternehmen, die gewinnorientiert zusätzlich und neben der gesetzlich vorgesehenen Versorgung Wellness-Produkte und andere Gesundheitswaren absetzen. Der soziale Auftrag an die Medizin reicht nicht über den leistungsrechtlich und solidargemeinschaftlich anerkannten Bedarf hinaus.

10. Personalisierung und Verantwortungsteilung auf der Individualebene

Der sozialwirtschaftliche Erfolg tritt bei den Menschen ein, welche die Sozialleistungen erhalten bzw. die Adressaten von Versorgung sind. Ein Erfolg besteht aber bereits darin, dass viele Menschen gewöhnlich alleine zurechtkommen und selbst das leisten, was komplementär oder kompensatorisch im Sozialwesen und im Gesundheitswesen geboten wird. Kinder werden von ihren Eltern erzogen, junge Menschen bilden und qualifizieren sich, viele Krisen und Konflikte werden im familiären Rahmen ausgehalten, Pflegebedürftigkeit wird zu einem überwiegenden Teil von Angehörigen abgedeckt. Insoweit das Versorgungssystem eine primäre oder sekundäre Prävention vorsieht, erwartet es zu deren nachhaltiger Wirkung ein entsprechendes vorbeugendes Verhalten von den Bürgern.

Begegnet das System der Versorgung den Bürgern nur dann, wenn eine akute Notwendigkeit besteht und deshalb sozial, erzieherisch oder medizinisch interveniert werden muss, kommt es einer andauernden und vielseitigen Problematik kaum nachhaltig bei. Interventionen sollten deshalb nach Möglichkeit so angelegt sein, dass sie zu einem Verhalten und zu Verhältnissen führen, die weitere Interventionen erübrigen. Erziehungshilfen erweisen sich in der Stärkung der familiären Erziehungsfähigkeit als angemessen; bei chronisch Kranken ist ihr Gesundheitsverhalten zu fördern und dazu sind gegebenenfalls Lebensverhältnisse zu ändern, welche den Krankheitsprozess negativ beeinflussen. Die alte Formel einer „Hilfe zur Selbsthilfe" lässt sich sozialwirtschaftlich als eine Überführung wohlfahrtsdienlicher Maßnahmen in die eigene wohlfahrtsdienliche Lebensführung einer Person oder Familie auslegen. Das systemgebundene Management einer Versorgung geht dabei in ein individuelles Selbstmanagement bzw. *life management* über.

In diesem Übergang verschiebt sich der Fokus des sozialwirtschaftlichen Geschehens vom dienstleistenden Unternehmen zu den Personen, die sich Dienste leisten und sie als Beitrag zu ihrer Selbstversorgung begreifen. Wenn ein Leistungsberechtigter zu seiner Assistenz in seiner Wohnung und in seinem Alltag andere Personen beschäftigt und sich zusätzliche Leistungen mit einem *Persönlichen Budget* einkauft, wird er tendenziell zum Arbeitgeber und zum „Unternehmer" seiner Versorgung, die er selbst gestaltet. Bei Behinderung oder Pflegebedürftigkeit ist diese Entwicklung in vielen Ländern zu beobachten. Politisch hat man sie sich in Großbritannien auf die Fahne geschrieben: „Self-directed care is now becoming the norm" (Department of Health 2011, 9). Der Bürger kann persönliche Assistenten heranziehen, wie das in anderen Ländern in einer *Assistenzgenossenschaft* geschieht.

Auch in all den Fällen, in denen Menschen mit ihren Problemen nicht selbständig zu einer Lösung kommen und professionelle Hilfe auf dem Weg der Bewältigung brauchen, darf ein individueller Zuschnitt der Hilfe und Begleitung erwartet werden. Für eine wirtschaftlich vertretbare und personalisierte Versorgung bedient man sich in ihrem Leistungssystem des Instrumentariums einer fallweisen Steuerung des Vorgehens, wie es das Handlungsprogramm des *Case Management* vorsieht. Wird es einerseits gebraucht, um eine Person in schwieriger Lage an die Versorgungsmöglichkeiten des Systems heranzuführen, passt es andererseits Versorgungsprozesse an individuelle Erfordernisse an und beansprucht dazu den Einzelnen als selbstaktiven Akteur und verantwortlichen Partner. Er kann die Fallführung als Funktion nutzen, um im System (der Jugendhilfe, der Sozialhilfe oder der Rehabilitation) geeignete Hilfen zu erhalten, gefördert oder befähigt zu werden. Das Case Management erscheint in der einen wie in der anderen Richtung als ein sozialwirtschaftliches Schnittstellenmanagement am Übergang von Dienstleistungssystem und Lebenswelt des Einzelnen.

11. Die Wohlfahrtsproduktion steuern

In der Sozialwirtschaft erfolgt eine auf spezifizierten Bedarf ausgerichtete *Wohlfahrtsproduktion*. Sie impliziert die Herstellung der Güter, die dem Ergehen einer Person oder Personengemeinschaft unmittelbar zuträglich sind. Begrifflich ist

Wohlfahrt ein Konstrukt, mit dem sozialwirtschaftlich unspezifisch erfasst wird, was im Leben von Menschen persönliche Entfaltung, soziale Teilhabe, Gesundheit, auch Lösung von Konflikten und Bewältigung von Krisen, kurz: individuelle und soziale *Lebensqualität* bedeutet. Wohlfahrt ist in ihrer Verlaufsform zu denken; sie ist kein Status (wie Wohlstand). Sie hat einen dynamischen Charakter, kommt zustande und ändert sich in der Zeit und mit den Umständen. Da sozialwirtschaftlich für viele Menschen in unterschiedlicher Lage, mit einer Varianz von Präferenzen auch im Verlauf des Lebens, eine angemessene Versorgung zu leisten ist (unter Vermeidung von Fehlversorgung, Unterversorgung oder Überversorgung), gibt Wohlfahrt eine Perspektive und einen Zielhorizont an, worin die Mannigfaltigkeit dessen vorkommt und beurteilt werden kann, was in und durch Versorgungsaktivitäten personenbezogen und gemeinschaftsbezogen herzustellen und zu erreichen ist.

Es handelt sich bei der Wohlfahrtsproduktion um einen Transformationsprozess, der in und durch Dienste und Einrichtungen zur Ausführung kommt. Nach dem *production of welfare approach* (Davies/Knapp 1981, Knapp 1984) wird mit einem auf objektiven Bedarf ausgerichteten *Input* im Betrieb der Dienste und Einrichtungen über Zwischenprodukte (wie Rat, Übung, Erziehung, Behandlungen usw.) ein *Output* erzeugt, wobei sich am Ende erst im *Outcome* bei den Nutzern erweist, ob und inwieweit ein Bedarf behoben ist. Zu diesem Erfolg wirken die Eigenheiten einer Person oder Personengemeinschaft und das Bedingungsgefüge mit, in dem sie lebt.

Auf der sozialpolitischen *Makroebene* ist die Wohlfahrtsproduktion in dem Regime ausgeprägt, das nationalstaatlich das Versorgungsgeschehen im Zusammenspiel von Staat, Markt, Familie und Zivilgesellschaft bestimmt. Jedes Wohlfahrtsregime ist durch ein spezifisches Arrangement charakterisiert, in dem entweder der Staat, der Markt oder die Familie das Hauptgewicht im personenbezogenen Unterhalt von Wohlfahrt tragen. Wie sie „regiert" wird und der Unterhalt gewährleistet wird, obliegt dem Staat mit seinen legislativen und exekutiven Instanzen. Marktlich kommt im unterschiedlichen Ausmaß Beschäftigung und Einkommen zustande. Im Wettbewerb von Anbietern unterscheidet sich nur die Art und Weise, wie *services in kind* bereitgestellt werden. Ihre Gewichtung untereinander und im Verhältnis zu Transferzahlungen *(services in cash)* unterliegt einem Wandel, der in der *governance of welfare state reform* betrieben wird (Dingeldey/Rothgang 2009).

Die Aufgabenstellung von Wohlfahrtsorganisationen und Sozialunternehmen auf der sozialwirtschaftlichen *Mesoebene* ist eine intermediäre. Die Angebotspalette in der Wohlfahrtsproduktion wird in dieser Zwischenstellung sowohl von der sozialpolitischen als auch von der personenbezogenen Nachfrage geprägt. Die Leistungserbringung nimmt den Staat (über die Finanzierung) und die Familie (die als primäre Ressource und als Produktionsstätte gebraucht wird) in Anspruch und schließt eine marktliche Steuerung nicht aus. Die an der Leistungserbringung auf der Organisationsebene beteiligten Akteure arrangieren sich ihrerseits mit den Adressaten ihres Handelns – möglichst flexibel, der individuellen Lebenslage und Lebensführung angepasst (Wendt 2011 a).

Auf der Individualebene bestimmen über die Wohlfahrtsproduktion gewöhnlich Personen und Persongemeinschaften in ihrer Lebensführung und Daseinsvorsorge selbst, während *meritorisch* die öffentliche und soziale Daseinsvorsorge in die Produktion solcher Güter eintritt, die von Bedürftigen nicht hinreichend nachgefragt werden bzw. von ihnen nicht durch eigenes Handeln erreichbar sind. Dazu gehören Bildungsgüter, therapeutische Güter für Suchtabhängige, Eingliederungsmöglichkeiten für randständige Personengruppen sowie Resozialisierungsmöglichkeiten. Oft führt die meritorische Bereitstellung dazu, dass Menschen überhaupt erst in den Stand versetzt werden, an dem mitzubestimmen und mitzuwirken, was für sie und an ihnen geschieht. So kann das Ziel verfolgt werden, am Ende alle Beteiligten in die Aushandlung von Bedarf und in Arrangements der Bedarfsdeckung während des Prozesses der sozialen Wohlfahrtsproduktion einzubinden.

Als Prozess auf mehreren Ebenen beteiligt er seine *Stakeholder* auf unterschiedliche Weise. Stakeholder sind auf der sozialpolitischen Makroebene die Anspruchsgruppen und Interessenvertreter in der Gesellschaft, die für eine bestimmte Zuweisung von Ressourcen im Sozial- und Gesundheitswesen und für die eine oder andere Verteilung der Mittel eintreten. Auf der Mesoebene der Wohlfahrtsproduktion wollen die Organisationen und Unternehmen für ihre Aufgabenerfüllung finanziell hinreichend ausgestattet sein und die in ihnen professionell Beschäftigten vertreten, was in ihrer Arbeit fachlich angebracht, sinnvoll und erfolgversprechend ist. Sie beeinflussen ihre Klienten oder Patienten mit Rat und Tat. Diese können sich individuell als Nutzer mit ihren en und Vorstellungen wie mit ihren Beschwerden in den Prozess der Leistungserstellung einbringen.

Die Wohlfahrtsproduktion auf mehreren Ebenen, mit vielen Beteiligten und in vertikaler und horizontaler Teilung von Verantwortung erfordert eine Steuerungskultur, die einem zweckmäßigen Zusammenwirken angemessen ist. Sozialwirtschaftlich sind auf jeder Ebene eine Menge Dispositionen in der Zuordnung (Allokation) von Ressourcen zu Einzelzwecken und in der gerechten Verteilung (Distribution) von Mitteln auf Personen und Personengruppen zu treffen. Die Steuerung kann einer zentralen Verwaltung obliegen oder mehr oder minder dezentralisiert erfolgen und einem (regulierten) Wettbewerb unter Anbietern überlassen werden. Die Gewichtung bürokratischer und marktlicher Steuerungselemente ist eine schwierige Aufgabe (vgl. Kubon-Gilke 2010) und eben deshalb sozialwirtschaftlich bedeutungsvoll.

Das Regieren von Wohlfahrt (*governance of welfare*) hat in der vertikalen Dimension zu berücksichtigen, wie mit den Geld-, Sach- und Dienstleistungen im System der Versorgung umgegangen wird, inwieweit die Bürger nach eigener Bestimmung selbst sorgen und vorsorgen (können) und auf welche Weise sich in Verantwortungsteilung mit ihnen andere und bessere Lösungen finden lassen. Diese Steuerung des konkreten Unterhalts von Wohlfahrt gelingt nicht von zentraler staatlicher Stelle. Die intermediären Akteure werden eingeschaltet, um in der Spezifik der Versorgung lokal, fachlich und kategorial für Angemessenheit (zum Beispiel in der Familienhilfe, in der Jugendpflege, in der Gemeindepsychiatrie oder bei Integrationsvorhaben) zu sorgen. Sie handeln selbstständig (aber nicht unkontrolliert, sondern rechenschaftspflichtig) aus, wie sie ihre jeweiligen Aufgaben erfüllen.

Gleichzeitig geht es in der horizontalen Dimension des Unterhalts von Wohlfahrt darum, verschiedene formelle und informelle Beiträger einzubinden, sie in integrativer Sozialplanung zu beteiligen und sie in der Bewirtschaftung einzelner Aufgaben zusammenzuführen. Ad hoc können dazu Gremien gebildet, Fachkonferenzen vorgesehen und auf lokaler Ebene Bündnisse (für Familie, Integration oder Beschäftigung) geschlossen werden.

12. Kooperation und Koordination im Welfare Mix

Öffentliche Sozialleistungsträger können sowohl frei-gemeinnützige Organisationen der Wohlfahrtspflege als auch privat-gewerbliche Anbieter zur Ausführung von Dienstleistungen heranziehen. Ein gemischtes Angebot hat den Vorteil, dass ausgewählt werden kann, dass Aufgaben sich auf verschiedene Beteiligte verteilen, sich kostengünstige Varianten suchen und Monopole vermeiden lassen. Mit dem institutionellen *Welfaremix* werden die nebeneinander bestehenden, kooperierenden und auch konkurrierenden Leistungsbereiche von Staat, Markt, Drittem Sektor und informeller Sphäre bezeichnet. (Evers/Wintersberger 1990, Evers/Olk 1996) Sie kommen in einer gemischten Produktion von Wohlfahrt zum Zuge – auf jeder Ebene, auf der sie erfolgt. Gemeinnützige, privat-gewerbliche, öffentliche und informelle Beiträge teilen sich die Erbringung von Leistungen auf „Wohlfahrtsmärkten". Auf der Mikroebene bezieht die Mixtur der Versorgung die Selbstsorge von Betroffenen und ihre Unterstützung im informellen Umfeld von Familie, Freundeskreis, Nachbarschaft, privater Initiative und freiem Engagement ein.

Mochte in früheren Zeiten die Wohltätigkeit in einseitiger Fürsorge durch ein Amt oder eine karitative Organisation erfolgt sein, so wird heute eine produktive Kooperation angestrebt. Sie kommt in den Beziehungen zwischen

- Leistungsträgern und Leistungsnehmern,
- Leistungserbringern und Leistungsnehmern sowie
- Leistungsträgern und Leistungserbringern

zustande. Die jeweilige Partnerschaft basiert auf einem gemeinsamen, das sozialwirtschaftliche Handeln charakterisierenden, Sachziel, hinter das mögliche Eigeninteressen der Beteiligten zurücktreten. Mag in ihrem geschäftlichen Handeln das unternehmerische Formalziel (einer Versicherung, die einen Überschuss erwirtschaften will, oder eines Dienstleisters, der sich refinanzieren muss) oder der private Vorteil von leistungsberechtigten Nutzern einer Einrichtung, die sie kostenlos aufsuchen, gewichtig sein, die wohlfahrtsdienliche Kooperation, so wie sie vereinbart wird, hat die Erfüllung eines übernommenen Versorgungsauftrags zum Gegenstand.

Die Akteure müssen nicht externe Partner füreinander bleiben, sondern können sich auch in *hybrider Organisation* zusammenfinden. Es ergibt sich eine Dienstleistungsstruktur, die staatlich-kommunales, privates und gemeinschaftliches Wirken mit ihrer auch unterschiedlichen Handlungslogik vereinigt (Evers/Rauch/Stitz 2002). Mit dem Begriff „hybrid" werden solche Organisationen im Wohlfahrtsmix belegt, „die in unterschiedlicher Art und Weise Charaktermerkmale kombinieren, die normalerweise trennscharf dem Staat, dem Markt oder Organisationen des Dritten Sektors zugeschrieben werden" (Evers/Ewert 2010, 103). Öffentliche Einrichtungen erweitern ihr Angebot um kommerzielle Aktivitäten (und verbuchen mit ihnen zusätzliche Einnahmen); Erwerbsunternehmen beteiligen sich an sozialen Projekten (und verzeichnen einen Imagegewinn); Initiativen aus der Bürgerschaft werden zum Start-up von Sozialunternehmen. Dergleichen Gefüge unter öffentlicher, frei-gemeinnütziger und gewerblicher Beteiligung nehmen international an Bedeutung zu (vgl. Billis 2010).

Die Szenerie der Versorgung wandelt sich. Sie muss flexibler werden, um sich den veränderten Risikokonstellationen in der Bevölkerung anzupassen, und sie wird beweglicher, weil Mitspieler hinzutreten, die sich einfallsreich beteiligen wollen. Als eine Weiterentwicklung gemischter Wohlfahrtsproduktion kann verstanden werden, was anglo-amerikanisch seit einigen Jahren unter dem Titel *new social economy* diskutiert wird (Fourel 2001, Murray 2009). Damit ist eine neue Aufgabenwahrnehmung, initiiert durch soziales Unternehmertum, in Vernetzung von Akteure aus dem For-Profit-Bereich mit dem Nonprofit-Sektor und der öffentlichen Wirtschaft gemeint. Sozialentrepreneure ordnen sich selbst in das „Spannungsfeld zwischen Sozialwirtschaft und Bürgerschaftlichem Engagement" ein (Jähnke/Christmann/Balgar 2011, 23 ff.). Sie unternehmen mit ihrem sozialen Geschäft (*social business*) etwas für die Gesellschaft (Hackenberg/Empter 2011). In öffentlich-privater Partnerschaft, engagieren sich For-Profit-Unternehmen mit Investitionen in soziale Vorhaben – mit der Zielstellung einer „gemischten Wertschöpfung" (*blended value creation*). Das Sachziel der Sozialwirtschaft wird erwerbswirtschaftlich wahrgenommen – bzw. umgekehrt: die Erwerbswirtschaft betätigt sich sozial und übernimmt Aufgaben in der sozialen Handlungssphäre.

13. Der Umfang der Sozialwirtschaft

Wird die informelle Sorgearbeit, welche die Menschen in ihrem persönlichen und familiären Lebenskreis leisten, in die Sozialwirtschaft einbezogen, ist die Wertschöpfung durch diese Arbeit mindestens so groß wie das Bruttoinlandsprodukt, das erwerbswirtschaftlich zustande kommt. Zu diesem Ergebnis kommt man, wenn an die Stelle der unbezahlten Arbeit von Frauen im privaten Raum, wie es die feministische Ökonomie vorgerechnet hat, die Lohnkosten von für solche Arbeit bezahlten Kräften eingesetzt werden. Freiwilligeneinsatz und ehrenamtliche Arbeit sind bei dieser Schätzung noch gar nicht berücksichtigt. Die organisierte Sozialwirtschaft hat, wenn nur die frei-gemeinnützige Wohlfahrtspflege gemeint ist, ein Volumen von etwa 5 % der gesamtwirtschaftlichen Leistung. Die Statistik wies 2008 für die verbandliche Wohlfahrtspflege in Deutschland 102.000 Einrichtungen mit 1,54 Mill. Beschäftigten aus. Bei Einschluss der Gesundheitswirtschaft erreichte die Bruttowertschöpfung 8 bis 10 % der Wertschöpfung aller Wirtschaftsbereiche.

Nach Einschätzung der Europäischen Kommission sind 10 % aller Unternehmen in Europa der Sozialwirtschaft (ohne Einschluss des Gesundheitswesens) zuzurechnen. Bei ihnen sind mehr als 11 Millionen Menschen bezahlt beschäftigt –

und 160 Millionen Menschen in Mitgliedschaft oder auf andere Weise beteiligt. In Deutschland ist der Menge der Beschäftigten nach der Sozial- und Gesundheitssektor der größte Bereich der Wirtschaft insgesamt. Hier rechnet die Statistik etwa 2,5 Millionen Berufstätige den sozialen Diensten und Einrichtungen zu. Das Statistische Bundesamt gibt für 2010 die Zahl der in „Gesundheitsdienstberufen" sozialversicherungspflichtig Beschäftigten mit 2,26 Millionen an. Die erweiterte Gesundheitswirtschaft zählt 2011 sogar 5 ½ Millionen Beschäftigte – mit steigender Tendenz. Mehr als 10 % des Bruttoinlandsprodukts lassen sich, wenn man die Ausgaben zugrunde legt, der Branche zurechnen. Für Österreich und die Schweiz werden deutlich mehr als 10 % des BIP dem Gesundheitsbereich zugeschrieben.

Die Zahlenangaben sind sehr heterogen, nicht zuletzt weil wir die Wertschöpfung im sozialwirtschaftlichen Feld in der Volkswirtschaftlichen Gesamtrechnung kaum ausgewiesen finden. Hilfsweise sucht die amtliche Statistik diese Wertschöpfung in Satellitenkonten zu erfassen. Für das Gesundheitswesen muss dabei zwischen dem Bereich der gesetzlichen Versorgung und einem „zweiten Gesundheitsmarkt" unterschieden werden, der weit in die erwerbswirtschaftliche Produktion von Gesundheitsgütern reicht (Henke u. a. 2010). Ausgenommen bleibt auch bei dieser Erfassung die „gesundheitsrelevante Haushaltsproduktion", also alle Versorgung im Privatbereich. Analog ist für die Sozialwirtschaft insgesamt zu konstatieren, dass die Eigenleistungen und informellen Hilfen in Privathaushalten und um sie herum in den Statistiken nicht enthalten sind. Für das Versorgungssystem gilt generell: Man kennt die *Kosten* im Sozial- und Gesundheitswesen, aber erkennt und anerkennt die *Erträge*, den Gewinn an Wohlfahrt, durchaus noch nicht hinreichend.

Kontrollfragen

- Ob ein Dienstleister zur Sozialwirtschaft gehört, entscheidet sich nach dem Auftrag, den er wahrnimmt. Was kennzeichnet den sozialwirtschaftlichen Handlungsrahmen?
- Welchen Beitrag leisten die primären sozialen Netze im Feld der Erziehung und der Pflege zur Sozialwirtschaft?
- Warum sind der Dritte Sektor und die Sozialwirtschaft nach Umfang und Funktion nicht identisch?

Literatur

Anheier, Helmut K./Salamon, Lester M.: Genese und Schwerpunkte internationaler Forschung zum Nonprofit Sektor. In: Forschungsjournal Neue Soziale Bewegungen, 5, 4, 1992. S. 40-48.

Badelt, Christoph/Meyer, Michael/Simsa, Ruth (Hrsg.): Handbuch der Nonprofit Organisation. Strukturen und Management. 4. Aufl., Schäffer-Poeschel, Stuttgart 2007.

Bridge, Simon/Murtagh, Brendan/O'Neill, Ken: Understanding the Social Economy and the Third Sector. Palgrave Macmillan, Basingstoke 2009.

Chaves, Rafael/Monzón, José Luis: The Social Economy in the European Union. The European Economic and Social Committee, Brüssel 2005.

Davies, Bleddyn/Knapp, Martin: Old People's Homes and the Production of Welfare. Routledge & Kegan Paul, London 1981.

Department of Health: Working for personalised care. A framework for supporting personal assistants working in adult social care. Department of Health, London 2011.
Dingeldey, Irene/Rothgang, Heinz (eds.): Governance of Welfare State Reform. A Cross National and Cross Sectoral Comparison of Policy and Politics. Edward Elgar, Cheltenham 2009.
Etzioni, Amitai: The Third Sector and Domestic Missions. In: Public Administration Review, 33, 1973. S. 314-323.
Evers, Adalbert/Wintersberger, Helmut (eds.): Shifts in the Welfare Mix. Their Impact on Work, Social Services and Welfare Policies. Campus, Frankfurt a. M. 1990.
Evers, Adalbert/Olk, Thomas (Hrsg.): Wohlfahrtspluralismus. Vom Wohlfahrtsstaat zur Wohlfahrtsgesellschaft. Westdeutscher Verlag, Opladen 1996.
Evers, Adalbert/Rauch, Ulrich/Stitz, Uta: Von öffentlichen Einrichtungen zu sozialen Unternehmen. Hybride Organisationsformen im Bereich sozialer Dienstleistungen. Edition sigma, Berlin 2002.
Evers, Adalbert/Ewert, Benjamin: Hybride Organisationen im Bereich sozialer Dienste. Ein Konzept, sein Hintergrund und seine Implikationen. In: Klatetzki, Thomas: Soziale personenbezogene Dienstleistungsorganisationen. Soziologische Perspektiven. VS Verlag für Sozialwissenschaften, Wiesbaden 2010. S. 103-128.
Fourel, Christophe (ed.): La nouvelle économie sociale. Efficacité, solidarité et démocratie. Syros, Paris 2001.
Hackenberg, Helga/Empter, Stefan (Hrsg.): Social Entrepreneurship – Social Business: Für die Gesellschaft unternehmen. VS Verlag für Sozialwissenschaften, Wiesbaden 2011.
Henke, Klaus-Dirk /Neumann, Karsten/Schneider, Markus et al.: Erstellung eines Satellitenkontos für die Gesundheitswirtschaft in Deutschland. Forschungsprojekt im Auftrag des Bundesministeriums für Wirtschaft und Technologie. Nomos, Baden-Baden 2010.
Jähnke, Petra/Christmann, Gabriela B./Balgar, Karsten (Hrsg.): Social Entrepreneurship. Perspektiven für die Raumentwicklung. VS Verlag für Sozialwissenschaften, Wiesbaden 2011.
Jessop, Bob: The Changing Governance of Welfare: Recent Trends in its Primary Functions, scale and Modes of Coordination. In: Social Policy & Administration, 33, 4, 1999. S. 348-359.
Knapp, Martin: The Economics of Social Care. Macmillan, London 1984.
Krautscheid, Andreas (Hrsg.): Die Daseinsvorsorge im Spannungsfeld von europäischem Wettbewerb und Gemeinwohl. Eine sektorspezifische Betrachtung. VS Verlag für Sozialwissenschaften, Wiesbaden 2009.
Kubon-Gilke, Gisela: Gerechte und effiziente Gestaltung des Gesundheits- und Sozialsystems – Grundsätzliche Überlegungen zur verhängnisvollen Rolle staatlicher Wettbewerbsvorgaben. In: Köhler-Offierski, Alexa/Edtbauer, Richard (Hrsg.): Gestaltung und Rationalisierung. FEL Verlag Forschung Entwicklung Lehre, Freiburg i.Br. 2010. S. 41-48.
Linzbach, Christoph: Die Zukunft der sozialen Dienste vor der europäischen Herausforderung. Nomos, Baden-Baden 2005.
Mook, Laurie/Quarter, Jack/Ryan, Sherida (eds.): Researching the Social Economy. University of Toronto Press, Toronto 2010.
Murray, Robin: Danger and Opportunity. Crisis and the New Social Economy. NESTA, London 2009.
Musgrave, Richard A.: The Theory of Public Finance. McGraw Hill, New York 1959.
Nelson, Margaret K.: The Social Economy of Single Motherhood. Raising Children in Rural America. Routledge, New York 2005.
Quarter, Jack/Mook, Laurie/Armstrong, Ann: Understanding the Social Economy. A Canadian Perspective. University of Toronto Press, Toronto 2009.
Rock, Joachim: Wohlfahrt im Wettbewerb. Europäisches Recht kontra Daseinsvorsorge und soziale Dienste ? VSA, Hamburg 2010.

Spengler, Norman/Priemer, Jana: Daten zur Zivilgesellschaft. Eine Bestandsaufnahme. Edition Stifterverband, Essen 2011
The Reader 2010: "Social and Solidarity Economy: Building a Common Understanding". International Training Centre of the ILO, Turin 2010.
Wendt, Wolf Rainer: Zum Stand der Theorieentwicklung in der Sozialwirtschaft. In. Wendt, Wolf Rainer/Wöhrle, Armin: Sozialwirtschaft und Sozialmanagement in der Entwicklung ihrer Theorie. Ziel, Augsburg 2007. S. 10-100.
Wendt, Wolf Rainer: Die geschichtliche Entwicklung der Sozialwirtschaft – aus sozialer Sicht. In: Arnold, Ulli/Maelicke, Bernd (Hrsg.): Lehrbuch der Sozialwirtschaft. 3. Aufl., Nomos, Baden-Baden 2009. S. 31-48.
Wendt, Wolf Rainer: Der soziale Unterhalt von Wohlfahrt. Elemente der Sozialwirtschaftslehre. Nomos, Baden-Baden 2011.
Wendt, Wolf Rainer (Hrsg.): Wohlfahrtsarrangements. Neue Wege in der Sozialwirtschaft. Nomos, Baden-Baden 2011a.
Wendt, Wolf Rainer (Hrsg.): Sozialwirtschaftliche Leistungen. Versorgungsgestaltung und Produktivität. Ziel Verlag, Augsburg 2011b.
Wendt, Wolf Rainer: Sozialwirtschaft. Ein Brevier ihrer Lehre. Centaurus, Freiburg i.Br. 2013.

Kapitel 2 Sozialstaat, Sozialpolitik und (sozial-)politische Steuerung[1]

Reinhilde Beck/Gotthart Schwarz

Ebenso bedeutsam und existentiell wie die identitätsstiftende Verknüpfung des Sozialmanagements mit der professionellen Sozialarbeit ist seine Fokussierung und Ausrichtung auf den politischen Kontext von Sozialstaat, Rechtsstaat und Demokratie. Der Sozialstaat in der Bundesrepublik Deutschland, seine rechtlichen Grundlagen, die politischen Rahmenbedingungen der gegenwärtigen Sozialpolitik, die Organisationen und die praktizierten Formen sozialer Arbeit sind Ergebnis eines von Krisen, Kriegen und Konflikten begleiteten historisch-politisch-ökonomischen Prozesses, der sich seit den Anfängen der Industrialisierung in Deutschland über die letzten 150 Jahre erstreckt (Schwarz/Beck, 2010)

In diesem Beitrag befassen wir uns in einem ersten Schritt mit den Besonderheiten des deutschen Sozialstaats, den Hauptphasen seiner historisch-gesellschaftlichen Entwicklung und stellen zentrale Funktionen, Interpretationen und korrespondierende Gestaltungsprinzipien des Sozialstaats in Deutschland vor (Abschnitte 1-4).

Im zweiten Schritt konzentrieren wir uns auf die Konstruktionsprinzipien und Strukturen des deutschen Sozialstaats (Abschnitt 5), stellen in Wissenschaft und Politik diskutierte Typen und Sozialstaatsmodelle vor (Abschnitt 6) und gehen auf die Krise des Sozialstaates und den in den letzten Jahren erfolgten Paradigmenwechsel in Sozialstaat und Sozialpolitik ein (Abschnitt 7).

Im dritten und letzten Schritt betrachten wir Sozialstaat, Sozialpolitik und Sozialmanagement im Einflussbereich umfassender politischer und wirtschaftlicher Makrostrukturen und stellen auf diesem Hintergrund Anforderungen an das Sozialmanagement zur Diskussion (Abschnitt 8).

Ziel dieses Beitrags ist es, dem Leser, der Leserin ein hinreichendes Verständnis für diejenigen ökonomischen, sozialen und politischen Einflussgrößen und Veränderungen zu vermitteln, an denen sich Sozialmanagement im makrosystemischen Kontext normativ und strategisch auszurichten hat und die außerdem in den heftigen Debatten um Vorzüge und Nachteile des Sozialstaats eine – nicht immer erkennbare – wesentliche Rolle spielen.

---

[1] Diesem Artikel liegt eine überarbeitete, stark gekürzte, aktualisierte und ergänzte Fassung des 2010 veröffentlichten Textes „Sozialstaat, Sozialpolitik und Sozialverwaltung im Kontext der politischen Entwicklung" zugrunde.

Kapitel 2: Sozialstaat, Sozialpolitik und (sozial-)politische Steuerung

1. Der Sozialstaat – eine „Mischform" aus staatlichen Leistungen, marktförmigen Angeboten und selbstorganisierten Hilfen

In diesem Kapitel erhalten Sie zunächst einen Einblick in die Formen des Helfens in wenig ausdifferenzierten Gesellschaften sowie in die strukturellen Besonderheiten des deutschen Sozialstaates.

> **Lernziele**
>
> Am Ende des Kapitels sollten Sie:
> - die Unterschiede zwischen Hilfesystemen in kleinräumigen Gesellschaftssystemen und in modernen Industriegesellschaften beschreiben können;
> - darlegen können, was mit der Bezeichnung „Dritter Sektor" gemeint ist;
> - wissen, welche gesellschaftlichen Gruppen und Akteure an der politischen Gestaltung des „Dritten Sektors" beteiligt sind;
> - die zentralen Hauptphasen der deutschen Sozialstaatsentwicklung benennen können.

1.1 „Helfen" in wenig ausdifferenzierten Gesellschaften

Helfen basierte in früheren, wenig ausdifferenzierten Gesellschaften in erster Linie auf persönlichen Beziehungen und Bindungen. Die Mitglieder eines Stammes, eines Verbandes, einer Familie bildeten eine Solidargemeinschaft. Diese gewährte Schutz gegen Umweltbedrohung und Schicksalsschläge. Die Hilfe erfolgte auch, weil man selbst in eine vergleichbare Situation kommen konnte. Soziale Kontrolle und wechselseitig erwartete Hilfe garantierten eine hohe Verlässlichkeit der Hilfe. Außerhalb des eigenen Verbandes war Hilfe dagegen eher etwas Zufälliges. Im Verlaufe der gesellschaftlichen Entwicklung kam es zu einer Ausdifferenzierung und Spezialisierung von Hilfesystemen (vgl. Luhmann 1973, S. 21 ff.).

Niklas Luhmann, der 1998 verstorbene renommierte Soziologe, befasst sich in einem Aufsatz aus dem Jahr 1973 mit den „Formen des Helfens im Wandel gesellschaftlicher Bedingungen" (Luhmann 1973). In diesem Artikel zeigt er den politischen, organisatorischen und ökonomischen Kontext der sozialen Hilfeleistungen und Hilfesysteme mit ihren religiös-weltanschaulichen, psychologischen und pädagogischen Begründungen auf. Er vertritt die These: Je größer die Komplexität einer Gesellschaft desto vielfältiger sind auch die sozialen Bedürfnisse der Menschen und ihre Erwartungen an die sozialen Leistungssysteme. Charakteristisch für kleinräumige Gesellschaftssysteme, wie z. B. in Stammesverbänden der Frühzeit, den antiken Stadtstaaten oder geschlossenen Siedlungs- und Dorfgemeinschaften, sind Organisationsformen wechselseitiger persönlicher Hilfen ohne größere gesellschaftliche Institutionalisierung.

Ihre Stärken liegen

- in der zahlenmäßigen Begrenzung, Überschaubarkeit und persönlichen Beziehung zu den Hilfebedürftigen;
- in dem geringen Kostenaufwand vor allem in dem System der „reziproken Hilfeleistungen", d. h. in der sozialen Nähe und Verbundenheit der Hilfeleistenden sowie
- in der hohen Anpassungsfähigkeit der Hilfen an die tatsächlichen Bedürfnisse der Hilfeempfänger/-innen (Prinzip der Einzelfallhilfe).

Moderne Industriegesellschaften in großräumigen Flächenstaaten entwickeln ein ausgebautes, differenziertes System kollektiver „Daseinsvorsorge". Hilfeleistungen beruhen dementsprechend in modernen Gesellschaften nicht mehr vorwiegend auf der personengebundenen Hilfe durch Menschen. Sie erfolgen über die Entwicklung und Realisierung von sozialen Programmen durch politische Parteien und Verbände, staatliche bzw. kommunale Verwaltungen bzw. private oder gemeinnützige Organisationen der professionellen Sozialarbeit/Sozialpädagogik (vgl. Luhmann 1973).

1.2 Das System sozialer Hilfeleistungen in der BRD

Nach der Analyse Luhmanns lässt sich das in der Bundesrepublik Deutschland entwickelte System sozialer Hilfeleistungen als eine Mischform (Welfare Mix) definieren, die sich auf folgende, in Abbildung 1 aufgezeigte drei Bereiche stützt:

- einen staatlich organisierten Sektor kollektiver Daseinsvorsorge. Dieser umfasst vor allem die großen sozialen Sicherungssysteme (Renten-, Kranken-, Unfallversicherung) mit ihren Sozialleistungen, die auf den folgenden zentralen Antriebsfaktoren beruhen:
    - gesetzliche Grundlagen,
    - wirtschaftliches Wachstum und
    - monetäre Geldleistungen;
- einen teils staatlich/teils marktwirtschaftlich organisierten Sektor sozialer Hilfen. Dieser wird getragen von privaten Anbietern, Kirchen, Wohlfahrtsverbänden, Vereinen und anderen freien und gemeinnützigen Trägern. Im Zuge der europäischen Einigung müssen sich die diesen Bereich repräsentierenden privaten Anbieter, gewerblichen Dienstleistungsunternehmen, kommunalen Dienste, kirchlichen Einrichtungen, Wohlfahrtsverbände, Vereine und andere freie und gemeinnützige Träger zunehmend den ökonomischen und kommerziellen Anforderungen einer Dienstleistungsgesellschaft mit wachsender Marktorientierung anpassen.
- den autonomen Sektor. Zu ihm gehören zahlreiche und vielfältige wechselseitige Beziehungen und persönliche Hilfen in überschaubaren, kleinräumigen bzw. sozialräumlichen sozialen Netzwerken von Bürgerinitiativen, Selbsthilfe- und Nachbarschaftsgruppen, Stadtteilprojekten etc.

Die nachfolgende Abbildung zeigt den sich aus dem Zusammenspiel dieser drei Bereiche ergebenden „Intermediären Bereich", auch „Dritter Sektor" genannt.

Kapitel 2: Sozialstaat, Sozialpolitik und (sozial-)politische Steuerung

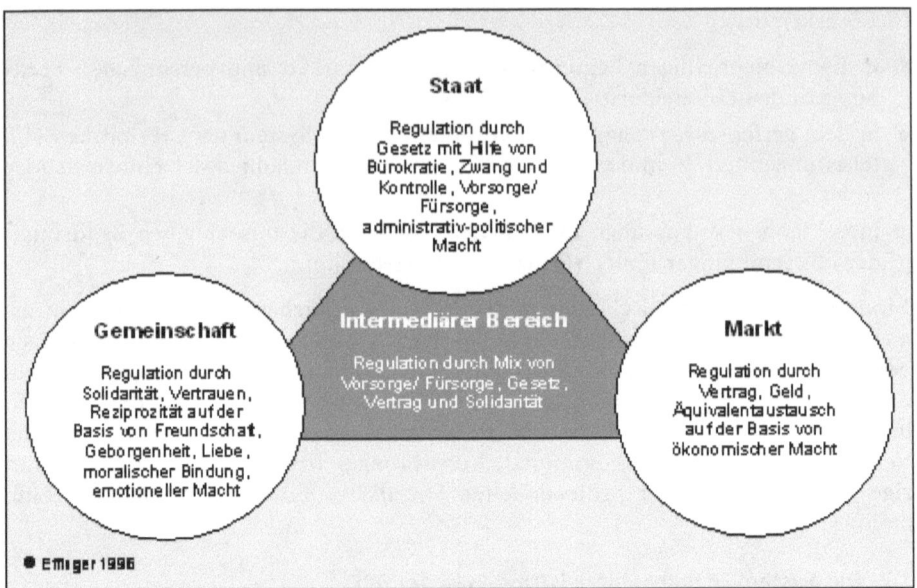

Abb. 1: Das System sozialer Hilfeleistungen in Deutschland (nach Effinger 1996, 191)

Der „Intermediäre Bereich" lässt sich gewissermaßen im Kontext einer Trichotomie neben den idealtypischen Polen von „Markt" und „Staat" verorten. Der Sektor „Markt" ist gekennzeichnet durch eine gewinnorientierte und grundsätzlich auch über den Markt finanzierte Tätigkeit. Der staatliche Sektor beinhaltet die Aktivitäten aller Gebietskörperschaften (Bund, Länder, Gemeinden, Kommunen). Er ist gekennzeichnet durch die Erfüllung hoheitlicher Aufgaben sowie durch die primäre Finanzierung über Steuern und Abgaben. Typisch für den dritten oder intermediären Sektor ist eine Mischung aus den Regulationsmechanismen Vorsorge, Fürsorge, Vertrag und Solidarität (vgl. Helmig, Zugriff 04.09.2012).

Der „Intermediäre bzw. Dritte Sektor" gilt im offiziellen Sprachgebrauch aufgrund seiner Geschichte, Herkunft und Entstehung noch immer als „unabhängiger" Sektor zwischen dem Staat auf der einen und dem Markt auf der anderen Seite. In der Realität ist der Sozialbereich aber weder unabhängig noch selbständig – jedenfalls in weiten Bereichen nicht mehr. Die Mehrzahl der Träger, Organisationen, Einrichtungen und Dienste in Deutschland mit sozialem Auftrag ist von ihrer Aufgabenstellung, Rollenzuweisung und Funktionswahrnehmung vom Staat abhängig und somit eher halbstaatlich als unabhängig. In manchen Bereichen erscheinen sie geradezu als verlängerter Arm des Staates – insofern als die sozialen Leistungssysteme, die sozialpolitischen Strategien der Träger und Leistungserbringer, die professionell betriebene Berufsarbeit in den Sozial-, Jugend- und Gesundheitsdiensten maßgeblich von politischen Strategien und Interessenskonflikten in der Gesellschaft beeinflusst werden, wie dies auch in anderen Politikbereichen der Fall ist.

1.3 Hauptphasen der Herausbildung des modernen Sozialstaates in Deutschland

Die Wurzeln des Sozialstaats, seine ethischen Grundsätze, organisatorischen Strukturen und gesetzlichen Bestimmungen reichen weit in die Geschichte zurück. Er selbst ist ohne Kenntnis einiger spezifischer Merkmale seiner Entstehung und Entwicklung seit dem ausgehenden Mittelalter und der beginnenden Neuzeit (insbesondere was die Rolle des Staates anbelangt) kaum zu verstehen (vgl. Schwarz/Beck 2010, Kapitel 2, siehe auch Hentschel 1983). Der historischen Kontinuität und Tradition deutlich mehr verpflichtet als dies in anderen europäischen und außereuropäischen Ländern der Fall ist, sind es vor allem wirtschaftliche Krisen in Verbindung mit militärischen Niederlagen des Deutschen Reichs, die zur Herausbildung des modernen Sozialstaats in fünf Hauptentwicklungsphasen geführt haben (vgl. Flora/Albert/Kohl 1977):

- Die „klassische Einführungsphase" zwischen 1880 und 1914 mit dem Aufbau der Sozialversicherungssysteme (Unfall-, Haftpflicht-, Kranken- und Rentenversicherung) zur Erhaltung der Arbeitskraft/Arbeitsfähigkeit der lohnabhängigen Industriearbeiter.
- Eine erste Expansionsphase nach dem Ersten Weltkrieg (1918 bis 1928) zur Beseitigung der Kriegsfolgen (Kriegs-, Witwen-, Waisenrente) durch Einführung von Arbeitslosenunterstützung, Pflichtversicherungen und staatlicher Altersversorgung.
- Eine zweite Expansionsphase nach dem Zweiten Weltkrieg (1945 bis 1960) mit dem Aufbau umfassender Programme für soziale Dienstleistungen, Sicherung des sozialen Existenzminimums, Aufbau von Transferzahlungen, Einführung der dynamischen Altersrente im Jahr 1957, soziale Steuerpolitik etc. (Lastenausgleich, Wohnungsbauprogramme, Renten, Sozialhilfe).
- Eine Phase der Konsolidierung, Reorganisation und sozialliberalen Reformpolitik zwischen 1960 und 1973, mit Einbeziehung der Selbständigen in die Sozialversicherung, finanziellen Leistungsverbesserungen, steigenden öffentlichen Ausgaben, vor allem im Gesundheits- und Bildungsbereich.
- Eine über vier Jahrzehnte andauernde Phase wirtschaftlicher Stagnation und Rezession seit 1974, verbunden mit Kürzungen der Sozialleistungen, Forderungen nach Entstaatlichung und Reprivatisierung im Sozialsektor, den Arbeitsmarktreformen der Agenda 2010 (im Sprachgebrauch auch „Hartz-Gesetze"), dem schrittweisen Rückzug des Staates aus der Sozialpolitik und einer stärkeren Eigenbeteiligung der Bürger in der Krankenversicherung, Sozialhilfe, Arbeitslosenversicherung etc. (vgl. hierzu Schwarz/Beck, 2010, Kapitel 5).

1.4 Akteure und deren Einflussnahme auf die politische Gestaltung des Sozialstaats

Akteure in den Auseinandersetzungen um die politische Gestaltung des Sozialstaats, seiner Ziele und Inhalte, seiner Finanzierung, Organisationsstruktur und Durchführungsbestimmungen sind fast alle relevanten Gruppen aus Politik, Wirtschaft und Gesellschaft und zwar auf Bundes-, Landes- und kommunaler Ebene:

- Regierungs- und Oppositionsparteien,
- Bundestag und Bundesrat,
- Städte und Landkreise,
- Wirtschaftsverbände, Gewerkschaften,
- Kirchen, Wohlfahrtsverbände,
- die Verwaltungen in Bund, Ländern und Kommunen,
- soziale, pädagogische, medizinische, pflegerische und therapeutische Berufsgruppen,
- Bürgerinitiativen,
- die Medien, die Öffentlichkeit,
- sowie – wenn auch am wenigsten – die hilfebedürftigen und anspruchsberechtigten Leistungsempfänger/innen selbst.

Sie alle sind beteiligt und ringen um Einflussnahme auf sozialpolitische und sozialstaatliche Strukturen.

Zusammenfassung

Zusammenfassend kann festgehalten werden: Der sog. „Dritte Sektor" in der Bundesrepublik Deutschland (vor und nach der Wiedervereinigung)

- ist ein sehr komplexes Gebilde im Spannungsfeld von Staat, Gesellschaft, Marktwirtschaft und Selbsthilfe,
- unterliegt in seiner Entstehung und Funktion dem historischen Wandel und gesellschaftlichen Einflussnahmen,
- und stellt ein Politikfeld dar, in dem zahlreiche Probleme zu lösen und offene Fragen zu beantworten sind. Die Lösung dieser Fragen und Probleme wird begleitet von einer Diskussion um Nutzen und Grenzen des Sozialstaats.

Kontrollfragen

1.1 Was sind charakteristische Merkmale von Hilfesystemen in kleinräumigen Gesellschaftssystemen und in modernen Industriegesellschaften?
1.2 Was meint die Bezeichnung „Dritter Sektor"?
1.3 Nennen Sie gesellschaftliche Gruppen und Akteure, die an der politischen Gestaltung des „Dritten Sektors" beteiligt sind.

2. Gesellschaftliche Funktionen der staatlichen Sozialpolitik

Die politische Zweckbestimmung der Sozialpolitik in der modernen, besitz-/eigentumsorientierten und arbeitsteilig organisierten Erwerbsgesellschaft liegt mehr denn je darin, den von wirtschaftlichen Krisen bedrohten sozialstaatlichen Zusammenhalt mit finanziellen, personellen und organisatorischen Ressourcen zu gewährleisten. Dies geschieht mittels Planung und Organisation von Unterstützungsstrukturen für Individuen, Familien und Gruppen, die von Marginalisierung, Unterprivilegierung und Kriminalisierung bedroht und betroffen sind (vgl. Lange/

Weth 1992, Pilz 1978, Piven/Cloward 1977, Starnberger Studien 1977) und damit durch Sozialmanagement.

> **Lernziele**
>
> Am Ende des Kapitels sollten Sie:
>
> - die Funktionen und Aufgaben des Sozialstaats und der staatlichen Sozialpolitik und deren Bedeutung für die Steuerung moderner Industriegesellschaften kennen, nämlich:
>   - die Regulierung der Arbeit und des Arbeitsmarkts,
>   - die Sicherung einer ausreichenden Zahl von Arbeitskräften mit den benötigten Qualifikationen,
>   - die Kompensation niedriger Lohneinkommen durch Sozialtransfers und damit die Integration der Gesellschaft sowie
>   - die soziale Kontrolle abweichenden Verhaltens von Personen und Personengruppen.
>
> Sie sind in der Lage diese Funktionen anhand eines aktuellen Beispiels zu verdeutlichen.

2.1 Regulierung der Konflikte zwischen (Lohn-)Arbeit und Kapital

In den modernen Industriegesellschaften steht die abhängige Erwerbsarbeit/Lohnarbeit nach wie vor im Zentrum gesellschaftlicher Strukturen, Prozesse und sozialer Beziehungen. Der Arbeitsmarkt ist noch immer die zentrale Instanz für die Verteilung von Lebenslagen und -chancen. Der Sozialstaat regelt durch seine Rahmenbedingungen und Steuerungsinstrumente die Konflikte zwischen „Lohnarbeit" und „Kapital", widersprüchliche Interessen beider Seiten werden gezwungen, Kompromisse einzugehen, die für den sozialen Zusammenhalt und Frieden notwendig sind.

2.2 Konstitution, Qualifikation und soziale Reproduktion der Arbeitskraft

Das vorherrschende Ziel staatlicher Sozialpolitik ist neben (in politisch und ökonomisch schwierigen Zeiten oft sogar *vor*) der Beseitigung individueller oder kollektiver Armut die Herstellung und Sicherung ausreichender und anforderungsgemäßer Arbeitsfähigkeit und Qualifikationen von Arbeitskräften für den gesellschaftlichen Produktionsprozess. Diese Funktion ist in den letzten 100 Jahren zunehmend in eigenständigen Politikfeldern ausdifferenziert und durch Gesetze, Verordnungen, Richtlinien, Erlasse, Eingriffe und Maßnahmen reguliert worden.

Hierzu folgende Beispiele:

- Unterstützung der Familie bei den Erziehungs- und Sozialisationsaufgaben (Jugend-, Erziehungs-, Familien-, Gesundheitshilfen),
- Vermittlung von Mindestqualifikationen und Mindestkenntnissen (Bildungspolitik, berufliche Bildung, berufsqualifizierende Maßnahmen) für die künftige Berufsarbeit,

- Arbeitsschutzbestimmungen und Förderung der Arbeitsmobilität, Qualifikationspolitik, Arbeitszeitpolitik, Mitbestimmung.

2.3 Kompensation und Integration

Jede Gesellschaft ist für ihr friedliches Zusammenleben auf Integration angewiesen. Insbesondere die entwickelte kapitalistische Gesellschaft kann auf die politischen Integrationsprozesse im Sozialstaat nicht verzichten. Prozesse der gesellschaftlichen Individualisierung und Pluralisierung von Lebenswelten und -formen wurden insbesondere im Kontext soziologischer Forschung und entsprechender Publikationen in den zurückliegenden zwei Jahrzehnten vielfach und detailliert beschrieben (Beck 1986, 1994, Boeckh u.a. 2006, Lessenich 2008). Bedingt durch die technologischen, ökonomischen und wissenschaftlichen Modernisierungsschübe und Veränderungsprozesse kommt es zur fortschreitenden Differenzierung der gesellschaftlichen Teilbereiche (Staat, Ökonomie) und der sozialen Lebenswelten sowie zur Auflösung der traditionellen Integrationsinstanzen und -mechanismen (Familie, Religion, Nation, Gewerkschaften, Parteien etc.).

In der Bundesrepublik Deutschland erfolgt die Integration durch kompensatorische Regulierung der gesellschaftlichen Risiken. Dazu gehört die Mindestversorgung der lohnabhängigen Bevölkerung und Ergänzung ihres unzureichenden Lohneinkommens durch Sozialeinkommen zur Absicherung ihrer Existenz und materiellen Reproduktion (Sozialversicherung, Sozialtransfers, Steuerpolitik, Verteilungspolitik). Zu unterscheiden ist dabei zwischen

- dem arbeitsfähigen Teil der Bevölkerung, der zum Zwecke der Wiedereingliederung in den Arbeitsmarkt vorübergehend unterstützt wird (Kranken-, Unfall-, Arbeitslosenversicherung, Ausbildung, Umschulung, Resozialisierung, Rehabilitation) und
- dem nicht mehr arbeitsfähigen Teil, dem eine dauerhafte und angemessene Grundversorgung gewährt werden soll (Alters-, Invalidenrente).

Art und Ausmaß der sozialen Sicherung sind so gestaltet, dass sie einerseits arbeitsfähige Menschen zur baldmöglichen Wiederaufnahme der Arbeit bewegen und andererseits auch abschrecken sollen, auf diese Hilfe angewiesen zu sein (soziale Kontrolle, Stigmatisierung). Die politischen und strukturellen Voraussetzungen für eine (gelingende) Integration der Menschen unterschiedlicher Herkunft, Nationalitäten, Rassen, Glaubensgemeinschaften und Bildungsschichten werden geschaffen durch eine sozialräumliche, sozialökologische Infrastrukturpolitik, Gemeindeentwicklungspolitik und Gemeinwesenarbeit.

2.4 Kontrolle und Diskriminierung

Vermittels der professionellen Sozialen Arbeit sichert der Sozialstaat die Aufrechterhaltung und den reibungslosen Ablauf der Produktions- und Reproduktionsprozesse, sowie die in der bürgerlichen Gesellschaft herrschenden Normen, Wertorientierungen und Verkehrsformen und schützt dadurch den bürgerlichen Rechtsstaat. Konzepte und Instrumente, die hierfür eingesetzt werden, sind

- die soziale Kontrolle abweichenden Verhaltens bzw. auffälliger Personen aus benachteiligten gesellschaftlichen Gruppen durch Polizei, Gerichte, Gefängnisse oder Jugendämter.
- Resozialisierung/Rehabilitation unangepasster aber noch arbeitsfähiger Erwerbstätiger.

Die Kompensationsfunktion, Konstitutionsfunktion und Kontrollfunktion werden in einer Reihe neuerer Untersuchungen und in soziologischen Theorien als die wesentlichen Funktionsbestimmungen von Sozialstaat, Sozialpolitik und Sozialarbeit genannt (Swaan 1993, Starnberger Studien, 1977, Piven/Cloward 1977).

Kontrollfragen

2.1 Skizzieren Sie die wichtigsten Funktionen des Sozialstaats und der Sozialpolitik in einer modernen Industriegesellschaft.

2.2 Welche praktischen Beispiele (Gesetze, Programme, Maßnahmen) für die genannten Funktionsbereiche sind Ihnen bekannt?

3. Interpretationen des Sozialstaats in (West-)Deutschland seit 1949

Nach Art. 20 Abs. 1 des Grundgesetzes (GG) ist die Bundesrepublik Deutschland ein „demokratischer und sozialer Bundesstaat". Charakteristisch für die (west)deutsche Sozialstaatsentwicklung ist, dass die Verfassungsschöpfer im Parlamentarischen Rat 1948/49 den politischen Akteuren wenig konkrete Verpflichtungen auferlegt, aber einen erheblichen Gestaltungsspielraum für sozialstaatlich orientierte Zielsetzungen, Aufgaben und Programme zugebilligt haben (vgl. Pilz 1978). Dieser Kompromiss der sozialstaatlichen „Offenhaltung" der Verfassung kam zustande, weil die CDU und SPD als die beiden großen, um die politische Führung im Nachkriegsdeutschland rivalisierenden Parteien sich im Parlamentarischen Rat auf ein gemeinsames Sozialstaatskonzept nicht einigen konnten und ihre spezifischen Sozialstaatsvorstellungen als Regierungspartei zu einem späteren Zeitpunkt durchzusetzen hofften (Hartwich 1970, Pilz 1978).

Lernziele

Am Ende des Kapitels sollten Sie:

- die Grundzüge der Sozialstaatsmodelle, des „demokratischen Sozialismus" (SPD) und des „sozialen Kapitalismus" bzw. der „sozialen Marktwirtschaft" der CDU (s. a. Hartwich 1970) kennen;
- verschiedene verfassungsrechtliche Interpretationen und politische Konzepte zum Verständnis des Sozialstaats beschreiben (s. a. Pilz 1978) können;
- wissen, was mit dem sozialstaatlichen Kompromiss zwischen Kapital und Arbeit unter Vermittlung des Staates gemeint ist (Neumann/Schaper 2008, Pilz 1978).

3.1 Das Sozialstaatsmodell des „demokratischen Sozialismus"

Die Grundforderungen des demokratischen Sozialismus sind kennzeichnend für das Sozialstaatsmodell der SPD. Dieses wurde nach der Aufhebung der Sozialistengesetze 1890 und der Wiederzulassung der SPD zum politischen Leben, zunächst im Kaiserreich, später in der Weimarer Republik und dann in der Bundesrepublik Deutschland in ihren diversen Parteiprogrammen entwickelt.

Grundforderungen des vom demokratischen Sozialismus getragenen Sozialstaatsmodells der SPD sind folgende:

- Vergesellschaftung/Sozialisierung von Grund und Boden, Naturschätzen und Produktionsmitteln, ihre Überführung in Gemeineigentum und den Aufbau einer Gemeinwirtschaft unter strikter Ablehnung jeder Form von Zwangswirtschaft (vgl. Art. 15 GG);
- gezielte Umstrukturierung des Wirtschaftssystems durch eine gesamtstaatlich orientierte, öffentliche Planung und Kontrolle von Produktion und Investitionen mit paritätisch besetzten Organen einer öffentlich-rechtlichen Selbstverwaltung der Wirtschaft;
- verfassungsmäßig und institutionell gesicherte Gleichrangigkeit von Wirtschafts- und Sozialpolitik (keine Nachrangigkeit der Sozialpolitik);
- Mitbestimmung der Arbeitnehmer/-innen in den Betrieben auf allen Ebenen und in allen Fragen, sowie eine einheitliche Sozialversicherung durch Aufhebung der Trennung von Arbeitern und Angestellten (vgl. Hartwich 1970).

3.2 „Sozialer Kapitalismus" als Programm der CDU

In ihren „Düsseldorfer Leitsätzen" vom Juni 1949 legte die CDU ihr Programm des „sozialen Kapitalismus" mit folgenden Schwerpunktsetzungen vor:

- Schutz der bestehenden Einkommens- und Vermögensverhältnisse und Förderung des Privateigentums;
- Möglichst geringe staatliche Interventionen in Wirtschaftsprozesse durch marktwirtschaftliche Regelungen (z. B. Wettbewerbsrecht) und liberale ordnungsrechtliche Maßnahmen (Geldpolitik, Konjunkturpolitik und Kartellrecht);
- Beschränkung der sozialpolitischen Regulierungen und Zugriffe des Staates auf individuelle Notlagen und begrenzte Korrekturen zugunsten wirtschaftlich und sozial abhängiger Bevölkerungsgruppen;
- Förderung des selbständigen Mittelstands;
- Unternehmerverantwortung und betriebliche Partnerschaft anstelle von Mitbestimmung der Arbeitnehmer/-innen;
- Solidarität als Grundprinzip der Sozialversicherung und Fürsorge bei Bedürftigkeit (s. Hartwich 1970).

Jede der beiden Parteien glaubte bei einer „Offenhaltung" der Sozialstaatsfrage in der Verfassung später mit einer durch Wahlen legitimierten Mehrheit ihr Sozialstaatskonzept politisch durchsetzen zu können.

3.3 Verfassungsrechtliche Interpretationen des Sozialstaatsprinzips

Die Offenheit der Verfassung mit Blick auf ihr Sozialstaatsverständnis führte in den ersten Jahren der Bundesrepublik Deutschland immer wieder zu staats- und verfassungsrechtlichen Grundsatzdebatten über den sozialstaatlichen Verfassungsauftrag des Artikels 20 Abs. 1 in Verbindung mit Art. 28 Abs. 1 GG. Konservative und liberale Staats- und Verfassungsrechtler stritten in vielen Publikationen und heftigen Kontroversen um die Frage, inwieweit die Bundesrepublik mehr ein *Rechts*staat sei mit dem Verfassungsauftrag, die bestehenden Besitzverhältnisse und gesellschaftlichen Strukturen zu bewahren oder mehr ein *Sozial*staat mit dem Verfassungsgebot zu einer aktiven Veränderung der bestehenden Wirtschafts- und Gesellschaftsordnung. Während konservative Verfassungsjuristen (E. Forsthoff, R. Herzog) die Bundesrepublik vorrangig als Rechtsstaat definierten mit dem Auftrag, die bestehende Ordnung zu schützen, sahen liberale Staatsrechtler (E. Dürig, K. Hesse) den Artikel 20 GG geradezu als einen Auftrag zur „Sozialordnungsgestaltung", der die Gesetzgebung und vollziehende Gewalt zur Wahrnehmung sozialstaatlicher Aufgaben legitimiert und verpflichtet (Pilz 1978).

In den ebenfalls heftig und kontrovers verlaufenden Debatten über Zielbestimmung, Struktur, Umfang und Qualität des Sozialstaats im wieder vereinigten Deutschland wurden folgende vier unterschiedliche Ansätze von Sozialstaat diskutiert (vgl. Pilz 1978).

Der konfliktreduzierende Ansatz

In diesem Ansatz wird die Aufgabe des Staates als Rechtsstaat darin gesehen, ein möglichst konfliktfreies, geordnetes Zusammenleben der Menschen durch die Aufrechterhaltung von Recht und Ordnung zu gewährleisten. Eine Verpflichtung des Staates zur Bereitstellung eines vielfältigen Angebots differenzierter Sozialleistungen wird im Kern für *nicht* erforderlich gehalten.

Der notmindernde und gerechtigkeitsorientierte Ansatz

Aufgabe des Staates nach diesem Konzept ist es, zur Realisierung der von der Verfassung geschützten Menschenwürde (Art. 1 GG) und des Rechts auf freie Entfaltung der Persönlichkeit (Art. 2 GG) den Anspruch der Hilfsbedürftigen auf Sozialleistungen zu erfüllen (Bundessozialhilfegesetz – BSHG bis 1961; danach SGB I–XII), die verschiedenen Formen sozialer Not zu beheben oder zumindest zu mildern und soziale Gerechtigkeit herzustellen.

Der Staat ist als Sozialstaat verpflichtet, durch umfassende Hilfen zur Überwindung sozialer Notlagen beizutragen und Verantwortung für die Herstellung sozialer Gleichheit und Gerechtigkeit zu übernehmen.

Der demokratie-identische Ansatz

Diese von W. Abendroth entwickelte und von H. H. Hartwich zum „Sozialstaatsgebot/ Sozialstaatspostulat" erhobene Interpretation des Art. 20 GG stellt eine unmittelbare Verbindung zwischen dem Demokratieprinzip und dem Sozialstaatsgebot her. Demnach darf der demokratische Gedanke nach den Artikeln 20 und 28 GG nicht auf den politischen Raum beschränkt bleiben, sondern muss sich auch auf die Wirtschafts- und Sozialordnung erstrecken. Die Begriffe sozial und demokratisch werden synonym verwendet. Sie werden nicht auf den staatlichen Bereich beschränkt, sondern auf alle gesellschaftlichen Zusammenhänge ausgeweitet. Nicht nur die negativen Folgen der herrschenden Staats- und Gesellschaftsordnung müssen nach dieser Auffassung durch sozialstaatliche Maßnahmen korrigiert werden, sondern darüber hinaus müssen auch die im kapitalistischen System liegenden Ursachen sozialer Ungleichheit durch eine aktive soziale Gestaltungspolitik beseitigt werden (Hartwich 1970).

Der steuerungspolitische Ansatz

Vertreter des steuerungspolitischen Ansatzes sind insbesondere Sozialwissenschaftler/-innen wie R. Mayntz, F. W. Scharf, A. Murswieck u. a., die angesichts der hohen Störanfälligkeit und krassen Fehlentwicklungen in modernen Volkswirtschaften (Marktversagen, Machtkonzentration, Wettbewerbsverzerrung, Unterversorgung mit öffentlichen Gütern) rationale wirtschaftliche, politische, soziale, ökologische und fiskalische Steuerungskonzepte zur Durchsetzung sozialpolitischer Ziele und die Stärkung der Funktionsfähigkeit des Sozialstaats fordern. Der Sozialstaat kann nach ihrer Ansicht seine vielfältigen und differenzierten Aufgaben nur erfüllen, wenn die politisch-ökonomischen Entscheidungs-, Produktions- und Verteilungsprozesse an sozialen Zielen orientiert sind und nach sozialen Kriterien gestaltet werden (vgl. Mayntz/Scharpf 1973, Murswieck 1976).

3.4 Auffassung des Bundesverfassungsgerichts und Konsequenzen

Das Bundesverfassungsgericht und die ihm folgende Rechtsprechung haben bei der Abwägung und Interpretation des Sozialstaatsgedankens zwischen diesen Konzepten keine Entscheidung zugunsten der einen oder anderen Version getroffen. Alle in der Folgezeit erhobenen weiter gehenden Forderungen nach einem verstärkten Ausbau des Sozialstaats durch Eingriffe in die verfassungsrechtlich geschützte Eigentumssphäre oder auch nur durch Einschränkungen in der Nutzung des Eigentums (etwa durch Hinweis auf seine Sozialpflichtigkeit nach Artikel 14 Abs. 2 GG) wurden regelmäßig unter Hinweis auf ihre Verfassungsbedenklichkeit, wenn nicht gar Verfassungswidrigkeit juristisch und politisch abgewehrt. Das Bundesverfassungsgericht hat jedoch der Politik den Weg für eine aktive Sozialgesetzgebung und Sozialgestaltung offen gehalten. Nach seiner Auffassung hat der Staat die Verpflichtung, „für einen Ausgleich der sozialen Gegensätze und damit für eine gerechte Sozialordnung zu sorgen". Dafür wird ihm ein erheblicher Gestaltungsspielraum zugebilligt.

Die Schwachstelle der offenen Formulierung des Sozialstaatsprinzips treten insbesondere in wirtschaftlichen Krisenzeiten hervor und zwar insofern, als dieses dann nicht „als Grundlage administrativer Eingriffe in die Sphäre des einzelnen" genommen werden kann, also ohne rechtliche Wirkung im engeren Sinne bleibt. Der Verzicht der Verfassung auf eine Konkretisierung des Sozialstaatsprinzips durch eine Reihe sozialstaatlicher Einzelnormen (wie z. B. in vielen Länderverfassungen) kann aber auch als Offenheit und Chance der Verfassungsnorm zur permanenten Anpassung an die wechselnden sozialen Problemlagen in Staat und Gesellschaft interpretiert werden (Zacher 1977).

> **Zusammenfassung**
>
> Die vorausgehenden Ausführungen lassen erkennen, dass der Sozialstaat in Deutschland sich als Kompromiss zwischen Kapital und Arbeit unter Vermittlung des Staates erweist. Der Sozialstaat soll die Produktionskraft und Reproduktionsfähigkeit der Individuen – vor allem der Lohnabhängigen – erhalten und schützen. Er übernimmt verfassungsrechtlich die Verantwortung für die Überwindung sozialer Schäden und für die Befriedung sozialer Gegensätze in der Gesellschaft. Politisch will er die soziale Revolution durch rechtzeitige und durchgreifende Sozialreformen abwehren (Lange/Weth 1992).
>
> In vielen Länderverfassungen finden sich weitergehende Formulierungen und Garantien für die sozialen Grundrechte (z. B. in der hessischen und bayerischen Verfassung) als in dem diesbezüglich eher zurückhaltenden Grundgesetz vom 23. Mai 1949. Dies liegt vor allem daran, dass die meisten Länderverfassungen unmittelbar nach Kriegsende und schon vor Inkrafttreten des Grundgesetzes formuliert und beschlossen wurden. Liest man die in dieser Zeit verabschiedeten Länderverfassungen, so fällt ihr demokratisches und soziales Grundmuster und ihre sehr weitgehende sozialstaatliche Ausgestaltung auf (Schuster 1994).

> **Kontrollfragen**
>
> 3.1 Nennen Sie die Kernelemente des Sozialstaatsmodells des „demokratischen Sozialismus" (SPD).
> 3.2 Was sind die zentralen Aussagen zur „sozialen Marktwirtschaft" in den Düsseldorfer Leitsätzen der CDU zur Wirtschafts- und Sozialpolitik" (1949)?
> 3.3 Beschreiben Sie die wichtigsten Versionen verfassungsrechtlicher Interpretationen zum Sozialstaatsprinzip.
> 3.4 Was meint die Feststellung, dass der Sozialstaat in Deutschland sich als Kompromiss zwischen Kapital und Arbeit unter Vermittlung des Staates erweist?

4. Gestaltungsprinzipien der Sozialpolitik

Nach dem Einblick in die Besonderheiten des deutschen Sozialstaats, als einer „Mischform" aus staatlichen Leistungen, marktförmigen Angeboten und selbstorganisierten Hilfen, in Funktionen und in die kontroversen Interpretationen des Sozialstaats in (West-) Deutschland seit 1949 befassen wir uns in diesem Kapitel mit den Gestaltungsprinzipien der Sozialpolitik.

Kapitel 2: Sozialstaat, Sozialpolitik und (sozial-)politische Steuerung

> **Lernziele**
>
> Am Ende des Kapitels sollten Sie:
>
> - wissen was mit Äquivalenzprinzip, Solidaritäts- oder Solidarprinzips und Subsidiaritätsprinzip gemeint ist;
> - die mit dem Kausalprinzip verbundenen Probleme kennen und wissen, auf was sich das Finalprinzip als mögliche Alternative bezieht;
> - die Grundlagen von Versicherung, Versorgung und Sozialhilfe kennen und die Unterschiede zwischen diesen Hilfesystemen beschreiben können.

4.1 Selbstverantwortung, Solidaritäts- und Subsidiaritätsprinzip

Seit der mittelalterlichen Almosenlehre („Armut in heiliger Ordnung", Thomas von Aquin, 1224/25-1274, vgl. Schwarz/Beck 2010, S. 15 f) und den Anfängen der katholischen Soziallehre (von Nell-Breuning 1957) zählen die Selbstverantwortung, Solidaritäts- und Subsidiaritätsprinzip zu den grundlegenden Strukturmerkmalen und Argumentationsfiguren der Sozialpolitik in Deutschland. Sie thematisieren die innere Gliederung einer sich wandelnden Gesellschaft von der mittelalterlichen Standesordnung bis zur modernen Leistungs- und Arbeitsgesellschaft und haben auf diesem Wege vielfältige Interpretationen, Wandlungen und Ausgestaltungen erfahren (vgl. Sachse/Tennstedt 1980, de Swaan 1993).

Selbstverantwortung bzw. auch Individualprinzip

Nach dem Prinzip der Selbstverantwortung (Individualprinzip) ist jeder Mensch in sozialen Notlagen für sich und seine Angehörigen zunächst einmal selbst verantwortlich und nicht der Staat, die Klasse oder ein Kollektiv. D. h. jede Person muss Verantwortung und Initiative übernehmen, um aus der selbstverschuldeten oder unverschuldeten Notlage herauszukommen. Zielgerichtetes und entschlossenes Handeln wird erwartet, Resignation oder Nichthandeln sind nicht regelkonform und werden im Wiederholungsfall sanktioniert. In der modernen, gegenwärtigen Sozialpolitik kommt diesem Grundsatz ein exponierter Stellenwert vor den anderen Gestaltungsprinzipien wie z. B. Solidarität und Subsidiarität zu. Nur wer Eigenverantwortung übernimmt (z. B. durch Arbeit und die mit ihr verbundene Zahlung der Sozialversicherungsbeiträge) erbringt dadurch jene Vorleistungen und erwirbt Anwartschaften, die ihn/sie im Falle von Notlagen berechtigen, Unterstützungsleistungen aus den sozialen Transfersystemen zu beziehen.

Das Versicherungs- oder Äquivalenzprinzip entscheidet dann im konkreten Falle über die Höhe und Dauer der zu leistenden Zahlungen (Rente, Hinterbliebenen- und Arbeitslosenversicherung).

Solidaritätsprinzip

Das Solidaritätsprinzip meint eine individuelle und gesellschaftliche Gesinnungs- und Verhaltensweise nach dem Grundsatz „alle für einen, d. h. für jeden einzelnen, aber ebenso einer, d. h. jeder einzelne, für alle" (von Nell-Breuning 1957). Die ursprünglich auf gemeinsamen Interessen beruhende Gruppensolidarität (z. B.

der mittelalterlichen Zünfte, der Gesellen- und frühen Arbeitervereine) hat sich im Zuge von Industrialisierung und demographischer Differenzierung zu einer gesamtgesellschaftlichen Solidarität erweitert. Von zentraler Bedeutung für die Gegenwart und Zukunft sozialstaatlicher Entwicklung ist die Frage, inwieweit die Solidarhaftung aller Menschen sich über Generations-, Alters- und Berufsgrenzen hinweg finanzieren und konsolidieren lässt.

Subsidiaritätsprinzip

Das Subsidiaritätsprinzip betont die Notwendigkeit der Selbsthilfe vor jeder Fremdhilfe. Fremdhilfe soll nur soweit gewährt werden, wie sie Hilfe zur Selbsthilfe ist und nicht die eigenen Aktivitäten der Hilfeempfänger/-innen erstickt. Umstritten ist in der Diskussion um das Subsidiaritätsprinzip immer wieder die Frage, wer im Einzelfall die notwendigen Vorleistungen zu erbringen hat, um in den Genuss gesellschaftlicher Hilfeleistungen (z. B. Sozialleistungen) zu kommen: der in Not geratene Mensch aus eigener Kraft oder die Gesellschaft, die ihn erst einmal in die Lage versetzen muss, Eigeninitiative und Selbsthilfe entwickeln zu können. Nach der von dem Nestor der katholischen Soziallehre O. v. Nell-Breuning (1890 – 1991) erarbeiteten Fassung besagt das Subsidiaritätsprinzip nicht, dass sich die kleinere Einheit der Gesellschaft immer erst in der Selbsthilfe erschöpfen muss, bevor die nächst höhere Einheit eingreifen soll. Vielmehr ist in jedem Einzelfall zu klären, ob „die Aufgabe, um die es geht, von dem kleineren Lebenskreis, der engeren Gemeinschaft, dem räumlich oder fachlich engeren Gemeinwesen ausreichend und zufriedenstellend und ohne Überanstrengung der Kräfte geleistet werden kann, oder ob es zu ihrer richtigen und befriedigenden Lösung des Eingreifens der umfassenden Gemeinschaft, des räumlich oder fachlich weiter umgrenzten Gemeinwesens usw. bedarf" (von Nell-Breuning 1957).

Das Subsidiaritätsprinzip selbst entscheidet also nicht einseitig zugunsten einer der beiden Wertideen Individualismus oder Kollektivismus, besteht aber auf einer vorangehenden Klärung der Sachfrage, wer zuständig ist: der Einzelne oder die Gesellschaft (Frerich 1987).

4.2 Kausal- und Finalprinzip

Das Sozialleistungssystem der Bundesrepublik Deutschland ist historisch gewachsen und nicht auf dem Reißbrett entworfen und umgesetzt worden. Eine problematische Folge dieser wildwüchsig-unsystematischen Entstehungsgeschichte sind die vielfältigen institutionellen Überschneidungen in den Zuständigkeiten und Aktivitäten der verschiedenen Leistungsträger, die für die Abdeckung sozialer Risiken bei bestimmten Personenkreisen zuständig sind. Die Mehrdimensionalität und Unübersichtlichkeit der Versorgung, eine unterschiedliche Behandlung gleicher sozialer Tatbestände und eine verwirrende Fülle von Leistungsüberschneidungen und Leistungslücken im Versorgungssystem sind für das Mischsystem sozialer Versorgung ebenso charakteristisch wie kontraproduktiv.

Eine wesentliche Ursache für die unübersichtlichen Zuständigkeiten ist in dem sog. *Kausalprinzip* zu sehen. Gemeint ist hier die Regelung, dass die Leistungsabgabe und -zumessung sich nach dem Anspruchsgrund des Hilfeempfängers richtet und somit je nach Bedarf und Notlage verschiedene Leistungsträger zuständig sind (z. B. Arbeitsamt, Sozialamt, Jugendamt, Wohnungsamt, Gesundheitsbehörden, Rententräger).

Als Alternative zu diesem vielfach ungerechten wie aufwendigen und ineffizienten System wird immer wieder das sog. *Finalprinzip* diskutiert. Dieses geht von den sozialen Risiken und Problemlagen der Menschen (Basic Needs) aus und intendiert eine neue Gesamtkonzeption der Sicherungsansprüche und Leistungsabgaben. Ein Sozialleistungssystem, das sich am Finalprinzip orientiert, würde die Leistungsabgabe statt an der Ursache am aktuellen Bedarf bemessen. Eine ungleiche Behandlung gleicher sozialer Tatbestände könnte damit beendet werden. Die individuelle Notlage und nicht mehr die Stellung des Hilfebedürftigen im Wirtschafts- und Arbeitsleben oder die Zuständigkeit des Leistungsträgers wären dann für die Leistungserbringung ausschlaggebend (Frerich 1987).

4.3 Versicherung, Versorgung und Fürsorge/Sozialhilfe

Auch diese Hilfesysteme haben sich historisch zu den heute gültigen tragenden Gestaltungsprinzipien sozialer Sicherung entwickelt:

Versicherung

Versicherung ist eine Form der Eigenvorsorge in der Sozial-, Kranken-, Alters- und Arbeitslosenversicherung. Die Berechnung von Beiträgen und Leistungen erfolgt nach dem Äquivalenzprinzip, d. h. Dauer und Höhe der Beiträge entscheiden über den Leistungsumfang (in der Privatversicherung). In der Sozialversicherung gilt das Solidarprinzip, wonach mit sozial gestaffelten Beiträgen gleiche Leistungen verbunden sind.

Versorgung

Die Versorgung bezieht sich auf den von der Allgemeinheit/öffentlichen Hand getragenen Aufwand für Schäden und wirtschaftliche Belastungen. Obwohl die Leistungsempfänger/-innen keine eigenen Beiträge zahlen, haben sie dennoch einen Rechtsanspruch auf Geldleistungen in gesetzlich festgelegter Höhe. Beispiele hierfür sind die Kriegsopferversorgung, der Lastenausgleich, das Kindergeld.

Arbeitslosengeld II (ALG II) – bis 2005 Fürsorge/Sozialhilfe

Zum 1. Januar 2005 wurden durch das „Vierte Gesetz für moderne Dienstleistungen am Arbeitsmarkt" (Hartz IV) die früher getrennten Leistungen der Arbeitslosen- und Sozialhilfe zusammengefasst und der bis dahin herrschende Trägerdualismus in der Arbeitslosen- und Sozialhilfe beseitigt. Trotz Ablösung des alten Bundessozialhilfegesetzes (1961) und der Umstrukturierung der Arbeitsämter in eine „Agentur für Arbeit" blieb die Zielsetzung erhalten: nämlich den hilfebedürftigen Menschen ein „menschenwürdiges Leben" auf dem Leistungsniveau eines soziokulturellen Existenzminimums zu ermöglichen und somit dem Sozialstaatsgebot des Grundgesetzes (Art. 1, 20) Rechnung zu tragen. Finanziert wird die Beseitigung von Arbeitslosigkeit und der daraus folgenden sozialen Notlagen durch Regelleistungen/Regelsätze (nach § 20 SGB II), Mehrbedarfe (§ 21 SGB II) und Leistungen für Unterkunft und Heizung (§ 22 SGB II) sowie Zuschläge, Darlehen und Einmalsonderleistungen. Die Zahlung erfolgt aus Haushaltsmitteln öffentlich-rechtlicher Gebietskörperschaften ohne Beitragsleistungen der Empfänger/-innen. Diese haben einen Rechtsanspruch, aber nur „dem Grunde nach", über Art und Umfang der Hilfe entscheidet eine Bedürftigkeitsprüfung.

Mischformen

Mischformen aus mehreren Sicherungsarten stellen die Rentenversicherung, die Krankenversicherung und Teile der Sozialversicherung dar. Hier verbinden sich Formen der Eigenvorsorge, der Fürsorge und öffentlicher Versorgung (Härteregelungen, Sozialnachlässe, kostenlose Mitversicherung etc.; s. Bäcker u. a. 2008).

Kontrollfragen

4.1 Was ist mit Solidaritäts-/Solidarprinzip gemeint?
4.2 Skizzieren Sie die Kernbedeutung des Subsidiaritätsprinzips.
4.3 Nennen Sie die mit dem Kausalprinzip verbundenen Probleme. Inwiefern könnte hier durch eine alternative Orientierung am Finalprinzip Abhilfe geschaffen werden?
4.4 Skizzieren Sie die Grundlage folgender Hilfesysteme: Versicherung, Versorgung, Jugend-/Sozialhilfe.

---

5. Konstruktionsprinzipien des Sozialstaats und der kommunalen Sozialverwaltung

In diesem Kapitel erhalten Sie einen Einblick in die wichtigsten Konstruktionsprinzipien und Strukturen des deutschen Sozialstaats.

Lernziele

Am Ende des Kapitels sollten Sie:

- in der Lage sein, die in der Verfassung festgelegte Gesetzgebungskompetenz und Zuständigkeit des Bundes und der Länder für den Bereich der sozialen Arbeit in den zentralen Grundlinien zu beschreiben;
- die grundlegenden Elemente der Finanzverfassung und Finanzquellen der Kommunen kennen.

5.1 Gesetzgebungskompetenz und Aufgabenteilung zwischen Bund und Ländern im Sozialstaat

Gemäß der föderativen Ordnung der Bundesrepublik als Bundesstaat sieht die Verfassung eine differenzierte, abgestufte Kompetenz und Zuständigkeit des Bundes und der Länder für den Bereich der Sozialpolitik, Sozialgesetzgebung sowie der Sozialarbeit und Sozialverwaltung vor. Die Bereiche, in denen dem Bund die *ausschließliche Gesetzgebungskompetenz* zugewiesen wird sind in Art. 73 GG festgehalten. In den Bereichen der *konkurrierenden* Gesetzgebung haben die Länder Befugnisse zur Gesetzgebung, solange und soweit der Bund von seinem Gesetzgebungsrecht keinen Gebrauch macht. Die „Vorranggesetzgebung des Bundes" bleibt hiervon unberührt. Nach Art. 74 GG sind u. a. folgende, für die Soziale Arbeit relevanten Bereiche von der konkurrierenden Gesetzgebung zwischen Bund und Ländern betroffen:

- Bürgerliches Recht, Strafrecht, Strafvollzug,
- Gerichtsverfassung und Rechtswesen, Personenstandswesen,
- Aufenthalts- und Niederlassungsrecht von Ausländern,
- Angelegenheiten der Flüchtlinge und Vertriebenen,
- Kriegsschäden und Wiedergutmachung,
- die öffentliche Fürsorge (ohne das Heimrecht),
- Arbeitsrecht einschließlich Betriebsverfassung, Arbeitsschutz, Arbeitsvermittlung,
- Sozial- und Arbeitslosenversicherung,
- Ausbildungsbeihilfen und Forschungsförderung,
- Wohngeldrecht, Wohnungsbau etc.,
- Krankenhauswesen, Arzt- und Heilberufe, Arzneien, Heil- und Betäubungsmittel u. a.,
- Hochschulzulassung und Hochschulabschlüsse.

Dieser kursorische Überblick zeigt, dass die Zuständigkeiten der Gesetzgebungsverfahren sowie der Aufgaben- und Leistungserfüllung – insbesondere im sozialen Bereich (das Grundgesetz spricht von „öffentlicher Fürsorge") – im föderativen System der Bundesrepublik zwischen Bund und Ländern aufgeteilt sind. Die Länder sind in weiten Bereichen der Gesellschafts- und Sozialpolitik zustimmungspflichtig und können über den Bundesrat an der Gesetzgebung mitwirken, auf diesen Einfluss nehmen oder sie gegebenenfalls auch verhindern (Schuster 1994).

5.2 Einfluss von Machtgruppen und „Veto-Spielern" auf Bundesebene

Sozialpolitische Gesetze, Verordnungen oder Maßnahmen können weder von der Bundesregierung noch von den Länderregierungen im Alleingang durchgesetzt werden. Sie sind zu ihrer Beschlussfassung und Durchführung in der Regel auf ein Netz von Kooperationspartnern und Ko-Akteuren angewiesen. Deren Zustimmung muss bereits im Vorfeld politischer Entscheidungen eingeholt werden, sollen Einsprüche und Konflikte mit den „Lobbyverbänden" vermieden werden. Die vom Bundestagspräsidenten geführte Liste der registrierten Lobbyverbände aus den Bereichen

- Wirtschafts- und Arbeitswelt,
- Sozialbereich,
- Tourismus, Freizeit, Erholung,

- Religion, Kultur, Wissenschaft sowie
- gesellschaftlichen Querschnittsbereichen

zählt für das Jahr 2012 insgesamt 2 087 Adressen (Bundestag, Zugriff 14.09. 2012). In Brüssel, dem Sitz der EU-Kommission, sind zwischen 15-20 000 Lobbyisten registriert. Sie können ihren Interesseneinfluss als „Veto-Spieler" im komplizierten politischen System der Bundesrepublik wirksam zur Geltung bringen (z. B. bei der Gesetzgebung) und unerwünschte Entscheidungen des Parlaments häufig schon im Vorfeld verhindern. Exemplarisch sei hier auf die anhaltenden Widerstände gegen die sog. „Hartz-Gesetze" und das jahrzehntelange Ringen um eine von allen Interessengruppen akzeptierte Gesundheitsreform verwiesen.

Die vielfältigen, komplexen und komplizierten Abstimmungsprozesse im Felde der Sozialpolitik erfordern Verhandlungsstrategien und Kompromisslösungen, die von allen relevanten Entscheidergruppen akzeptiert werden können. In der Mehrzahl der Fälle wurden und werden jene Maßnahmen und Gesetze beschlossen, die im vorparlamentarischen Raum (Arbeitgeber, Kirchen und Gewerkschaften) auf die Zustimmung der relevanten Machtgruppen zählen konnten und im Parlament zwischen Regierung und größter Oppositionspartei konsensfähig waren bzw. sind.

5.3 Die Länder als Träger sozialer Aufgaben

Nach F. Pilz (2004) ist das „Kernsystem" des deutschen Sozialstaats „heute fast vollständig bundesgesetzlich in den Sozialgesetzbüchern geregelt. Die Länder können zwar durch landeseigene Programme in der Familien-, Regional-, Struktur-, Agrar-, Wohnungsbauförderungs-, Bildungspolitik usw. auf Strukturen und Prozesse von sozialer Bedeutung Einfluss nehmen und durch ihre Mitwirkungsbefugnisse im Bundesrat sozialpolitische Korrekturen erreichen, die sozialstaatlich relevanten Gestaltungskompetenzen liegen allerdings beim Bund" (Pilz, 2004, S. 55).

Schwerpunkt des Vollzugs der Sozialgesetzgebung liegt in den Ländern

Die Länderparlamente erlassen für ihren Hoheitsbereich eigene Gesetze zur Regelung sozialer Angelegenheiten und von Sozialleistungen nur, soweit nicht Bundesgesetze dies tun. Bundesgesetze sind in der Regel durch die Landesbehörden auszuführen. Deshalb liegt der Schwerpunkt des Vollzugs in der Sozialgesetzgebung bei den Ländern. Die Aufteilung der sozialen Aufgaben in den Ländern erfolgt nach den Geschäftsbereichen der einzelnen Ministerien in der Zuständigkeit der unterstellten Behörden auf der Ebene der Regierungsbezirke. Auf der untersten Ebene der Landkreise und kreisfreien Städte haben die Länder keine eigenen Vollzugsbehörden. Hier werden den Kommunen und Landkreisen die Verwaltungsaufgaben als Vollzugs- oder Pflichtaufgaben übertragen.

Polarisierung zwischen „armen" und „reichen" Bundesländern

Eines der Hauptprobleme in der föderalen Organisationsstruktur des Sozialstaats ist seit Jahrzehnten die zunehmende Polarisierung zwischen „armen" und „reichen" Bundesländern aufgrund ihrer höchst unterschiedlichen Finanz- und Wirtschaftskraft. Der Länderfinanzausgleich (LFA) als staats- und organisationsrechtlicher Mechanismus soll dafür sorgen, dass „die unterschiedliche Finanzkraft der Länder angemessen ausgeglichen" wird (Art. 107, Abs. 2 Satz 1 GG) und diese in die Lage versetzt werden, ihren zugewiesenen Aufgaben nachzukommen. Mit Hilfe folgender Verfahren/Instrumente soll dies sichergestellt werden:

- durch die horizontale Umsatzsteuerverteilung zwischen Bund und Ländern,
- durch den horizontalen Finanzausgleich unter den Ländern,
- durch ergänzende Bundeszuweisungen an die Länder.

Der Länderfinanzausgleich wurde 1950 erstmalig durchgeführt und verzeichnete durch den Hinzutritt der neuen Bundesländer einen sprunghaften Anstieg der Ausgaben. Er ist das bekannteste Finanzausgleichssystem (vor dem kommunalen und dem europäischen Finanzausgleich) in Deutschland. Hierbei wird unterschieden zwischen sog. „Geberländern", die mehr einzahlen, als sie entnehmen und den „Nehmerländern", die mehr erhalten als sie einzahlen. Seit Beginn des LFA zählen Baden-Württemberg, Nordrhein-Westfalen, Hamburg und Hessen zu den „Geberländern". Bremen, Berlin, Bayern (bis 1986), Niedersachsen, Rheinland-Pfalz, Saarland, Schleswig-Holstein und alle neuen Bundesländer profitieren von dem LFA, d. h. sie erhalten mehr, als sie einzahlen.

5.4 Die Kommunen/Landkreise/Gemeinden als Träger sozialer Aufgaben

Bund, Länder und – auf der untersten Verwaltungsebene – die Gemeinden erfüllen nach dem Grundgesetz in engem Verbund die von der Verfassung vorgesehenen öffentlichen Aufgaben und sozialstaatlichen Verpflichtungen. Die Gemeinden sind öffentliche Gebietskörperschaften mit dem Recht der Selbstverwaltung (Art. 28 Abs. 2 GG). Dieses wird jedoch durch rechtliche, organisatorische und finanzielle Auflagen vielfach eingeschränkt. Größere Städte bilden einen eigenen Kreis (Stadtkreis, kreisfreie Stadt), mehrere kleine Gemeinden den Landkreis. Dieser ist, wie die kreisfreie Stadt, ebenfalls eine autonome Gebietskörperschaft mit Aufgaben und Sozialfunktionen, die die Kraft der kreisangehörigen Gemeinden übersteigen.

Gemeindeordnung und Kreisordnung

Gesetzliche Grundlage für die demokratische Ordnung der Städte und Gemeinden ist die Gemeindeordnung, für die Landkreise die Kreisordnung. In den einzelnen Bundesländern gibt es jedoch unterschiedliche Regelungen. Sie unterscheiden zwischen den autonomen Rechten der Gemeinden und Gemeindeverbände im sogenannten „eigenen Wirkungskreis" und den vom Staat ihnen zur Durchführung delegierten Pflichten im sog. „übertragenen Wirkungskreis":

- Freiwillige eigene Aufgaben der Gemeinden und Landkreise sind die Bereiche Kultur, Sport, Freizeit, Heimatpflege, Fremdenverkehrsförderung, Versorgung und Entsorgung, städtische Nahverkehrsmittel.
- Zur Durchführung der gesetzlichen Pflichtaufgaben zählen die Jugendhilfe und die Sozialhilfe.

- Die den Gemeinden/Landkreisen übertragenen Auftragsangelegenheiten des Staates umfassen Lastenausgleich, Wohngeld, Ausbildungsförderung (Bafög), Gesundheitsangelegenheiten und Wahlen.

W. Gernert (1990) gruppiert die kommunalen Aufgaben nach inhaltlichen Merkmalen in folgender Weise:

- *Schutz, Sicherheit und Ordnung:* Straßenbau und -verkehr, Ordnungsamt, Meldewesen, Rechtsamt, Feuerwehr, Zivile Verteidigung, Standesamt, Schlachthof, Stadtreinigung, Friedhof, Vermessung und Kataster.
- *Wirtschaftliche Aufgaben:* Wirtschaftsförderung, Fremdenverkehr, Liegenschaften, Volksfeste, Messen und Ausstellungen, Märkte und Sparkassen.
- *Sozialaufgaben:* Sozialamt, Ausbildungsförderung, Wohngeld, Jugendhilfe, Familienhilfe, Soziale Dienste, Alten- und Pflegeamt, Krankenhäuser, Beratungsstellen, Lastenausgleich, Gesundheitsamt und Wohnungsamt.
- *Kultur, Bildung und Freizeit:* Theater, Orchester, Museen, Sammlungen, Archive, Musikschule, Kulturzentren, Erwachsenenbildung, Spiel- und Sportplätze, Schulverwaltung, Parks und Bäder.

Kommunale Zweckverbände und regionale Planungsverbände

Unterhalb der Kreisebene schließen sich Gemeinden häufig zu kommunalen Zweckverbänden (Schul- und Krankenhausverband) oder regionalen Planungsverbänden zusammen. Im Bereich der Sozialhilfe und der Jugendhilfe sind dies die Landeswohlfahrtsverbände, die Landessozial- und die Jugendämter, die überörtlichen gesetzlichen Träger der Jugend- und der Sozialhilfe, soweit es keine staatliche Trägerschaft gibt (Psychiatrische Landeskrankenanstalten, Landeserziehungsheime, Heilstätten und Rehabilitationseinrichtungen).

Kommunale Spitzenverbände

Auf Bundesebene sind die Städte und Gemeinden in den Kommunalen Spitzenverbänden (Deutscher Städtetag/Deutscher Städtebund und Deutscher Landkreistag/Deutscher Gemeindetag) zusammengeschlossen. Sie vertreten die finanz-, sozial- und gesamtpolitischen Interessen der Städte und Landkreise auf Bundesebene bei Regierung, Parlament und Verwaltung.

5.5 Kommunale Finanzverfassung, Finanzpolitik, Finanzausgleich

Die Finanzhoheit der Städte und Gemeinden ist Bestandteil der vom Grundgesetz garantierten Selbstverwaltung nach Art. 28 (2) GG. Nun kann aber keine Gemeinde ohne eigene finanzielle Ressourcen verantwortliche Entscheidungen treffen. Die Verfassung sichert deshalb den Gemeinden und Gemeindeverbänden eine angemessene Finanzausstattung zu, ohne allerdings Höhe und Einnahmequellen klar zu definieren. Nach Art. 105 GG liegt die Steuergesetzgebung ausschließlich beim Bund und bei den Ländern. Die Finanzausstattung und Finanzkraft der Gemeinden ist somit von Bundes- und Landesmitteln abhängig. Der Bund leistet aber Finanzhilfen nur an die Länder. Diese wiederum bestimmen u. a. auch über die örtlichen Steuereinnahmen, Verbrauchssteuern, Hebesätze etc. Die von den Kommunen erlassenen Steuersatzungen bedürfen zudem der Genehmigung der Aufsichtsbehörden der Länder.

Gestaltungsspielraum und Grenzen der kommunalen Finanzpolitik

Der kommunalen Finanzpolitik sind demnach enge Grenzen gesetzt. Die Gemeinden und Städte haben zwar eine eigenständige Haushalts- und Ausgabenhoheit, aber keine Besteuerungshoheit, d. h. keine Kompetenz für die Änderung bestehender Steuerpflichten oder die Einführung neuer Steuern. Sie können in ihrem Hoheitsbereich jedoch über die Entgelte, Gebühren und Beiträge verfügen, die sie im Rahmen ihrer Verwaltungstätigkeit und Dienstleistungen einnehmen. Die staatlichen Finanzzuweisungen an die Kommunen sind von deren Größe, Einwohnerzahl und dem Bedarf abhängig. In der Haushaltsplanung, Ausgabenplanung, Kreditaufnahme sind die Gemeinden zu Wirtschaftlichkeit und Sparsamkeit verpflichtet. Zum Abbau des finanziellen Gefälles zwischen den Regionen gibt es den horizontalen Finanzausgleich zwischen den Bundesländern, bei dem auch die Finanzkraft und der Finanzbedarf der Städte und Gemeinden berücksichtigt werden sollen.

Steueraufkommen

Die Kommunen erhalten ca. 30% ihrer Einnahmen aus der anteiligen Lohn- und Einkommenssteuer, aus Gewerbe- und Grundsteuer (Realsteuer), sowie den örtlichen Verbrauchs- und Aufwandssteuern (Bagatellsteuern). Hinzu kommen Finanzzuweisungen von Bund und Ländern, die etwa 30 % der kommunalen Einnahmen umfassen. Sie erfolgen in Form von allgemeinen Zuweisungen ohne Zweckbindung und in Form sog. Zweckzuweisungen (Straßenbau, Städtebau, Schulbau, Jugend und Familie, Erhaltung historischer Stadtkerne etc.). Der Staat steuert mit diesen Zweckzuweisungen die kommunale Finanzpolitik zu einem erheblichen Teil mit und bindet große Teile der kommunalen Finanzen. Durch einen kommunalen Finanzausgleich (KFA) soll in den Bundesländern der Ausgleich zwischen finanzstarken und finanzschwachen Kommunen – entsprechend dem Modell des Länderfinanzausgleichs sichergestellt werden. Da der KFA jedoch auf Landesgesetz beruht, fallen die Zuwendungskriterien und die geleisteten Zuschüsse in den einzelnen Bundesländern sehr unterschiedlich aus.

Verwaltungsgebühren, Darlehen/Kredite

Nach dem Kostendeckungsprinzip oder nach dem Äquivalenzprinzip resultieren 25 % der Einnahmen der Kommunen/Landkreise aus Entgelten für städtische Dienstleistungen. Dazu gehören z. B. Verwaltungs-, Abwasser-, Parkgebühren, Müllabfuhr, Bäder, Museen, Theater. Etwa 15 % der Einnahmen dürfen nach der Gemeindeordnung nur für Investitionen und Umschuldung aufgenommen werden, wenn eine andere Finanzierung nicht möglich, unwirtschaftlich oder auch unzweckmäßig ist.

Chronische Finanzkrise der Kommunen

Die Steuergesetzgebung liegt nach Art. 105 GG beim Bund und bei den Ländern. Der Bund leistet Finanzhilfen ausschließlich an die Länder, kommunale Steuersatzungen müssen von den Aufsichtsbehörden der Länder genehmigt werden. Zwar sichert Art. 28 GG den Städten, Gemeinden (G) und Gemeindeverbänden (GV) das Recht der Selbstverwaltung zu, macht jedoch keine Aussagen über deren angemessene Finanzausstattung. Ohne eigene Finanzmittel kann keine Gemeinde eigenständig verantwortliche Entscheidungen treffen. Die kommunale Finanzkraft ist somit zum erheblichen Teil auf die staatlichen Zuweisungen von Finanzmitteln je nach Größe, Einwohnerzahl und Bedarf der Gemeinde/des Gemeindeverbunds (G/GV) angewiesen. Die Haushaltsplanung, Ausgabenplanung und Kreditaufnahme gehören zu den Rechten der G/GV; eine sparsame und wirtschaftliche Haushalts- und Vermögensverwaltung zu ihren Pflichten. Dem Abbau des Gefälles zwischen einzelnen Regionen dienen der horizontale Finanzausgleich zwischen den Ländern sowie ein kommunaler Finanzausgleich, durch den die Finanzkraft und der Finanzbedarf der G/GV berücksichtigt werden soll.

Die chronische Finanzkrise der Kommunen ist seit Jahren ein Dauerthema in den täglichen Nachrichten. Die finanzielle Lage der Kommunen hat sich nun zwar 2011 durch steigende Steueraufnahmen aufgrund der guten wirtschaftlichen Lage in der BRD wieder verbessert. Die Situation bleibt dennoch angespannt. „Einer immer größer werdenden Zahl von Städten gelingt es trotz größter Konsolidierungsanstrengungen nicht, ihre Haushalte auszugleichen. Insbesondere die stetig steigenden Sozialausgaben machen es für viele Städte zunehmend schwieriger, ihre Aufgaben zu finanzieren" (Deutscher Städtetag, Zugriff 04.09.2012).

Im Fazit der vom Deutschen Städtetag 2010 herausgegebenen Publikation „Sozialleistungen der Städte in Not" wird abschließend festgehalten: „Insgesamt zeigt sich, dass sich die kommunalen Einnahmen und Ausgaben immer weiter auseinander entwickeln und sich die Schere zwischen wirtschaftsstarken und -schwachen Städten immer weiter öffnet. Gerade die Städte mit hoher Arbeitslosigkeit, verstärkter Altersarmut, großen sozialen Problemlagen und entsprechend hohen Sozialausgaben stehen vor den größten Finanzierungsproblemen" (Deutscher Städtetag, 2010, S. 28).

Kapitel 2: Sozialstaat, Sozialpolitik und (sozial-)politische Steuerung

Kontrollfragen

5.1 Skizzieren Sie die Gesetzgebungskompetenz von Bund und Ländern für den Bereich der Sozialen Arbeit.

5.2 Welche Möglichkeiten der Einflussnahme haben die Länder bei der Gesetzgebung im sozial relevanten Bereich?

5.3 Skizzieren Sie wesentliche Elemente der Finanzverfassung und Finanzquellen der Kommunen.

Vertiefungsaufgabe
Verschaffen Sie sich einen Einblick in die Entwicklung kommunaler Ausgaben in den Bereichen der Jugend- und Sozialhilfe in Deutschland. Hierbei können Sie sich stützen auf die vom Deutschen Städtetag (2010) herausgegebene Publikation „Sozialleistungen der Städte in Not". (www.staedtetag.de/imperia/md/content/dst/neue_schriften_93_sozialleistungen.pdf, 04.09.2012)

6. Konzepte von Sozialstaat in der innerdeutschen Diskussion

Die von dem dänischen Soziologen und Politikwissenschaftler Gøsta Esping-Andersen entwickelten Modelle des „Wohlfahrtskapitalismus" bestimmen seit ihrer Veröffentlichung im Jahre 1990 die einschlägigen Diskussionen. Im Rahmen dieses Beitrags konzentrieren wir uns auf die in der aktuellen innerdeutschen Auseinandersetzung über Zielbestimmung, Struktur, Umfang und Qualität des Sozialstaats im wiedervereinigten Deutschland diskutierten Konzepte von Sozialstaat.

Lernziele

- Sie können die den verschiedenen Konzepten vom „Sozialstaat" zugrundeliegenden Kernauffassungen skizzieren.
- Sie können die in der politischen Debatte vorgebrachten Pro- und Kontra-Argumente für die unterschiedlichen Sozialstaatskonzepte formulieren und analysieren.

6.1 Das neoliberale Modell eines „Kernstaats"

Das neoliberale Modell des *„Kernstaats"* kennt keine Verpflichtung des Staates zur Bereitstellung eines vielfältigen Angebots differenzierter Sozialleistungen und reduziert seine Aufgabe auf die Sicherung eines möglichst konfliktfreien Zusammenlebens der Menschen. Der britische Politikwissenschaftler Colin Crouch hat die massiven Auswirkungen der in den 80er Jahren von Margret Thatcher und Ronald Reagan initiierten neoliberalen Politik (Monetarismus, Privatisierung, Steuersenkungen für Wohlhabende, Abbau von Sozialleistungen etc.) für die Stabilität und Moral der Zivilgesellschaft, den Anstieg des privaten Reichtums, den Lobbyismus der Konzerne und nicht zuletzt für den Ausbruch der anhaltenden Wirtschafts- und Finanzkrise mit ihrer Schwächung demokratischer Strukturen und Prozesse in vielen Industriestaaten eindrücklich geschildert (Crouch 2008, 2011).

6.2 Der „aktive" Sozialstaat

Seine Befürworter vertreten die Auffassung, dass die sozialen Folgen der gesellschaftlichen Wandlungsprozesse (demografische Entwicklung, Arbeitsmarkt, Gesundheitswesen, Rentensystem, Globalisierung, Digitalisierung etc.) nur mit einem gezielten, auf effektive Leistungserbringung orientierten Aus- und Umbau des Sozialstaates bewältigt werden können. Dies erfordert grundlegende institutionelle Veränderungen in den Sozialleistungssystemen, wie z. B. die Einführung einer Grundsicherung. Dem Staat wird (anders als beim Kernaufgabenstaat) eine aktive Rolle und essentielle Bedeutung für die Gestaltung der Gesellschaft zugewiesen. Seine Aufgabe ist es, auf Reformen hinzuwirken und die Bedeutung der sozialen Dienstleistungen zu fördern, statt allein auf den Rückbau des Sozialstaates zu setzen. Der aktive Sozialstaat versteht sich als Leistungserbringer und -vermittler mit dem Ziel, sozialstaatliche Regulierungen zur Kompensation von Marktversagen sicherzustellen.

6.3 Der „aktivierende" Sozialstaat

Aufgabe des „aktivierenden Sozialstaats" dagegen ist es, den Anspruch der Hilfebedürftigen auf Sozialleistungen zu erfüllen, die verschiedenen Formen sozialer Not zu beheben oder zumindest zu mildern und soziale Gerechtigkeit herzustellen. Der Staat ist als Sozialstaat verpflichtet, durch umfassende Hilfen zur Überwindung sozialer Notlagen beizutragen und Verantwortung für die Herstellung sozialer Gleichheit und Gerechtigkeit zu übernehmen.

Befürworter dieser Position wie z. B. der AWO-Bundesverband (siehe Tsalastras 2001) vertreten die Auffassung, dass der Sozialstaat sich grundsätzlich ändern und das Verhältnis zwischen Staat und Bürger/innen neu geregelt werden muss. Das Leitbild des aktivierenden Sozialstaats legt Wert auf Dialog, Koproduktion und Teilung der Verantwortung und zielt auf die Gewährleistung sozialer Eingliederung durch eine Mischung aus staatlicher Verantwortung und bürgerlicher Selbsttätigkeit. Damit einher geht eine Übertragung von Verantwortung vom Staat auf die Bürger und Bürgerinnen. Von der Einbeziehung und Aktivierung bürgerschaftlichen Engagements hängt es im Wesentlichen ab, wieweit Eigenverantwortung eingebracht und zusätzliche Ressourcen im sozialen Bereich mobilisiert werden können.

Eine aktivierende Sozialpolitik soll die Menschen dazu befähigen, ihre Lebensentwürfe eigenverantwortlich und selbständig zu verwirklichen. Ausgrenzung soll überwunden, Integration gefördert und die Chancen auf eine gleichberechtigte Teilhabe erhöht werden. Dabei wird nicht weniger Staat, sondern mehr Solidarität und Eigenverantwortung benötigt. Die individuelle Lebenslage des Einzelnen ist genauso im Blick zu behalten wie der Sozialraum und die gesellschaftlichen Rahmenbedingungen.

Die innerdeutsche Diskussion zur Zukunft des Sozialstaats, wird im Kontext des in die Krise gekommenen Sozialstaats, auf die wir im nachfolgenden Kapitel eingehen, von der Frage nach der Rolle des Staates bei seinem Abbau, Ausbau oder Umbau bestimmt.

Kapitel 2: Sozialstaat, Sozialpolitik und (sozial-)politische Steuerung

> **Kontrollfragen**
>
> 6.1 Welche Auffassungen liegen dem Konzept des „neoliberalen Kernstaats" zugrunde?
> 6.2 Welche Ziele und Elemente des Modells „aktivierender Sozialstaat" haben Sie kennen gelernt?
>
> *Vertiefungsaufgabe*
> Die Debatten um die Einführung von „Betreuungsgeld", Bildungspaket" oder „Mindestlohn" wurden im politisch-gesellschaftlichen Raum äußerst kontrovers geführt.
>
> - Konzentrieren Sie sich auf eine dieser Debatten und verschaffen Sie sich einen Einblick (z. B. im Internet „Informationsportal zur Sozialpolitik") in die diesbezüglich vertretenen Positionen sowie deren (Pro- bzw. Contra-) Argumente.
> - Überprüfen Sie, welches Modell von Sozialstaat in der jeweiligen Position (am ehesten) zum Ausdruck gebracht wird.

7. Der Sozialstaat in der Krise

Die Kritik am Sozialstaat ist so alt, wie dieser selbst. Seit Bismarcks Zeiten sind Argumente über die Belastungen, Grenzen und Gefährdungen der Sozialpolitik aus den Reden, Schriften und Programmen konservativer Parteien, Politiker und Wissenschaftler bekannt:

- Der Sozialstaat führt zu einem Übermaß an staatlicher Bürokratie, Gängelung, Freiheitsverlust und Abhängigkeit der Menschen, zu Anspruchsdenken und materieller Überversorgung der Leistungsschwachen und Arbeitsunwilligen.
- Menschen werden zu Kostgängern anonymer Systeme, ihre Leistungsbereitschaft lässt nach, die sozialen Ausgaben steigen, Leistungsträger werden durch Abgaben belastet, die Wirtschaftskraft sinkt etc.

> **Lernziele**
>
> Am Ende des Kapitels sollten Sie:
>
> - zentrale Kritikpunkte am Sozialstaat benennen und dazu Position beziehen können;
> - zentrale Argumente zur Verteidigung des Sozialstaats kennen und in der Lage sein, dazu differenziert Stellung zu nehmen;
> - zentrale Elemente des Paradigmenwechsels in der Steuerung des Sozialstaats aufzeigen können.

7.1 Zur Krise und zum nötigen Umbau des Sozialstaats

1960 war der Wohlfahrtsstaat/Sozialstaat im Bewusstsein der Deutschen noch positiv besetzt. 1970 geriet er in die finanzielle Krise und wurde als zu teuer und aufwendig kritisiert. Seit 1980 ist die politisch-ideologische Kritik am deutschen Sozialstaatsmodell fundamental (vgl. z. B. Seibel 1991, Maier 1995; Butterwegge 2005; Butterwegge/Lösch/Ptak 2008, Lessenich 2008):

- Kritik an den generalistisch-zentralistischen Funktionsvoraussetzungen und Organisationsstrukturen;
- Kritik an den Interventionsstrukturen, an Verrechtlichung und Monetarisierung (Ressourcen, Programme, Geld und Recht);
- Kritik an den bürokratisch und professionell gesteuerten Verfahrensweisen;

Zwei Typen der sozialstaatlichen Krisendiagnose stehen im Vordergrund:

- Die **ökonomisch-finanzielle Krise als äußere Expansionsgrenze** wird vor allem von der liberal-konservativen Sozialstaatskritik formuliert:
  - Die Expansion steigender Ansprüche führt zum maßlosen Ausbau des Sozialstaats;
  - die Ausweitung des öffentlichen Sektors lähmt die Selbsthilfekräfte der Menschen;
  - die Konkurrenz der politischen Interessengruppen führt zur ökonomischen Überforderung und zur Krise des Steuerstaats.
- Die **geringe Problemlösungskompetenz als innere Rationalitätsgrenze** in der progressiven Wohlfahrtsstaatskritik:
  - Bedürfniswandel und Bedarfsverschiebungen im sozialpolitischen Klientel,
  - Grenzen der dominierenden Geldleistungsstrategie,
  - Entmündigung durch Experten, Kolonialisierung der Lebenswelt der Klienten,
  - Wertewandel, Selbstbestimmung, Selbstverwirklichung,
  - Entstaatlichung, Entbürokratisierung, Entprofessionalisierung.

Zwei Krisenverläufe verstärkten und beschleunigten die Krise des Sozialstaats:

- Die mit der Globalisierung verbundenen Veränderungen und Instabilitäten in den ökonomischen Beziehungen der Staaten und auf den Finanz-, Handels- und Arbeitsmärkten seit Beginn der 80er Jahre des vorigen Jahrhunderts.
- Die im Herbst 2008 ausgebrochene weltweite Finanzkrise mit ihren bis heute kaum überschaubaren Langzeitfolgen, die nach Auffassung vieler Experten das Ausmaß der Weltwirtschaftskrise von 1929 erreicht und sogar übertroffen hat.

Die Wirtschafts-, Produktions- und Beschäftigungskrise ist zu einer Krise des Sozialstaats geworden, wie er in den vergangenen 60 Jahren von allen Parteien in Deutschland entwickelt wurde. Seit Gründung der Bundesrepublik haben alle Regierungen (von Konrad Adenauer bis Angela Merkel) durch sozialpolitische Wahlgeschenke (Steuernachlässe, Subventionen, Eigenheimzulagen, Rentenerhöhungen, Betreuungsgeld etc.) zum Ausbau des Sozialstaats und zur Staatsverschuldung beigetragen. 1957 wurden in der Bundesrepublik anlässlich der Bundestagswahlen die dynamische Alterssicherung eingeführt und der letzte ausgeglichene Bundeshaushalt vorgelegt – ein Doppelereignis von symbolischer Kraft und mit strukturellen Folgen für die deutsche Gesellschaft bis zum heutigen Tag.

Die Kritik am Sozialstaat stützt sich auf einige ernst zu nehmende, bedenkenswerte Argumente:

- Die Tendenz zur Verrechtlichung der menschlichen Beziehungen und organisatorischen Strukturen im Sozialstaat führt zur Bürokratisierung.
- Die mangelnde Flexibilität der sozialen Leistungs- und Sicherungssysteme verhindert die Anpassung der Hilfen an die individuellen Bedürfnisse, Interessen, Wünsche und Notlagen der Menschen.
- Die Abhängigkeit der sozialen Leistungs- und Sicherungssysteme von der Dynamik der kapitalistischen Wirtschaft führt gerade in Krisenzeiten zur Kürzung von Finanzmitteln, wenn diese besonders gebraucht werden.
- Die Legitimationsbasis des Sozialstaats zerbröckelt in vielen europäischen Staaten (Schweden, Großbritannien, Deutschland). Die Steuer- und Abgabenlasten werden von immer mehr Menschen abgelehnt oder unterlaufen (Schwarzarbeit). Populistische und radikale Parteien profitieren davon.

7.2 Von der sozialen Marktwirtschaft zum Marktliberalismus?

Zahlreiche Politiker/-innen aller Couleur, Experten und Expertinnen aus Wirtschaft und Wissenschaft wollen den Sozialstaat „abspecken", die Sozialverwaltungen und ihre Dienste nach Konzepten des „lean management" umbauen, Defizite beseitigen, die Effizienz steigern etc. Wie schon öfter in der Geschichte der Bundesrepublik zeigt sich erneut: je länger und tief greifender die Wirtschaftskrise, desto stärker die Rufe nach Einschnitten, Einschränkungen und Kürzungen im Sozialhaushalt. Der Sozialstaat sei nicht länger zu finanzieren und mit ihm auch nicht die Vorstellungen einer sozial gerechten Gesellschaftsordnung. Diese Auffassung ist weit verbreitet bei Führungseliten in Politik, Wirtschaft und Wissenschaft. Dementsprechend beherrschen Schlagworte aus dem Rezeptbuch neoliberaler und konservativer Wirtschaftspolitik die Auseinandersetzung in den Medien, in den Parteien und in der Öffentlichkeit: Globalisierung, Deregulierung, Entbürokratisierung, Privatisierung, Ökonomisierung, Marktorientierung, Kostensenkung und Leistungssteigerung (Crouch 2008, 2011).

Im Verlauf dieser Reformdebatte verschob sich der Fokus der Diskussion von den juristisch-verwaltungsorientierten Problemstellungen auf die sozialpolitischen Maßnahmen und die betriebswirtschaftlichen Managementaspekte. Die zentrale Frage einer Neuorientierung lautet:

Wie soll unter den Bedingungen struktureller Wachstums- und Beschäftigungskrisen, chronischer Haushaltsdefizite und hoher Kapitalmobilität die Option des Grundgesetzes für einen demokratischen und sozialen Rechtsstaat (Sozialstaatsoption) aufrechterhalten werden?

Einige Dimensionen der neuen Sozialpolitik und des damit einhergehenden Paradigmenwechsels in der Steuerung des Sozialstaats werden im Folgenden kurz vorgestellt.

7.3 Dimensionen des Paradigmenwechsels in der Steuerung des Sozialstaats

Die in sozialdemokratischen (aber auch einigen konservativen) Sozialstaatskonzepten feststellbaren Vorbehalte gegenüber den Prinzipien und Regeln der Marktwirtschaft ist in den 90er Jahren einer zunehmenden Bereitschaft zu einer Politik der Liberalisierung und Deregulierung der Märkte gewichen. Die von der Regierung Helmut Kohl eingeleiteten Maßnahmen zur Ankurbelung von mehr Wirtschaftswachstum wurden unter den rot-grünen Bundesregierungen von Kanzler Gerhard Schröder (1998-2005) fortgesetzt und intensiviert. Für die Bürger/innen wurden die Bedingungen auf dem Arbeitsmarkt härter und die Anforderungen im Wettbewerb größer. Sie konnten sich immer seltener und weniger auf die sozialen Sicherungssysteme verlassen und mussten sich zunehmend mit Kürzungen ihrer finanziellen Unterstützung aus den sozialen Hilfesystemen abfinden. Der neue Sozialstaat verteilte keine sozialen Sicherheitsgarantien mehr, sondern nur noch individuelle Anreize für die Verbesserung der eigenen Wettbewerbsfähigkeit oder „Employability" (Hartz IV). Die materiellen Hilfen fielen deutlich niedriger aus als im traditionellen Sozialstaat. Der „aktivierende Staat" sollte ein „schlanker Staat" sein, dessen Prinzipien aus Sicht der Gewerkschaften wie folgt definiert wurden (vgl. H. J. Urban 2004):

Von der „Vollzeitarbeit" zur prekären Niedriglohnarbeit

Im „aktivierenden Sozialstaat" erfährt der Arbeitsmarkt einen systematischen Ausbau des ungeschützten „Niedriglohnsektors". Die angekündigten Aktivierungsstrategien zielen weniger auf die produktiven Hochlohnarbeitsplätze in Zukunftssektoren, sondern auf die personen- und haushaltsnahen Dienstleistungstätigkeiten mit niedrigen Produktivitätsraten und Lohnkosten.

Sanktionen bei Ablehnung einer zumutbaren Arbeit werden verschärft, da „prinzipiell jede legale Arbeit zumutbar ist" (so der ehemalige sozialdemokratische Wirtschaftsminister Wolfgang Clement). Kriterien des Sozialschutzes, der Arbeitsqualität, des Berufsschutzes und der Qualifizierung verlieren somit an Bedeutung.

Von der kompensatorischen zur investiven Sozialpolitik

Die Bezeichnung „investive Sozialpolitik" stellt eine Schlüsselkategorie in dem neuen Konzept dar. Sie zielt darauf ab, Eigeninitiative und Selbstlösungskompetenz der Menschen durch die Bereitstellung von Wettbewerbsressourcen zu stärken. Dem zugrunde liegt die Annahme, dass auf diese Weise die Kosten für die Kompensation anfallenden Folgeschäden durch den Staat reduziert werden können. Die Differenz zwischen den verausgabten Investitionskosten einerseits und den eingesparten Kompensationskosten andererseits stellen den erhofften Gewinn dar, der der Stärkung des Wirtschaftsstandorts Deutschland zufließen soll.

Inklusion statt Gleichheit

Die Norm „Soziale Gleichheit" wird als unerreichbar angesehen, an ihre Stelle tritt das Ziel der „sozialen Inklusion". Gemeint ist hiermit das Bestreben von Politik und Wirtschaft, sozialen Zusammenhalt der Gesellschaft zu gewährleisten – aber auf unterschiedlichen sozialen und ökonomischen Niveaus. Sozialpolitik hat nicht länger die Aufgabe, alle Menschen umfassend gegen die Risiken des Lebens abzusichern, sondern soll durch Integrationsmaßnahmen der Exklusion eines neuen Subproletariats von Langzeitarbeitslosen und den damit verbundenen hohen Sozialkosten vorbeugen. Integration in den Arbeitsmarkt und Investitionen in Bildungschancen sollen die Wirtschaftskraft und Wettbewerbsfähigkeit erhöhen, zusätzliche Wertschöpfung garantieren und weniger Sozialkosten verursachen.

Von der staatlichen zur marktorientierten Sozialpolitik

In das korporatistische Regulierungsmodell des deutschen Sozial- und Gesundheitssystems werden Elemente von Wettbewerb und Marktsteuerung eingebaut. Diese sollen der Erschließung von Effizienz- und Wirtschaftlichkeitspotenzialen dienen. Die Menschen werden auf die privaten Wohlfahrtsmärkte verwiesen und müssen höhere Eigenleistungen erbringen und auch private Vorsorgeleistungen abschließen (Kranken- und Altersversicherung). Mit anderen Worten: der Markt wird als Instanz und Ort der Wohlfahrtsproduktion aufgewertet, Privatisierung und Kapitalisierung bewirken eine „Vermarktlichung der Sozialpolitik".

Umkehrung der „sozialen Bringschuld"

Das neue Verständnis von Sozialstaat und Sozialpolitik führt auf der normativen Ebene zu einer Umkehrung der Haltung des Staates und der Gesellschaft an die Bürger. Nicht mehr der Staat hat eine durchgehende „soziale Bringschuld" an die Bürger („soziale Bürgerrechte"). Diese müssen nun vermehrt selbst für die Beseitigung ihrer Notlagen aufkommen und vorsorgen. Dem Staat obliegt damit nicht mehr einseitig die Verantwortung für das Wohlergehen des Einzelnen, sondern dieser ist für sein Wohlergehen in erster Linie selbst verantwortlich und dem „Gemeinwohl" verpflichtet. Der „aktivierende" Staat pflegt eine neue Rhetorik der „staatsbürgerlichen" Pflichten und schränkt die kollektiven Rechte der Menschen wieder ein (z. B. beim Kündigungsschutz).

Von der Parität zur Eigenfinanzierung

Im Zeitalter der Globalisierung/Europäisierung sucht das „mobile Kapital" seine Renditechancen weltweit und wird aus Wettbewerbsgründen immer weniger zur Finanzierung der heimischen Sozialsysteme herangezogen. Diese müssen aus Kostengründen flexibler gestaltet und billiger gemacht werden. Die Parität in der Finanzierung der Sozialleistungen durch Arbeitgeber und Arbeitnehmer wird schrittweise aufgegeben und durch das Prinzip der „Eigenfinanzierung" ersetzt. Die jahrzehntelang wirksame „korporatistische Friedensformel" im Sozialstaatsmodell Deutschland wird damit durchbrochen. Zugleich muss der weniger mobile Faktor Arbeit (die Arbeitnehmer) das gewünschte Ausmaß an Sozialstaatlichkeit selbst finanzieren – durch Leistungseinschränkungen und höhere Abgaben. Die charakteristischen Merkmale des neuen Finanzierungsmodells für den Sozialstaat lauten wie folgt:

- „Rückbau" der bisher solidarisch finanzierten Sozialsysteme,
- Kürzung von Renten und Arbeitslosengeld,
- Ausgliederung von Leistungen aus dem GKV-Leistungskatalog,

- Umbau der Finanzierungssysteme durch den Bruch mit der paritätischen Finanzierung,
- Ausweitung der privaten Zuzahlungen,
- Umstellung der paritätisch finanzierten Beiträge auf Verbrauchssteuern.

Trotz aller berechtigten und bis heute anhaltenden Kritik an dem aufgezeigten Paradigmenwechsel des Sozialstaats ist dennoch festzuhalten: Wer den Sozialstaat erhalten will, muss seine Steuerungsfähigkeit und flexible Anpassungsfähigkeit an die veränderten gesellschaftlichen Bedingungen und sozialen Problemlagen verbessern. Dies ist ohne eine umfassende Reform seiner Organisationen und Institutionen nicht möglich.

7.4 Zur Zukunft sozialer Dienstleistungen und Notwendigkeit neuer Steuerungskonzepte

Die vorausgehenden Ausführungen haben gezeigt, dass sich auf dem Gebiet der sozialen Dienstleistungen die traditionellen Rahmenbedingungen und Strukturprinzipien zwischen Staat, Freier Wohlfahrtspflege und den Bürgern/innen mit einem derzeit noch ungewissen Ausgang zu einem neuen „Wohlfahrtsmix" aus staatlichen, marktförmigen und bürgergesellschaftlichen Elementen verschieben. Die Verknüpfung der bisher weitgehend getrennten Sektoren (Staat, Markt und Gesellschaft) hat auch Folgen für die interne Struktur sozialer Dienste und Einrichtungen. Auch sie müssen sich durch eine neue Mischung von staatlichen, marktwirtschaftlichen und bürgergesellschaftlichen Elementen zu „hybriden Einrichtungen" entwickeln (Evers 2003).

Die weitgehend noch ungewohnte Koexistenz zwischen dem Staat mit seinen gesetzlich-administrativen Vorgaben, dem Markt mit seinen Steuerungsprinzipien Wettbewerb und Qualität, sowie den demokratischen Leitwerten und Ideen der Bürgergesellschaft erfordert nicht nur die Entwicklung neuer Steuerungskonzepte zwischen den Akteuren, sondern vor allem ein neues Selbstverständnis im Sinne einer Corporate Identity von Organisationen, die sich als öffentliche Einrichtungen verstehen, sich aber dem Wettbewerb und Managementanforderungen stellen und von eigenen bürgergesellschaftlichen Leitwerten und Ideen getragen werden.

Die gegenwärtige Debatte um die Zukunft des Sozialstaats und der sozialen Dienstleistungen wird von der Frage bestimmt, welche Balance von staatlichen, marktwirtschaftlichen und bürgergesellschaftlichen Elementen gefunden werden kann. „Eine Sozialpolitik, die sich zu Markt und Wettbewerb öffnet, sollte Bürgergesellschaft nicht nur im Sinne von Konsumentenmacht und kritischer Öffentlichkeit, sondern auch mit Blick auf die Wahrung direkter Teilhabemöglichkeiten und einer entsprechenden gesellschaftlichen Öffnung und Einbettung sozialer Dienstleistungen im Blick behalten" (Evers a.a.O., S. 15).

Kapitel 2: Sozialstaat, Sozialpolitik und (sozial-)politische Steuerung

Kontrollfragen

7.1 Was sind die zentralen Kritikpunkte am Sozialstaat?
7.2 Skizzieren Sie wichtige Argumente zur Verteidigung des Sozialstaats.
7.3 Beschreiben Sie zentrale Elemente des Paradigmenwechsels in der Steuerung des Sozialstaats.

Vertiefungsaufgabe
„Ist der Sozialstaat ein aufgeblähter Kostgänger der Volkswirtschaft, der diese finanziell überfordert? Diese Frage lässt sich nur beantworten, wenn die finanziellen Ausmaße sozialpolitischer Aufwendungen bekannt sind. ... Wie steht es um die viel zitierte Kostenexplosion des Sozialstaats und seiner jeweiligen Systeme?" (www.sozialpolitik-aktuell.de/tf-finanzierung.html, Zugriff am 25.07.2013).

Verschaffen Sie sich einen Einblick in die Entwicklung der Sozialleistungen in der BRD. Entsprechende Informationen (Statistiken) erhalten Sie über das Informationsportal zur Sozialpolitik (www.sozialpolitik-aktuell.de/finanzierung-datensammlung.html#iii-sozialleistungensozialbudget)

8. Sozialstaat und Sozialmanagement im Kontext politischer und wirtschaftlicher Entwicklungen

In diesem Kapitel betrachten wir den Sozialstaat und das Sozialmanagement als seine Steuerungsmethode im Kontext seiner politischen und wirtschaftlichen Makrostrukturen und stellen abschließend, auf diesem Hintergrund, einige Anforderungen an das Sozialmanagement zur Diskussion.

Lernziele

Am Ende des Kapitels sollten Sie:

- ausführen können, was mit der Feststellung, der moderne Sozialstaat sei ein Steuer- und Interventionsstaat gemeint ist;
- einige zentrale, globale Herausforderungen an Sozialpolitik und Sozialstaat aufzeigen und ihre Position dazu differenziert begründen können;
- sich mit einigen Anforderungen an das Sozialmanagement im politischen Kontext auseinandergesetzt haben und ihre Auffassung dazu differenziert begründen können.

8.1 Der moderne Sozialstaat als Steuer- und Interventionsstaat

Der moderne Sozialstaat/Wohlfahrtsstaat ist von seiner Struktur ein *„Steuer- und Interventionsstaat"*, d.h. „ein politisches System, das über Abschöpfungsbeträge aus nicht von ihm selbstorganisierter und produzierter Wertschöpfung finanziert wird" (Grauhan/Hickel 1978). Seine wichtigsten sozialpolitischen Instrumente zur Sicherung des politisch-ökonomischen Systems sind die Transferzahlungen zur Einkommenssicherung bei Arbeitslosigkeit/Erwerbsunfähigkeit und die Sozialeinkommen/sozialen Dienstleistungen im Gesundheits-, Sozial- und Bildungssektor.

Der gegenwärtige Sozialstaat wäre ohne Steuerungsimpulse und Lenkungseingriffe der Politik nicht entstanden und lebt von ideellen und materiellen Ressourcen, die er selber nicht oder nur zum Teil bereitstellen kann (Schwarz/Beck 2010, S. 13 ff., passim):

- In seine Programmatik, Strukturen und Handlungsvollzüge sind die moralischen Standards der mittelalterlichen Almosenlehre ebenso eingegangen (z. B. durch die katholische Soziallehre),
- wie die ökonomischen Tugenden einer vernünftigen Lebens- und Haushaltsführung und protestantischen Arbeits-, Leistungs- und Gewinnethik.
- Die städtischen Bettelordnungen mit ihren Bestimmungen zur Überprüfung, Kontrolle, Disziplinierung und Reduzierung der Armut schufen die Grundlagen für zahlreiche bis heute gültigen Maßnahmen der Sozialgesetzgebung und Sozialverwaltung in den Kommunen.
- Solidaritätsbewegungen, von den Frühsozialisten über die Parteien und Gewerkschaften, kämpfen bis in unsere Tage, seit mehr als 200 Jahren, für den demokratischen und sozialen Rechtsstaat, unterstützt von Teilen eines liberal und sozial engagierten Bürgertums, den Wohlfahrtsverbänden, Bürgerinitiativen, Selbsthilfegruppen etc.

Historisch, politisch und ökonomisch betrachtet ist der moderne Sozialstaat/ Wohlfahrtsstaat demnach das Ergebnis eines wachsenden Staatsinterventionismus mit der doppelten Aufgabenstellung:

- Sicherung, Verteilung und Umverteilung der materiellen/kulturellen Ressourcen und Güter im Rahmen geregelter und staatlich kontrollierter Verfahren (Recht, Steuern, Finanzen);
- Steuerung der wirtschaftlichen, politischen und sozialen Konflikte mit dem Ziel der Krisendämpfung bzw. Krisenbeseitigung im Produktions- und Reproduktionsbereich (Politik, demokratische Strukturen und Prozesse).

Steuerstaat, Interventionsstaat und Sozialstaat bilden einen untrennbaren Zusammenhang. Die Krise des Steuerstaats wird unmittelbar zur Krise des Sozialstaates. Ein Abbau des Sozialstaats beinhaltet auch Eingriffe in den Rechtsstaat und umgekehrt. Der moderne Sozialstaat ist der Wegbereiter und Stabilisator der Demokratie in Deutschland und als solcher eine „Kulturleistung" erster Ordnung.

Ungeachtet dessen lassen insbesondere die Interpretationen des Sozialstaats in (West-)Deutschland seit 1949 (vgl. Teil 3 des Beitrags), die Ausführungen zu den Modellen von Sozialstaats/Wohlfahrtsstaats (vgl. 6.) wie auch zur Krise des Sozialstaates und dem Paradigmenwechsels in der Steuerung des Sozialstaats (vgl. 7.) erkennen, dass dieser durchweg auch ein Objekt interessenspolitisch-ideologisch gefärbter Auseinandersetzungen ist (vgl. auch Nullmeier 2010, S. 53).

8.2 Aus-Blicke über den nationalen Tellerrand und kritische Stimmen angesichts globaler Herausforderungen

Im letzten Abschnitt wurde die Auffassung vertreten: Wer den Sozialstaat den Märkten ausliefert, zerstört ihn. Nicht nur im nationalen, sondern auch im globalen und europäischen Kontext ist diesbezüglich angesichts wiederkehrender und anhaltender Krisen, die gerade auch den Sozialstaat und die wohlfahrtsstaatliche Sozialpolitik vor größte Herausforderungen stellen, Diskussionsbedarf angesagt. Hierzu können nachfolgend lediglich ein paar Perspektiven aufgezeigt werden:

Gefahren einer nationalen Blickverengung

Die Staatstätigkeit nationaler Regierungen und damit auch die nationale Sozialpolitik lassen sich nicht mehr in erster Linie aus nationalen Strukturen und Gegebenheiten heraus gestalten und erklären. Die Internationalisierung der Finanzmärkte, die globale Ausweitung der Handelsbeziehungen und der Austauschprozesse von Waren, Gütern und Dienstleistungen haben zu gravierenden Veränderungen in den zwischenstaatlichen Beziehungen und den Rahmenbedingungen für das politische Handeln der Staaten geführt. Prozesse und Folgen der Globalisierung wurden vielfach beschrieben. Ihr Einfluss auf die nationale Politik und damit auch auf den deutschen Wohlfahrtsstaat ist unbestritten und auch häufig beklagt worden. Die in den westlichen Gesellschaften zum Ausdruck gebrachten Ängste vor einem wirtschaftlichen und sozialen Abstieg werden durch die Finanz- und Wirtschaftskrise seit 2008 verstärkt und sind auch durchaus berechtigt. Dennoch ist bei den Diskussionen und Entscheidungen um den Umbau, die Neugestaltung und die Weiterentwicklung sozialstaatlicher Strukturen und Systeme – bildlich gesprochen – der Blick über den nationalen Tellerrand geboten. Stellvertretend sollen nachfolgend einige Stimmen zu Wort kommen:

In seiner 2008 als deutschsprachige Ausgabe erschienenen Publikation „Verteidigung der Globalisierung" setzt sich Jagdish Bhagwati, Professor an der Columbia University, aus Sicht der Schwellenländer, kritisch mit der Globalisierungskritik auseinander. Anhand verschiedener Beispiele (Armut, Kinderarbeit, Frauen, Demokratie, Umwelt u. a.) zeigt er auf, dass die wirtschaftliche Globalisierung für Millionen Menschen in den Schwellenländern und deren Nachkommen eine Reihe positiver Wirkungen, einschließlich sozialer Aufstiegschancen mit sich brachte. Damit einher geht auch eine Neuverteilung des globalen Wohlstandes, von dem die meisten traditionellen, westlichen Industriestaaten eher negativ betroffen sind. Analyseergebnisse und Argumente, die Bhagwati anführt, sind beachtenswert und diskutabel, auch wenn hier nicht näher darauf eingegangen werden kann. Bhagwati's Fazit lautet: In der Bilanz sind die Auswirkungen der Globalisierung im Allgemeinen günstig. Allerdings ist es auch erforderlich und bedarf erheblicher Anstrengungen um Auswüchse und negative Folgewirkungen der Globalisierung zu begrenzen und die mit ihr einhergehenden positiven Wirkungen zu intensivieren, zu stärken und zu stabilisieren. Dies erfordert handlungsfähige internationale und globale Institutionen sowie geeignete Politikkonzepte. Joschka Fischer kommt in seinem Vorwort „Globalisierung und Verantwortung" zur deutschsprachigen Ausgabe der Publikation von Bhagwati zur Schlussfolgerung: „Es wird ... für die westlichen Volkswirtschaften kein Weg daran vorbei führen, entweder den relativen Abstieg mit all seinen negativen Folgen zu akzeptieren oder sich auf die neuen globalen Bedingungen vorbehaltlos einzustellen, sie als Chance zu begreifen und ihre jeweiligen Arbeitsmärkte und sozialen Sicherungssysteme auf die dreifache

Herausforderung von Globalisierung, technologischem Wandel und demografischer Revolution einzustellen" (Fischer S. 13).

Eine weitere nationale Blickverengung droht auch im Kontext der Auseinandersetzung um den Euro. In seinem 2004 erschienen Buch „Der Europäische Traum. Die Vision einer leisen Supermacht", blickt der amerikanische Ökonom Jeremy Rifkin noch optimistisch auf die Entwicklungen in Europa. Er stellt die These auf, dass eine Welt zunehmender Risiken und wechselseitiger Abhängigkeit eine neue Vision braucht, in der das Allgemeinwohl eine zentrale Bedeutung einnimmt. Rifkin wendet sich hierbei dem alten Kontinent – Europa – zu, das er als Hoffnungsträger für eine neue, zukunftsfähigere und gerechtere Weltordnung sieht. Er verweist auf die Prozesse des Zusammenwachsens der europäischen Staaten, die Überwindung alter Feindschaften und die Entwicklung vorbildlicherer Formen des Miteinanders sowie auf Europas Arbeits- und Sozialpolitik, die wie er meint, anders als die USA humanere Züge trägt. Zwischenzeitlich sind einige Jahre vergangen. Was ist aus diesem von Rifkin so gekennzeichneten „Europäischem Traum" geworden?

Die Eurokrise stellt die Zukunft der Europäischen Union vor neue Herausforderungen und birgt die Gefahr, dass nationale Interessen erneut die Oberhand gewinnen. Auf diese Gefahr weist auch Heribert Prantl in seinem 2011 erschienenen Buch hin, in dem er u. a. hervorhebt: „Das europäische Betriebssystem ist nicht der Euro, sondern die Demokratie ... Demokratie ist das Bindemittel im Rechtsstaat, nicht die Märkte" (Prantl 2011; vgl. auch Hessel 2011). Die Folgen einer gescheiterten nationalistischen Politik sind in Europa noch nicht behoben und schon gibt es Anzeichen einer Wiederkehr nationalistischer Politik in mehreren Ländern, welche den Prozess der europäischen Einigung stagnieren lassen bzw. ihn sogar gefährden (vgl. Schwarz 2012a).

Die Diskussionen um die Zukunft des Sozialstaates können nicht losgelöst von diesen Entwicklungen geführt werden.

Krisen und kritische Stimmen angesichts globaler Herausforderungen

Krisen der vormodernen Welt, – d. h. vor dem mit der Durchsetzung des modernen Kapitalismus einhergehenden wirtschaftlichen Strukturwandels, zu Beginn und insbesondere in der zweiten Hälfte des 19. Jahrhunderts –, waren vor allem Agrar- und Ernährungskrisen. Diese waren mit Blick auf ihre gesamtwirtschaftlichen Folgen begrenzt, wurden verursacht von Klimaschwankungen und Wettereinflüssen und folgten keinem festen Rhythmus. Im Unterschied dazu scheint die moderne Wirtschaft Zyklen aufzuweisen, die – so Plumpe (2010) – „als geradezu notwendige Erscheinungsweise einer tendenziell wachsenden Wirtschaft und eines intensiven ökonomischen Strukturwandels begriffen werden müssen" (S. 10), die – historisch gesehen – „keinesfalls unvermeidbare Ausnahmen" (S. 10) sind und sich „nicht an politische Grenzen" (ebd.) halten.[2]

---

2 Z. B. prognostizierte Max Otte, Professor für allgemeine und internationale Betriebswirtschaftslehre in seinem 2006 veröffentlichten Buch „Der Crash kommt" die Auslöser der Krise durch die US-Subprime-Papiere und die neoliberale Politik seit Beginn der 80er Jahre in wesentlichen Punkten sehr zutreffend.

Staaten und Politik reagieren durchaus auf Wirtschaftskrisen mit den Instrumenten und Mitteln der Wirtschafts-, der Finanz- und der Sozialpolitik. Mehr denn je ist die Politik auch gefragt und gefordert, wenn es z. B. um folgende Fragen geht: Warum haben sich trotz der Milliardenverluste und der milliardenschweren „Rettungsschirme", ungeachtet der Kollateralschäden für die Realwirtschaft, für die Arbeitsplätze und Familieneinkommen die Ziele der Banken kaum verändert? Maximaler Gewinn, Interessen der Aktionäre, hohe Bonuszahlungen und eine kurzfristig an Quartalszahlungen ausgerichtete Vorgehensweise sind nach wie vor die zentralen Orientierungsgrößen (Schürmann, 2010, S. 20). „Business as usual" und „weiter so!" lauten ganz offensichtlich die Parolen der internationalen Finanzelite. Auch von aktuellen Verlautbarungen der neuen Führung der Deutschen Bank, nach denen die Unternehmenskultur sich ändern und Deutschlands größte Bank ein neues Image erhalten solle (Zeitschrift DER STERN, Zugriff 12.09.2012), ist wenig zu erwarten. Von den ExpertInnen auf den ökonomischen, betriebs- und finanzwirtschaftlichen Lehrstühlen, in den Forschungsinstituten und Sachverständigenkommissionen sind kritisch-differenzierte Äußerungen zu den Prinzipien und Konzepten der neoliberalen Wirtschafts- und Finanzpolitik eher selten zu vernehmen. Sie perpetuieren weitgehend den „Tunnelblick". Daher sollen nachfolgend noch einige bedenkenswerte Stimmen aus anderen Wissenschaftsbereichen zu Wort kommen.

Ralf Dahrendorf (1929–2009) Soziologe, Politiker und liberaler Vordenker analysierte in einem kurz vor seinem Tode veröffentlichen Essay die Wirtschafts- und Finanzkrise als Ergebnis des „fundamentalistischen Irrglaubens", der Markt würde alles regeln („neue Version des Nachtwächterstaates") und eines „tiefgehenden Mentalitätswandels" vom protestantisch geprägten „Sparkapitalismus" hin zu einem von „materialistischem Hedonismus und psychologischem Eudämonismus" geformten „Pumpkapitalismus" als neue Wirtschaftsmentalität und Leitkultur. (Dahrendorf 2009). Die von ihm vorgebrachten Thesen sind durchaus bedenkenswert.

Hans Küng, der renommierte Theologe und unerschütterliche Mahner der katholischen Kirche und deren Hierarchie nimmt (stellvertretend für viele andere) die Krise zum Anlass, sich mit deren Ursachen zu befassen. Er diskutiert Prinzipien eines „anständigen Wirtschaftens" und formuliert Antworten auf die wieder aktuell gewordene Frage „Warum Ökonomie eine Moral braucht". Gegen den für die Finanz- und Wirtschaftskrise verantwortlichen Neoliberalismus argumentiert er unter Verweis auf die alte Rangordnung der Werte: „Zuerst kommt die Ethik, dann die Politik, erst dann die Ökonomie... Auch in einer globalisierten Weltwirtschaft darf kein Sozialdarwinismus oder Raubtierkapitalismus herrschen, demzufolge im ‚Kampf ums Dasein' einfach nur ‚der Tüchtigste überleben' wird" (Küng 2010, S. 156).

Joseph Vogl, der Berliner Philosoph und Kulturwissenschaftler, geht in seinem Essay „Das Gespenst des Kapitals" (2010/2011) der Frage nach, warum die Ökonomie in Europa seit rund 250 Jahren „eine Neigung zur Geisterkunde hegt und sich mit unsichtbaren Händen und anderem Spuk den Gang des Wirtschaftsgeschehens erklärt." Die Krisen der letzten Jahrzehnte – so seine Schlussfolgerung – drängen wieder einmal die noch immer nicht beantwortete Frage auf „ob sich auf den Schauplätzen der internationalen Finanzwirtschaft ein effizientes Zusammenspiel vernünftiger Akteure oder ein Spektakel der Unvernunft vollzieht. Es ist jedenfalls nicht ausgemacht, ob der ... kapitalistische ‚Geist' verlässlich, rational oder schlicht verrückt operiert" (ebd., S. 7).

Colin Crouch lehrt Governance und Public Management an der Warwick-University. Er analysiert die Schritte, Strukturen und Symptome in der Entwicklung demokratischer Gesellschaften zu dem Zustand, den er „Postdemokratie" nennt (Crouch 2008). Seine These lautet: In der Postdemokratie sind die Repräsentanten mächtiger Interessengruppen aktiver als die Mehrheit der Bürger. Politiker werden durch die Finanz- und Wirtschaftsinteressen gesteuert, Gewerkschaften marginalisiert. Korruption und Wirtschaftskriminalität, Schnäppchenmentalität, Vorteilsnahme und Egoismus nehmen zu ebenso wie die Zahl der Nichtwähler und die politische Apathie der Menschen. „Je mehr sich der Staat aus der Fürsorge für das Leben der normalen Menschen zurückzieht und zulässt, dass diese in politische Apathie versinken, desto leichter können Wirtschaftsverbände ihn – mehr oder minder unbemerkt – zu einem Selbstbedienungsladen machen". Zentrale Institutionen der Demokratie sind das Parlament und seine Parteien. Zentrale Institutionen der Postdemokratie sind die Unternehmen und die Märkte (Crouch 2008, S. 29f.).

Der Mehrheit der ExpertInnen aus Wirtschaft, Finanzwelt und auch Politik fällt es sichtlich schwer sich von „Tunnelblicken" und den sie begleitenden Denkmustern und Verhaltensweisen zu lösen, zumal diese ihnen zu Einfluss, Prestige und Macht verholfen haben (vgl. Schwarz 2012b). Protagonisten/innen des Sozialmanagements haben sich in diese Diskurse bislang noch kaum hörbar eingemischt. Im nachfolgenden und letzten Abschnitt werden daher noch einige Anforderungen an das Sozialmanagement zur Diskussion gestellt.

8.3 Anforderungen an das Sozialmanagement

Sozialpolitik und sozialstaatliche Entwicklungen definieren Zielperspektiven, Rolle und Aufgaben des Sozialmanagements und konturieren, ermöglichen und begrenzen seinen Gestaltungs- und Handlungsspielraum. Wer sich daher mit Sozialmanagement befasst, muss auch den Sozialstaat, seine Rahmenbedingungen, seine Strukturen und seine Entwicklung im Auge behalten. Und dies aus folgenden Gründen:

- Zum einen wird der system-strukturelle Zusammenhang von Wirtschaftskrise und Sozialstaat sichtbar, der in jeder mittel- oder längerfristigen Stagnation/Rezession auftritt (1930/1974/2000/2008). Die nationale und lokale Sozialpolitik wird von jeder politisch-wirtschaftlich-sozialen Krise zentral tangiert. Bei sinkender Konjunktur soll sie durch Abbau der Sozialleistungen, bei steigender Konjunktur durch den Ausbau der Sozialleistungen zur politischen Stabilisierung der staatlichen Ordnung beitragen.
- Zum anderen – und darauf wurde im vorausgehenden Abschnitt (Ziff. 7.1) verwiesen – ist deutlich, dass der moderne Sozialstaat/Wohlfahrtsstaat von seiner

Struktur ein "Steuer- und Interventionsstaat" ist, d.h. "ein politisches System, das über Abschöpfungsbeträge aus nicht von ihm selbstorganisierter und produzierter Wertschöpfung finanziert wird (Grauhan/Hickel 1978).

Demnach geht es also auch aus der Perspektive des Sozialmanagements um mehr als nur um Effizienz, Effektivität und Wirtschaftlichkeit, um mehr als „schlanke Strukturen", „flache Hierarchien", Motivation und Engagement der Beschäftigten, Kompetenzen der Führungskräfte bzw. die Umstrukturierung der Arbeitswelt nach rationalen Kriterien und emotionalen Bedürfnissen. Über eine konzeptionell angelegte Strategie zum Umbau des Sozialstaats und eine integrierte sozialpolitische Strategie gegen Ausgrenzung und Armut machen sich auch die Akteure/innen und Vertreter/innen in den Sozialmanagement-Diskursen allerdings derzeit noch vergleichsweise wenig Gedanken (vgl. Schwarz 2012). Viele der für eine demokratische Gesellschaft essentiellen Fragen im Spannungsverhältnis zwischen Wirtschaft und Gesellschaft werden nicht gestellt. Die Implementation betriebswirtschaftlicher Logiken, Konzepte, Strategien und Instrumente in den Sozialbereich hat möglicherweise dazu geführt, dass dieser weniger sensibel und verantwortungsbewusst für eine sozialpolitisch ausgewogene Entwicklung in der Gesellschaft argumentiert und agiert als dies noch in früheren Jahren der Fall war.

Der Sozialstaat erweist sich – auch wenn er aus der Managementperspektive und in der selbstbezogenen, fachinternen Managementdiskussion als „Kulturleistung" noch kaum wahrgenommen wird – in der Managementterminologie doch als eine der größten und komplexesten „Stakeholder" – Gruppen in der Politik. Zu den an seiner Gestaltung und Finanzierung, an der Formulierung seiner Ziele und Inhalte, an der Entscheidung über seine gesetzlichen Grundlagen, rechtlichen Ausführungsbestimmungen, Organisationsstrukturen und Handlungsvollzügen beteiligten Akteuren gehören nahezu alle relevanten Gruppen aus Politik, Wirtschaft und Gesellschaft auf der Bundes-, Landes- und kommunalen Ebene:

- Regierung und Opposition in Bundestag und Bundesrat,
- Städte, Landkreise und Kommunen (11.250) mit ihren Behörden,
- Wirtschaftsverbände, Gewerkschaften, Kirchen, Wohlfahrtsverbände,
- Soziale, pädagogische, medizinische, pflegerische und therapeutische Einrichtungen/Berufsgruppen,
- Bürgerinitiativen, Medien, Öffentlichkeit
- die Hilfebedürftigen und Anspruchsberechtigten.

Alle diese Gruppen, Institutionen, Gremien und Verbände sind Stakeholder in dem „Projekt Sozialstaat" und wollen Einfluss nehmen (vgl. Schwarz/Beck 2010, S. 11).

Vertreter/innen des Sozialmanagements haben sich in den bereits seit Jahren laufenden Diskussionen über den Umfang, die Struktur und Qualität des Sozialstaats zurückgehalten bzw. kaum eingemischt. Die in der Phase der Implementierung von Masterstudiengängen noch angestrebte Verknüpfung und Diskussion des Zusammenhangs von Sozialstaat – Sozialpolitik – Sozialmanagement im Kontext ihrer politischen Entwicklung (ebd.) ist rückläufig zugunsten einer Verstärkung der betriebswirtschaftlichen und personalbezogenen Module. Damit wurde in den letzten Jahren der Tendenz zu einem „manageriellen" Verständnis von Sozialmanagement Vorschub geleistet. Mit der Ausblendung politischer Inhalte und Bezüge geht auch das Durchdenken von Alternativlösungen zurück, die Komplexität gesellschaftlicher Prozese wird reduziert und damit Raum geschaffen für eine simplifizierende „Machbarkeitsphilosophie" (Drosdek 2008). Das komplexe und differenzierte Handlungsfeld moderner Sozialarbeit braucht Steuerung durch ein nicht weniger differenziertes, der Eigenlogik sozialer Professionen angemessenes Verständnis von Sozialmanagement, das sich von dem verbreiteten technokratisch denkenden „Managerialismus" ebenso emanzipieren muss wie von dem propagierten Zahlen-, Kosten- und Renditedenken der neoliberalen Heilslehren in jüngerer Zeit (vgl. Schwarz 2012). Zu erwarten und zu fordern wäre jedoch, dass sich die Protagonisten/innen eines Sozialmanagements, das sich als Steuerungsmethode für den Sozialbereich versteht, an maßgeblicher Stelle mit ihren Beiträgen in die Diskussionen um Reform, Weiterentwicklung und Stabilisierung des Sozialstaats einmischen. Auf der normativen Ebene des Managementhandelns wäre dies eine Beteiligung und Intervention in die ständig geforderte und bislang kaum geführte Diskussion um Normen, Werte und ethische Grundsätze, die den von der Verfassung vorgeschriebenen Zusammenhang von Menschenwürde – Demokratieprinzip – Sozialstaat und Rechtsstaat (Artikel 1, 20, 28 GG) respektieren und seinem schleichenden Erosionsprozess entgegenwirken. Artikel 1 GG „gibt dem Sozialstaat als Mindestbedingung vor, jedem Menschen Achtung und Anerkennung zu zollen, in welcher Lage er auch ist, und gebietet ihm deshalb, jedem, der der Hilfe bedarf, zumindest das Existenzminimum zu sichern, mit dem ein menschenwürdiges Leben möglich ist" (Hohmann-Dennhardt 2011, S. 33 ff.). Soziale Notlagen, deren Ursachen in der herrschenden Staats- und Gesellschaftsordnung wurzeln, müssen nach dieser Auffassung durch sozialstaatliche Maßnahmen korrigiert und die im System liegenden Ursachen sozialer Ungleichheit durch eine aktive soziale Gestaltungspolitik beseitigt werden. Auf der strategischen Managementebene stellt sich die Aufgabe, Strategien für die Durchsetzung geeigneter und wirksamer Konzepte gegen den Abbau und die schrittweise Erosion des Sozialstaats zu entwickeln und umzusetzen (vgl. Schwarz/Beck 2010, S. 33 ff., Schwarz 2012).

Welchen wesentlichen Beitrag zur Integration und zum sozialen Frieden einer sozial, kulturell und ökonomisch differenzierten Gesellschaft der Sozialstaat im nationalen, europäischen und globalen Kontext leistet bzw. leisten könnte, wäre doch, angesichts des vielbeklagten Werteverlusts eine wichtige Aufgabe z. B. für ein an sozialen Werten und Normen orientiertes Unternehmensmanagement (Corporate Social Responsibility). Die Überzeugung, dass sich in Zukunft auch die Konzerne, Unternehmen, Parteien, politischen Organisationen und nicht zuletzt die Banken und sonstigen Finanzinstitute verstärkt mit Werten, Normen und ethischen Prinzipien auseinander setzen und diese entsprechend geführt werden müssen, verdichtet sich immer mehr zu einer Forderung an die Führungskräfte in Politik, Wirtschaft, Gesellschaft und Wissenschaft. Gefordert sind somit auch das Sozialmanagement und seine intellektuellen, politischen und organisatorischen Ressourcen.

Kontrollfragen

8.1 Was meint die Feststellung, dass der moderne Sozialstaat ein „Steuer- und Interventionsstaat" sei?

8.2 Warum kann gefordert werden, dass auch im Kontext des Sozialmanagements eine Auseinandersetzung mit sozialstaatlichen Rahmenbedingungen und Strukturen geführt wird?

Literatur

Bäcker, G./Naegele, G./Bispinck, R./Hofemann, K./Neubauer, J. (2008): Sozialpolitik und die soziale Lage in Deutschland. 2 Bde, 4. Aufl. VS Verlag für Sozialwissenschaften, Wiesbaden.
Beck, R./Schwarz, G. (2008): Konfliktmanagement. Grundlagen und Strategien. Augsburg.
Beck, U. (1986): Risikogesellschaft. Auf dem Weg in eine andere Moderne, Frankfurt/M.
Beck, U. (1994): Riskante Freiheiten. Gesellschaftliche Individualisierungsprozesse in der Moderne, Frankfurt/M.
Bertelsmannstudie (2011): Soziale Gerechtigkeit in der OECD – Wo steht Deutschland? Sustainable Governance Indicators. Bertelsmann Stiftung Gütersloh.
Bhagwati, J. (2008): Verteidigung der Globalisierung. München, Pantheon Verlag.
Boeckh, J./Huster, E.U./Benz, B (2006): Sozialpolitik in Deutschland. Eine systematische Einführung. 2. Aufl. Wiesbaden.
Bundestag, www.bundestag.de/service/glossar/L/lobbyliste.html (Zugriff 14.09. 2012).
Butterwegge, Ch. (2005): Krise und Zukunft des Sozialstaates. Wiesbaden.
Butterwegge, Ch./Lösch, B./Ptak, R. (2008): Kritik des Neoliberalismus. 2. Aufl. Wiesbaden.
Crouch, C. (2008): Postdemokratie, Frankfurt/M.
Crouch, C. (2011): Das befremdliche Überleben des Neoliberalismus. Berlin.
Dahrendorf, R. (2009): Nach der Krise: Zurück zur protestantischen Ethik? Sechs Anmerkungen. In: Merkur. Deutsche Zeitschrift für europäisches Denken, Nr. 720, Mai 2009, S. 373-381.
DER STERN (Hamburg): www.stern.de/wirtschaft/news/deutsche-bank-fuehrung-tritt-auf-kostenbremse-1892831.html (Zugriff 12.09.2012).
Deutscher Städtetag (2010): Sozialleistungen der Städte in Not. Zahlen und Fakten zur Entwicklung kommunaler Sozialausgaben. Deutscher Städtetag Berlin und Köln. http://www.staedtetag.de/imperia/md/content/dst/neue_schriften_93_sozialleistungen.pdf (Zugriff: 04.09.2012).
Deutscher Städtetag, www.staedtetag.de/dst/inter/schwerpunkte/057866/index.html (Zugriff 04.09.2012)
Deutscher Steuer- und Gemeindebund, (DtSGB) Pressemeldung Nr. 49, 25. 09. 2009.
Drosdek, A. (2008): Nietzsche für Manager. Mit Mut zum Erfolg, Frankfurt/New York.
Effinger, H. (1996): Sozialarbeitswissenschaft als Teildisziplin einer Wissenschaft personenbezogener Dienstleistungen im Wohlfahrtsdreieck. In: Merten, R./Sommerfeld, P./Koditek, T. (Hrsg.): Sozialarbeitswissenschaft – Kontroversen und Perspektiven. Neuwied, Kriftel, Berlin, S. 185 ff.
Esping-Andersen, G. (1990): The Three Worlds of Welfare Capitalism, Cambridge.
Evers, A. (2003): Soziale Unternehmen – die Zukunft öffentlicher sozialer Dienstleistungen anders denken! In: Theorie und Praxis Sozialer Arbeit 1, S. 11ff.
FAZ, Bundesbank http://www.faz.net/aktuell/wirtschaft/wirtschaftspolitik/ezb-staatsanleihe-kaeufe-bundesbank-kritisiert-beschluss-offen-11881725.html (Zugriff 17.09.2012).
Flora, P./Alber, J./Kohl, J. (1977): Zur Entwicklung westeuropäischer Wohlfahrtsstaaten. In: Politische Vierteljahresschrift H. 4, S. 707 – 772, Westdeutscher Verlag, Opladen.

Frerich, J. (1987): Sozialpolitik. Das Sozialleistungssystem der Bundesrepublik Deutschland. Darstellung, Probleme und Perspektiven der Sozialen Sicherung. Oldenbourg-Verlag München/Wien.
Frevel, B./Dietz, B. (2008): Sozialpolitik kompakt. 2. Aufl. Wiesbaden.
Gernert, W. (1990): Kommunale Sozialverwaltung und Sozialpolitik. Richard Boorberg Verlag. Stuttgart, München.
Gore, A. (2007): Angriff auf die Vernunft. München, Riemann Verlag.
Grauhan, R./Hickel, R. (1973): Krise des Steuerstaats? In: Leviathan. Zeitschrift für Sozialwissenschaft. Bertelsmann-Universitätsverlag, Düsseldorf.
Hartwich, H. H. (1970): Sozialstaatspostulat und gesellschaftlicher Status quo. Westdeutscher Verlag Köln/Opladen.
Helmig, B., in: Gabler Verlag (Herausgeber), Gabler Wirtschaftslexikon, Stichwort: Dritter Sektor, online im Internet: http://wirtschaftslexikon.gabler.de/Archiv/7488/dritter-sektor-v 7.html (Zugriff 04.09.2012).
Hentschel, V. (1983): Geschichte der deutschen Sozialpolitik 1880 – 1980. Frankfurt.
Hessel, St. (2011): Empört Euch! Berlin, 4. Aufl.
Hohmann-Dennhardt, Ch. (2011): Menschenwürde im Sozialstaat des 21. Jahrhunderts, Vortrag auf der 1. Sozialpolitischen Fachkonferenz der AWO „Zur Zukunft der Sozialpolitik" Okt. 2010 in Essen.
Krugman, P. (2004): Der große Ausverkauf. Wie die Bush-Regierung Amerika ruiniert. Frankfurt, New York, Campus Verlag.
Küng, H. (2010): Anständig wirtschaften. Warum die Ökonomie eine Moral braucht. München.
Lange, D./Weth, H. U. (1992): Politik. Politische Beteiligung im Sozialstaat. Neuwied/Berlin.
Lenski, G. (1973): Macht und Privileg. Eine Theorie der sozialen Schichtung. Frankfurt a. M.
Lessenich, St. (2008): Die Neuerfindung des Sozialen. Der Sozialstaat im flexiblen Kapitalismus. Bielefeld.
Luhmann, N. (1973): Formen des Helfens im Wandel gesellschaftlicher Bedingungen. In: Otto, H. O./Schneider, S. (Hrsg.): Gesellschaftliche Perspektiven der Sozialarbeit. Neuwied/Darmstadt.
Maier, K. (1995): Notwendigkeit und Grenzen der Ökonomisierung sozialer Arbeit. In: Sozialmagazin H. 6, S. 45 ff.
Mayntz, R./Scharpf, F. W (1973): Kriterien, Voraussetzungen und Einschränkungen aktiver Politik. In: dies. (Hrsg.): Planungsorganisation. München.
Murswieck, A. (Hrsg.) (1976): Staatliche Politik im Sozialsektor. München.
Neumann, L. F./Schaper, K. (2008): Die Sozialordnung der Bundesrepublik Deutschland, 5. Aufl. Frankfurt/M.
Nullmeier, F. (2010): Handlungsstrategien der AWO für den sozialen Zusammenhalt, Vortrag auf der 1. Sozialpolitischen Fachkonferenz der AWO „Zur Zukunft der Sozialpolitik" Okt. 2010 in Essen.
Otte, M. (2008): Der Crash kommt. Die neue Weltwirtschaftskrise und wie Sie sich darauf vorbereiten. Berlin, Ullstein Buchverlage.
Pilz, F. (1978): Das sozialstaatliche System der Bundesrepublik Deutschland. München/Basel.
Pilz, F. (2004): Der Sozialstaat. Ausbau-Kontroversen-Umbau. Bonn.
Piven, F./Cloward, R. (1977): Regulierung der Armut. Die Politik der öffentlichen Wohlfahrt. Frankfurt.
Plumpe, W. (2010): Wirtschaftskrisen. Geschichte und Gegenwart. München Verlag C. H. Beck.
Prantl, H. (2011): Wir sind viele: eine Anklage gegen den Finanzkapitalismus. München.

Rifkin, J. (2004): Der Europäische Traum. Die Vision einer leisen Supermacht. Frankfurt, New York, Campus Verlag.

Sachse, Ch./Tennstedt, F. (1980): Geschichte der Armenfürsorge in Deutschland: Vom Spätmittelalter bis zum 1. Weltkrieg. Stuttgart.

Schürmann, G. (2010): Bank ohne Provision. In: Süddeutsche Zeitung, Nr. 297, 23. Dez. 2010, S. 20

Schuster, R. (Hrsg.) (1994): Die Verfassungen aller Deutschen Länder. Grundgesetz für die Bundesrepublik Deutschland.

Schwarz, G./Beck, R. (2010): Sozialstaat, Sozialpolitik und Sozialverwaltung im Kontext der politischen Entwicklung. Studienbrief 2-020-0101, 2. Aufl. Service-Agentur des Hochschulverbundes Distance Learning (HDL), Brandenburg.

Schwarz, G. (2012): Sozialarbeit – Sozialmanagement zwischen Professionalisierung und Problematisierung. In: Wöhrle, A. (Hrsg.): Auf der Suche nach Sozialmanagementkonzepten und Managementkonzepten für und in der Sozialwirtschaft. Eine Bestandsaufnahme zum Stand der Diskussion und Forschung in drei Bänden . Bd. 1 Übersicht, Einordnung und Bilanzen, S. 133- 170, ZIEL-Verlag Augsburg.

Seibel, W. (1991): Funktionaler Dilettantismus. Erfolgreich scheiternde Organisationen im „Dritten Sektor" zwischen Markt und Staat. Baden-Baden.

Starnberger Studien 2 (1977): Sozialpolitik als soziale Kontrolle, Frankfurt.

Swaan, A. (1993): Der sorgende Staat. Wohlfahrt, Gesundheit und Bildung in Europa und den USA der Neuzeit. Frankfurt/New York.

Tsalastras, A. (2001): Der aktivierende Sozialstaat: Gegen soziale Ausgrenzung – Für Aktivierung der Selbsthilfe. In: Theorie und Praxis der sozialen Arbeit, 52, S. 203-206.

Urban, H.J. (2004): Eigenverantwortung und Aktivierung – Stützpfeiler einer neuen Wohlfahrtsarchitektur? In: WSI-Mitteilungen der Hans-Böckler-Stiftung, Heft 9, S. 467-473.

v. Nell-Breuning, O. (1957: Solidarität und Subsidiarität im Raume von Sozialpolitik und Sozialreform. In: Boettcher, E. (Hrsg.): Sozialpolitik und Sozialreform. Tübingen.

Vogl, Joseph (2010/2011): Das Gespenst des Kapitals, 2. Aufl. Zürich.

Zacher, H. F. (1977): Sozialstaatsprinzip. In: Albers, W. (Hrsg.): Handwörterbuch der Wirtschaftswissenschaften, Bd. 7, Stuttgart, S. 152 – 160.

Kapitel 3 Soziale Arbeit, ihre Selbstverortung und ihr Verhältnis zu Fragen der Steuerung sozialwirtschaftlicher Unternehmen

Klaus Grunwald

Einführung

Soziale Arbeit und Sozialmanagement sind Themen, die häufig eher gegeneinander als miteinander, zumindest aber unabhängig voneinander profiliert und diskutiert werden. So hebt auch Michael Winkler hervor, dass „die Diskurse unverbunden bleiben" und konkretisiert dies am Beispiel des „Sozialpädagogischen Denkens" (Böhnisch/Schröer/Thiersch 2005), das „das Sozialmanagement schlicht nicht zur Kenntnis" nehme, wogegen er umgekehrt postuliert, dass „die Einführungen in das Sozialmanagement das sozialpädagogische Denken" nicht „kennen" würden (Winkler 2008: 126). Ob diese Zuspitzungen in vollem Umfang zutreffen, soll hier offen gelassen werden – die Ferne der entsprechenden Diskurse zueinander ist aber sicherlich trotz mancher Vermittlungsbemühungen nicht abzustreiten.

Zunächst geht es im *Kapitel 1* um eine Klärung, was unter Sozialer Arbeit als Wissenschaft und als Beruf zu verstehen ist. Dies ist nicht ganz einfach, weil es „die Soziale Arbeit" weder als einheitliche Disziplin noch als einheitliche Profession gibt. Dies wurde beispielsweise deutlich in einem Symposium zur „Identität der Sozialen Arbeit" aus Anlass des 75. Geburtstages von Hans Thiersch (Thiersch/Treptow 2011), aber auch bei der Herausgabe der Neuauflage des „Handbuchs Soziale Arbeit" (Otto/Thiersch 2011). Bei beiden Projekten zeigte sich, dass sich Soziale Arbeit und ihre Selbstbeschreibungen als Disziplin und als Profession in starkem Maße ausdifferenzieren. Trotz aller Ausdifferenzierung der Sozialen Arbeit als Disziplin und Profession gibt es aber zentrale „Kristallisationspunkte der Theoriebildung", die als gemeinsame *Grundfragen von Theorie und Praxis der Sozialen Arbeit* verstanden werden können (vgl. Füssenhäuser/Thiersch 2005; Füssenhäuser 2011a) und im *Kapitel 1* kurz dargestellt werden sollen.

Kapitel 2 befasst sich mit dem Begriff der *„Steuerung"* als einem zentralen Terminus des Sozialmanagements und der darin enthaltenen Rationalität, die aus Sicht der neueren sozialwissenschaftlichen Debatte problematisiert werden. „Steuerung" muss hier differenziert werden nach erstens Fragen der „Steuerung" der Sozialen Arbeit oder allgemeiner „des Sozialen" (beide werden in der aktuellen Debatte sowohl als sozialpolitische als auch als fachliche Steuerung gefasst) und zweitens nach Fragen der „Steuerung" von Diensten und Einrichtungen der Sozialwirtschaft.[1] Im Rahmen dieses Kapitels wird der Fokus auf der Frage der Steuerung sozialwirtschaftlicher Organisationen liegen. Die Frage nach einer Steuerung

---

[1] Nicht näher geklärt werden kann an dieser Stelle der Begriff der Sozialwirtschaft (vgl. Grunwald 2011b; Wendt 2011), siehe auch den Beitrag von Wendt in diesem Band.

„des Sozialen" wäre ein Thema für einen eigenen Beitrag, wird aber im Kapitel zum Konzept einer Sozialen Arbeit als personenbezogener, sozialer Dienstleistung angeschnitten. Kritisch diskutiert wird die häufig vorzufindende sozialtechnologische Engführung von „Steuerung". Betont wird dagegen die Notwendigkeit eines sozialwissenschaftlich verorteten und reflektierten Steuerungsverständnisses, für das häufig auch der Begriff der „Gestaltung von Organisationen" verwendet wird.

Kapitel 3 widmet sich dem *Konzept der „Lebensweltorientierten Sozialen Arbeit"* als einem ursprünglich deutlich sowohl professions- als auch organisationskritischen Ansatz. Soziale Arbeit wird in diesem Abschnitt umrissen und konkretisiert aus Sicht des Konzepts der Lebensweltorientierung. Dargestellt wird der Blick der Lebensweltorientierung auf die Lebenswelten der AdressatInnen wie auf die Lebenswelten in sozialwirtschaftlichen Organisationen. Auch Organisationen lassen sich beschreiben als Ensembles von Raum, Zeit, sozialen Beziehungen und Deutungsschemata. Sowohl die Kultur(en) als auch die Mikropolitik in Organisationen lassen sich hier gut ankoppeln. Betont werden in diesem Kapitel die sozialpolitische und gesellschaftskritische Verortung des Konzepts Lebensweltorientierung und dessen Fokus, Soziale Arbeit zunächst aus Sicht der AdressatInnen, erst dann aus Sicht der Profession und der Organisation zu steuern (oder besser: zu gestalten). Dies gilt sowohl für die Steuerung der Sozialen Arbeit als ganzer (sofern diese überhaupt möglich ist) als auch für die Steuerung sozialwirtschaftlicher Unternehmen.

Kapitel 4 thematisiert das *Konzept einer „Sozialen Arbeit als personenbezogene soziale Dienstleistung"*. Dieses ist deutlich näher an Organisations- und Managementfragen als das Konzept der Lebensweltorientierten Sozialen Arbeit. Nach einer anfänglichen Klärung, was unter „personenbezogenen sozialen Dienstleistungen" zu verstehen ist, wird die Relevanz dieser Kategorie für die Soziale Arbeit diskutiert und das Konzept einer Sozialen Arbeit als Dienstleistung entfaltet. Angedeutet – aber nicht ausgeführt – werden hier Schnittstellen zum Dienstleistungsverständnis des Diskurses um die Konzepte des Public Managements und der Neuen Steuerung. Angeschnitten werden in diesem Kapitel weiter die argumentative Linie „Vom Sozialmanagement zum Management des Sozialen" und die Debatte um den „Managerialismus". Auch in diesem Diskussionszusammenhang spielen Fragen der sozialpolitischen Verortung von Sozialer Arbeit und Sozialmanagement eine zentrale Rolle.

Kapitel 5 fasst die getroffenen Aussagen zur Selbstverortung der Sozialen Arbeit im Kontext von Disziplin und Profession und zu Fragen der Steuerung und des Managements sowohl des Sozialen als auch der sozialwirtschaftlichen Unternehmen zusammen.

1. Soziale Arbeit als Disziplin und Profession

Um die Schnittstellen zwischen Sozialer Arbeit und Sozialmanagement sinnvoll diskutieren zu können, bedarf es zunächst einer Klärung, was unter „Sozialer Arbeit" aus wissenschaftlicher Sicht verstanden werden kann. Nun wurde oben bereits angemerkt, dass von „einer" oder „der" Sozialen Arbeit nicht sinnvoll gesprochen werden kann. Soziale Arbeit ist heute als wissenschaftliche *Disziplin* gekennzeichnet durch eine Fülle von wissenschaftlichen Diskursen und mit ihnen verbundene Forschungsanstrengungen, die stärker theoretisch oder/und stärker empirisch ausgerichtet sein können. Sie differenzieren sich – beispielsweise bezüglich der Arbeitsfelder – immer weiter aus. Soziale Arbeit als *Profession* meint eine besondere Form eines Berufs und ist gekennzeichnet einerseits durch „das Ziel einer umfassenden Professionalisierung", das spätestens seit Ende der 60er Jahre proklamiert wurde, und andererseits durch die „Erörterungen über das Berufsbild und den Status der Sozialarbeiter/Sozialpädagogen, vor allem aber über die Chancen der wissenschaftlichen Fundierung der Ausbildung" (Dewe/Otto 2011a: 1131; vgl. Dewe/Otto 2005a).

Disziplin und Profession, verkürzt: Wissenschaft und Beruf, sind dabei aufeinander bezogen, auch wenn sie unterschiedlichen Logiken folgen. Die *Profession* „Soziale Arbeit" ist nicht gleich zu setzen mit der Praxis der Sozialen Arbeit, sondern steht vielmehr *zwischen* Wissenschaft und Praxis: Wissenschaft orientiert sich am strukturellen Kriterium „Wahrheit" und liefert „wissenschaftliches Erklärungswissen", wogegen Praxis sich am Kriterium der „Angemessenheit" orientiert und „praktisches Entscheidungswissen" bereitstellt (Dewe/Otto 2005b: 1966). Zwischen dem „wissenschaftlichen Erklärungswissen" und dem „praktischen Entscheidungswissen" steht das „Professionswissen", das auf „Wahrheit *und* Angemessenheit" zielt (ebd., Hervorhebung im Original). Das bedeutet, dass sich die Profession sowohl des „wissenschaftlichen Erklärungswissens" als auch des „praktischen Entscheidungswissens" bedient und die beiden Kriterien „Wahrheit" und „Angemessenheit" miteinander verbindet. Ihr geht es darum, mit wissenschaftlichem *Wissen* fachliche Entscheidungen sorgfältiger und stichhaltiger begründen zu können und gleichzeitig auf der Basis von praktischem *Können* die eigene Handlungskompetenz immer weiter zu verbessern. Die Erklärung oder Deutung von Situationen und Strukturen und die Bereitstellung einer Maßnahme oder eines Angebotes sind so wie zwei Seiten einer Medaille aufeinander bezogen und ergänzen sich gegenseitig (vgl. ebd.).

Soziale Arbeit als *Wissenschaft* hat insofern die Aufgabe, für vielfältige Fragen und Gegenstandsbereiche aus Disziplin, Profession und Praxis jeweils spezifische theoriegestützte Angebote zu machen und die je nach Feld, Fragestellung, Bezugswissenschaften usw. verschiedenen wissenschaftlichen Diskurse weiter zu entwickeln, ohne dabei immer auf Praxis bezogen zu sein. Füssenhäuser/Thiersch nennen dies *„Theorie als theoretische Diskussion"* (2011: 1634; Hervorhebung K.G.). Daneben gibt es Ansätze einer *„Theorie der Sozialen Arbeit im engeren Sinn"*, die „innerhalb des Ganzen der theoretischen Diskussion auf ein spezielles Segment" zielen: auf „die Frage nach dem Zusammenhang des Ganzen, seiner Beschreibung, Begründung und Aufklärung" (ebd.; Hervorhebung K.G.). Beide Zugänge – „Theorie als theoretische Diskussion" und „Theorie der Sozialen Arbeit" – sind „als *nicht hierarchisches Nebeneinander unterschiedlicher Linien* zu verstehen, als kommunikatives Geflecht unterschiedlicher Erkenntnisinteressen und Erkenntniszugänge" (ebd.; Hervorhebung K.G.).

Klaus Grunwald

Grundsätzlich ist zu berücksichtigen, dass die Soziale Arbeit – in Gestalt ihrer Disziplin, ihrer Profession und ihrer Praxis – heute vor einer Fülle von im weitesten Sinne *gesellschaftlichen Herausforderungen* steht, die sie in Theorie und Praxis aufnehmen und zu denen sie sich verhalten muss. Zu diesen gehören beispielsweise die Prozesse der Globalisierung und der Europäisierung, die Individualisierung der Lebenslagen und die Pluralisierung der Lebensführung, die zunehmende gesellschaftliche Mobilität und der demografische Wandel, die Flexibilisierung der Arbeitswelt, zunehmende soziale und ökonomische Ungleichheiten, der tiefgreifende technologische Wandel und der mit ihm verbundene Übergang in die „nächste Gesellschaft" (Baecker 2007; vgl. 2011).[2]

Bei aller Unterschiedlichkeit der vorliegenden theoretischen Entwürfe einer Theorie der Sozialen Arbeit gibt es dennoch bestimmte Kernfragen oder Dimensionen, die quer durch die verschiedenen Entwürfe und in unterschiedlichsten Strängen einer „Theorie als theoretischer Diskussion" von zentraler Bedeutung sind. Solche *„Kristallisationspunkte der Theoriebildung"* beziehen sich sowohl auf die Disziplin als auch auf die Profession der Sozialen Arbeit (Füssenhäuser 2011: 1647f.; Hervorhebung K.G.). Eine Theorie der Sozialen Arbeit hat die *Aufgabe*,

1. den *Gegenstand* der Wissenschaft und der Praxis der Sozialen Arbeit zu bestimmen,
2. auf der Basis wissenschaftlicher Bezüge und Traditionen den *Wissenschaftscharakter* zu klären,
3. das *Verhältnis von Theorie und Praxis* als „die wissenssoziologische Frage nach der Differenz der unterschiedlichen Wissensformen" zwischen wissenschaftlichem Erklärungswissen, praktischem Entscheidungswissen und Professionswissen zu diskutieren,
4. den *gesellschaftlichen und sozialen Kontext* zu berücksichtigen, „eine Klärung der Position der Sozialen Arbeit im Horizont einer Theorie der Gesellschaft" vorzunehmen und dabei „gesellschaftspolitische Aspekte mit disziplin- bzw. professionspolitischen Diskursen (zu) verbinden",
5. „*Lebenslagen und Lebensweisen der AdressatInnen*" zu diskutieren und vor diesem Hintergrund danach zu fragen, welche passgenauen Hilfen und Unterstützungen „in der Spannung von Normalität und Abweichung" entwickelt und realisiert werden können,
6. die *Institutionen und Organisationen der Sozialen Arbeit* zu analysieren sowie administratives und professionelles Handeln in ein sinnvolles Verhältnis zueinander zu setzen,
7. *professionelle Handlungsmuster der Sozialen Arbeit* zu entwickeln unter Berücksichtigung der „Analyse der allgemeinen Strukturen eines helfenden, erzie-

---

2 Dirk Baecker geht davon aus, dass wir mitten drin sind in einem grundsätzlichen gesellschaftlichen Wandel von der Moderne hin zur „nächsten Gesellschaft" als „Computergesellschaft": „Sie wird sich von der Buchdruckgesellschaft der Moderne so dramatisch unterscheiden wie diese von der Schriftgesellschaft der Antike" (Baecker 2007: 2). Dies führt zu einem Übergang von „modernen Organisationen" zu „postmodernen Netzwerkorganisationen", die „ihre Steuerungslogik von Rationalität auf Intelligenz umstellen" und „an die Stelle der Hierarchie die Zusammenarbeit und an die Stelle der Kontrolle die Motivation" setzen (Friedrich-Freksa/Glatzel 2009: 83).

hendenden, bildenden und unterstützenden Handelns in seiner Spannung asymmetrischer und symmetrischer Kommunikation, in seiner Verbindung von Nähe, Stellvertretung und Distanz, in seinen strukturellen Widersprüchen oder Paradoxien" und

8. *ethische Fragestellungen* zu diskutieren, sei es in der Aufklärung von „sozialethischen gesellschaftlichen Grundlagen ihres professionellen Handelns", sei es in der Analyse von „in ihrer Praxis gegebenen, oft nicht ausdrücklich bewussten normativen Konzepte" (Füssenhäuser 2011: 1648; im Original teilweise Hervorhebungen vorhanden).

Zu diesen acht Kristallisationspunkten der Theoriebildung kommen noch drei Querschnittsdimensionen dazu. So sind vor dem Hintergrund der oben genannten gesellschaftlichen Herausforderungen für Theorie und Praxis der Sozialen Arbeit *erstens* „soziale Strukturkategorien" wie beispielsweise Gender, Alter, ethnische Zugehörigkeit und regionale Verortung von erheblicher Bedeutung (vgl. Füssenhäuser 2011: 1649; Hervorhebung im Original). Zu beachten ist *zweitens*, dass Soziale Arbeit aufgrund ihres historisch konkreten und gesellschaftlich sozialen Charakters in besonderer Weise *„entwicklungsoffen und diskursiv angelegt"* ist, Erkenntnisfortschritte also in Theorie und Praxis vor allem im Rahmen von ergebnisoffenen Diskussionsprozessen erzielt werden (ebd.; Hervorhebung K.G.). Mit dem Wissenschaftscharakter der Sozialen Arbeit eng verknüpft ist *drittens* die zentrale Bedeutung von *Forschung*: Soziale Arbeit klärt „als moderne Sozialwissenschaft ... theoretisch wie empirisch die genuinen Fragestellungen der Disziplin wie Profession sowie die Wirkungen und unbeabsichtigten Nebenwirkungen professionellen Handelns" (Füssenhäuser 2011: 1649; vgl. auch Miethe/Schneider 2010, Grunwald/Thiersch 2010). Die zentrale Bedeutung von Forschung ist für eine wissenschaftliche Disziplin zwar selbstverständlich, zugleich jedoch gerade für die Soziale Arbeit immer noch eine Aufgabe, deren Relevanz seit geraumer Zeit postuliert (vgl. beispielsweise die Beiträge in Rauschenbach/Thole 1998) und auch in der Gegenwart intensiv diskutiert wird (vgl. z.B. Epple/Miethe/Schneider 2011; Oelerich/Otto 2011; Bock/Miethe 2010; Maschke/Stecher 2010; Thole 2010; Schneider 2009).

Die *beschriebenen Kristallisationspunkte der Theoriebildung* und die mit ihnen verbundenen *Querschnittsdimensionen* gehen aus von einem Verständnis der Sozialen Arbeit, bei dem wissenschaftliche Disziplin, Profession und Praxis eng miteinander verbunden sind. Sie gelten keineswegs nur für die Theorie der Sozialen Arbeit, sondern genauso auch für Profession und Praxis. Anders formuliert: Ein Entwurf, der einigermaßen umfassend beschreiben möchte, was Soziale Arbeit in Theorie *und* Praxis darstellt, wird sich mit diesen Fragestellungen auseinandersetzen müssen. Wie die späteren Ausführungen zu den Konzepten der Lebensweltorientierten Sozialen Arbeit und einer Sozialen Arbeit als personenbezogene soziale Dienstleistung zeigen werden, legt *jeder Theorieentwurf* dabei jedoch höchst *unterschiedliche Schwerpunkte*. Damit bietet jeder Theorieentwurf auch sehr spezifische Schnittstellen zwischen Sozialer Arbeit und Sozialmanagement, zeigen sich jeweils besondere Verbindungslinien und Spannungsfelder. Bevor die zwei Konzepte exemplarisch dargestellt und auf ihre Verbindungen zu Ansätzen des Sozialmanagements hin geprüft werden, soll aber vorab noch eine weitere Grundfrage, die im Titel dieses Beitrags verborgen ist, diskutiert werden: Was meint die „Steuerung" von sozialwirtschaftlichen Unternehmen? Welches Steuerungsverständnis ist hier gemeint?

2. Steuerungskonzepte für das Management sozialwirtschaftlicher Organisationen

Die Steuerung von sozialen Systemen und den in ihnen sich vollziehenden Prozessen wird von etlichen *wissenschaftlichen Disziplinen* thematisiert. Zu nennen wären hier insbesondere „Ökonomie, Politologie, Soziologie, Organisations-, Management-, Rechts- und Verwaltungswissenschaften" (von Kopp 2009: 834). Eine zentrale, auf Luhmann zurück gehende Definition von „Steuerung" besagt, dass dieser Terminus als „Bemühung um Minimierung einer Differenz verstanden werden" kann (vgl. Kirsch/Seidl 2004: 1366). Im Lexikon zur Soziologie wird „Steuerung" als *„soziale Steuerung"* gefasst und definiert als „Beeinflussung des sozialen Verhaltens durch gesellschaftliche Institutionen, Werte, Normen im Sinne eines offenen Wirkungsverlaufes, d.h. ohne Rückmeldung und Rückkopplung" (Fuchs-Heinritz u.a. 2011: 658).

Die Formulierung „ohne Rückmeldung und Rückkopplung" (ebd.) verweist bereits auf die *Abgrenzung* zwischen den Begriffen *„Steuerung"* und *„Regelung"*: „R[egelung] bezeichnet die Aufrechterhaltung des Gleichgewichts eines Systems durch einen Regler, der die Wirkgröße berücksichtigt und (vorhergesehene) schädliche Einflüsse korrigiert (nach Maßgabe seiner Kapazität im Verhältnis zur Systemkomplexität und zur Größe der Störfaktoren). S[teuerung] dagegen kann die Wirkgröße nicht berücksichtigen. Unter der Voraussetzung, dass alle Störgrößen bekannt sind, kompensiert das Steuergerät die Wirkungen der Störfaktoren auf die Sollgröße des Systems hin. Der Nachteil von S[teuerung] besteht im Mangel an Rückkopplung sowie darin, dass meist nicht alle Voraussetzungen für ein geschlossenes Steuerungssystem bekannt sind" (ebd.: 562).[3]

Diese Differenzierung zwischen „Steuerung" und „Regelung" wird auch in der betriebswirtschaftlichen Literatur vorgenommen, wenn „einfache Steuerungssysteme", „einfache Regelsysteme" und „komplexe Steuerungs- und Regelungskonfigurationen" unterschieden werden (Kirsch/Seidl 2004: 1367ff.; vgl. Kirsch/Seidl/van Aaken 2009: 13ff.). Hier wird ebenfalls deutlich hervorgehoben, dass „Steuerung" und „Regelung" zwar gleichermaßen „Mechanismen zur Überwindung einer Soll-Ist-Differenz" darstellen, „Steuerung" aber im Gegensatz zur „Regelung" „keine Rückkopplung zum gesteuerten Bereich" beinhaltet (Kirsch/Seidl/van Aaken 2009: 13).

Wichtig ist hier, dass sowohl „Steuerung" als auch „Regelung" grundsätzlich mit der „Erfassung, Verarbeitung und Weitergabe von *Informationen*" verbunden sind, mit diesen Informationen aber unterschiedlich umgehen (Ulrich/Probst 1995: 81f.; Hervorhebung im Original): Angesichts der Begrenztheit von Erkenntnis, der

---

3 An dieser Stelle kann auf die aktuelle, außerordentlich spannende Diskussion um die Regelung von Organisationen nicht genauer eingegangen werden (vgl. Duschek u.a. 2012; Kieser 2012; Klatetzki 2012).

Unmöglichkeit, „all das rechtzeitig [zu] wissen, was wir zu einer vollkommenen Steuerung wissen müssten", besteht der „geniale Trick der Regelung (...) darin, dass sie diese nicht einzuhaltenden Voraussetzungen aufgibt und das Eintreten von Störwirkungen zulässt, aber sie so rasch als möglich korrigiert. Regelungsmechanismen verhindern das Eintreten von Störungen nicht, aber sie minimieren ihre Wirkungen" (ebd.). Ulrich/Probst fassen die beiden Begriffe „Steuerung" und „Regelung" unter dem Terminus der „Lenkung" zusammen (1995: 78ff.).

Etymologisch identisch sind die Begriffe der *„Steuerung"* und der *„Kybernetik"*, wobei letztere zwar „ursprünglich auf Steuerungsvorgänge in biologischen und technischen Systemen" zielt, aber bereits bei Norbert Wiener auf Kommunikation und soziale Systeme ausgeweitet wurde (von Kopp 2009: 835 f.). Deswegen ist es „schwierig, konsequent zwischen Steuerungstheorie und Kybernetik zu unterscheiden" – es gibt „übergreifende theoretische, aber auch praktische Steuerungsfragen sowie Bereiche (...), in denen die Grenzen zwischen sozialen, technischen und biologischen Systemen verschwinden" (ebd.).

In der systemtheoretisch geprägten einschlägigen Literatur sind deutliche Differenzen über die „Arten und Möglichkeiten der Steuerung sozialer Zusammenhänge" (Kirsch/Seidl 2004: 1369) sichtbar. Hier wird unterschieden zwischen der *Kybernetik 1. und 2. Ordnung*: „Während man in der klassischen Kybernetik (Kybernetik 1. Ordnung) davon ausgeht, dass sich ein sozialer Zusammenhang (...) von außen (...) über den Input determinieren lässt, hebt die Kybernetik 2. Ordnung (bzw. neuere Systemtheorie) die Komplexität und Eigengesetzlichkeit des zu steuernden Zusammenhangs hervor. Von außen kommende Steuerungsimpulse im Sinne einer Fremdsteuerung werden intern nur als Perturbation registriert und nach einer eigenen Logik in Abhängigkeit vom momentanen Zustand verarbeitet. Damit wird die Möglichkeit einer Steuerung über eine direkte Intervention von außen sehr kritisch gesehen, wenn nicht gar negiert" (ebd.; vgl. auch Backhausen/Thommen 2007: 116 ff.; Wimmer 2011: 29; kritisch unter besonderer Berücksichtigung der Position von N. Luhmann insbesondere Ortmann 2012 sowie Fischer 2009: 130 ff.).

Vor diesem Hintergrund lassen sich *vier verschiedene Steuerungskonzepte* unterscheiden, die in der Organisations- und Führungslehre, aber auch darüber hinaus diskutiert werden (Kirsch/Seidl 2004: 1369 ff.). In aller Regel beziehen sie sich allgemein auf soziale Systeme, etliche von ihnen wurden in der Soziologie entwickelt.

(1) Ansätze der *„plandeterminierten Steuerung"* gehen davon aus, dass die zentralen Steuerungsfunktionen bei einer vorauslaufenden, möglichst umfassenden Planung liegen – ganz im Sinne eines „Primats der Planung". Alle weiteren Steuerungsaktivitäten sollen sich aus dieser „Totalplanung" ableiten lassen, weswegen dieser Zugang – in der Betriebswirtschafts- und Managementlehre gewissermaßen das „klassische" Steuerungskonzept – auch als „plandeterminierte Unternehmenssteuerung" bezeichnet wird (vgl. Schreyögg 2007: 1815; Steinmann/Schreyögg 2005: 129ff.). Diese konkretisiert sich in einem Phasenverständnis von Management, bei dem „Management als eine systematische Abfolge von Phasen bzw. (Management-)Funktionen begriffen" wird: „Am Anfang dieser Funktionsabfolge

soll die Planung als geistiger Entwurf der zukünftig zu erreichenden Ziele und der hierzu zu ergreifenden Maßnahmen stehen (...). Da alle anderen Managementfunktionen auf die Erreichung der Planziele hin ausgelegt werden sollen, geht die Planung diesen Funktionen notwendigerweise voraus" (Steinmann/Schreyögg 2005: 131). Auf die Planung folgen dann nacheinander die Managementfunktionen Organisation, Personaleinsatz, Führung und Kontrolle. Letztere koppelt Informationen über die tatsächliche Realisierung der ursprünglichen Planung an die Kontrollinstanz zurück, damit der Informationsgewinn dann bei weiteren Planungen berücksichtigt wird (vgl. Wöhe/Döring 2008: 52 ff.; Schreyögg 2007: 1814 ff.). Diese „Konstruktionslogik des klassischen Managementprozesses", der auch als „Managementregelkreis" bekannt ist, verdeutlicht unmittelbar, dass „den der Planung nachgeordneten Managementfunktionen keine eigenständige (Um-)Steuerungskapazität im Hinblick auf die Unternehmensziele und zielrealisierenden Maßnahmen zugeschrieben wird" (Steinmann/Schreyögg 2005: 132).

Die dem „klassischen Managementprozess" zugrunde liegende *plandeterminierte Steuerung* wird heute unter der Überschrift der „Implementationsprobleme" deutlich in Frage gestellt (vgl. Staehle 1999: 82; Steinmann/Schreyögg 2005: 131 ff.; Kirsch/Seidl 2004: 1370). Der zentrale *Kritikpunkt* liegt darin, dass das Konzept der plandeterminierten Steuerung „in der ursprünglich unterstellten Form kaum umsetzbar" ist, weil es „auf zwei extrem anspruchsvollen Bedingungen" beruht: „Die Planung muss sowohl (1) die zukünftige Entwicklung der relevanten Umwelt in all ihren Wirkungszusammenhängen in ausreichendem Maße erfassen und prognostizieren, als auch (2) das zu steuernde System selbst in ausreichendem Maße erfassen und beherrschen können" (Kirsch/Seidl 2004: 1370). Da diese beiden Bedingungen „in der Realität sozialer Systeme nur selten gegeben" sind, kann die plandeterminierte Steuerung als Ansatz für eine umfassende Unternehmenssteuerung „eindeutig als gescheitert gelten": Weder kann die Umwelt von Unternehmen „aufgrund ihrer Komplexität und der Offenheit der Zukunft" umfassend analysiert oder prognostiziert werden, noch lassen sich organisatorische Zusammenhänge „aufgrund ihrer Komplexität und Eigendynamik" in ihrer Gänze erfassen und beherrschen" (ebd.; vgl. zu „einer kognitiven Wende in Planung und Controlling" (Willke/Wollmann 2003: 26 ff.).

Für den auf der plandeterminierten Steuerung aufbauenden *klassischen Managementprozess* bedeutet dies, dass die „lineare Abfolge der Managementfunktionen" heute stark relativiert wird, weil „in der Realität die Interdependenzen zwischen den Funktionen so stark ausgeprägt sind, dass sie sich einer solchen klaren Ordnung entziehen" (Schreyögg 2007: 1815). In Zweifel gezogen wird auch die klare Trennung zwischen „Willensbildung" (realisiert durch Planung) und „Willensumsetzung" (realisiert durch konkretes Handeln bspw. in Form von Organisation, Personaleinsatz und Führung), weil in einer solchen Konstruktion immer Planung als die „entscheidende Phase" der Willensbildung jeglichem Handeln vorausgeht und dieses zu steuern vorgibt (vgl. ebd.). Die enge Verbindung von „Willensbildung" und „Willensumsetzung" beruht letztlich auf dem klassischen Rationalitätsverständnis von Organisation und Management, das seit geraumer Zeit massiv in Zweifel gezogen wird (vgl. Grunwald 2009b: 92 ff.; Grunwald 2012b, 2012c; Ortmann 2012: 137 ff.).

(2) Ansätze der *„inkrementalistischen Steuerung"* lehnen eine umfassende Totalplanung ab und propagieren stattdessen im Sinne eines Gegenpols „eine Steuerung in kleinen, überschaubaren und dadurch leicht revidierbaren Schritten" (ebd.). Sie gehen zurück auf Popper (Konzept der „Stückwerk-Sozialtechnik") und Lindblom (Konzept des „disjointed incrementalism" bzw. des „muddling through") und wurden von beiden ursprünglich als gesellschaftstheoretische Ansätze in Abgrenzung von plandeterminierten Steuerungskonzepten entwickelt (ebd.: 1371). Angesichts der „Begrenztheit jeglicher Ganzheitsbetrachtungen sozialer Systeme" bringt die Realisierung von Gesamtplänen nicht beabsichtigte und oft kontraproduktive Folgen, gewissermaßen „Nebenwirkungen" mit sich (ebd.). Deswegen müssen nach Popper bei Planungen laufend Fehler korrigiert werden, die sich im Planungsprozess ergeben, während Lindblom dafür plädiert, auf zentralistische Planungen zu verzichten und stattdessen Systemsteuerung als Ergebnis einer kontinuierlichen wechselseitigen Abstimmung der beteiligten Akteure zu konzipieren. Beide Ansätze sind als Konzepte der Unternehmenssteuerung auf breite Zustimmung getroffen.

Ansätze der „inkrementalistischen Steuerung" werden aus verschiedenen Gründen *kritisiert*. So wird moniert, dass bei diesem Steuerungskonzept nicht hinreichend berücksichtigt wird, dass alle Aushandlungsprozesse in Organisationen immer auch durch die jeweiligen Machtverhältnisse geprägt werden. Der mikropolitische Charakter jeglicher Entscheidungsprozesse wird damit unterschlagen (vgl. Grunwald 2009b: 97 ff.). Weiterhin besteht die Gefahr, dass die Bedeutung einer Ausrichtung an längerfristigen Zielen für das längerfristige Überleben einer Organisation zu gering eingeschätzt wird und es zu einem richtungslosen Driften der Organisation kommt. Schwer wiegt schließlich der Kritikpunkt, dass das Konzept einer inkrementalistischen Steuerung Gefahr läuft, gerade „diejenigen Kräfte [zu unterstützen], die den Status quo bewahren und Innovationen verhindern wollen" (ebd.).

(3) Der Ansatz der *„geplanten Evolution"* strebt an, eine Synthese von plandeterminierten und inkrementalistischen Steuerungskonzepten zu bilden und sich damit weder auf die Seite der „Totalplanung" noch auf die Seite des „Durchwurstelns" zu schlagen (Kirsch/Seidl/van Aaken 2009: 180). Ideen von Etzioni aufgreifend hat Kirsch ein Steuerungskonzept entwickelt, das Planung „als Abfolge inkrementaler, am Status quo ansetzender Schritte vor dem Hintergrund je aktueller Ereignisse" fasst, die kontinuierlich bezogen werden auf eine „konzeptionelle Gesamtsicht der Systementwicklung" (Kirsch/Seidl 2004: 1371 f.; vgl. Kirsch/Seidl/van Aaken 2009: 177 ff.; Kirsch 2007a; 2007b). Dabei wird die Gesamtsicht selbst permanent weiterentwickelt durch die Berücksichtigung einerseits der Erfahrungen, die bei den einzelnen Planungsschritten gemacht werden und andererseits neuer grundsätzlicher Ideen und Werte. Das Steuerungskonzept der „geplanten Evolution" ist „gekennzeichnet durch ein bewusst erzeugtes Spannungsfeld zwischen einer induktiven Orientierung an Status quo und konkreten akuten Ereignissen einerseits und einer deduktiven Orientierung an allgemeinen Ideen und

Werten andererseits" (ebd.; vgl. Ortmann 2012: 147f.) und sieht dezidiert die „Möglichkeit einer Höherentwicklung" von Organisationen (Kirsch/Seidl/van Aaken 2009: 286).

(4) Vor dem Hintergrund der oben beschriebenen Entwicklung von der Kybernetik 1. zur Kybernetik 2. Ordnung ist der Ansatz der *„Kontextsteuerung"* von Bedeutung, der die Entwicklungen in der neueren Systemtheorie aufgreift und in spezifischer Weise zuspitzt. Willke, der diesen Ansatz maßgeblich entwickelt und vorangetrieben hat, spricht genauer von „dezentraler Kontextsteuerung" (Willke 1997: 89; Willke 2001: 130).[4] „(Dezentrale) Kontextsteuerung" meint dabei, dass direkte steuernde Eingriffe in ein komplexes System aufgrund der Selbstbezüglichkeit desselben nicht möglich sind und stattdessen eine indirekte Steuerung über die Variation von Kontextbedingungen angestrebt werden sollte. Dieser Ansatz setzt auf eine Steuerung durch eine „Konditionierung der Selbststeuerung" des jeweiligen Systems und „reduziert damit die Komplexität der Steuerungsaufgabe" (Kirsch/Seidl 2004: 1372f.). Er zielt „auf eine Veränderung der relevanten Umwelt des zu steuernden Zusammenhangs ab, auf die er dann in eigengesetzlicher Weise reagieren kann" (ebd.). *„Dezentrale* Kontextsteuerung" meint, dass „der Handlungen und Orientierungen steuernde Kontext nicht mehr von einer Zentrale/Hierarchie vorgegeben wird, sondern durch andere Akteure im Kommunikationssystem" (Neuberger 2002: 632). Das bedeutet, dass *Kontext- und Selbststeuerung eng miteinander verknüpft* sind: Die „Möglichkeiten der Steuerung komplexer Systeme [sind] scharf begrenzt (...) auf die beiden Formen der (internen) Selbststeuerung und der (externen) Kontextsteuerung" (Willke 2001: 358; vgl. kritisch: Ortmann 2012: 145f.; Fischer 2009: 70ff.).

In der Steuerung von Unternehmen oder Unternehmensverbünden wird gerade von Vertretern einer konstruktivistischen Systemtheorie bzw. einer Kybernetik 2. Ordnung auf diesen Ansatz immer wieder zurückgegriffen, u.a. weil er der *„Eigenlogik"* und dem *„Eigensinn" von Unternehmen* als sozialen Systemen Rechnung trägt. Er impliziert jedoch gleichzeitig, dass konkrete Resultate von Steuerungsbemühungen weder berechen- noch planbar sind. Unterschiedliche Einschätzungen gibt es zur *Abgrenzung oder Verbindung dieses Ansatzes zu anderen Steuerungskonzepten:* Willke hebt hervor, dass der Ansatz der „dezentralen Kontextsteuerung" sich sowohl von dem Ansatz der „geplanten Evolution" als auch von dem einer „inkrementalistischen Steuerung" deutlich abgrenzt (1997: 78ff.). Dagegen betonen Kirsch/Seidl, dass er sich durchaus mit den oben beschriebenen Ansätzen der „inkrementalistischen Steuerung" und der „geplanten Evolution" kombinieren lasse (vgl. 2004: 1373). Entscheidend ist aber, dass der *Kontext*, der Steuerungsfunktionen übernehmen soll, *definier- und beschreibbar* ist: „Kontextsteuerung macht nur Sinn, wenn angebbar ist, auf welchen Kontext sich die Steuerung bezieht" (Willke 1997: 117).

---

4 Die Veröffentlichungen von Willke sind hier von besonderem Interesse (vgl. zur Systemtheorie Willke 2006: 235ff.; 2005: 141ff.; 2001: 128ff.; bezogen auf Wissensmanagement Willke 1998; 2004; bezogen auf Planung und Controlling Willke/Wollmann 2003: 26ff.; bezogen auf „Global Governance" Willke 2006).

2. Steuerungskonzepte für das Management

Die *Darstellung dieser vier steuerungstheoretischen Ansätze* zeigt eine Entwicklung, die von einer klar auf Planung setzenden und deswegen auch „plandeterminierten" Steuerungskonzeption über das Gegenkonzept der „inkrementalistischen Steuerung" und den Ansatz der „geplanten Evolution" bis zum Konzept der „dezentralen Kontextsteuerung" reicht, der der Möglichkeit einer Steuerung komplexer (sozialer) Systeme durchaus skeptisch gegenüber steht. Auf das *Management sozialwirtschaftlicher Unternehmen* bezogen lässt sich zusammenfassen, dass angesichts der Komplexität, der mangelnden Durchschau- und Verstehbarkeit wie auch der Notwendigkeit permanenten Wandels und permanenter Flexibilität sozialer Systeme die „Steuerung" sozialwirtschaftlicher Unternehmen nicht (plan-)deterministisch gedacht werden kann, sondern – auch vor dem Hintergrund rationalitätskritischer Überlegungen (vgl. Grunwald 2009b: 92 ff.; Grunwald 2012c: 55 ff.; Klatetzki 2012: 95 ff.) – in Steuerungsfragen eine erhebliche Vorsicht bzw. ein erhebliches Maß an *Skepsis* angeraten ist (vgl. auch Kieser 2012: 227 ff.; Merchel 2005). Eine vergleichbare Skepsis wird ebenfalls für die Steuerung von *Netzwerken* formuliert (vgl. Sydow 2012). Merchel stellt in diesem Zusammenhang die Frage, „ob die Karriere von Sozialmanagementkonzepten einhergeht mit Wünschen und Vorstellungen einer verbesserten sozialtechnischen Planbarkeit und Gestaltbarkeit von Organisationen, ob also mit der Propagierung von Sozialmanagementkonzepten implizite sozialtechnokratische Erwartungsmuster gleichsam als 'geheimer Lehrplan' mitgeliefert werden" (2005, S. 125). Diese steuerungskritische Position bedeutet aber nicht, dass *jede* Steuerungssituation die Komplexität des *gesamten* Systems zu berücksichtigen habe: „Teilaspekte können durchaus übersichtlich und prägnant genug sein, um unkomplexes Steuerungshandeln zu rechtfertigen oder sogar zu erfordern" (von Kopp 2009: 836). Die Effektivität von Steuerungshandeln erhöht sich jedoch, mit je größerer Sorgfalt relevante komplexe Kontexte berücksichtigt werden und je weniger – menschlich durchaus nachvollziehbaren – zentralistischen Steuerungs- und Planungsillusionen Raum gegeben wird. Ortmann formuliert diesen Sachverhalt folgendermaßen: „Steuerung ist möglich, aber kompliziert und immer prekär" (2012: 159).

Bezogen auf die oben benannten *Managementfunktionen* Planung, Organisation, Personaleinsatz, Führung und Kontrolle ist auch für sozialwirtschaftliche Unternehmen festzuhalten, dass sie nicht als (geschlossener) Regelkreis zu begreifen sind, sondern alle diese Managementfunktionen gleichberechtigt sind und miteinander vernetzt werden müssen: „Die Managementfunktionen treten als *Steuerungspotenziale* mit eigener Logik, d.h. mit eigenen Stärken und Schwächen, *nebeneinander*. Ihr Einsatz und ihr Verhältnis zueinander lässt sich variieren nach Maßgabe der aktuellen Erfordernisse" (Schreyögg 2007: 1817; Hervorhebungen im Original; vgl. auch Steinmann/Schreyögg 2005: 150). In Bezug auf die *Forschung* ist festzuhalten, dass sowohl für die Steuerungstheorie als auch für die Kybernetik inzwischen gilt, dass der gemeinsame „Bezugspunkt aller aktuellen Forschungen (...) das *Problem der Steuerung hochkomplexer Systeme* und damit neuer, nichtlinearer, nichtdeterministischer, dezentralisierter Steuerungstechnologien" ist (von Kopp 2009: 835 f.; Hervorhebung K.G.). Dementsprechend stehen „in der Realität" meist „*Mischformen verschiedener Steuerungs- und Regulationsformen* mit Merkmalen von direkter und indirekter, zentraler und dezentraler, serieller

Klaus Grunwald

und paralleler, Input- und Output-, Markt- und Plansteuerung" im Zentrum der Aufmerksamkeit (ebd.; Hervorhebung K.G.).

3. Das Konzept einer Lebensweltorientierten Sozialen Arbeit und seine Fruchtbarkeit für das Management sozialwirtschaftlicher Unternehmen

Nach diesen Überlegungen zur Frage der Steuerbarkeit von Einrichtungen der Sozialen Arbeit als komplexen organisationalen Systemen steht im Folgenden das Konzept Lebensweltorientierte Soziale Arbeit im Fokus. Dieses ist geprägt durch eine spezifische Sicht auf die *AdressatInnen* und formuliert von dieser aus das *Selbstverständnis* der Sozialen Arbeit (vgl. zum Folgenden Grunwald/Thiersch 2011 sowie Grunwald/Thiersch 2008). Es hat den Anspruch, Aussagen sowohl zur *theoretischen Fundierung* der Disziplin Soziale Arbeit, zur *Professionalität* von Sozialarbeiterinnen und Sozialarbeitern sowie zur *Praxis* der Sozialen Arbeit zu treffen (vgl. Thiersch 2012; Füssenhäuser 2005).

Im Zentrum des Konzepts stehen die *AdressatInnen* in ihren alltäglichen Lebensverhältnissen, mit ihren Problemen und Ressourcen, ihren Einschränkungen und Freiheiten und ihren Anstrengungen, vor dem Hintergrund materieller und politischer Bedingungen Raum, Zeit und soziale Beziehungen zu gestalten. Lebensweltorientierte Soziale Arbeit *agiert in diesen Widersprüchen*, indem sie die lebensweltlichen Potentiale der AdressatInnen zu stärken, ihre Defizite zu überwinden und Optionen freizusetzen sucht, also im Medium des Alltags einen gelingenderen Alltag zu ermöglichen und zu erleichtern sucht. Sie nutzt im Horizont der demokratischen Realisierung sozialer Gerechtigkeit ihre institutionellen und professionellen Möglichkeiten, damit Menschen auf der Basis ihrer eigenen Kompetenzen in gerechteren Verhältnissen und möglichst selbst bestimmt leben können.

Das Konzept Lebensweltorientierter Sozialer Arbeit verbindet die *hermeneutische Tradition* zur Rekonstruktion von Verstehen und Verständnis mit der interaktionistisch-phänomenologischen Tradition der Analyse der Grundstrukturen des Sozialen in der Spannung von Welt und Ich (Mead 1934) und mit den spezifischen *Analysen alltäglicher und lebensweltlicher Lebens- und Wissensformen* (Schütz 1971/1972; Berger/Luckmann 1977; Goffman 2001). Alltag und Lebenswelt – so die *Dimensionen der Lebenswelt* – lassen sich insofern charakterisieren durch die Strukturiertheit der erlebten *Zeit*, des erlebten *Raumes* und der erlebten *sozialen Bezüge*; sie sind bestimmt durch *Intersubjektivität* und konkrete Verknüpfungen von *Pragmatismus* und *Routinen* (vgl. Thiersch 1986). Diese Ansätze verbinden sich wiederum mit einer *kritischen Alltagstheorie*, die Alltag als Spannungsverhältnis versteht, also die Borniertheit und Zweideutigkeit gegebener Alltagsverhältnisse mit den in ihnen liegenden Möglichkeiten einer gelingenderen Praxis konfrontiert (Kosik 1967; Bourdieu 2008). *Analysen zur gegebenen Gesellschaftssituation* konkretisieren diese Spannung als den gegenwärtigen Widerspruch von lebensweltlichen Verhältnissen und rational systemischen Gesellschaftsstrukturen und rekonstruieren ihre Machtverhältnisse, Risiken und Unübersichtlichkeiten (Habermas 1985; Beck 1986; Rauschenbach/Gängler 1992).

3. Das Konzept einer Lebensweltorientierten Sozialen Arbeit

Die Vermittlung von Teilhabe an der Lebenswelt und Transzendieren der Lebenswelt repräsentiert sich im Konzept der Lebensweltorientierten Sozialen Arbeit in spezifischer Weise, nämlich in einer *Spannung* von *Respekt* vor und *Anerkennung* für die gegebenen lebensweltlichen Verhältnisse der AdressatInnen auf der einen Seite und der Eröffnung von Chancen, Notwendigkeiten, Zumutungen und *Provokationen (Destruktionen) zu einem gelingenderen Alltag* auf der anderen Seite. Es ist eine zentrale und immer wieder herausfordernde Aufgabe für die Profession der Sozialen Arbeit, diese Spannung in ihrer Gegensätzlichkeit auszuhalten und trotzdem produktiv zu nutzen, ohne einen der Pole zu verkürzen oder zu unterschlagen. Die professionelle Bearbeitung der Spannung zwischen Respekt und Achtung vor dem gelebten Alltag einerseits und Widerspruch und reflexiv verantworteter Destruktion andererseits bedürfen einer besonderen *Form professionellen methodischen Handelns,* die als „strukturierte Offenheit" bezeichnet werden kann (vgl. Thiersch 1993). Es muss gedacht werden als eine dauernde „*Pendelbewegung"* zwischen der Fähigkeit, sich auf die vorgegebene Praxis engagiert einzulassen und sie in ihrer Eigengesetzlichkeit zu akzeptieren und dem Vermögen zu kritischer Reflexion, um der allgegenwärtigen Pseudokonkretheit der Praxis gerecht zu werden (Müller 1991: 24; Erdheim 1988a; 1988b).

Die Philosophie einer Lebensweltorientierten Sozialen Arbeit konkretisiert sich in *Handlungs- und Strukturmaximen,* wie sie im 8. Jugendbericht (vgl. BMJFFG 1990) formuliert sind und seitdem auch in Varianten diskutiert werden. Auf lebensweltliche Erfahrungen als Bezugspunkte der Sozialen Arbeit verweisen dabei die Strukturmaximen der Prävention, der Alltagsnähe und der Regionalisierung. Die Maximen der Integration und Partizipation verweisen auf die sozialethische, demokratische Dimension der Arbeit in den Lebensverhältnissen. Sie werden sozialpolitisch und organisational ergänzt durch die Maximen der Einmischung und der Vernetzung. Diese Handlungs- und Strukturmaximen müssen immer im Zusammenhang gesehen und angewendet werden. An ihnen orientieren sich Kritik und Gestaltung des Umgangs zwischen SozialpädagogInnen und ihren AdressatInnen ebenso wie Prinzipien der institutionell-organisationalen Gestaltung der unterschiedlichen Arbeitsarrangements.

Vor dem Hintergrund dieser überaus knappen Darstellung zentraler Aspekte des Konzepts der Lebensweltorientierten Sozialen Arbeit sollen nun einige Schnittstellen zum Sozialmanagementdiskurs hergestellt werden. Bevor die Methodisierbarkeit sozialpädagogischen Handelns, die Dimensionen der Lebenswelt und die gesellschaftliche Einbettung der Lebenswelt thematisiert werden, sollen zunächst die Handlungs- und Strukturmaximen aufgegriffen werden.

(1) Bei den Handlungs- und Strukturmaximen sind insbesondere die Maximen der Partizipation, aber auch der Regionalisierung/Dezentralisierung für die *Gestaltung von Organisationen* (vgl. Grunwald 2009b) unmittelbar relevant. An diesen beiden herausgegriffenen Strukturmaximen werden zwei Punkte deutlich: Zum einen sind *sozialpädagogische Professionalität und managerielle Organisationsgestaltung unmittelbar aufeinander verwiesen. Partizipation* ist sowohl für die fachliche Ausgestaltung von Angeboten als auch für eine kluge, effektive und ethisch legitimierbare Leitung von sozialwirtschaftlichen Unternehmen von großer Wichtigkeit

Klaus Grunwald

(zum Begriff der Sozialwirtschaft vgl. Grunwald 2011b). Zum anderen wird an der Maxime der *Regionalisierung/Dezentralisierung* deutlich, dass Aussagen zur *internen* Gestaltung von Organisationen der Sozialen Arbeit (Dezentralisierung einer Komplexeinrichtung der Behindertenhilfe) *neben* Aussagen zur Gestaltung der *Zusammenarbeit* von unterschiedlichen sozialwirtschaftlichen Einrichtungen (Regionalisierung von Angeboten zwischen Kooperation und Konkurrenz verschiedener Unternehmen und deren Angeboten) stehen, mit diesen aber auch eng *verknüpft* sind bzw. sein sollten.

(2) Lebensweltorientierte sozialpädagogische Fachlichkeit beruht methodisch auf der „*strukturierten Offenheit*", der Spannung zwischen notwendiger methodischer Strukturierung von Handlungszusammenhängen und der genauso notwendigen Offenheit die jeweiligen Situationen professionell zu gestalten. „Strukturierte Offenheit" reflektiert, „dass eine systematische, kontrollierte Steuerbarkeit von pädagogischen Vorgängen" nicht möglich ist (Merchel 2005: 134), worauf auch Luhmann/Schorr mit der Formulierung eines „strukturellen Technologiedefizits" hingewiesen haben (1979). Diese „begrenzte Methodisierbarkeit des sozialpädagogischen Handelns" (Merchel 2005: 134) findet eine Entsprechung in den *Dilemmata und Paradoxien*, denen managerielles Handeln – ganz entgegen allen sozialtechnologischen Subtexten von Managementkonzepten – in vielfältiger Weise ausgesetzt ist (vgl. Grunwald 2012c).

(3) Eine weitere Schnittstelle zwischen dem Konzept der Lebensweltorientierten Sozialen Arbeit und dem Sozialmanagementdiskurs besteht darin, *Organisationen* der Sozialwirtschaft auch als *Lebenswelten* zu begreifen. Die Dienstleistungen der Sozial- und Gesundheitswirtschaft werden überwiegend in Organisationen erbracht. Insofern stellen Organisationen und ihre Verfasstheit eine *wesentliche Rahmenbedingung* für fachliches Handeln in der Sozialen Arbeit dar. Professionelles Handeln bedarf einerseits der Sicherung und Förderung durch Organisationen, gleichzeitig wird die Dienstleistungserbringung in der Sozialen Arbeit stark geprägt durch die formalen und informellen Seiten von Organisationen, durch Strukturen und Kulturen sowie durch Fragen der Mikropolitik, des Wandels in und von Organisationen sowie die vielfältigen Wechselwirkungen zwischen Organisation und Gesellschaft. Organisationen und ihre Gestaltung sind damit ein wichtiges Thema für Profession und Disziplin der Sozialen Arbeit.

Die Auseinandersetzung mit dem Thema *Politik in und von Organisationen* hebt hervor, dass Entscheidungsprozesse in sozialen Einrichtungen und Diensten sich nicht auf „wertfreie" oder „rationale" Begründungen und Argumente zurückziehen können, sondern den politischen Charakter von Entscheidungsprozessen reflektieren und mit einbeziehen müssen (vgl. Küpper/Ortmann 1992; Neuberger 1995). Dies gilt nicht nur für Entscheidungs- und Aushandlungsprozesse in Organisationen, sondern genauso auch für Auseinandersetzungen zwischen verschiedenen sozialen Institutionen. Das Konzept der *Organisationskultur* grenzt sich dezidiert von immer noch dominierenden rationalistischen Konzepten ab und betont die Bedeutung organisationaler Lebenswelten und der Rehumanisierung der Organisations- und Managementtheorie, wie auch Türk hervorhebt: „Strukturen und Prozesse in bzw. von Organisationen lassen sich nicht als jeweilige Produkte eines rational-instrumentellen Kalküls begreifen, sondern als geschichtliche, emergente, eher ‚naturalistisch' evolvierende Ergebnisse komplexer sozialer Interaktionen" (Türk 1989; vgl. Sackmann 2002).

Eine weitere zentrale Perspektive der neueren Organisationssoziologie hebt hervor, dass Organisationen nicht oder nur in Ansätzen auf Dauer stabil, sondern vielmehr als *dynamische Gebilde* permanent in Bewegung sind. In diesem Zusammenhang wird häufig das Konzept der Lernenden Organisation angeführt (vgl. Probst/Büchel 1994). In Abgrenzung von einem sozialtechnologischen und metaphorischen Verständnis ist organisationales Lernen als ein fortwährender Aufgabenzusammenhang zu verstehen, in dessen Mittelpunkt die bewusste und reflektierte Herstellung von Kooperationszusammenhängen und dementsprechenden Interaktions- und Kommunikationsprozessen steht. Angesichts der vielfältigen und komplexen Anforderungen und Entwicklungen ist eine adressaten- und lebensweltnahe Dienstleistungserbringung in der Sozialen Arbeit nur möglich, wenn die Organisation in der Lage ist, mit Wandel in der Umwelt und in der Institution selber adäquat umzugehen. In den letzten Jahren wurde schließlich die Verbindung von Organisation und Gesellschaft in dem Begriff der *„Organisationsgesellschaft"* und der „Governance" in den Blick genommen. Gemeint ist, dass die gesellschaftlichen Teilsysteme und die Lebenswelt in vielfältiger Hinsicht mit Organisationen verbunden und von ihnen durchdrungen sind (vgl. Ortmann/Sydow/Türk 1997; Jäger/Schimank 2005; Roß 2012: 357 ff.).

Ein solches Verständnis von Organisation lässt sich produktiv mit dem Konzept der Lebensweltorientierung verbinden. Eine Querverbindung besteht zwischen dem von der (kritischen) Phänomenologie geprägten Begriff der Lebenswelt mit ihren Dimensionen Zeit, Raum, soziale Beziehungen und Deutungsmuster einerseits und dem Begriff der *Organisationskultur* andererseits. Organisationen der Sozialen Arbeit lassen sich so auch als *Lebenswelten* betrachten, die sowohl für die AdressatInnen als auch für die MitarbeiterInnen von erheblicher zeitlicher und subjektiver Bedeutung sind und die aktiv zu gestalten sind (vgl. Kirsch/Seidl/van Aaken 2009: 21 ff.). Für die Analyse und Gestaltung der Kultur einer Organisation sind die genannten *Dimensionen* der Lebensweltorientierung hilfreich: Welche zeitlichen, welche räumlichen Strukturierungen prägen unsere Einrichtung? Wie gestalten wir die sozialen Beziehungen der AdressatInnen und der MitarbeiterInnen jeweils untereinander, wie diejenigen zwischen AdressatInnen und MitarbeiterInnen? Welche Deutungsmuster prägen die Sichtweisen der einzelnen Beteiligten? Hier ist es außerordentlich spannend, dass im Kontext der Führungsdiskussion der Lebensweltbegriff ausdrücklich aufgenommen wird und Kirsch/Seidl/van Aaken die „Unternehmenspraxis im Lichte der Lebensweltanalyse" betrachten hinsichtlich (a) der „Persönlichkeiten, die die Praxis prägen", (b) der „Normen und Rollen als institutionelle Ordnung", (c) der „Unternehmenskultur als Vorrat grundlegender Ideen" und (d) der „Strategien und Policies als Programmatik" (ebd.). Sie betonen, dass ein „umfassendes Verstehen der Praxis eines Unternehmens eine Auseinandersetzung mit allen vier Perspektiven der Lebenswelt" voraussetzt (ebd.: 24; vgl. ebd.: 241 ff. und 282 ff.) und insofern eine „Nutzung der

Lebensweltperspektive zur Analyse von Organisationen" geboten ist (Kirsch/Seidl/van Aaken 2009: 282).

Die *Dimensionen der Lebenswelt* lassen sich aber nicht nur auf die kulturelle Prägung von Organisationen der Sozialen Arbeit beziehen, sondern auch auf ein Verständnis von Einrichtungen der Sozialen Arbeit als *dynamischen Gebilden*. Hier liegt ein zentraler Akzent der organisationssoziologisch geprägten Debatte auf den sehr begrenzten Möglichkeiten, Organisationen und die in ihnen ablaufenden Prozesse organisationalen Wandels zu steuern. Gerade die Betonung von sozialen Beziehungen und den Deutungsmustern der Beteiligten, sprich der Stakeholder, zeigt deutlich, dass Wandel in Organisationen nicht als gesteuerte, top-down-geprägte Veränderungen zu konzipieren ist, sondern vielmehr als Prozesse der Entwicklung, der Selektion und des Lernens, die stark von Emergenz geprägt sind (vgl. zum durchaus schillernden Begriff der Emergenz Mayntz 2011). Organisationen sind nicht oder nur in Ansätzen stabil, sondern vielmehr als dynamische Gebilde permanent in Bewegung; sie sind nicht nur Gegenstand von Veränderungsbemühungen, sondern verändern sich von selbst (Türk 1992, 1641f; Luhmann 2005). Auch hier wird wieder die einseitige Betonung von rationaler Konstruier- und Planbarkeit bei Veränderungsprozessen in Zweifel gezogen.

Hervorzuheben ist an dieser Stelle, dass sowohl die Gestaltung der Kultur als auch die Gestaltung von Veränderungsprozessen in sozialwirtschaftlichen Unternehmen geprägt sind von den Chancen, die eigenen Deutungsmuster sowie die eigenen Strukturierungen von Zeit, Raum und sozialen Beziehungen nicht nur zu intendieren, sondern auch durchzusetzen. Damit gewinnt aus der lebensweltorientierten Perspektive die Debatte um *mikropolitische Prägungen* des Handelns der Akteure in Organisationen erheblich an Bedeutung für die Organisationsgestaltung (vgl. Grunwald 2009b).

(4) Eine wichtige Schnittstelle zwischen Lebensweltorientierung und dem Sozialmanagementdiskurs liegt schließlich in der Verbindung von Prozessen und Strukturen in sozialwirtschaftlichen Unternehmen und ihrer *gesellschaftlichen Einbindung*. Das Konzept der Lebensweltorientierung legt grundsätzlich großen Wert auf die Verbindung der Sichtweisen und Bedürfnisse von Individuen und die Prägung der Menschen wie der Institutionen durch gesellschaftliche Strukturen und Prozesse. Soziale Arbeit im Kontext der Lebensweltorientierung als Hilfe zur Lebensbewältigung ist untrennbar verbunden mit ihrer gesellschaftlichen Einbettung. Genau dieser Zusammenhang einer gegenseitigen Verwobenheit von Organisation und Gesellschaft wird aus organisationssoziologischer Perspektive mit den Konstrukten der Organisationsgesellschaft und der Governance umrissen (vgl. Grunwald 2009b; Roß 2012: 357ff.). Diese Perspektive wird ebenfalls im Konzept einer Sozialen Arbeit als personenbezogene soziale Dienstleistung eingenommen.

4. Zur Selbstverortung der Sozialen Arbeit aus Sicht einer Sozialen Arbeit als personenbezogene soziale Dienstleistung

Auf der Basis der Ausführungen zum Konzept der Lebensweltorientierten Sozialen Arbeit wird im Folgenden die Selbstverortung der Sozialen Arbeit als Disziplin und Profession aus der Perspektive eines weiteren zentralen Ansatzes thematisiert, der Sozialen Arbeit als personenbezogener sozialer Dienstleistung (vgl. zum Folgenden auch Grunwald 2012a). Der *sozialwissenschaftliche Begriff der Dienstleistung* fand ab den 70er Jahren des letzten Jahrhunderts Eingang in die Soziale Arbeit. Dies geschah im Zusammenhang mit gesellschaftstheoretischen und sozialpolitischen Analysen sowie im Kontext der Professionalisierungsdebatte (vgl. Dewe/Otto 2005a; 2011a; 2011b). Diese Verbindung von gesellschaftstheoretischer und sozialpolitischer Fokussierung einerseits sowie professioneller und professionspolitischer Diskussion andererseits prägt bis heute die Debatte um ein Verständnis von Sozialer Arbeit als personenbezogener sozialer Dienstleistung (vgl. Olk/Otto/Backhaus-Maul, 2003: IX ff.). Parallel kam ab Mitte der 1980er Jahre der ökonomische Dienstleistungsbegriff, vor allem im Kontext von New Public Management und der Auseinandersetzung um „Neue Steuerungsmodelle", nicht nur in Verwaltungen, sondern auch in Einrichtungen der freien Träger immer häufiger zur Anwendung (vgl. Grunwald 2001: 57 ff.).

Der *Begriff „Dienstleistung"* ist dabei keineswegs ein „einheimischer" Begriff der Sozialen Arbeit oder gar der Sozialpädagogik, sondern er ist *in verschiedenen Disziplinen* vorzufinden. Insbesondere zu nennen sind hier Soziologie, aber auch Volkswirtschaftslehre und Betriebswirtschaftslehre. Verwendet wird er darüber hinaus beispielsweise auch in der Verwaltungswissenschaft, Politikwissenschaft und in den Rechtswissenschaften. Gerade der ökonomische und der soziologische Blickwinkel sind für den heutigen Diskurs in der Sozialen Arbeit von besonderer Bedeutung (vgl. für genauere Ausführungen Grunwald 2012a). Zu berücksichtigen ist dabei, dass es angesichts des gemeinsamen Gegenstands vielfältige Schnittstellen zwischen einem eher sozialwissenschaftlichen und einem eher ökonomischen Zugriff auf „Dienstleistung" als Gegenstand wissenschaftlicher Analyse gibt.

Berger und Offe entwickelten eine *funktionale Definition von Dienstleistungstätigkeiten als Normalisierungsarbeit* (vgl. Berger/Offe 1984: 232 ff.), bei der sie Dienstleistungen im Gegensatz zu *herstellenden* gesellschaftlichen Aktivitäten als *erhaltende Tätigkeiten* fassten, deren „gemeinsame Funktion (...) in der Bewachung und Reproduktion von Normalzuständen bzw. Normalverläufen" ausgemacht wird (Olk 1994: 14; vgl. Olk/Otto/Backhaus-Maul 2003: XIV ff.). Auf der Basis der beschriebenen funktionalen Definition von Dienstleistungstätigkeiten als Normalisierungsarbeit wurde zum ersten Mal die *„Funktionsbestimmung von Sozialer Arbeit als Dienstleistung"* formuliert (Flösser/Oechler 2008: 207; Hervorhebung K.G.). Soziale Arbeit als personenbezogene soziale Dienstleistung ist „öffentlich mit einer spezifischen Normalisierungsarbeit beauftragt" (Kessl/Otto 2011: 391). Sie hat die wohlfahrtsstaatliche Aufgabe, „subjektive Lebensführungs- und Subjektivierungsweisen in Bezug auf die wohlfahrtsstaatlich als gültig vereinbarten Normalitätsmodelle zu regulieren und zu gestalten" (ebd.) und kann diese Leistungen in *unterschiedlichen gesellschaftlichen Funktionssystemen* erbringen wie öffentlichen Verwaltungen, privatwirtschaftlichen Unternehmen, Einrichtungen des Dritten Sektors oder primär-sozialen Netzen, in denen jeweils spezifische Steuerungslogiken gelten (vgl. Roß 2012: 314 ff.; 2009: 309 f.). Damit dient Soziale Arbeit der Herstellung, Bewahrung und Veränderung von Formalstrukturen sowie der Abwendung und Bearbeitung von Tendenzen der Exklusion und Desintegration. Diese *funktionale Bestimmung von Dienstleistung* als „Erzeugung und Gewährleistung von ‚Normalität'" (Berger/Offe 1984: 233) bringt für die Soziale Arbeit die Notwendigkeit eines *ständigen Balancierens* zwischen der Verschiedenheit der Bedürfnisse und Lebensverhältnisse der AdressatInnen und der Sicherstellung von regelkonformen Zuständen mit sich: „Soziale Dienstleistung ist im wesentlichen ‚Vermittlungsarbeit', die die ‚Besonderheiten des Falles' mit der ‚Generalität der Bezugsnorm' balanciert" (Schaarschuch 1996b: 89).

Ein Verständnis von Sozialer Arbeit als personenbezogener Dienstleistung (vgl. Flösser/Otto 1996; BMFSFJ 1994) geht jenseits dieser funktionalen Verortung des Weiteren aus von *elementaren Herausforderungen*, die sich *angesichts des Wandels der gesellschaftlichen Bedingungen der Moderne* im Kontext von Individualisierungsprozessen, in Anbetracht tiefgreifender qualitativer wie quantitativer Veränderungen der Produktions- und Reproduktionsverhältnisse in Bezug auf Arbeit, Beruf, Geschlecht und Generation sowie angesichts der Zunahme horizontaler und regionaler Disparitäten jenseits traditioneller Formen sozialer Ungleichheit ergeben. Ins Zentrum der Betrachtung rücken die Lebenslagen der AdressatInnen in Bezug auf die Vielfalt von Normalitätskonzepten und Lebensentwürfen sowie auf Einbrüche in der Lebensführung. Soziale Arbeit kann so als „Dienstleistungsstrategie" gefasst werden, die primär auf die Funktion der *Sozialintegration* ausgerichtet ist, aber auch die Funktion der *Systemintegration* berücksichtigt. Ihre Fragen und Aufgaben lassen sich als „politisch auszuhandelnde, interessengeleitete Handlungsmuster" begreifen, Soziale Arbeit selbst als Form der „‚Lebenslagenpolitik'", deren Institutionen in der Spannung stehen zwischen „‚formal-organisierten Hilfeapparaten'" und „Ressourcen, die Optionen sozialer Teilhabe bereitstellen" (Flösser/Otto 1996: 181; im Original Hervorhebungen) und die sich daran messen lassen müssen, welches ihr spezifischer Beitrag ist, den sie zur Gewährleistung von Lebensqualität leisten.

Soziale Arbeit, verstanden als personenbezogene *soziale Dienstleistung*, ist eng bezogen auf *Soziale Dienste* als „das institutionalisierte Bedingungsgefüge Sozialer Arbeit" im wohlfahrtsstaatlichen Kontext (Kessl/Otto 2011: 389). Dabei lassen sich „soziale Dienstleistungen" von „sozialen Diensten" unterscheiden, wobei soziale *Dienstleistungen* als *Tätigkeiten* verstanden werden, die im Rahmen von sozialen *Diensten* in einem *institutionalisierten und organisationsbezogenen Kontext* erbracht werden (vgl. zur Differenzierung Grunwald 2012a: 3 ff.). Es gibt also *zwei Ebenen*, die zwar eng aufeinander bezogen, dennoch aber analytisch zu trennen sind, die *„Erbringungsebene"* der sozialen Dienstleistung und die *„organisationale Ebene"* der sozialen Dienste. Beide Ebenen sind für eine Soziale Arbeit als personenbezogene soziale Dienstleistung relevant. Die zweite Ebene stellt einen klaren Bezug her zur Fragestellung der organisatorischen Gestaltung der Produktion von sozialen Dienstleistungen im Kontext des Sozialmanagements.

Ausgangspunkt für eine mittels des Begriffs der personenbezogenen sozialen Dienstleistung zu konstituierende Soziale Arbeit ist einerseits das Verhältnis zur *Lebenslage der AdressatInnen* als Ensemble ihrer „biographischen, sozialen und kulturellen Kontexte" und andererseits die *besondere Rationalität von Sozialer Arbeit* als *wichtigem Element des Gesamtsystems sozialer Sicherung*, als Element einer lebenslagenbezogenen Wohlfahrtsproduktion (vgl. Flösser 1994: 20 ff.). Soziale Arbeit – so im Kontext des Dienstleistungsdiskurses verstanden – zielt auf eine *disziplinäre und professionelle Neuorientierung* (vgl. Schaarschuch 1996b: 87; 2010: 152 ff.), auf eine neue Bestimmung des Verhältnisses von professionellem Selbstverständnis, organisationaler Verfasstheit und den individuellen Bedürfnislagen von Adressatinnen und Adressaten als *internen* Strukturelementen unter Berücksichtigung von Politik und Öffentlichkeit als *externen* Strukturelementen (vgl. Flösser 1994). Das an persönlichen und fachlichen Kriterien der Problembearbeitung orientierte Handeln der *Professionellen* und die Eigenrationalität von *Organisationen* sind mit den Deutungsmustern der AdressatInnen zu vermitteln, was aufgrund der sehr unterschiedlichen Perspektiven und den daraus resultierenden Diskrepanzen und Konflikten eine ständige Herausforderung darstellt.

War zu Beginn der Diskussion mit Berger und Offe (1984) der Sozialen Arbeit noch die Funktion zugeschrieben worden, gesellschaftliche „Normalzustände bzw. Normalverläufe" zu gewährleisten (Olk, 1994: 14), veränderte sich dieser *normalisierende Charakter Sozialer Arbeit* durch die Erosion gesellschaftlicher Normalitätsvorstellungen im Zuge der Modernisierung der Gesellschaft. Soziale Arbeit verfolgt bei Klientinnen und Klienten, die mit gesellschaftlichen Normen in Konflikt geraten, immer weniger die Strategie einer Sanktionierung von Verhaltensweisen, sondern orientiert sich zunehmend an der *Etablierung von Verfahren der Aushandlung* unterschiedlicher Positionen. Hier ist eine deutliche Parallele zu den Aussagen des Konzepts der Lebensweltorientierten Sozialen Arbeit zu konstatieren (vgl. Grunwald/Thiersch 2011; 2008; Thiersch 2012). Die mit der Dienstleistungsgesellschaft verbundene Erwartung *eines Wandels in den asymmetrischen Beziehungen zwischen Professionellen und Klientinnen und Klienten* hin zu einer eher symmetrischen Beziehungskonstellation geht mit der *Hoffnung* einher, *das doppelte Mandat strukturell aufzulösen* „zugunsten einer subjektorientierten, unterstützenden und fördernden Beziehung" zwischen beiden Seiten (Flösser/Oechler 2008: 207). Inwieweit diese im Kontext der Dienstleistungsgesellschaft geschürte Hoffnung aber bislang im beruflichen Alltag der Sozialen Arbeit eingelöst werden konnte und kann, ist *mit Recht zu bezweifeln:* „Vielmehr werden die Adressaten weiterhin in eine partielle Unterordnungsbeziehung zum Professionellen eingewiesen (...), Professionalisierungsdefizite sind hier noch zu konstatieren" (Flösser/ Oechler 2008: 208).

Angesichts der Abkehr von der Übernahme sozialkontrollierender Funktionen und der Orientierung an „Situativität und Kontextualität" sowie an den „Optionen und Aktivitäten des nachfragenden Subjekts" gewinnen die *Institutionalisierung von Formen der Bedürfnis- und Interessenartikulation* eminent an Bedeutung (BMFSFJ 1994: 583). Die für Soziale Arbeit insgesamt zentrale Perspektive der *Partizipation* soll durch ihre Institutionalisierung im Sinne einer „Nutzerorientierung" radikalisiert werden (vgl. Flösser/Otto, 1996: 185f.; Böllert 2010: 625 ff.; Thiersch 2012). Für das Verhältnis zwischen Klientin und Klient sowie Sozialarbeiterin und Sozialarbeiter wird unterstrichen, dass der Klient/die Klientin eben nicht Klientin/Klient, sondern Adressatin/Adressat, „Kunde/Kundin" ist; er/sie ist nicht *Objekt* von Eingriff und Kontrolle, sondern gleichberechtigtes und mündiges *Subjekt* im Rahmen institutionalisierter Handlungsformen und seiner/ihrer eigenen Lebenswelt mit eigenen Rechten und Maßstäben in der Beurteilung des Angebots. Die *Bürgerinnen und Bürger* sollen im Kontext der Sozialen Arbeit als personenbezogene soziale Dienstleistung „zu Entscheidern über den Zugang, den Produktionsprozess und das Ergebnis von wohlfahrtsstaatlichen Leistungen" gemacht werden, um die Nutzerorientierung zu einer „eigenen, nicht beliebig korrigierbaren Größe mit einer strukturellen Qualität" werden zu lassen (Flösser/Otto 1996: 186).

Schaarschuch spitzt diese *Nutzerorientierung* massiv zu und definiert Dienstleistung als einen „professionellen Handlungsmodus, der von der Perspektive des nachfragenden Subjekts als zugleich Konsument und Produzent ausgeht und von diesem gesteuert wird" (2003: 157). Die Dienstleistung „wird erbracht im Kontext sozialstaatlicher Institutionalisierung mit ihrer spezifischen Form und Rationalität. Ihren zentralen Bezugspunkt und die sie legitimierende Begründung findet sie in ihrer Ausrichtung auf den Bürgerstatus ihrer Nutzer" (Schaarschuch 1999: 557). Entscheidend ist somit, „ob die Subjekte über die Möglichkeit der *Kontrolle* über Form und Inhalt des Dienstleistungsprozesses verfügen, bzw. ob diese Möglichkeit erst eröffnet wird" (Schaarschuch 1996a: 23; Hervorhebung im Original). Daraus ergibt sich die Forderung nach einer *„Institutionalisierung des im Hinblick auf die Bedürfnisgerechtigkeit der Dienstleistungserbringung produktiven Widerspruchs* und die Ermöglichung von *diskursiven und konfliktförmigen Verfahren der Auseinandersetzung* von Nutzern, Professionellen und politischen Repräsentanten auf verschiedenen Ebenen mit dem Ziel, zu (temporären) Konsensen über Inhalt, Form und Qualität sozialer Dienste zu gelangen" (ebd.; Hervorhebungen im Original; vgl. Bitzan/Bolay 2011). Entsprechend wird nicht nur das professionelle Selbstverständnis der Sozialarbeiterinnen und Sozialarbeiter akzentuiert und die Vertragsförmigkeit und Transparenz der beruflichen Beziehung hervorgehoben, sondern auch die *Überwindung einer organisationalen, auf institutioneller Definitionsmacht und Technologie beruhenden Eigenrationalität* gefordert, da diese dazu tendiert, lebensweltliche Erfahrungen und Deutungen der AdressatInnen organisationalen, professionellen oder rechtlichen Vorgaben unterzuordnen. Professionelle Dienstleistungsorientierung hat sich stattdessen an der *Herstellung und Sicherung sozialer Bürgerrechte ihrer Nutzerinnen* und Nutzer auszurichten (vgl. Schaarschuch 1996b: 92).

Zusammenfassend lässt sich positiv festhalten, dass „in der Verknüpfung des sozialpolitischen Kontextes, einer reflexiven Professionalität und der Privilegierung der Nachfrageseite der sozialpolitische als auch professionsbezogene Nährwert der Dienstleistungsdebatte liegt" (Oechler 2011: 263). Daneben werden aber durchaus auch *kritische Fragen* formuliert. So wird teilweise mit Nachdruck in Frage gestellt, inwieweit der Dienstleistungsgedanke „für alle Leistungsbereiche" der Sozialen Arbeit geeignet ist: „Gerade für Angebote und Dienste, die eine Freiwilligkeit ihrer Inanspruchnahme als Voraussetzung nicht aufweisen können, die mithin durch professionelle Definitions- und Sanktionsmacht erst zustande kommen, wird das Dienstleistungskonzept stark hinterfragt" (Flösser/Oechler 2008: 208).

Außerordentlich problematisch ist weiterhin eine aktuell deutlich wahrnehmbare *„neoliberale Inanspruchnahme des Dienstleistungskonzeptes als Metapher für eine umfassende Neuordnung des Sozialstaates"*, vor allem die „simple Übertragung marktanaloger Steuerungsmechanismen auf den sozialen Dienstleistungssektor", die ein Auseinanderdriften von finanzstarken und finanzschwachen Bereichen der Sozialen Arbeit oder sogar einen Verlust von bislang sozialstaatlich garantierten Rechten und Ansprüchen der AdressatInnen nach sich ziehen kann (ebd.; vgl. Staub-Bernasconi 2007; Hervorhebung K.G.).

Ein solches *neoliberales Verständnis von Sozialstaat und Sozialpolitik*, wie es beispielsweise in der Programmatik eines „Aktivierenden Staates" deutlich wird, zieht gravierende Konsequenzen für die Neuordnung sozialer Dienste nach sich und damit auch für die Rahmenbedingungen der Erbringung sozialer Dienstleistungen. So ist davon auszugehen, dass die Bestrebungen in Richtung einer verstärkten *Deregulierung und Privatisierung sozialer Dienstleistungen* die Relation zwischen öffentlichen, frei-wohlfahrtsverbandlichen und privat-gewerblichen Trägern in den verschiedenen Feldern der Sozialen Arbeit jeweils auf spezifische Weise, aber durchweg grundlegend verändern werden, ohne dass die Entwicklungen in den einzelnen Feldern wie Jugendhilfe, Altenhilfe, Behindertenhilfe, Sozialpsychiatrie usw. bereits abzusehen sind (vgl. Kessl/Otto, 2002; Boeßenecker/Trube/Wohlfahrt 2000). Aufgrund der Spezifika der Produktion personenbezogener sozialer Dienstleistungen, der „Unbestimmtheit des Aufgabenanfalls" (Olk 1994: 15) der Sozialen Arbeit und der unzureichenden Passung von allein marktbezogenen Kriterien der Effektivität und Effizienz und des damit verbundenen eng geführten ökonomischen Rationalitätsverständnisses für die Sozialen Dienste müssen zudem *spezifische sozialpolitische Lösungen* für diesen Bereich sozialer Dienstleistungen entwickelt und offensiv positioniert werden (vgl. Flösser/Oechler 2008: 208; Grunwald 2009b; 2011b).

5. Fazit: Zum Verhältnis von Sozialer Arbeit und Sozialmanagement sowie den inhärenten Steuerungsoptionen

In den bisherigen Ausführungen wurde zunächst der Begriff „Soziale Arbeit" aus disziplinärer und professioneller Perspektive geklärt. Bereits in der Zusammenstellung zentraler Fragestellungen für Disziplin und Profession der Sozialen Arbeit wurde die Analyse von *Institutionen und Organisationen der Sozialen Arbeit* sowie die sinnvolle Relationierung von administrativem und professionellem Handeln klar benannt. Unabhängig von den spezifischen theoretischen Konzepten der Sozialen Arbeit, die in der Folge ausgeführt wurden, ist diese Fragestellung für Disziplin und Profession der Sozialen Arbeit von großer Bedeutung.

In der Folge ging es um die Frage der Steuerbarkeit von (sozialwirtschaftlichen) Organisationen als eine Kernfrage des Sozialmanagements. Letztere wurde dahingehend beantwortet, dass „Steuerung (…) möglich, aber kompliziert und immer prekär" ist (Ortmann 2012: 159). Damit geht es um einen *paradoxen Zusammen-*

hang, den Wüthrich/Osmetz/Kaduk mit der Formulierung „*Nicht-Steuerbarkeit steuern*" fassen: „Es ist trotz allem sinnvoll, den Versuch zu unternehmen, diejenigen Dinge zu steuern, die wir für triviale Maschinen halten – etwa Produktionsanlagen, Computer, Autos, U-Bahnen –, wir sollten uns aber nicht wundern, wenn dieses Steuern spätestens dann scheitert, wenn der Mensch ins Spiel kommt, der nicht einmal eine zentrale Steuerstelle in seinem Körper besitzt. Unternehmen bestehen nun einmal primär aus Menschen und zeichnen sich deshalb durch Nichtlinearität, Rückkopplungs- und Kippeffekte sowie Vernetztheit aus. (...) Es ist unstrittig, dass unsere Systeme der Steuerung bedürfen. Unklar ist jedoch, wer jeweils was steuert: das Management das System, das System das Management – oder steuern sie einander?" (2009: 67f.)

Wimmer verweist ebenfalls auf die Notwendigkeit, „das Unsteuerbare zu steuern" als zentrale Aufgabe von Führung: „Wir müssen uns beispielsweise in der Gegenwart festlegen für eine Zukunft, die wir nicht kennen können (trotz aller Prognoseversprechen). Wir entwickeln Produkte und Dienstleistungen für eine Markt- und Wettbewerbsdynamik, die wir ungeachtet aller Analyseaufwendungen auch nicht annähernd durchschauen. (...) Management bedeutet immer das Handhaben der in solche Entscheidungslagen eingebauten Paradoxien und Unwägbarkeiten. Der Umgang damit bildet den Kern des Aufgabenspektrums von Führung. Es geht letztlich immer darum, das Unsteuerbare zu steuern. Wir müssen gezielt Ergebnisse herbeiführen, ohne die Bedingungen des Erfolges ernsthaft kontrollieren zu können – im Grunde eine unlösbare Aufgabe. Dafür braucht es eine Haltung kontinuierlicher Selbstbeobachtung und der kritischen Reflexion des eigenen Tuns, die Bereitschaft, eingespielte Routinen zu verlassen (...) und verlässliche Muster für das Aufbrechen von Mustern zu etablieren" (2011: 30; vgl. zu Mustern für das Aufbrechen von Mustern Wüthrich/Osmetz/Kaduk 2009).

Eine wesentliche Strategie, mit diesem Paradox „Nicht-Steuerbarkeit zu steuern" produktiv umzugehen (oder es zumindest zu versuchen), kann die Einführung von *Selbststeuerung* sein als ein wirksames Element, das „Mitdenken und die Verantwortung auf die Ebene der Betroffenen" zu verlagern und damit nicht einer „monolithischen Omnikompetenz, sondern einer erweiterten Bandbreite an Steuerungsmöglichkeiten" zu vertrauen (ebd.). Damit zeigt sich wieder, dass neben dezentraler Kontextsteuerung auch Selbststeuerung von entscheidender Bedeutung für das Management auch sozialwirtschaftlicher Unternehmen ist.[5] Selbststeuerung ist aber auch als Ergänzung zu jeglichen Steuerungsaktivitäten – so Ortmann – unverzichtbar: „Die ‚visible hand' des Managements (...) ist *für die Steuerung* angewiesen auf eine ‚invisible hand' (...) der Selbstorganisation via organisationaler Rekursivitäten (...). Zweitens: Steuerung in und von Organisationen muss *immer* mit den Kräften der Selbstorganisation rechnen – und ist damit in vielen Fällen überfordert. Immer muss sie gegen die Kräfte der Selbstorganisation anarbeiten – oder sie sich zunutze machen" (Ortmann 2012: 159 f.; Hervorhebungen im Original).

---

5 Zum Management von Dilemmata und Paradoxien in der Sozialwirtschaft und der Bedeutung eines „postheroischen" Verständnis von Führung vgl. insbesondere Grunwald (2012c).

Interessant – gerade aus Perspektive der sozialen Arbeit – ist zudem, dass Willke aus Sicht der zu steuernden Einheiten (Personen oder Systeme) grundsätzlich zu einer *gesunden Skepsis* rät: „Steuerung ist (...) Einmischung in eigene Angelegenheiten. (...) Gegenüber *jedem* Steuerungsanspruch empfehle ich deshalb die Tugend der *Renitenz*. Widerspruch und Widerstand geben Zeit und Anlass für die Prüfung der Frage, ob der Steuerungsanspruch legitim in dem Sinne ist, dass er die Autonomie und Selbstbestimmung des zu steuernden Systems respektiert. Zugleich prüft Renitenz die Ernsthaftigkeit des Steuerungsvorhabens. (...) [Die These] ist, dass die Selbststeuerung eines komplexen Systems angemessener und produktiver ist als der Versuch externer Steuerung, und dass nur die Absicht der Koordination autonomer Akteure externe Steuerung in Form einer Kontextsteuerung legitimiert, die als wechselseitige Abstimmung die Form eines Dialogs über die Verträglichkeit von Optionen annimmt. Wenn dies einigermaßen plausibel ist, dann ist angesichts der ubiquitären Tendenz zur Trivialisierung Renitenz gegenüber Steuerungsversuchen angebracht. Gegenüber der in allen Bereichen von Gesellschaft, Organisation und persönlichen Beziehungen vorfindlichen Fixierung auf Kontrolle, Beherrschbarkeit und Machtausübung lässt sich eine vernünftige Idee von Steuerung nur schrittweise und allmählich durchsetzen. Renitenz ist der notwendige erste Schritt. Der Rest ist Risiko" (Willke 2001: 358 f.; Hervorhebung im Original).

Die Sichtweise der *Lebensweltorientierten Sozialen Arbeit* auf „*Organisation und ihre Gestaltung*" führt dazu, den „Prozess des Organisierens" als Prozess eines „lebensweltorientierten Organisierens" zu reformulieren. Die zentralen Grundfragen des Organisierens – die bewusste Gestaltung der Interaktion zwischen Organisation und Umwelt, die Berücksichtigung informaler Regeln, die Beachtung des Spannungsfelds zwischen Fremd- und Selbstorganisation, die Vermittlung von Organisationsstrukturen und Verhalten von MitarbeiterInnen in diesen Strukturen sowie die nachhaltige Gestaltung von Veränderungsprozessen – sind auf der Basis der oben entfalteten steuerungskritischen Überlegungen mit einer hohen Sensibilität für Spezifika von Einrichtungen der Sozialen Arbeit zu verfolgen und zu konkretisieren (vgl. Grunwald 2009b; Schreyögg 2008; von Werder 2004). Die Akzente, die in Bezug auf ethische und moralische Fragen insbesondere von Thiersch gesetzt wurden (vgl. 1995; Böhnisch/Schröer/Thiersch 2005), weisen zudem darauf hin, die zunehmend differenzierter diskutierten Ansätze der *Organisations- und Unternehmensethik* auf ihre Relevanz für Einrichtungen Sozialer Arbeit hin zu befragen (Küpper 2011; Streck 2006; Blickle 2004).

Insbesondere aber besteht das Konzept der Lebensweltorientierung darauf, die *Fachlichkeit der konkreten sozialpädagogischen Arbeit* sowie ihre rechtliche Fundierung im Rahmen von Organisationsgestaltung und Personalführung in und von sozialwirtschaftlichen Unternehmen sowohl auf konzeptioneller als auch auf praxisbezogener Ebene zu berücksichtigen (Grunwald/Steinbacher 2007: 49ff.). Dazu gehört auch, dem untergründigen „Wunsch nach absoluter Effizienzsteigerung" zu widerstehen und die gesellschaftlichen „Verhärtungen, in welchen sich klassische Strukturmuster kapitalistischer Gesellschaften wieder durchsetzen und Gewalt über Menschen gewinnen" nicht aus dem Blick zu verlieren (Winkler 2005:

129). Die Ziele fachlicher Arbeit dürfen nicht einfach seitens der Politik (oder der Kostenträger) (voraus)gesetzt werden, sondern müssen aus fachlicher Sicht kritisch diskutiert und wenn nötig zum Gegenstand von Auseinandersetzungen im politischen Raum werden (vgl. Seithe 2010). Organisationsgestaltung und Personalführung dürfen aus lebensweltorientierter Sicht nicht im Gegensatz zur fachlichen Arbeit stehen, sondern sind notwendige Grundlagen und Rahmenbedingungen, wenn und insoweit sie der fachlichen Arbeit und dem Wohl der AdressatInnen dienen (vgl. Grunwald/Steinbacher 2007). Hier ist das *Konzept des Entwicklungsorientierten Managements* in Weiterführung verschiedener organisationstheoretischer Zugänge, insbesondere dem der lernenden Organisation, hilfreich (vgl. Grunwald 2012b). Professionalität in der Leitung sozialer Einrichtungen und Dienste (vgl. Grunwald/Steinbacher 2013) erweist sich in diesen Zugängen als *permanentes Ausbalancieren der die Arbeit bestimmenden Spannungsfelder, Dilemmata und Paradoxien*, besonders – aus der Sicht des Entwicklungsorientierten Managements – des Gegensatzes zwischen Flexibilisierung und Stabilisierung (Grunwald 2010).

Ein weiterer grundlegender Aspekt besteht *aus dienstleistungstheoretischer Perspektive* in der Tatsache, dass im Konzept einer Sozialen Arbeit als personenbezogene soziale Dienstleistung zwischen „sozialen Dienstleistungen" und „sozialen Diensten" unterschieden wird – „soziale Dienstleistungen" werden als *Tätigkeiten* gefasst, die im Rahmen von „sozialen Diensten" in einem *institutionalisierten und organisationsbezogenen Kontext* erbracht werden. Die beiden analytisch zu differenzierenden Ebenen – die *„Erbringungsebene" der sozialen Dienstleistung* und die *„organisationale Ebene" der sozialen Dienste* – sind beide für eine Soziale Arbeit als personenbezogene soziale Dienstleistung von Bedeutung. Dies bedeutet, dass hier die *organisationale Ebene* grundlegend bei der Erbringung von sozialpädagogischen Dienstleistungen mitgedacht ist und nicht ausgelagert wird an andere wissenschaftliche Disziplinen bzw. andere Professionen. Die organisationale Ebene schließt wiederum sowohl die Frage, wie mit Ressourcen aller Art umgegangen wird (also das Thema „Sozialwirtschaft") als auch die Frage, wie diese Organisationen „gesteuert", „geführt" oder „gemanagt" werden (also das Thema „Sozialmanagement") untrennbar mit ein. Die Organisation, ihre „Steuerung" und die Art der Bewirtschaftung der Ressourcen sind damit auch aus Sicht des Dienstleistungsansatzes keine „gegnerischen" Fragestellungen, sondern vielmehr unverzichtbare Aspekte des institutionalisierten Bedingungsgefüges der Sozialen Arbeit. Entscheidend ist hier, dass die Soziale Arbeit diese Themen unter Aufnahme der Erkenntnisse beispielsweise von Ökonomie und Managementlehre *selber* aufgreift und bearbeitet, ohne sie an andere Disziplinen abzugeben.

Das Konzept einer Sozialen Arbeit als personenbezogener sozialer Dienstleistung hebt vor diesem Hintergrund – insbesondere unter der Überschrift der „Nutzerorientierung" – jedoch auch hervor, dass dieser *konstitutive Bezug der „Erbringungsebene" auf die „organisationale Ebene"* grundsätzlich ein Spannungsfeld darstellt, das durchaus *problematische Züge* hat. Eine zentrale Gefahr wird darin gesehen, dass die lebensweltlichen Erfahrungen und Deutungen der AdressatInnen organisationalen, professionellen oder rechtlichen Vorgaben untergeordnet werden (vgl.

Schaarschuch 1996b: 92). Betont wird, dass das Verhältnis von individuellen Bedürfnislagen der AdressatInnen, dem professionellen Selbstverständnis und der organisationalen Verfasstheit als internen Strukturelementen der Sozialen Arbeit sorgfältig zu gestalten ist (vgl. Flösser 1994). Eine solche Vermittlung (a) der Deutungsmuster und Bedarfe der AdressatInnen, (b) des an persönlichen und fachlichen Kriterien der Problembearbeitung orientierten Handelns der Professionellen und (c) der Eigenrationalität – systemisch formuliert: der Eigensinnigkeit – von Organisationen ist angesichts der Unterschiedlichkeit der Betrachtungsweisen und Interessen eine große Herausforderung für alle Seiten. Diese verschärft sich nochmals, weil zu den genannten *internen Strukturelementen* von Sozialer Arbeit noch die Berücksichtigung von (d) Politik und (e) Öffentlichkeit als *externen Strukturelementen* hinzukommen, was die Komplexität der Aufgabe für alle Beteiligten deutlich erhöht. Management in der Sozialen Arbeit steht vor der zentralen Herausforderung, diese Komplexität unterschiedlicher Perspektiven und Bedürfnisse wahr- und ernstzunehmen, sie nicht vorschnell zu vereinfachen und immer wieder neue Anläufe zu nehmen, das „Nicht-Steuerbare" dennoch zu steuern (vgl. Grunwald 2012c: 72 ff.).

Die sowohl aus Sicht der Dienstleistungsorientierung als auch aus Sicht der Lebensweltorientierten Sozialen Arbeit gestellte Forderung, die auf institutioneller Definitionsmacht und Technologie beruhende organisationale Eigenrationalität zu überwinden, muss eng verbunden werden mit der Forderung einer *Institutionalisierung von Formen der Bedürfnis- und Interessenartikulation* (BMFSFJ 1994: 583; Flösser/Otto 1996: 185 f.), die im Zusammenhang des Konzepts der *„Nutzerorientierung"* fokussiert wird (vgl. Schaarschuch 2003; 2010). Im Kontext der Lebensweltorientierten Sozialen Arbeit wird diese Thematik u.a. unter der Handlungs- und Strukturmaxime der Partizipation (Thiersch 2012) diskutiert und unter dem Titel der *„Adressatenorientierung"* zugespitzt (vgl. Bitzan/Bolay 2011). Beide Konzepte bringen gravierende Herausforderungen für die Professionalität der Sozialen Arbeit *und* das Management in sozialen Dienstleistungsorganisationen mit sich: „AdressatInnenorientierung ist darin keinesfalls nur fachlich notwendige Haltung der einzelnen Professionellen. Vielmehr braucht sie institutionelle Strukturen, die den Betroffenen Partizipationsrechte, den Professionellen Reflexions- und Entscheidungsfreiheiten und den Trägern offene, flexible Arbeitsstrukturen ermöglichen" (ebd.: 23).

Diese Relationierung von Professioneller bzw. Professionellem, von Organisation (inklusive dem Management derselben) und AdressatIn bedeutet nichts anderes, als dass *der Adressat/die Adressatin im Mittelpunkt aller Steuerungsbemühungen zu stehen haben*, nicht aber die Organisation (also die sozialwirtschaftlichen Unternehmen) oder die Profession der Sozialen Arbeit. Dieser Akzent ist aus Sicht der Konzepte einer Lebensweltorientierten Sozialen Arbeit und einer Sozialen Arbeit als personenbezogene soziale Dienstleistung entscheidend! Der *Dienstleistungsbegriff* kann in diesen Auseinandersetzungen durchaus hilfreich sein, sofern er in seinen sozialpädagogischen, soziologischen und ökonomischen Dimensionen differenziert wahrgenommen und verwendet wird. Die *entscheidende Zielrichtung* muss dabei sein, die Nutzerinnen und Nutzer Sozialer Arbeit als gleichberechtigte

Partner in der Produktion sozialer Dienstleistungen zu respektieren (vgl. den Terminus der Koproduktion bei Roß 2012; 2009) und ihnen nachhaltig zu einer Stimme zu verhelfen – auch wenn diese den eigenen professionellen oder organisationalen Interessen zuwider zu laufen scheint.

Der letzte Aspekt der Bedingungen, unter denen Träger der Sozialen Arbeit ihre fachliche Expertise erbringen, verweist auf einen weiteren wichtigen Punkt, der insbesondere, aber nicht nur im Konzept einer Sozialen Arbeit als personenbezogene, soziale Dienstleistung angeschnitten ist. Die Formulierung *„Vom Sozialmanagement zum Management des Sozialen"* markierte bereits 1992 die Notwendigkeit einer Fokusverschiebung, weg von den Interna sozialer Dienstleistungsunternehmen hin zu einer sozialpolitischen Perspektive (Flösser/Otto 1992a, 1992b; vgl. auch Grunwald 2009a): In Bezug auf die Verbindungslinien und Spannungsfelder zwischen Sozialer Arbeit und Sozialmanagement ist aus dienstleistungsorientierter Sicht der Bezug zwischen Organisation und Umwelt von eminenter Bedeutung. Das Konzept der Sozialen Arbeit als personenbezogener sozialer Dienstleistung fokussiert neben der Diskussion organisationsinterner Prozesse unter nutzerorientierter Perspektive die *Neubestimmung des Verhältnisses zwischen Organisation und Umwelt*, konkret zu Politik und Öffentlichkeit. In diesem Zusammenhang wird ein „Konzept eines Verhandlungsmodells der Demokratisierung der Interessenregulierung zwischen Öffentlichkeit und den Instanzen kommunaler Sozial(arbeits-)politik" vertreten, das *eine neue Institutionalisierungsform als „Management des Sozialen"* nach sich zieht (Flösser 1994: 4; vgl. Flösser/Otto 1992a; 1992b; Hervorhebung K.G.). Grundlage eines solchen „wohlfahrtsökologischen Ansatzes" (vgl. Otto 1991: 183; vgl. BMFSFJ 1994: 583) ist die Überlegung, dass eine Soziale Arbeit, die sich angesichts der Spannung zwischen sozialstaatlicher Auftragserfüllung, organisationaler Eigenrationalität und Bearbeitung individueller Problemlagen auf eine soziale Problembewältigung konzentriert, den Schwerpunkt auf eine *umfassende (kommunale) Planung, Entwicklung und Kooperation der Angebote an sozialen Dienstleistungen* sowie eine *dementsprechende Fortentwicklung ihrer Arbeitsformen und Institutionen* legen muss. *Kommunale Sozialarbeitspolitik* als grundsätzliche Frage nach der Institutionalisierung sozialer Hilfen fokussiert im Konkreten Fähigkeiten des Analysierens, Planens, Entscheidens und Evaluierens und thematisiert die „Bedürfnisgerechtigkeit zwischen Angebot und Leistung sowie Nachfrage und Problemlage ihrer Adressaten" als zentrale Dimension für die „systematische Weiterentwicklung des Feldes" (Flösser/Otto 1992b: 15f.). Im Zentrum stehen damit nicht unter dem Label *„Sozialmanagement"* vielfältig diskutierte Lösungsversuche für innerorganisatorische Probleme und Schwächen. Stattdessen wird die Frage nach den die Arbeit strukturierenden Zielsetzungen im Kontext des pädagogischen und sozialpolitischen Auftrags fokussiert und damit letztlich ein *„Management des Sozialen"* im Sinne einer Öffnung des Blicks auf das Feld, in dem die sozialen Dienste erbracht werden (vgl. Flösser/Otto 1992a; 1992b; Grunwald 2009a; 2009b; Beckmann/Otto/Schrödter 2009; zu weiterführenden Überlegungen vgl. Kessl 2009). Dementsprechend ist wirtschaftliches Denken und Handeln weder primär noch ausschließlich auf Dienste und Einrichtungen unterschiedlicher sektoraler Zuordnung zu beschränken, sondern in einem *weiten Verständnis von Sozialwirtschaft* allgemein als reflektierter Umgang mit Ressourcen von Personen, Einrichtungen, sozialen Räumen und staatlichen Gebilden zu verstehen (vgl. Grunwald 2011b).

> **Kontrollfragen**
>
> 1. Soziale Arbeit ist sowohl eine Disziplin als auch eine Profession. Was kennzeichnet die Disziplin Soziale Arbeit, was die Profession Soziale Arbeit?
> 2. Soziale Arbeit steht heute vor einer Fülle von im weitesten Sinne gesellschaftlichen Herausforderungen, die sie in Theorie, Profession und Praxis aufnehmen muss. Welche Herausforderungen sind dies?
> 3. Das Management sozialwirtschaftlicher Unternehmen hat viel damit zu tun, die Organisation und ihre Abteilungen, Teams etc. zu ‚steuern'. Zwei sehr gegensätzliche Ansätze der Steuerung von Organisationen sind die ‚plandeterminierte Steuerung' und die ‚Kontextsteuerung'. Wie lassen diese sich jeweils kurz beschreiben und welches Managementverständnis beinhalten sie jeweils?
> 4. Im Kontext der Lebensweltorientierten Sozialen Arbeit wird professionelles methodisches Handeln stark geprägt durch die sogenannte ‚strukturierten Offenheit'. Was bedeutet dieser Begriff für das methodische Handeln von professionellen SozialarbeiterInnen?
> 5. In der Lebensweltorientierten Sozialen Arbeit werden verschiedene Dimensionen unterschieden, die Lebenswelten prägen: Zeit, Raum, soziale Beziehungen und Deutungsmuster. Bitte beschreiben Sie, auf welche Weise diese für die Analyse und Gestaltung der Kultur einer Organisation hilfreich sind.
> 6. In der Sozialen Arbeit wird differenziert zwischen ‚sozialen Dienstleistungen' und ‚sozialen Diensten'. Wie lassen sie sich unterscheiden? Worin besteht der Bezug zu Sozialmanagement?
> 7. Soziale Arbeit distanziert sich davon, vor allem soziale Kontrolle auszuüben. Die Maxime der Partizipation wird immer wichtiger. Im Kontext einer Sozialen Arbeit als personenbezogener sozialer Dienstleistung wird häufig von der Notwendigkeit einer durchgehenden ‚Nutzerorientierung' der Sozialen Arbeit gesprochen. Was meint der Begriff der ‚Nutzerorientierung' und welche Bedeutung hat er für die Soziale Arbeit?
> 8. Bereits 1992 wurde davon gesprochen, dass es eine Entwicklung ‚vom Sozialmanagement zum Management des Sozialen' geben müsse. Was bedeutet diese Formulierung?

Literatur

Backhausen, W. J./Thommen, J.-P. (2007): Irrgarten des Managements. Ein systemischer Reisebegleiter zu einem Management 2. Ordnung, Zürich.
Baecker, D. (2007): Studien zur nächsten Gesellschaft, Frankfurt am Main.
Baecker, D. (2011): Zukunftsfähigkeit: 16 Thesen zur nächsten Gesellschaft, in: Revue für postheroisches Management, 5. Jahrgang, Heft 9: 8-9.
Beck, U. (1986): Risikogesellschaft. Auf dem Weg in eine andere Moderne. Suhrkamp, Frankfurt.
Beckmann, C./Otto, H.-U./Schrödter, M. (2009): Management der Profession: Zwischen Herrschaft und Koordination, in: Grunwald, K. (Hrsg.): Vom Sozialmanagement zum Management des Sozialen? Eine Bestandsaufnahme, Baltmannsweiler: 15-41.

Berger, J./Offe, C. (1984): Die Entwicklungsdynamik des Dienstleistungssektors, in: Berger, J./Offe, C.: „Arbeitsgesellschaft": Strukturprobleme und Zukunftsperspektiven, Frankfurt: 229-270.
Berger, P., Luckmann, Th. (1977): Die gesellschaftliche Konstruktion der Wirklichkeit. 5. Aufl. Fischer Verlag, Frankfurt.
Bitzan, M./Bolay, E. (2011): Adressatin und Adressat, in: Otto, H.-U./Thiersch, H. (Hrsg.): Handbuch Soziale Arbeit, 4. Aufl., München: 18-24.
Bitzan, M./Bolay, E./Thiersch, H. (2006): Im Gegebenen das Mögliche suchen. Ein Gespräch mit Hans Thiersch zur Frage: Was ist kritische Soziale Arbeit?, in: Widersprüche, 26. Jahrgang, Heft 100: 63-73.
Blickle, G. (2004): Zur Ethik der Arbeit in Organisationen, in: Schuler, H. (Hrsg.): Lehrbuch Organisationspsychologie, Bern, 3. Aufl. 2004: 143-154.
Bock, K./Miethe, I. (Hrsg.) (2010): Handbuch Qualitative Methoden in der Sozialen Arbeit, Opladen/Farmington Hills.
Böhnisch, L/Schröer, W./Thiersch, H. (2005): Sozialpädagogisches Denken. Wege zu einer Neubestimmung, Weinheim.
Böllert, K. (2010): Von der sozialdisziplinierenden Intervention zur partizipativen Dienstleistung, in: Thole, W. (Hrsg.): Grundriss Soziale Arbeit, 3. Aufl.: 625-633.
Boeßenecker, K.-H./Trube, A./Wohlfahrt, N. (2000): Wegsehen oder Hinsehen? Mögliche Essentials eines verantwortungsvollen Umgangs mit Auslagerung und Privatisierung im Sozialsektor, in: Boeßenecker, K.-H./Trube, A./Wohlfahrt, N. (Hrsg.): Privatisierung im Sozialsektor, Münster: 360-368.
Bourdieu, P. (2008): Sozialer Sinn. Kritik der theoretischen Vernunft. Nachdruck Suhrkamp, Frankfurt.
Braun, D. (2010): Steuerungstheorien, in: Nohlen, D./Schultze, R.-O. (Hrsg.): Lexikon der Politikwissenschaft, München, 4. Aufl., Band 2: 1040-1046.
Bundesministerium für Jugend, Familie, Frauen und Gesundheit (BMJFFG) (Hrsg.) (1990): Achter Jugendbericht, Bonn.
Bundesministerium für Familie, Senioren, Frauen und Jugend (BMFSFJ) (1994): Neunter Jugendbericht, Bonn.
Dewe, B./Otto, H.-U. (2005a): Profession, in: Otto, H.-U./Thiersch, H. (Hrsg.): Handbuch Sozialarbeit/Sozialpädagogik, München/Basel, 3. Aufl. 2005: 1399-1423.
Dewe, B./Otto, H.-U. (2005b): Wissenschaftstheorie, in: Otto, H.-U./Thiersch, H. (Hrsg.): Handbuch Sozialarbeit/Sozialpädagogik, München/Basel, 3. Aufl. 2005: 1966-1979.
Dewe, B./Otto, H.-U. (2011a): Profession, in: Otto, H.-U./Thiersch, H. (Hrsg.): Handbuch Soziale Arbeit, 4. Aufl., München 2011: 1131-1142.
Dewe, B./Otto, H.-U. (2011b): Professionalität, in: Otto, H.-U./Thiersch, H. (Hrsg.): Handbuch Soziale Arbeit, 4. Aufl., München 2011: 1143-1153.
Duschek, S. u.a. (Hrsg.) (2012): Organisationen regeln. Die Wirkmacht korporativer Akteure, Wiesbaden.
Eppler, N./Miethe, I./Schneider, A. (Hrsg.) (2011): Quantitative und Qualitative Wirkungsforschung. Theorie, Forschung und Praxis Sozialer Arbeit, Band 2, Opladen/Farmington Hills.
Erdheim, M. (1988a): Die Psychoanalyse und das Unbewusste in der Kultur, Frankfurt/M.
Erdheim, M. (1988b): Die gesellschaftliche Produktion von Unbewusstheit. Eine Einführung in den ethnopsychoanalytischen Prozess, Frankfurt/M., 2. Aufl.
Fischer, J. H. (2009): Steuerung in Organisationen, Wiesbaden.
Flösser, G. (1994): Soziale Arbeit jenseits der Bürokratie. Über das Management des Sozialen, Neuwied
Flösser, G./Oechler, M. (2008): Dienstleistung in der Sozialen Arbeit, in: Kreft, D./Mielenz, I. (Hrsg.): Wörterbuch Soziale Arbeit, München, 6. Aufl.: 206-209.

Flösser, G./Otto, H.-U. (1996): Professionelle Perspektiven der Sozialen Arbeit. Zwischen Lebenswelt- und Dienstleistungsorientierung, in Grunwald, K. u.a. (Hrsg.): Alltag, Nicht-Alltägliches und die Lebenswelt, Weinheim/München: 179-188.
Flösser, G./Otto, H.-U. (Hrsg.) (1992a): Sozialmanagement oder Management des Sozialen? Bielefeld.
Flösser, G./Otto, H.-U. (1992b): Sozialmanagement oder Management des Sozialen?, in: Flösser, G./Otto, H.-U. (Hrsg.): Sozialmanagement oder Management des Sozialen? Bielefeld: 7-18.
Friedrich-Freksa, M./Glatzel, K. (2009): Steuerung ohne Kontrolle!?, in: Revue für postheroisches Management, 3. Jahrgang, Heft 4: 82-89.
Fuchs-Heinritz, W. u.a. (2011): Lexikon zur Soziologie, Wiesbaden, 5. Aufl.
Füssenhäuser, C. (2005): Werkgeschichte(n) der Sozialpädagogik, Baltmannsweiler.
Füssenhäuser, C. (2011): Theoriekonstruktion und Positionen der Sozialen Arbeit, in: Otto, H.-U./Thiersch, H. (Hrsg.): Handbuch Soziale Arbeit, 4. Aufl., München: 1646-1660.
Füssenhäuser, C./Thiersch, H. (2005): Theorien der Sozialen Arbeit, in: Otto, H.-U./Thiersch, H. (Hrsg.): Handbuch Sozialarbeit/Sozialpädagogik, München/Basel, 3. Aufl. 2005: 1876-1900.
Füssenhäuser, C./Thiersch, H. (2011): Theorie und Theoriegeschichte der Sozialen Arbeit, in: Otto, H.-U./Thiersch, H. (Hrsg.): Handbuch Soziale Arbeit, 4. Aufl., München: 1632-1647.
Goffman, E. (2001): Stigma. Über Techniken der Bewältigung beschädigter Identität. 15. Aufl., Frankfurt a. M.
Grunwald, K. (2001): Neugestaltung der freien Wohlfahrtspflege. Management des organisationalen Wandels und die Ziele der Sozialen Arbeit, Weinheim.
Grunwald, K. (Hrsg.) (2009a): Vom Sozialmanagement zum Management des Sozialen? Eine Bestandsaufnahme, Baltmannsweiler.
Grunwald, K. (2009b): Zum Management von Einrichtungen der Sozialen Arbeit unter organisationssoziologischer Perspektive, in Grunwald, K. (Hrsg.): Vom Sozialmanagement zum Management des Sozialen? Eine Bestandsaufnahme, Baltmannsweiler: 85-138.
Grunwald, K. (2011a): Organisation und Organisationsgestaltung, in: Otto, H.-U./Thiersch, H. (Hrsg.): Handbuch Soziale Arbeit, 4. Aufl., München: 1037-1048.
Grunwald, K. (2011b): Sozialwirtschaft, in: Otto, H.-U./Thiersch, H. (Hrsg.): Handbuch Soziale Arbeit, 4. Aufl., München: 1545-1559.
Grunwald, K. (2012a): Dienstleistung, in: Enzyklopädie Erziehungswissenschaft Online, Fachgebiet: Soziale Arbeit, hrsg. von W. Schröer und C. Schweppe, Weinheim und Basel.
Grunwald, K. (2012b): Entwicklungsorientiertes Management als Konzept für Organisationsgestaltung und Personalmanagement in Einrichtungen der Sozialwirtschaft, in: Wöhrle, A. (Hrsg.): Auf der Suche nach Sozialmanagementkonzepten und Managementkonzepten für und in der Sozialwirtschaft. Eine Bestandsaufnahme zum Stand der Diskussion und Forschung Diskussion und Forschung in drei Bänden, Augsburg, Band 2: Entwürfe mit mittlerer Reichweite und Arbeiten an den Nahtstellen: 188-204.
Grunwald, K. (2012c): Zur Bewältigung von Dilemmata und Paradoxien als zentrale Qualifikation von Leitungskräften in der Sozialwirtschaft, in: Bassarak, H./Noll, S. (Hrsg.): Personal im Sozialmanagement. Neueste Entwicklungen in Forschung, Lehre und Praxis, Wiesbaden: 55-79.
Grunwald, K./Steinbacher, E. (2007): Organisationsgestaltung und Personalführung in den Erziehungshilfen. Grundlagen und Praxismethoden, Weinheim.
Grunwald, K./Steinbacher, E. (2013): Kompetenz und Professionalität in der Sozialwirtschaft, in: Diakonisches Württemberg (Hrsg.): Demografischer Wandel in der Sozialwirtschaft – Herausforderungen, Ansatzpunkte, Lösungsstrategien, Stuttgart (im Erscheinen).
Grunwald, K./Thiersch, H. (2003): Lebenswelt und Dienstleistung, in: Olk, Th./Otto, H.-U. (Hrsg.): Soziale Arbeit als Dienstleistung, München: 67-89.

Grunwald, K./Thiersch, H. (2008): Das Konzept Lebensweltorientierte Soziale Arbeit – einleitende Bemerkungen, in: Grunwald, K./Thiersch, H. (Hrsg.): Praxis Lebensweltorientierter Sozialer Arbeit, Weinheim, 2. Aufl.: 13-39.

Grunwald, K./Thiersch, H. (2010): Das Konzept Lebensweltorientierte Soziale Arbeit, in: Bock, K./Miethe, I.: Handbuch Qualitative Methoden in der Sozialen Arbeit, Opladen: 101-112.

Grunwald, K./Thiersch, H. (2011): Lebensweltorientierung, in: Otto, H.-U./Thiersch, H. (Hrsg.): Handbuch Soziale Arbeit, 4. Aufl., München, S. 854-863.

Habermas, J. (1985): Die neue Unübersichtlichkeit, Frankfurt a. M.

Jäger, W./Schimank, U. (Hrsg.): Organisationsgesellschaft, Wiesbaden 2005.

Kessl, F. (2009): „Sozialmanagement oder Management des Sozialen" im Kontext postwohlfahrtsstaatlicher Transformation. Eine Vergewisserung, zwei Problematiken und die Perspektive einer Positioning Analysis, in: Grunwald, K. (Hrsg.): Vom Sozialmanagement zum Management des Sozialen?: 42-61.

Kessl, F./Otto, H.-U. (2002): Entstaatlicht? Die neue Privatisierung personenbezogener Dienstleistungen, in: Neue Praxis, 32. Jg., Heft 2: 122-139.

Kessl, F./Otto, H.-U. (2011): Soziale Arbeit und soziale Dienste, in: Evers, A./Heinze, R. G./Olk, Th. (Hrsg.): Handbuch Soziale Dienste, Wiesbaden: 389-403.

Kieser, A. (2012): Organisationen regeln – wer aber steuert Organisationen?, in: Duschek, S. u.a. (Hrsg.): Organisationen regeln. Die Wirkmacht korporativer Akteure, Wiesbaden: 227-252.

Kirsch, W. (1997a): Kommunikatives Handeln, Autopoiese, Rationalität. Kritische Aneignungen im Hinblick auf eine evolutionäre Organisationstheorie, München, 2. Aufl.

Kirsch, W. (1997b): Strategisches Management: die geplante Evolution von Unternehmen, München.

Kirsch, W./Seidl, D. (2004): Steuerungstheorie, in: Schreyögg, G./von Werder, A. (Hrsg.): Handwörterbuch der Unternehmensführung und Organisation, Stuttgart, 4. Aufl.: 1365-1374.

Kirsch, W./Seidl, D./van Aaken, D. (2009): Unternehmensführung. Eine evolutionäre Perspektive, Stuttgart.

Klatetzki, Th. (2012): Regeln, Emotionen und Macht: Eine interaktionistische Skizze, in: Duschek, S. u.a. (Hrsg.): Organisationen regeln. Die Wirkmacht korporativer Akteure, Wiesbaden: 95-110.

Kopp, B. von (2009): Steuerung, in: Andresen, S. u.a. (Hrsg.): Handwörterbuch Erziehungswissenschaft, Weinheim: 834-849.

Kosik, K. (1967): Die Dialektik des Konkreten, Frankfurt a. M.

Küpper, W./Ortmann, G. (Hrsg.) (1992): Mikropolitik. Rationalität, Macht und Spiele in Organisationen, Opladen, 2. Aufl.

Luhmann, N. (2005): Struktureller Wandel: Die Poesie der Reformen und die Realität der Evolution, in: Jäger, W./Schimank, U. (Hrsg.): Organisationsgesellschaft, Wiesbaden: 409-450.

Luhmann, N./Schorr, K. E. (1979): Das Technologiedefizit der Erziehung und die Pädagogik, in: Zeitschrift für Pädagogik, 25. Jg., Heft 3: 345-365.

Maschke, S./Stecher, L. (Hrsg.) (2010): Methoden der empirischen erziehungswissenschaftlichen Forschung, Enzyklopädie Erziehungswissenschaft, Weinheim, http://www.erzwissonline.de/fachgebiete/methoden_erziehungswissenschaftlicher_forschung/beitraege/07100115.htm.

Mayntz, R. (2011): Emergenz in Philosophie und Sozialtheorie, in: Greve, J./Schnabel, A. (Hrsg.): Emergenz. Zur Analyse und Erklärung komplexer Strukturen, Berlin: 156-186.

Mead, G. H. (1934): Geist, Identität und Gesellschaft, Frankfurt a. M.

Merchel, J. (2005): Sozialmanagement als angewandter Steuerungsoptimismus?, in: Hansen, K./Riege, M./Verleysdonk, A. (Hrsg.): Resignation ist der Egoismus der Schwachen, Mönchengladbach 2005: 123-148.

Miethe, I./Schneider, A. (2010): Sozialarbeitsforschung – Forschung in der Sozialen Arbeit. Traditionslinien – Kontroversen – Gegenstände, in: Gahleitner, S. B. u.a. (Hrsg.): Disziplin und Profession Sozialer Arbeit, Opladen/Farmington Hills: 61-74.
Müller, B. (1991): Die Last der großen Hoffnungen. Methodisches Handeln und Selbstkontrolle in sozialen Berufen, Weinheim.
Neuberger, O. (1995): Mikropolitik, Stuttgart.
Neuberger, O. (2002): Führen und führen lassen, Stuttgart, 6. Aufl.
Oechler, M. (2009): Dienstleistungsqualität in der Sozialen Arbeit. Eine rhetorische Modernisierung, Wiesbaden.
Oelerich, G./Otto, H.-U. (Hrsg.) (2011): Empirische Forschung und Soziale Arbeit. Ein Studienbuch, Wiesbaden.
Olk, T. (1994): Jugendhilfe als Dienstleistung – Vom öffentlichen Gewährleistungsauftrag zur Machtorientierung, in: Widersprüche, 14. Jahrgang, Heft 53: 11-33.
Olk, T./Otto, H.-U./Backhaus-Maul, H. (2003): Soziale Arbeit als Dienstleistung – Zur analytischen und empirischen Leistungsfähigkeit eines theoretischen Konzepts, in: Otto, H.-U./Olk, T. (Hrsg.): Soziale Arbeit als Dienstleistung, Neuwied: IX-LXXII.
Ortmann, G. (2012): Gesteuerte Selbstorganisation – ein hölzernes Eisen?, in: Eberl, P./Geiger, D./Koch, J. (Hrsg.): Komplexität und Handlungsspielraum. Unternehmenssteuerung zwischen Ordnung und Chaos, Berlin: 133-164.
Ortmann, G./Sydow, J./Türk, K.: Organisation, Strukturation, Gesellschaft. Die Rückkehr der Gesellschaft in die Organisationstheorie, in: Ortmann, G./Sydow, J./Türk, K. (Hrsg.): Theorien der Organisation, Opladen 1997: 15-34.
Otto, H.-U. (1991): Sozialarbeit zwischen Routine und Innovation. Professionelles Handeln in Sozialorganisationen, Berlin.
Otto, H.-U./Thiersch, H. (Hrsg.) (2011) unter Mitarbeit von K. Grunwald, K. Böllert, G. Flösser und C. Füssenhäuser: Handbuch Soziale Arbeit, 4. Aufl., München.
Probst, G. J. B./Büchel, B. (1994): Organisationales Lernen, Wiesbaden.
Rauschenbach, T./Gängler, H. (Hrsg.) (1992): Soziale Arbeit und Erziehung in der Risikogesellschaft. Luchterhand, Neuwied.
Rauschenbach, Th./Thole, W. (Hrsg.) (1998): Sozialpädagogische Forschung. Gegenstand und Funktionen, Bereiche und Methoden, Weinheim.
Roß, P.-S. (2009): Koproduktion. Thesen zur analytischen, normativen und praktischen Weiterentwicklung einer Grundkategorie Sozialer Arbeit, in: Mühlum, A./Rieger, G. (Hrsg.), Soziale Arbeit in Wissenschaft und Praxis, Lage: 306-321.
Roß, P.-S. (2012): Demokratie weiter denken. Reflexionen zur Förderung bürgerschaftlichen Engagements in der Bürgerkommune. Baden-Baden 2012.
Sackmann, S.: (2002): Unternehmenskultur. Erkennen – Entwickeln – Verändern, Neuwied.
Schaarschuch, A. (1996a): Der Staat, der Markt, der Kunde und das Geld?, in: Flösser, G./Otto, H.-U. (Hrsg.): Neue Steuerungsmodelle für die Jugendhilfe, Neuwied: 12-32.
Schaarschuch, A. (1996b): Dienstleistung und Soziale Arbeit, Widersprüche, 16. Jg., Heft 59, 87-97.
Schaarschuch, A. (1999): Theoretische Grundelemente Sozialer Arbeit als Dienstleistung, in: Neue Praxis, 29. Jg., Heft 6: 616-622.
Schaarschuch, A. (2003): Die Privilegierung des Nutzers. Zur theoretischen Begründung sozialer Dienstleistung, in: Otto, H.-U./Olk, Th. (Hrsg.): Soziale Arbeit als Dienstleistung: 150-169.
Schaarschuch, A. (2010): Nutzerorientierung – der Weg zur Professionalisierung der Sozialen Arbeit?, in: Hammerschmidt, P./Sagebiel, J. (Hrsg.): Professionalisierung im Widerstreit, Neu-Ulm: 149-160.
Schneider, A. (2009): Forschungsperspektiven in der Sozialen Arbeit, Schwalbach/Ts.
Schreyögg, G. (2007): Unternehmensführung/Management, in: Köhler, R./Küpper, H.-U./Pfingsten, A. (Hrsg.): Handwörterbuch der Betriebswirtschaft, Stuttgart, 6. Aufl. 2007: 1812-1821.

Klaus Grunwald

Schreyögg, G. (2008): Organisation: Grundlagen moderner Organisationsgestaltung, Wiesbaden, 5. Aufl.
Schütz, A. (1971/1972): Gesammelte Aufsätze. 3 Bände, Den Haag.
Seithe, M.: Schwarzbuch Soziale Arbeit, Wiesbaden 2010.
Staehle, W. H. (1999): Management: Eine verhaltenswissenschaftliche Perspektive, München, 8. Aufl.
Staub-Bernasconi, S. (2007): Soziale Arbeit: Dienstleistung oder Menschenrechtsprofession?, in: Lob-Hüdepohl, A./Lesch, W. (Hrsg.): Ethik Sozialer Arbeit, Paderborn: 20-53.
Steinmann, H./Schreyögg, G. (2005): Management. Grundlagen der Unternehmensführung, 6. Aufl.
Streck, M. (2006): Organisationsethik im Spannungsfeld von Wirtschafts- und Unternehmensethik, München.
Sydow, J. (2012): Netzwerksteuerung als Systemsteuerung: Managementpraktiken zwischen Pfadabhängigkeit und Unsicherheit, in: Eberl, P./Geiger, D./Koch, J. (Hrsg.): Komplexität und Handlungsspielraum. Unternehmenssteuerung zwischen Ordnung und Chaos, Berlin: 269-283.
Thiersch, H. (1986): Die Erfahrung der Wirklichkeit, Juventa, Weinheim.
Thiersch, H. (1993): Strukturierte Offenheit. Zur Methodenfrage einer lebensweltorientierten Sozialen Arbeit, in: Rauschenbach, Th./Ortmann, F./Karsten, M.-E. (Hrsg.): Der sozialpädagogische Blick, Weinheim/München 1993: 11-28.
Thiersch, H. (1995): Lebenswelt und Moral. Beiträge zur moralischen Orientierung Sozialer Arbeit, Weinheim
Thiersch, H. (2012): Lebensweltorientierte Soziale Arbeit, Weinheim, 8. Aufl.
Thiersch, H./Treptow, R. (Hrsg.) (2011): Zur Identität der Sozialen Arbeit, Neue Praxis, Sonderheft 10, Lahnstein.
Thole, W. (2010): Die Soziale Arbeit – Praxis, Theorie, Forschung und Ausbildung. Versuch einer Standortbestimmung, in: Thole, W. (Hrsg.): Grundriss Soziale Arbeit, Wiesbaden, 3. Aufl.: 19-70.
Türk, K. (1989): Neuere Entwicklungen in der Organisationsforschung: ein Trend Report, Stuttgart.
Türk, K. (1992): Organisationssoziologie, in: Frese, E. (Hrsg.): Handwörterbuch der Organisation, Stuttgart, 3. Aufl.: 1633-1648.
Ulrich, H./Probst, G. J. B. (1995): Anleitung zum ganzheitlichen Denken und Handeln. Ein Brevier für Führungskräfte, Bern, 4. Aufl.
Wendt, W. R. (2011): Der soziale Unterhalt von Wohlfahrt. Elemente der Sozialwirtschaftslehre, Baden-Baden.
von Werder, A. (2004): Organisatorische Gestaltung (Organization Design), in: Schreyögg, G./von Werder, A. (Hrsg.): Handwörterbuch der Unternehmensführung und Organisation, Stuttgart, 4. Aufl.: 1088-1101.
Willke, H. (1997): Supervision des Staates, Frankfurt.
Willke, H. (1998): Systemisches Wissensmanagement, Stuttgart.
Willke, H. (2004): Einführung in das systemische Wissensmanagement, Heidelberg.
Willke, H. (2006): Systemtheorie I: Grundlagen. Eine Einführung in die Grundprobleme der Theorie sozialer Systeme, Stuttgart, 7. Aufl.
Willke, H. (2005): Systemtheorie II: Interventionstheorie. Grundzüge einer Theorie der Intervention in komplexe Systeme, Stuttgart, 4. Aufl.
Willke, H. (2001): Systemtheorie III: Steuerungstheorie. Grundzüge einer Theorie der Steuerung komplexer Sozialsysteme, Stuttgart, 3. Aufl.
Willke, H./Wollmann, P. (2003): Controlling in „chaotischen" Zeiten. Überlegungen zu einer kognitiven Wende in Planung und Controlling, in: Organisationsentwicklung, 22. Jahrgang, Heft 3: 26-39.
Wimmer, R. (2011): Die Steuerung des Unsteuerbaren, In: Pörksen, B. (Hrsg.): Schlüsselwerke des Konstruktivismus, Wiesbaden 2011: 520-547.

Winkler, M. (2008): Management und Steuerung, in: Bakic, J./Diebäcker, M./Hammer, E. (Hrsg.): Aktuelle Leitbegriffe der Sozialen Arbeit. Ein kritisches Handbuch, Wien: 120-136.

Wöhrle, A. (Hrsg.) (2012a): Auf der Suche nach Sozialmanagementkonzepten und Managementkonzepten für und in der Sozialwirtschaft. Eine Bestandsaufnahme zum Stand der Diskussion und Forschung in drei Bänden, Augsburg.

Wöhrle, A. (2012b): Fazit aus allen drei Bänden und Aufgabenstellungen, in: Wöhrle, A. (Hrsg.): Auf der Suche nach Sozialmanagementkonzepten und Managementkonzepten für und in der Sozialwirtschaft, Band 1, Augsburg: 170-194.

Wöhe, G./Döring, U. (2008): Einführung in die Allgemeine Betriebswirtschaftslehre, München, 23. Aufl.

Wüthrich, H. A./Osmetz, D./Kaduk, S. (2009): Musterbrecher. Führung neu erleben, Wiesbaden, 3. Aufl.

Kapitel 4 Die Wirtschaftswissenschaften und ihr Verhältnis zur Sozialwirtschaft (und der Sozialen Arbeit)

Klaus Schellberg

Wird die Soziale Arbeit „ökonomisiert" und zunehmend fremdbestimmt? Der Einfluss der wirtschaftlichen Denk- und Steuerungslogik in der Sozialen Arbeit hat in den vergangenen Jahren immer mehr Einzug gehalten.

Zwei Beispiele in der jungen Geschichte der Sozialwirtschaft sind symptomatisch: So war ein typisches Phänomen des Wirtschaftens in Organisationen der Sozialen Arbeit die schnelle Verwendung von Haushaltsgeldern am Jahresende, um sie vor dem Verfall zu vermeiden. „Dezemberfieber" (Schwenn 1995: S. 10) wurde dieses Phänomen bezeichnet. Die Antwort hierauf waren die Einführung von kaufmännischem Rechnungswesen und die Ablösung des kameralistischen Systems. Ein anderes Beispiel war die hohen Kostensteigerungen pro Fall oder pro Tag in der Jugendhilfe, die erst durch die Kostendeckelung Anfang der 90er Jahre in den Griff gebracht wurden, nicht jedoch durch Einsicht der Träger (Robert 1998). Die Folge war die Suche nach steuerungswirksamen Entgeltformen, welche heute noch die Sozialwirtschaft prägt.

In beiden Fällen war Geld bereits vorhanden im System der Sozialen Arbeit – sie war also schon immer „ökonomisiert". Vielmehr wurden in den genannten Fällen Funktionsprobleme der Organisationen der Sozialen Arbeit korrigiert. Ökonomisierung ist also weniger ein Phänomen der übergriffig werdenden Wirtschaftswissenschaften, als ein Funktionsproblem und Steuerungsvakuum der Sozialen Arbeit, auf das die Wirtschaftswissenschaft eben eine passende Antwort hat. Die Wirtschaftswissenschaften haben dies bisher jedoch weder gesteuert noch zur Kenntnis genommen – aus Sicht der Wirtschaftswissenschaften ist die Sozialwirtschaft bisher immer noch weitgehend Terra incognita.

Es gibt noch keine passgenauen, branchenspezifischen Konzepte der Wirtschaftswissenschaften für die Sozialwirtschaft. Die Suche nach solchen Konzepten an der Schnittstelle zwischen Ökonomie und Sozialem ist die Geschichte der Sozialwirtschaft.

Gegenstand des vorliegenden Beitrags ist zunächst eine Positionsbestimmung der Wirtschaftswissenschaften. Im Anschluss soll die Einordnung des Systems der Sozialwirtschaft vorgenommen werden. Hierbei wird es vordergründig darum gehen, die Phänomene des Sozialbereichs zu identifizieren, für die die Wirtschaftswissenschaften eben Antworten finden können. Abschließend werden ausgewählte, wichtige, aber nicht abschließende Konzepte der Ökonomie und speziell der Betriebswirtschaft, die für den Sozialsektor geeignet ist, vorgestellt.

Kapitel 4: Die Wirtschaftswissenschaften

1. Standortbestimmung der Wirtschaftswissenschaften

1.1. Selbstverständnis der Wirtschaftswissenschaften

Die Wirtschaftswissenschaft ist als ein Versuch entstanden, sehr praktische, reale Probleme zu lösen. Die Buchhaltung wurde in und für Handelshäuser entwickelt, die nationalökonomischen Denker beschäftigten sich mit Hungersnöten oder mit der Versorgung mit Gütern. Sie ist also eine Realwissenschaft, die nach Lösungen für reale Probleme erschaffen ist (Wöhe 1993: S. 24).

Die Wirtschaftswissenschaften verstehen sich als ein Teilgebiet der Sozialwissenschaften. Die Sozialwissenschaften beschäftigen sich mit dem Menschen, den institutionellen und organisatorischen Voraussetzungen des Handelns und dem Zusammenleben in Gemeinschaften und Gesellschaften. Sie beschäftigt sich mit den gleichen Themen wie die Politikwissenschaft, Soziologie, Sozialpsychologie, Sozialpädagogik oder die Rechtswissenschaften. Wie die anderen Teilgebiete gehen die Wirtschaftswissenschaften mit einem spezifischen Blickwinkel an die Fragen der Gesellschaft heran. Von manchen Autoren wird der „homo oeconomicus", d.h. der rational, ausschließlich nach wirtschaftlichen Zweckmäßigkeitsüberlegungen handelnde Mensch, als konstitutives Merkmal angesehen (Wöhe 1993: S. 3). Mit dieser Fiktion des „homo oecomicus" wird die wirtschaftliche Analyse zwar deutlich vereinfacht (das Verhalten des Menschen wird prognostizierbar und erklärbar). Die moderne Ökonomie rückt jedoch ab von diesem Idealtypus. Das rationale Handeln des Menschen wird angesichts von fehlenden Informationen und Rationalität immer wieder in Zweifel gezogen. Die Ökonomie erforscht zunehmend die Entscheidungen unter unvollkommenen Informationen und nicht-schlüssigen Zielsystemen.

Das Merkmal „Umgang mit Knappheit" (also der Umgang mit knappen Gütern) scheint hier ein treffenderes Unterscheidungskriterium (Gabler 2010), denn es beschreibt das Kernanliegen der Ökonomie. Damit werden jedoch auch die Sonderstellung und das Teilgebiet beschrieben. Ökonomie beschäftigt sich nicht nur mit dem Verhältnis der Menschen untereinander, sondern auch mit dem Verhältnis von Menschen zu physischen Gegebenheiten und Gegenständen und deren Begrenztheit, den strukturellen Rahmenbedingungen.

Mit der Bindung an soziale Organisationsformen, an Dinge und Ressourcen findet sich durchaus ein Berührungspunkt mit einigen Theorien der Sozialen Arbeit (Engelke 2003: S. 287). Allerdings werden in der Sozialen Arbeit eher die menschlichen Entwicklungs- und Lernprobleme (Schilling 1997: S. 263 ff.) und psycho-sozialen Prozesse betrachtet sowie politische Analysen angeboten; der Schritt zum konkreten Umgang mit physischen Knappheitsproblemen fehlt jedoch.

Wirtschaft ist in der Regel ein Aspekt verschiedener gesellschaftlicher Bereiche und hat nur in kleinen Bereichen einen originären Kern (etwa im Finanzsektor). In den meisten Fällen muss sich die Ökonomie also in andere Bereiche einfügen und mit den dort herrschenden Zielen und Aufgabenstellungen umgehen. Ein Beispiel: Ein Technologieunternehmen arbeitet und erzeugt vorrangig „Technologien". Die Wirtschaftswissenschaften können interpretieren, welche Produktionsverfahren wirtschaftlich sind, welche Absatzmärkte attraktiv sind oder welche technischen Produkte Deckungsbeiträge abwerfen. Die Wirtschaftswissenschaften werden jedoch nicht die Technik als „ihren" Gegenstand sehen.

Analog ist das Verhältnis zur Sozialen Arbeit zu sehen. Die Soziale Arbeit ist aus Sicht der Wirtschaftswissenschaften eine „Produktionstechnologie", also das Verfahren, soziale Leistungen für Menschen zu erzeugen. Die Wirtschaftswissenschaften verfolgen nicht das Ziel, Soziale Arbeit zu ersetzen, sondern die Knappheitsprobleme in Unternehmen zu lösen, die mit diesem Produktionsverfahren arbeiten, also die organisatorischen Bedingungen zu verbessern und die Prozesse zielgerichteter (effizienter) und wirksamer (effektiver) zu machen.

Oft wird als Ziel der Ökonomie das Gewinnstreben angesehen, das mit dem sozialen Auftrag der Sozialen Arbeit nicht kompatibel sei. In der Tat kann in einer verkürzten Sichtweise „Gewinnmaximierung" als (einziges) Ziel der Betriebswirtschaftslehre gesehen werden. Dies ist aber nur unter bestimmten Bedingungen zutreffend, nämlich wenn der Preis das einzige Kriterium am Markt ist und die Unternehmen nur unter Renditegesichtspunkten arbeiten (Schellberg 2011: S. 54 ff.). Ändern sich die Bedingungen; gibt es etwa einen Qualitätswettbewerb oder verzichten Unternehmen auf Rendite, so können auch andere Ziele und Grundprinzipien vorherrschen. Die Ökonomie hat aber kein normativ oder ideologisch abgeleitetes eigenes Ziel und ist insofern wertfrei (Wöhe 1993: S. 41).

Da das ökonomische Denken typischerweise aus spezifischen Branchen kommt und dort auch vorherrscht (also etwa Handel, Industrie, Banken), werden die dort vorherrschenden Zielsysteme oft gleichgesetzt mit denen der Ökonomie an sich. So ist beispielsweise für viele Wirtschaftsbereiche richtig, dass ein „Mehr an Gütern" auch eine bessere Versorgung und höheren Wohlstand bietet, weshalb das Bruttoinlandsprodukt durchaus einen weitgehend sinnvollen Indikator für Wohlstand darstellt.

Die zweite Frage, die Verteilung von Gütern, ist aus ökonomischer Sicht über den Markt optimal zu erreichen. Dieser kann wiederum optimal organisiert werden, wenn die beteiligten Unternehmen sich am Preis und den Gewinnmöglichkeiten orientieren (Bofinger 2003: S. 47 ff.). Es ist also ein schlüssiges System, das auch empirisch nachweisbar zu guten Ergebnissen führt. Bei anderen Zielen oder Rahmenbedingungen können andere als Marktsysteme jedoch effizienter sein (Fritsch 2007).

Vor diesem theoretischen Hintergrund soll im folgenden Abschnitt nun eine Analyse der Strukturen des Sozialmarkts erfolgen – wobei der Begriff „Markt" hier im weiteren Sinne zu verstehen ist und nicht als ein Modell des vollkommenen Marktes.

1.2. Die Interpretation des Sozialen Bereichs aus ökonomischer Sicht

Mit einer Interpretation des Sozialmarkts aus wirtschaftlicher Perspektive soll nun aufgezeigt werden, wie sich die Sozialwirtschaft in ökonomische Denkmuster einordnen lässt. Diese Einordnung ist nicht als eine „Unterordnung" zu verstehen, sondern im Sinne einer Anschlussfähigkeit der beiden Disziplinen.

1.2.1. Der Dienstleistungscharakter der Sozialen Arbeit

Soziale Dienste sind Wege, um Sozialpolitik zu verwirklichen. Diese steht neben den anderen Instrumenten, wie Geldleistungen, Sachleistungen, Schutzgesetze bzw. Ordnungspolitik (Bäcker 2010: S. 47 ff.). Soziale Dienste, hierunter auch die Soziale Arbeit, werden dabei den personenbezogenen Dienstleistungen zugeordnet (Evers/Heinze/Olk 2011: S. 10).

Eine Dienstleistung ist allgemein gekennzeichnet durch den meist persönlichen Einsatz eines Dienstleisters, der beim Kunden (Adressaten) einen Nutzen erbringt. Dieser Nutzen wird nicht durch ein physisches Gut erreicht, sondern durch die Aktivität des Dienstleisters und des Dienstleistungsempfängers. Bei personenbezogenen Dienstleistungen, wie die der sozialen Arbeit, ist das Ergebnis eine Zustandsveränderung beim Dienstleistungsempfänger (Schellberg 2011: S. 47). Soziale Arbeit versteht sich selber als eine Arbeit am Klienten, die pädagogisch-erzieherisch, anwaltschaftlich, integrierend, vernetzend ist (Schilling 1997: S. 267ff.). Hierdurch wird eine Zustandsveränderung beim Klienten (Förderung, Vertretung, Integration, Teilhabe) geschaffen.

Der Dienstleister stellt hierfür zunächst Faktoren bereit, die sogenannte Vorkombination. Diese besteht in Wissen, Anlagegütern, einer Mindestausstattung an Personal. Bei sozialen Organisationen sind dies typischerweise das Gebäude, eine Mindestausstattung an Personal mit entsprechender Qualifikation, ein Konzept (also Wissen) und eine Telefonnummer, unter der die Organisation erreichbar ist. Ergebnis dieser Vorkombination ist die Leistungsbereitschaft des Dienstleisters. Die Dienstleistung wird jedoch erst ausgeführt, wenn der externe Faktor, der Kunde, auftritt und das Leistungsversprechen annimmt. Dies geschieht durch den Anruf des öffentlichen Sozialleistungsträgers, das Auftreten des Klienten oder die Zuleitung einer Akte.

Der Kunde wirkt bei der Dienstleistung mit, in dem er sich entweder zur Verfügung stellt (passiv beim chirurgischen Eingriff) oder in dem er aktiv mitwirkt (Reden, sich öffnen, reflektieren bei der Psychotherapie). Der Dienstleister setzt nun weitere Faktoren ein, Personal, Sachmittel, Dienstwagen, Honorarkräfte, Lebensmittel etc. und durch diese Endkombination wird das Leistungsergebnis erreicht (Sibbel 2004: S. 16 ff.).

Die Soziale Arbeit sieht die Lösung für Klienten in zum Teil auch in politisch-normative Fragen der Gesellschaftsgestaltung oder Machtverteilung (International Federarion of Social Workers 2000). Normativ-ideologische Gesellschaftsbilder sind in dieser Definition keine Dienstleistung, wenn sie nicht unmittelbar auf den Dienstleistungsempfänger gerichtet sind und ein Auftrag vorliegt. Wird das gesellschaftspolitische Engagement allerdings für eine Zielgruppe mit deren Auftrag durchgeführt, so ist dies durchaus auch eine Dienstleistung (mit einem konkreten Nutzen beim Dienstleistungsempfänger). Die gesellschaftspolitische Vision und die

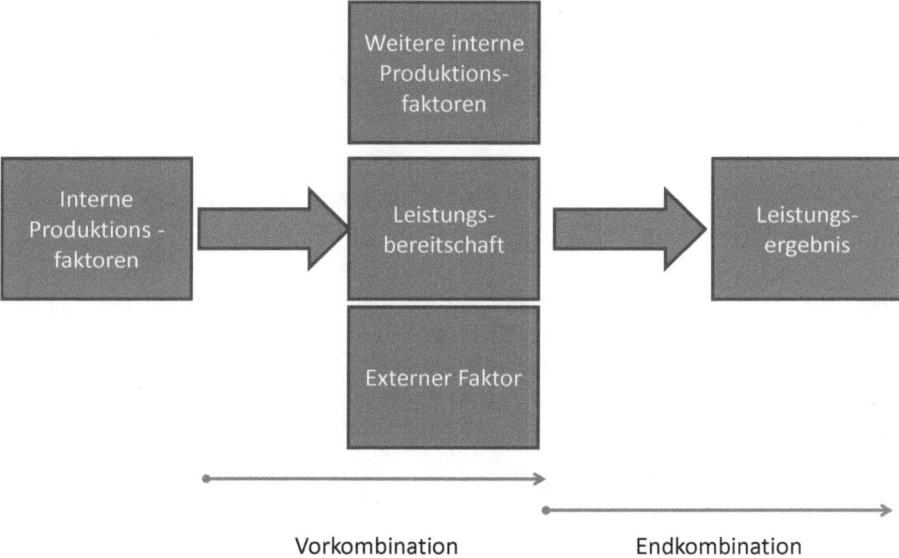

Abb. 1: Zweistufige Dienstleistungsproduktion

politische Einflussnahme hierfür ohne Klientenauftrag ist keine Dienstleistung im ökonomischen Sinne, sondern Lobbyismus in eigener Sache.

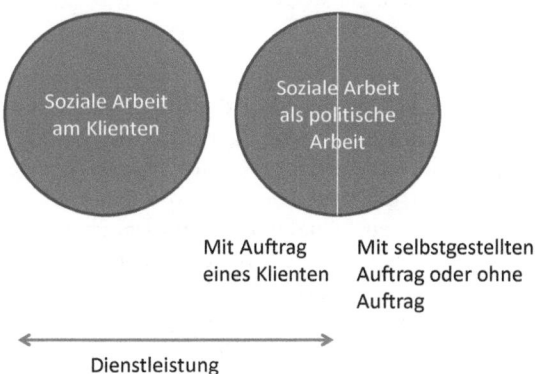

Abb. 2: Soziale Arbeit als Dienstleistung oder politische Arbeit

1.2.2. Kunden in der Sozialen Arbeit

Ein zentraler Unterschied und ein zentrales Missverständnis zwischen den beiden Disziplinen liegen im Begriff des „Kunden".

Soziale Arbeit sieht die eigene Profession getrieben von Bedürfnissen der Menschen, etwa in dem Menschen befähigt werden sollen, ihr Potenzial zu entwickeln, ihr Leben zu bereichern und sozialen Dysfunktionen vorzubeugen. Gesteuert wird

Soziale Arbeit von Werten, Theorien und Praxis (International Federartion of Social Workers 2000). Die Frage, wer den Auftrag hierfür gibt und die Ressourcen bereitstellt, beantwortet die Soziale Arbeit nicht. In Sozialstaaten wie Deutschland wird Soziale Arbeit als gesellschaftliche Aufgabe angesehen, die aus öffentlichen Mitteln bezahlt wird. Soziale Arbeit wird ausgelöst, wenn ein Tatbestand einem gesetzlich festgelegten, sozialrechtlichen Bedarf entspricht (Luhmann 1973: S. 21 – 45; S. 34). Die Ressourcen werden dann über die Finanzierung der öffentlichen Hand – letztlich außerhalb des Erklärungsbereichs der Sozialen Arbeit – gestellt.

Die Ökonomie widmet sich jedoch genau dieser Frage: Wie kann eine Dienstleistung unter Ressourcenknappheit erbracht werden? Welche Dienstleistung für welche Personengruppe wird erstellt? Hier sieht die Ökonomie einen klaren Zusammenhang zwischen Auftragserteilung und Finanzierung der Leistungen. Wird ein Auftrag erteilt, so ist die Arbeit des Unternehmens zu finanzieren. Der Kunde ist also der Auslöser, welcher mit Zahlungsbereitschaft für einen Auftrag auftritt. Die Ökonomie kennt keine eigene Werteinstanz, die zu einem autonomen, auftragsfreien Handeln führt. Unternehmen und die dort tätigen Personen können natürlich ihre persönliche Bedürfnisse erfüllen und wertorientiert handeln - sie werden dann z.B. auf Gewinne oder Gehaltssteigerungen verzichten, um soziale Aufgaben des Unternehmens zu ermöglichen.

Die Ökonomie kennt dabei nicht nur den privaten Nachfrager, sondern eben auch die öffentliche Hand oder Gesellschaft als Nachfrager. Dies sind die sogenannten „öffentlichen" oder „meritorischen" Güter (Schellberg 2011: S. 54 ff.), die eben unter Marktbedingungen nicht erzeugt werden. Sie werden durch den Staat entweder produziert oder zumindest finanziert.

Der Kundenbegriff bei öffentlichen und meritorischen Gütern ist mehrdimensional: Kunden sind einerseits diejenigen, die seitens der öffentlichen Hand Soziale Arbeit nachfragen (also z.B. die Einkaufszentren der Arbeitsagenturen). Kunden sind aber auch die Leistungsempfänger, die sich durch ihre Auswahl für ein bestimmtes Leistungsangebot eines Trägers entscheiden. Die Rolle des Entscheiders über ein Angebot ist dabei in den verschiedenen Sozialgesetzen und auch Praktiken der Sozialverwaltung unterschiedlich verteilt: Die Pflegeversicherung setzt stark auf die Auswahlentscheidung des Pflegebedürftigen, die Jugendhilfe bestimmt durch den Hilfeplan und Vorauswahl ein Angebot, setzt dann aber auf Wunsch- und Wahlrecht der Familien, Jugendlichen und Kinder, bei der Resozialisierung liegt die Auftragserteilung bei der öffentlichen Hand.

Im Grunde könnten sich Ökonomie und Soziale Arbeit an dieser Stelle optimal ergänzen: Die Soziale Arbeit liefert die Ziele und die Inhalte der Arbeit. Die Ökonomie löst die Ressourcenfrage. Die kritische Frage nach dem „Kunden" wird wie folgt gelöst: Die Ökonomie bleibt beim „Kundenbegriff" und bezeichnet damit die Akteure, die eine Zahlung an das Unternehmen tätigen oder auslösen.

Mit dem Streit um den Kundenbegriff wird wohl eher das dahinterstehende Problem behandelt, der Rationierung und Begrenzung Sozialer Arbeit im Sinne der Ökonomie – wo kein Auftraggeber, dort keine professionelle, bezahlte Soziale Arbeit. Die Soziale Arbeit überblickt diese Begrenzung an sich nicht. Die Mittelbeschränkung wird vielmehr als fremdbestimmt angesehen.

1.2.3. Nutzen und Kosten als Rationierungsprinzip

Die Begrenzung von Leistungen ist für die Ökonomie sehr klar: Eine Leistung wird solange nachgefragt, wie der Nutzen der Leistung die Kosten der Leistung übersteigt, oder genau genommen bis zu dem Punkt, an dem der Grenznutzen größer sind als die Grenzkosten (Neumann 1982: S. 240). Aus Sicht der Nachfrage bedeutet der Nutzen den positiven Effekt, der beim Kunden entsteht. Die Kosten sind der Preis, der dafür zu bezahlen ist. Solange der Nutzen höher als der Preis ist, kann der Nachfrage seine Wohlfahrt durch den Kauf von Gütern verbessern. Der Nutzen muss nicht messbar sein oder dem Einzelnen bei seiner Entscheidung bewusst. Er wird sich jedoch entscheiden (also z.B. Kaffee statt Bier trinken) und mit der Zahlungsbereitschaft hierfür wird implizit der Nutzen abgebildet (Neumann 1982: S. 113).

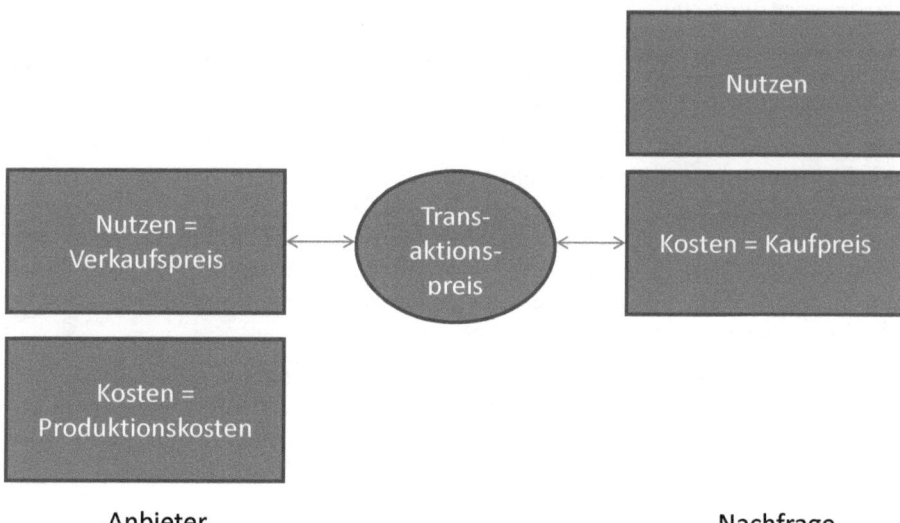

Abb. 3: Kosten-Nutzen-Kalküle von Anbieter und Nachfrager

Dieses Konstrukt stößt an Grenzen, wenn der Nutzen bei einer Person entsteht und von einer anderen Person die Leistung bezahlt werden muss, wie etwa wenn der öffentliche Sozialleistungsträger eine Leistung „bestellt" und „bezahlt", der Nutzen aber beim Leistungsempfänger entsteht. Der Nutzen ist dem Sozialleistungsträger nicht bekannt, also wird er eine Nutzenvermutung anstellen, gleiche Nutzen unterstellen und die für ihn billigste Lösung wählen.

Beispiel: Ist der berufliche Rehabilitand in Arbeit vermittelt, war die Rehabilitation erfolgreich und der Nutzen gestiftet. Ob die verbundene Lebensqualität verbes-

Klaus Schellberg

Abb. 4: *Verknüpfungen der Sozialwirtschaft im Dreieck von Markt, Staat und persönlichen Wirtschaften (Wendt 2002: S. 60)*

sert wurde, ob die Arbeitsvermittlung stabil oder mit ausreichendem Einkommen verbunden ist, wird nicht betrachtet.

Dabei ist nicht der entscheidende Punkt, dass der Nutzen Sozialer Arbeit nicht monetär messbar ist und auch nicht sein sollte (der Utilitarismus-Vorwurf). Dies trifft auf sehr viele Güter zu, z.B. auf den Nutzen einer Urlaubsreise oder eines Sportautos. Sobald dieser Nutzen jedoch interpersonal kommuniziert werden muss, zwischen Familienmitgliedern, in politischen Gremien oder in einer Gesellschaft, stellt sich die Frage nach einem gemeinsamen Bewertungsmaßstab, um der Gleichwertigkeitsvermutung entgegen zu wirken.

Hierfür bietet die Ökonomie Kosten-Nutzen-Analysen oder den Social Return on Investment an (Schellberg 2011: S. 97-110). Ein Konzept einer nicht-monetären Wirkungsmessung bieten die Wirkungsstudien in der Jugendhilfe (Schrödter/Ziegler 2010).

1.2.4. Bedürfnisse, Bedarfe und Hilfebedarf

Eine schnelle Einigung dürften Soziale Arbeit und Ökonomie wiederum in zentralen Konzepten wie Bedürfnissen und Bedarfen finden. Die Soziale Arbeit geht oft von einem Bedarf des Klienten aus, der nicht gedeckt ist und den es zu decken gilt. Dieser Bedarf wird oft aus Menschenrechten, Menschenwürde oder Werten abgeleitet. Eine der Aufgaben der Sozialen Arbeit ist es, ausreichend Ressourcen zu gewinnen und Hilfesysteme aufzubauen, um diese Bedarfe zu stillen. Dies geschieht in Form von Erwerbswirtschaft, persönlichem Wirtschaften (Selbsthilfe oder Familie/Haushalte) oder öffentlicher Daseinsfürsorge (Wendt 2002: S. 54).

Ausgangspunkt der Ökonomie sind ebenfalls menschliche Bedürfnisse, die weder erklärt noch legitimiert werden müssen. Sie sind ein objektiver Mangel oder ein subjektives Gefühl des Mangels, das der Mensch befriedigen will (Thommen/

Achleitner 2006: S. 33). Dabei ist das Kernproblem der Ökonomie die Knappheit, der größere Umfang an Bedürfnissen im Vergleich zu den vorhandenen Bedürfnissen. Die einfachste bekannte Form ist die Eigenproduktion (Selbsthilfe, Selbstversorgungswirtschaft), um die notwendigen Güter zu erstellen. Die zweite Form, die in einer arbeitsteiligen Wirtschaft vorherrscht, ist der Tausch. Ein Bedürfnis wird mit Kaufkraft ausgestattet und tritt dann als Bedarf auf einen „Markt". Die Güter zur Bedürfnisbefriedigung werden dann über geeignete Gegenleistungen beschafft. Dies ist möglich ohne politische Intervention in jeder dezentralen Wirtschaftsform und ist gewissermaßen die Grundform wirtschaftlichen Handelns.

Im Sozialstaat sollen jedoch gerade auch die Bedürfnisse zur Geltung kommen, die nicht mit Kaufkraft ausgestattet werden (weil der Wert nicht erkannt wird) oder nicht ausgestattet werden können (weil die finanzielle Ausstattung nicht ausreichend ist). Dies geschieht durch Anerkennung eines sozialrechtlichen Bedarfs durch die Verwaltung. Die rechtliche Anerkennung eines Bedarfs wird gekoppelt mit der Beauftragung eines Dienstleisters, meist eines freien Trägers, der dann mit dem öffentlichen Sozialleistungsträger abrechnet. In manchen Sozialleistungen (SGB XI-Pflege, pers. Budget SGB IX) erhält der Leistungsempfänger auch ein Budget, für das er direkt die Dienstleister beauftragen kann.

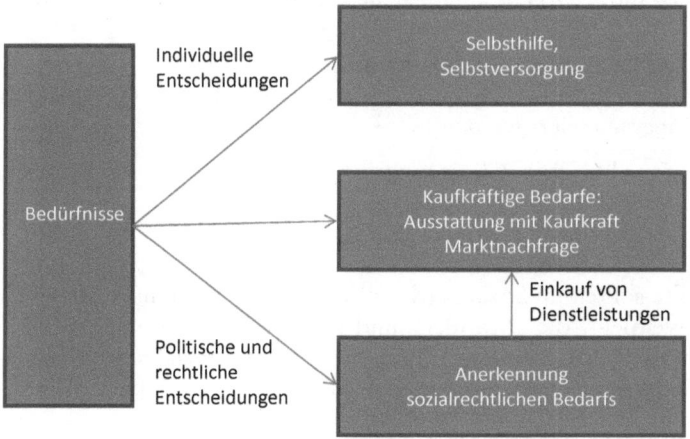

Abb. 5: Vom Bedürfnis zum Bedarf

Die Soziale Arbeit sieht ihren anwaltschaftlichen Auftrag in diesem System meist darin, sich politisch für neue Sozialleistungen einzusetzen oder sich im Einzelfall für die Anerkennung des sozialrechtlichen Bedarfs einzusetzen. Im ökonomischen Sinne wäre es die Aufgabe des Marketings, dem Kunden zu zeigen, wie er ein Bedürfnis in einen Bedarf umsetzen kann.

Ein besonderes Problem des Sozialbereichs entsteht jedoch in der Bemessung des Hilfebedarfs. Nach einer grundsätzlichen Anerkennung des sozialrechtlichen Bedarfs geht es oft darum, den Umfang und die Art des Hilfebedarfs des anerkannten zu bestimmen. Hierzu werden unter Umständen spezifische Instrumente eingesetzt, die eine möglichst objektive, gesellschaftlich anerkannte Hilfebedarfsbestimmung ermöglichen (Einstufung in die Pflegestufen im SGB XI, HMBW-und/oder Gesamtplanverfahren im SGB XII, Hilfeplanverfahren im SGB VIII). Die Entwicklung solcher Verfahren ist auch in der Ökonomie noch Neuland.

Die am Markt auftretenden Bedarfe treffen dort auf Güter, die als „Nutzenbündel" beschrieben werden. Die Bezeichnung Gut wird dann verwendet, wenn ein Produkt einen bestimmten Nutzen, d.h. die Möglichkeit zur Bedürfnisbefriedigung, in sich trägt.

1.2.5. Die Wirtschaftseinheiten der Sozialwirtschaft aus ökonomischer Sicht

In der Ökonomie wird zwischen drei zentralen Wirtschaftseinheiten unterschieden:

- Haushalte sind primär konsumorientiert. Güter und Dienstleistungen können selbst geschaffen oder fremdbezogen (z.B. Einkauf am Markt oder Soziale Dienste) werden. Haushalte beziehen Einkommen aus Arbeit oder Transferleistungen (z.B. Sozialleistungen).
- Die Unternehmen sind hingegen produktionsorientierte Wirtschaftseinheiten, die primär der Fremdbedarfsdeckung dienen (Thommen/Achleitner 2006: S. 37).
- Die Rolle des Staates ist aus wirtschaftlicher Sicht ordnend (erlässt Gesetze, regelt den Markt) und stellt öffentliche und meritorische Güter bereit, die durch Steuern oder Beiträge finanziert werden.

In der Sozialwirtschaft sollte diese Gliederung wie folgt erweitert und präzisiert werden:

1) Private Haushalte und Leistungsempfänger

Die privaten Haushalte sollten im Sozialmarkt in drei Gruppen geteilt werden: die „Steuer- und Beitragszahler", die „Spender" und die „Leistungsempfänger". Die Steuer- und Beitragszahler finanzieren mit ihren Steuern und Sozialversicherungsbeiträgen über den Umweg über den Staat die Sozialleistungen. Die Spender finanzieren diese über Spenden an Sozialunternehmen.

Die Leistungsempfänger sind die Bezieher der Sozialleistungen. Die Rolle der Leistungsempfänger lässt sich wiederum unterscheiden nach Umfang und Art der Gegenleistung.

Bei Typ 1 (Selbstzahler) zahlt der Leistungsempfänger den Großteil der Leistungen selber; es ist also ein „normales" Kundenverhältnis. Dies ist etwa bei manchen Formen der Kinderbetreuung oder bei manchen Konstellationen im Pflegebereich der Fall. Steuer- und Beitragszahler und Leistungsempfänger sind hier nicht zu trennen. Hier findet eine Abwägung von Kosten und Nutzen direkt beim Leistungsempfänger bzw. Kunden statt.

Bei Typ 2 (reziproke Leistungsempfänger) hat der Leistungsempfänger in eine Versicherung eingezahlt und erhält nun eine Sozialleistung zurück. Die Gruppe der

Leistungsempfänger und der Steuer- und Beitragszahler wechseln im Lebenslauf den Status oder der Leistungsbezug wird als zu versicherndes Risiko wahrgenommen. Beispiele sind etwa Arbeitslosigkeit, Krankheit, Pflege, Kindertagesbetreuung. Die Steuer- und Beitragszahlung wird dann als „Versicherung" wahrgenommen, die den Leistungsbezug abdeckt; der Leistungsbezug wird letztlich als „Schadensfall" gesehen. Auch hier findet eine Interessensabwägung beim Kunden statt: Den Steuern und Beiträgen steht eine Versicherungsleistung gegenüber.

Bei Typ 3 (nicht reziproke Leistungsempfänger) sind die Gruppen der Leistungsempfänger und Steuer-/Beitragszahler getrennt und es findet kein (oder zumindest kaum) Wechsel der Gruppen oder keine Risikowahrnehmung statt. Dazu gehören zum Beispiel Migranten oder Straffällige. Die Steuer- und Beitragszahler erhalten dann nicht eine „Versicherung" als Gegenleistung, sondern sind tatsächlich solidarisch. Es gibt keine direkte Gegenleistung, mögliche Gegenleistungen sind politisch vermittelt. Hier funktioniert die Interessenabwägung nicht über den Nutzen aus der sozialen Leistung, sondern eher die Nebenbedingungen. Mit der sozialen Leistung sind z.B. ein verändertes Sozialklima, besseres altruistisches Gefühl, höhere Stabilität und Sicherheit oder niedrigere alternative Kosten der Versorgung verbunden.

Alle privaten Haushalte sind unter Umständen auch „Anbieter" von Sozialleistungen, etwa wenn im nicht-professionellen Bereich Selbsthilfe, Nachbarschaftshilfe etc. erfolgt, sowie potenzielle Spender.

2) Staat als Finanzier und Anbieter

Der Staat übernimmt in der Sozialwirtschaft neben der Ordnungsfunktion zwei weitere wichtige Rollen: die des Finanziers der Leistung und die eines Leistungsanbieters. Als Leistungsanbieter tritt er auf, wenn er eigene Einrichtungen unterhält, aber auch in Form von Beratungsdiensten, des Allgemeinen Sozialdienstes, bei Präventionsarbeit etc. In der Rolle als Leistungsanbieter soll der Staat künftig den Sozialunternehmen zugeordnet werden. In den öffentlichen Haushalten wird dies in der Regel auch durch getrennte Haushaltsstellen und ggf. interne Verrechnungen abgebildet. Ein zentrales Phänomen im staatlichen Bereich ist das Auseinanderfallen von Zuständigkeiten: Die politische Entscheidung über Sozialleistungen werden oft an anderer Stelle getroffen als sie dann tatsächlich finanziert werden muss, so z.B. die Eingliederungshilfe als Bundesgesetz, die aber an die überörtlichen Sozialhilfeträger übertragen wird. Diese Unterscheidung ist ein wichtiges Element einer politischen Analyse, soll hier jedoch nicht weiter verfolgt werden.

Die öffentliche Hand als Finanzier wird das Interessenkalkül anstellen, entweder bei gegebenen gesellschaftlichen Kosten ein Maximum an Leistungen zu erzielen (wenn die Leistungen von der Gesellschaft politisch anerkannt werden) oder den gesetzlichen Versorgungsauftrag mit geringstmöglichen Mitteln zu erfüllen (weil hierdurch der politische Schaden aus Steuern und Beiträgen gering gehalten werden kann).

3) Sozialunternehmen

Die Sozialunternehmen übernehmen drei Funktionen: Sie fungieren als Anbieter sozialer Dienstleistungen, sie sehen sich in ihrer anwaltschaftlichen Funktion in der Regel als Lobbyorganisation und als Organisation der Gesellschaftsgestaltung. Und schließlich akquirieren sie eigene Mittel (Spenden, Kirchensteuern, eigenes Vermögen) für die Sozialen Dienste. Damit sind Sozialunternehmen sogleich Finanziers.

Das Sozialunternehmen wird je nach Zielsetzung (Gewinnmaximierer oder Non-Profit) abwägen, wie weit aus den finanzierten Leistungen (Umsatzvolumen) ein Maximum an Gewinn gezogen werden kann, wobei natürlich die Qualität der Leistung die entscheidende Voraussetzung für die Erzielung von Umsatz ist. Ist die Qualität zu schlecht, fallen eben auch Kunde und Umsatz weg.

Oder im Falle des Non-Profit-Unternehmens wird die Abwägung sein, wie mit vorhandenen finanziellen Mitteln eine maximale Bedarfsdeckung erreicht werden kann, wobei die Nebenbedingung zu berücksichtigen ist, dass eben die Leistungen mindestens finanziert sein müssen (finanzwirtschaftliches Gleichgewicht).

4) Entscheidungshelfer

Als besonderer Akteur treten in der Sozialwirtschaft die „Entscheidungshelfer" auf: Sie haben eine fallsteuernde Funktion, entweder explizit mit der Aufgabe der Fallsteuerung (z.B. Jugendamt) oder aber eine eher beratende und die Inanspruchnahme von Leistungen lenkende Funktion (z.B. Case Manager, Hausarzt, Beratungsstelle, gesetzliche Betreuer). Sie gehören unterschiedlichen Wirtschaftseinheiten an (Staat, Privatpersonen, Sozialunternehmen), nehmen jedoch Einfluss auf die Inanspruchnahme von Leistungen. Sie werden in dieser Rolle auch eigene Interessen verfolgen; möglicherweise profitieren sie von Leistungen, möglicherweise haben sie ideelle Interessen.

Die Entscheidungshelfer treten nur selten wirklich als eigenständige, unabhängige Rolle auf. In der Regel sind sie verknüpft mit einer anderen Rolle: Der Hausarzt als Berater für Facharztbehandlung, Krankenhauseinweisung etc., aber eben auch mit eigener Behandlungsaufgabe; das Jugendamt mit der Fallsteuerung, jedoch auch als Finanzier der Leistung. Eine Verquickung der Rollen als Leistungsanbieter oder Finanzier mit der Entscheidungshelferrolle vereinfacht Analyse der Interessen nicht. Die unterschiedlichen Rollen sollen jedoch bewusst gemacht werden.

1.3. Stand der ökonomischen Analyse der Sozialwirtschaft

Die Ökonomie gliedert sich klassischerweise in die Volkswirtschaftslehre, die sich mit der Wirtschaft einer Gesellschaft und aggregierten Wirtschaftseinheiten (den Unternehmen, den privaten Haushalten etc.) befasst und in die Betriebswirtschaftslehre, die sich mit dem einzelnen Unternehmen beschäftigt, sowie etwas weniger ausgeprägt mit der Finanzwissenschaft des Staates sowie einer theoretisch denkbaren, dem Autor jedoch nicht bekannten „Privathaushaltslehre". Die Volkswirtschaftslehre liefert traditionell die theoretischen Grundlagen, auf denen dann auch die eher handlungsorientierte Betriebswirtschaftslehre aufbaut.

1.3.1. Wohlfahrtsökonomie

Einen breiten Raum nimmt die Analyse der Staatstätigkeit in einer Volkswirtschaft ein. Neben der regulierenden Wirkung des Staates werden hier auch immer wieder die Wohlfahrtseffekte des staatlichen Angebots von Gütern und Leistungen angesprochen. Die Ansatzpunkte der Allokationstheorie und der Wohlfahrtsökonomik sind auf den Sozialbereich schnell und problemlos übertragbar, allerdings fehlt noch die empirische Evidenz.

Die Finanzwissenschaft, die Lehre von den öffentlichen Haushalten, behandelt im Detail die Angebotsformen der staatlichen Aktivitäten sowie ihre Finanzierung. Eine differenzierte Analyse für das sozialpolitische Handeln ist allerdings eher rar (ansatzweise Nowotny/Zagler 2009). Die Richtung einer differenzierten Analyse des Sozialstaats geht insbesondere auch auf Finanzierungsbedingungen und Versicherungsverhältnisse ein (Breyer/Buchholz 2009).

Die volkswirtschaftlichen Analysen bleiben bislang ohne spezifischen Rekurs auf die Sozialunternehmen – diese werden in diesen Analysen stets als „verlängerter Arm" des Sozialstaats gesehen, ohne ihnen eine größere eigene Bedeutung zuzugestehen. Die Erklärung des Marktgeschehens und Verhaltens von Sozialunternehmen, die ideell motivierte Non-Profit-Unternehmen, gewerbliche und öffentliche Unternehmen sind, mit ihren beiden Kundengruppen, steht noch aus. Nonprofit-Organisationen sind immer wieder Gegenstand auch der ökonomischen Analyse (Badelt/Meyer/Simsa 2007). Diese alleine genügt hier nicht, denn die leistungsbezogene Finanzierung durch den Staat und das Nebeneinander von gewerblichen und NPOs wären dadurch nicht erfasst.

Die Gesundheitsökonomik ist bereits einen Schritt weiter gegangen. Sie bezieht die Anbieterseite neben der Finanzierungsseite (Krankenkassen oder Staat) vorsätzlich mit ein (Breyer/ Zweifel/Kifmann 2005: S. 173 ff.).

1.3.2. Kosten-Nutzen-Analysen und der Social Return on Investment

Mit der Analyse staatlichen Handelns sind die volkswirtschaftlichen Kosten-Nutzen-Analysen verbunden, die die gesellschaftliche Vorteilhaftigkeit staatlichen Handelns dokumentieren sollen. Einzelne staatliche Maßnahmen sollen analysiert werden. Die entstehenden gesellschaftlichen Kosten und die Nutzen lassen sich meist auch monetär in Form von vermiedenen Kosten messen. Hier finden sich allgemeine, mittlerweile auch sehr präzise Methoden für den öffentlichen Bereich (Mühlenkamp 2007). Für den Sozialbereich gibt es hierzu einzelne umfassende Darstellungen (Finis-Siegler 2009), eine abgegrenzte und praktisch einsetzbare Methode ergibt sich hieraus jedoch noch nicht. Mit dem Konzept des „Social Returns on Investment" (Schellberg 2011: S. 97-110) wird die Methode der Kosten-Nutzen-Analyse auf den Sozialbereich übertragen.

Speziell bei der Anwendung der Kosten-Nutzen-Analysen im Sozialbereich tritt eine Lücke immer wieder in den Vordergrund: Die Messung von Wohlfahrt in nicht monetären Indikatoren. Die zentralen Messgrößen der Ökonomie sind bislang immer noch die zentralen Größen der volkswirtschaftlichen Gesamtrechnung. Dabei wird immer impliziert, dass Wohlfahrt und Lebensqualität positiv mit den Größen der volkswirtschaftlichen Gesamtrechnung korrelieren. Dies wird jedoch immer stärker hinterfragt (Diefenbacher/Zieschank 2011) und Politik und Ökonomie machen sich auf die Suche nach alternativen Indikatoren (Göbel 2002).

1.3.3. Neue Institutionenökonomik

Eine hilfreiche Analyserichtung stellt die neue Institutionenökonomik dar. Sie bezieht, anders als die neoklassische ökonomische Theorie, auch die Institutionen in ihre Analyse mit ein. Es wird hier untersucht, warum bestimmte Institutionen entstehen, aber auch wie sich Akteure innerhalb bestimmter Regelbedingungen verhalten. Die klassische Zweiteilung zwischen „Markt" und „Staat" im Sozialbereich (oder auch anderswo) wird in der Neuen Institutionenökonomik aufgelöst, in dem die existierenden Institutionen erklärt werden, und dann das Verhalten innerhalb der institutionellen Grenzen ökonomisch analysiert wird (Göbel 2002).

Für die künftige ökonomische Analyse der Sozialwirtschaft sind dabei insbesondere der Verfügungsrechteansatz, der Principal-Agent-Ansatz und der Transaktionskostenansatz, drei Kernkonzepte der Neuen Institutionenökonomik, vielversprechend.

Der Verfügungsrechte sind Eigentumsrechte, aber auch eigentumsähnliche Rechte, also z.B. Einfluss- und Autonomiemöglichkeiten. Hierzu gehören die Rechte, über Geld oder eigene Handlungen zu bestimmen sowie sich von Einflüssen Dritter frei zu halten. Sozialwirtschaftliche Verfügungsrechtsprobleme entstehen beispielsweise, wenn Sozialunternehmen auf die Konsumentscheidungen von Leistungsempfängern Einfluss nehmen können oder die Finanzierungssituation des öffentlichen Sozialleistungsträgers beeinflussen können.

Der Principal-Agent-Ansatz nimmt die unterschiedlichen Positionen und Optionen eines Auftraggebers (Principal) und eines Auftragnehmers (Agent) in den Blick. Principal-Agent-Probleme bauen auf Informations- und Machtasymmetrien zwischen Auftraggeber und Auftragnehmer auf. So kennt der Auftraggeber bei der Beauftragung und bei der Ausführung des Auftrags wesentliche Aspekte der Arbeit des Auftragnehmers nicht. Beispielsweise könnte das Sozialunternehmen (Auftragnehmer) dem öffentlichen Sozialleistungsträger (Auftraggeber) nicht ausreichend über den tatsächlichen Fortschritt des Leistungsempfängers informieren um die Einstufung in eine andere Hilfebedarfsgruppe oder den Wechsel in eine andere Hilfeform zu verzögern.

Die Principal-Agent-Problematik dürfte für die Sozialwirtschaft prägend sein, schon allein, weil die Dienstleistung und ihre Ergebnisse nicht umfänglich kontrollierbar sind und weil Ausgangslagen und Fortschritte der Leistungsempfänger in der Sozialen Arbeit stets hoch individuell sind.

Transaktionskosten sind Kosten des Austausches, etwa die Suchkosten, die Kosten des Angebotsvergleichs, der Aushandlung von Verträgen, der Kontroll- und Dokumentationskosten. Die Existenz von Transaktionskosten erschwert oder verhindert die Kooperation von Partnern. Akteure werden eher mit Partnern kooperieren, bei denen die Transaktionskosten niedriger sind oder die Transaktionskosten durch Selbstfertigung vermeiden (also etwa: die öffentliche Hand übernimmt die Einrichtung in Eigenregie).

Die Neue Institutionenökonomik steht an der Grenze zwischen der gesamtwirtschaftlichen Makroperspektive und der betriebswirtschaftlichen Mikroperspektive. Diese wird nun im nächsten Abschnitt behandelt.

2. Die Betriebswirtschaftslehre von Sozialunternehmen

2.1. Sozialunternehmen als Gegenstand der Betriebswirtschaftslehre

Das allgemeine ökonomische Prinzip wird in der Betriebswirtschaftslehre auf die Ebene der Betriebe, d.h. der Wirtschaftseinheiten, die Leistungen (Produkte) für fremden Bedarf herstellen, heruntergebrochen.

Ein Betrieb oder allgemeiner ein Unternehmen ist in einer allgemeinen Definition ein „offenes, dynamisches, komplexes, autonomes, marktgerichtetes, produktives soziales System" (Thommen/Achleitner 2006: S. 40). In dieser Definition werden die Merkmale der Austauschbeziehungen mit der Umwelt (Offenheit), der Entwicklung und Anpassung an die Umwelt (Dynamik), der Eigenverantwortlichkeit und der Angewiesenheit auf eigene Ressourcen (Autonomie), der Ausrichtung auf die Bedürfnisse anderer Marktpartner und die Abhängigkeit von einem Austausch (Marktausrichtung), der Schaffung von Leistungen und Wertschöpfung (produktives System) und der Gestaltung durch Menschen (soziales System) hervorgehoben.

Kein konstitutives Merkmal der Betriebswirtschaftslehre ist die Gewinnorientierung, sie hängt von der Wirtschaftsordnung und der Zielsetzung des Unternehmens ab (Wöhe 1993: S. 41ff.).

Vielmehr steht im Mittelpunkt die Erstellung von Leistungen für fremden Bedarf, also produktiv und ausgerichtet auf einen „Markt" im weitesten Sinne. Zur Verdeutlichung kann ein Beispiel dienen: Eine Einrichtung der Wohnungslosenarbeit erzielt keinen Gewinn, nimmt von ihren Leistungsempfängern keine Gegenleistung – und hat möglicherweise auch keine Leistungsempfänger mehr, weil sich die Wohnungslosensituation entspannt hat. Sie wird von der Kommune weiterhin finanziert. Dennoch handelt es sich bei der Einrichtung um einen Betrieb, denn sie richtet sich auf den Austausch und am Bedarf des Kunden aus – sei es die Stadt als zahlenden Kunden, sei es den Wohnungslosen als Leistungsempfänger.

Ein weiteres zentrales Merkmal ist das autonome, selbständige Arbeiten, dies bedeutet im wirtschaftlichen Sinne insbesondere die Existenz einer eigenen Managementinstanz und das Wirtschaften auf eigenes Risiko. Vereinfacht gesagt: In einem Unternehmen muss selber entschieden werden und das Unternehmen kann insolvent werden.

Insgesamt kann insofern die Betriebsdefinition ganz allgemein auch auf ein Sozialunternehmen übernommen werden – und es ist auch Folge des hohen Abstraktionsgrades der Begriffsbestimmung.

Die sogenannte Allgemeine Betriebswirtschaftslehre stellt diese abstrakte Betrachtung in den Mittelpunkt und ist daher auf verschiedene Wirtschaftszweige übertragbar. Jede Branche folgt jedoch gewissen eigenen Bedingungen und wird daher eine spezielle Betriebswirtschaftslehre entwickeln, etwa die Industriebetriebslehre, die Handelsbetriebslehre, Bankbetriebslehre, Tourismuswirtschaft, Öffentliche Betriebswirtschaftslehre und eben die Sozialwirtschaftslehre (bzw. Betriebswirtschaftslehre der Sozialunternehmen).

Die meisten Lehrbücher der Betriebswirtschaftslehre und die meisten Studiengänge sind an einer allgemeinen Betriebswirtschaftslehre ausgerichtet, wodurch in der Regel die großen Industriebranchen und die Gruppe der gewinnorientierten Unternehmen im Mittelpunkt der Betrachtung stehen. Die Sozialwirtschaft als „kleiner" und in der Betriebswirtschaftslehre noch weitgehend unentdeckter Wirtschaftszweig hat das Problem, dass ihre Spezifika in den Lehrbüchern meist wenig Berücksichtigung finden.

2.2. Das gemeinsame Modell eines Betriebs und die betriebswirtschaftlichen Funktionen

Ein vereinfachtes Modell eines Betriebes und seine Einbettung in die Umsysteme zeigt folgendes Systemmodell des Betriebs:

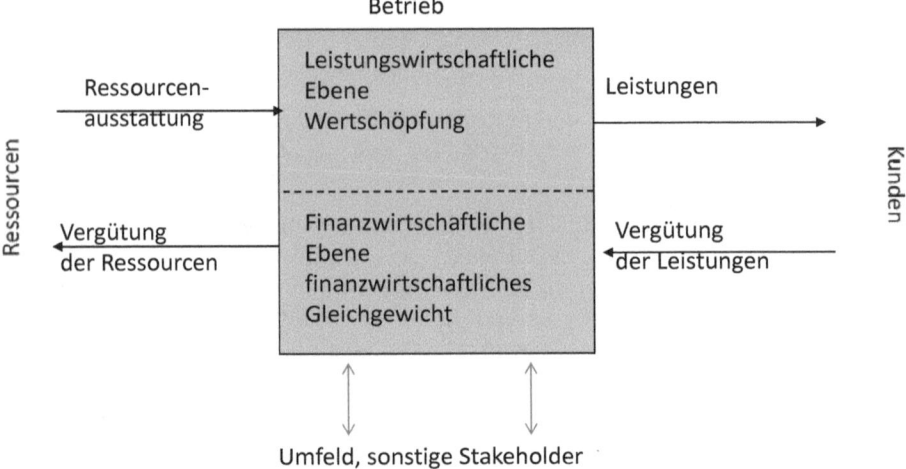

Abb. 6: Systemmodell des Betriebs

Demnach ist der Betrieb mit der Umwelt primär über den Austausch von (realen) Leistungen verknüpft. Sein Ziel ist es, einem Kunden (wer auch immer dies ist) Leistungen bereit zu stellen. In den meisten Wirtschaftszweigen ist dies ein zahlender Kunde, in der Sozialwirtschaft sind dies ein Leistungsempfänger und ein hiervon getrennter, meist öffentlicher Kostenträger. Die Leistungen werden gegen Vergütungen abgegeben. Ob die Erzielung von Vergütungen nun Hauptzweck des Betriebes ist, oder ob sie nur dazu dient, die bereitgestellten Ressourcen zu vergüten (Non-Profit-Unternehmen), ist dabei nur ein Unterschied am Rand.

Inhalt der Leistungen können physische Güter sein (z.b. das Brötchen), immaterielle Güter (z.b. ein Patent, eine Erfindung), Dienstleistungen (z.b. die Reparatur eines Computers oder der Transport von Waren von A nach B) und eben auch soziale Dienstleistungen. Eine Leistung wird dann von der Umwelt angenommen und akzeptiert, wenn sie Nutzen stiftet. Diesem Nutzen steht dann die Zahlungsbereitschaft gegenüber.

Der Prozess, der zu einer werthaltigen Leistung führt, ist die Wertschöpfung. Dieser ist durch eine Ausrichtung der einzelnen Produktionsfaktoren (Ressourcen) auf das Leistungsziel hin gekennzeichnet. Die Art der eingesetzten Produktionsfaktoren, ihre Konstellation und ihre Arbeitsweise kennzeichnen den Wertschöpfungsprozess, oder technischer ausgedrückt: den Produktionsprozess. Dies bezeichnet die reale, leistungswirtschaftliche Ebene des Betriebs, welche eigentlich den betrieblichen Überbau ermöglicht. In Sozialunternehmen würde hier die Soziale Arbeit, die Pflege, die ärztliche Behandlung etc. angesiedelt werden.

Für die Wertschöpfung werden Ressourcen benötigt, etwa Personal, Gebäude, Computer, Lebensmittel. Diese Ressourcen werden von der Umwelt bereitgestellt, wofür in der Regel eine Vergütung notwendig wird (Löhne, Einkaufskosten).

Um die Ressourcen zu vergüten, werden die Erträge des Sozialunternehmens verwendet.

Die Disposition der finanziellen Mittel ist die finanzwirtschaftliche Ebene des Unternehmens. Ihre Kernaufgabe ist mindestens die Einhaltung des finanzwirtschaftlichen Gleichgewichts, also die Einhaltung der Bedingung, dass ein Unternehmen zu seinem finanziellen Überleben mindestens die Vergütung der Ressourcen erwirtschaften muss. Möglicherweise sind einzelne Betriebe größeren Unternehmensverbünden eingegliedert oder ein Unternehmen bildet Rücklagen, um so eine finanzielle Unterdeckung zeitweilig ausgleichen zu können. Langfristig und in Gesamtsicht muss jedoch immer das finanzwirtschaftliche Gleichgewicht gehalten werden.

Neben dieser primären betrieblichen Funktion wird ein Unternehmen vom Austausch mit zahlreichen Gruppen im Umfeld geprägt, also etwa der Kontakt und der faire Umgang mit Anwohnern, der Umgang mit dem politischen Umfeld, die Übernahme gesellschaftlicher Verantwortung etc. Dies sind „Nebeneffekte" der Wertschöpfung, die manchmal auch der Wertschöpfung dienen können, zum Beispiel wenn gesellschaftliche Verantwortung eines Unternehmens für mehr geeignete Fachkräfte oder mehr Nachfrage sorgen würde (Porter/Kramer 2012: S. 14-29). Im Kern des Verständnisses betrieblicher Funktionen bleibt jedoch der Hauptstrang der Wertschöpfung.

2.3. Besondere Bedingungen der Sozialunternehmen

Die Besonderheit des Wirtschaftszweigs Sozialwirtschaft lassen sich durch vier große Bedingungsfaktoren beschreiben,

- der Unternehmensgegenstand „Dienstleistungen";
- die Dienstleistung „Soziale Arbeit" als eine besondere Form von Dienstleistungen;
- die spezifischen Bedingungen des Sozialmarkts mit einem öffentlichen Sozialleistungsträger und einem Leistungsnehmer sowie der hohen Abhängigkeit vom politischen System;
- die faktische Organisationsform der Sozialunternehmen, die zum großen Teil Einrichtungen der freien Wohlfahrtspflege, zum Teil auch öffentliche Einrichtungen, mit organisatorischen, rechtlichen und organisationskulturellen Spezifika (Schellberg 2011: S. 46 ff.).

2.3.1. Dienstleistungscharakter

Sozialunternehmen erbringen personenbezogene soziale Dienstleistung,[1] die sich unter anderem auszeichnen durch

- ihre fehlende Gegenständlichkeit (Intangibilität) und die damit verbundenen Schwierigkeiten, die Inhalte einer Dienstleistung darzustellen und zu kommunizieren;
- ihr Entstehen aus dem Zusammenwirken des Dienstleisters und Dienstleistungsempfängers (Einbeziehung des Kunden in die Produktion der Dienstleistung); sie ist also abhängig vom Auftreten des Kunden und von seiner Bereitschaft, sich in den Dienstleistungsprozess mit einzubringen;
- den Zusammenfall von Produktion und Konsum, d.h. während die Dienstleistung erbracht wird, wird sie auch konsumiert („uno actu Prinzip") (Bieger 2000: S. 7 ff.), sie kann also nicht wiederholt werden und sie kann nicht gelagert werden, so dass der Zeitpunkt des „Konsums" der Dienstleistung hoch relevant für die Produktion ist; sowie
- die Zustandsveränderung beim Dienstleistungsempfänger als Ergebnis der Dienstleistung (direkte soziale Dienstleistung), d.h. die Ausrichtung auf den Kunden und nicht seine Sachmittel oder Rahmenbedingungen mit entsprechenden Schwierigkeiten bei der Messung und Attribution von Ergebnissen.

Diese Fragen werden mittlerweile in der Betriebswirtschaftslehre für Dienstleistungsunternehmen behandelt und auch in einzelne betriebswirtschaftliche Funktionen übersetzt (Corsten 1997). Dies bestätigen zahlreiche Entwicklungslinien, die insbesondere die Frage des Dienstleistungsmarketings (Meffert/Bruhn 2008), des Dienstleistungscontrollings (Bruhn/Stauss 2006) und der Produktionsprozesse bei Dienstleistungen behandeln (Fließ 2006; Corsten 1997).

Hier ist eine Adaption und Rezeption der Dienstleistungs-BWL auf die spezifische Situation von Sozialunternehmen notwendig.

---

1 Auf die Frage, ob Soziale Arbeit eine Dienst- oder Sachleistung im Sinne des Sozialgesetzes ist (§ 11 SGB I), soll hier nicht weiter eingegangen werden. Aus Sicht der Ökonomie entspricht sie der Dienstleistungscharakterisierung.

2.3.2. Soziale Arbeit als besondere Dienstleistung

Im Kontext der Dienstleistungstheorie ist die Soziale Arbeit eine personenbezogene Dienstleistung, die zudem einen sehr spezifischen Charakter hat.

Insbesondere bietet Soziale Arbeit Menschen mit wenig eigener Problemlösungsfähigkeit ihre Leistungen an. Dies bedeutet, dass zwischen Dienstleister und Kunden ein hohes Macht-und Informationsgefälle besteht. Der Leistungsempfänger kennt die möglichen Lösungen nicht und er wird sie in der Regel nur begrenzt beurteilen können. Auch wenn es ihm möglich wäre, mangelt es dem Leistungsempfänger in bestimmten Fällen an psychischen oder physischen Fähigkeiten, um eine akzeptable Entscheidung zu treffen. Beispielsweise wird die Arbeitslosigkeit oder die Suchtproblematik durch ein geringes Selbstwertgefühl und Lethargie der Betroffenen begleitet, so dass eine Entscheidung zwischen verschiedenen Hilfsangeboten schwer fällt. Der Kunde ist kein „mündiger Konsument" und der Dienstleister wird in hohem Maße für den Kunden mit entscheiden müssen. Es ist auch nicht zu erwarten, dass der Leistungsempfänger seine Problemlage selbst erkennt, auch hier wird unter Umständen der Dienstleister von sich aus aktiv werden müssen.

Die Dienstleistung Soziale Arbeit passiert oft in existenziellen Situationen, die auch nicht wiederholbar sind. Falsche Diagnosen oder Indikationen werden möglicherweise wirtschaftlich für den Dienstleister vertretbar sein, jedoch nicht nützlich für den Kunden. Darauf spielt das Unwort des Jahres 1998 vom „sozialverträglichen Frühableben" an (Villmar 1999: S. 44).

Soziale Arbeit hat letztlich den Anspruch, den Klienten zur Problemlösung selbst zu befähigen. Das Ziel ist nicht, dauerhafte Dienstleistungen zu erbringen, also soziale Arbeit in Anspruch zu nehmen, sondern ihn gerade hiervon zu lösen (wenngleich im realen Leben manchmal auch Sozialarbeit und Klienten eine Symbiose eingehen).

Diese Faktoren werden bislang noch nicht in der Konsequenz für die verschiedenen betriebswirtschaftlichen Bereiche rezipiert.

2.3.3. Die Organisation des Sozialmarktes

Die Organisation des Sozialmarktes ist ein drittes Charakteristikum, das Einfluss auf die Beziehungen unter den Marktpartnern hat. Die spezielle Branchenstruktur des Sozialmarkts ist geprägt vom mehrdimensionalen Kunden (Sozialleistungsträger und Leistungsempfänger) und von der Situation eines Nachfrage-Monopols. Der öffentliche Sozialleistungsträger ist oft der einzige, der eine Leistung nachfragt, während es gleichzeitig mehrere Anbieter gibt. Dementsprechend sind die Sozialunternehmen von der Finanzierung abhängig. Der Sozialleistungsträger hat eine hohe Verhandlungsmacht. Die Anbieter wiederum, meist die Wohlfahrtsverbände und ein paar private Anbieter, kennen sich oft untereinander und sind über politische Gremien in der Lage, sich gegenseitig zu koordinieren.

Viele Sozialunternehmen haben sich daher stark an den Anforderungen, den rechtlichen, organisatorischen und kulturellen Bedingungen des öffentlichen Sozialleistungsträgers orientiert. Die Verflechtung mit der Politik ist hoch.

2.3.4. Angebot durch öffentliche Einrichtungen und die freie Wohlfahrtspflege

Ein viertes Charakteristikum der Sozialwirtschaft ist die spezifische Struktur und Geschichte der Sozialunternehmen. Sozialunternehmen sind teilweise öffentliche Einrichtungen (Verwaltungen, Regie- oder Eigenbetriebe, Kommunalunternehmen, Anstalten) und zum größten Teil Einrichtungen der freien Wohlfahrtspflege, die häufig als Vereine, Stiftungen oder kirchlich organisiert sind.

Speziell die freie Wohlfahrtspflege blickt oft auf eine lange, traditionsreiche Geschichte zurück und stützen sich auf spezifische Wertvorstellungen (Bödege-Wolf/Schellberg 2010: S. 114 ff.), als Form organisierter Nächstenliebe (Flierl 1990: S. 133 ff.). Diese Prägung führt zu besonderen Verhaltensmustern, die nicht aus den aktuellen Anforderungen heraus alleine erklärbar sind.

Weiterhin sind die meisten Sozialunternehmen relativ klein und sehr heterogen, von Stiftungen, GmbHs bis hin zu Vereinen unterschiedlicher Größe. Solche vermeintlichen „Konzerne der Menschlichkeit" (Müller-Werthmann/Neudeck 1989) oder „Hilfsindustrie" (Wüllenweber 2011: S. 92-101) sind dezentral als viele Einheiten ohne straffe gemeinsame Leitung organisiert. Die gemeinsamen Spitzenverbände haben oft nur geringen Einfluss auf die Mitgliedsorganisationen (Bödege-Wolf/Schellberg 2010: S. 121).

Die einzelnen Unternehmen sind oft als Vereine organisiert, in denen ehrenamtliche Vorstände tätig sind. Diese kommen zwar meist aus dem ideellen Umfeld des Sozialunternehmens, sind jedoch selten professionell sozialwirtschaftlich organisiert. Dementsprechend verfügen Sozialunternehmen oft über eine wenig professionalisierte Spitzenebene.

Neben den Wohlfahrtsverbänden finden sich auch öffentliche Unternehmen, die stärker vom Verwaltungsdenken geprägt sind, sowie gewerbliche Träger, die sich als reine Dienstleister ohne ideellen Überbau verstehen.

2.4. Konsequenzen für die betriebswirtschaftlichen Funktionen

Die Besonderheiten der Betriebswirtschaft von Sozialunternehmen müssen sich in der Gestaltung der betriebswirtschaftlichen Funktionen widerspiegeln.

Hier ist zunächst das Marketing zu nennen. Es beschäftigt sich mit der Orientierung des Unternehmens an den Austauschprozessen mit der Umwelt, vornehmlich mit den Kunden. Es gilt hier, den Absatz der Leistungen und damit den Umsatzprozess zu sichern. Dies geschieht durch die Gestaltung des Produkts, des Preises, der Distribution (des Zugangs zum Produkt und zur Leistung) und insbesondere die Kommunikation (Schellberg 2011: S. 175 ff.). Im Sozialbereich muss Marketing eine Dienstleistung gestaltbar und darstellbar machen. Der Kunde „öffentliche Hand" ist zu bedienen und es muss Marketing unter teilweisen Kooperationsbedingungen mit Mitbewerbern erfolgen („Coopetition"). Weiterhin ist die Verknüpfung mit ideellen Zielsetzungen der Sozialunternehmen zu berücksichtigen. Im Falle fehlender Freiwilligkeit ist Marketing natürlich irrelevant.

Beschaffung und Logistik bezeichnet die Aufgaben, die darauf gerichtet sind, der Unternehmung die Ressourcen zur Verfügung zu stellen, die sie für ihre Arbeit benötigt, aber selbst nicht produzieren kann (Corsten 1997: S. 54). In der Regel wird sich die Beschaffung und Logistik mit Rohstoffen und Vorprodukten beschäftigen, nicht mit Personal oder Finanzmitteln (dies ist Aufgabe anderer Funktionen). Im Dienstleistungsbereich haben Rohstoffe und Vorprodukte eine geringere Bedeutung, so dass Beschaffung und Logistik eher nebensächlich werden.

Produktion beschäftigt sich mit der Frage der Aufgaben, die zur Produktion (Wertschöpfung) notwendig sind, der damit verbundenen Organisation des Prozesses und mit der Frage nach eingesetzten Inputfaktoren und Ergebnissen. Die Produktion von Dienstleistungen ist dabei insbesondere geprägt von der Einbeziehung des Kunden (des sogenannten „externen Faktors") (Corsten 1997: S. 75) und der geringen Standardisierbarkeit der Dienstleistungen. Dies macht eine besondere Form der Produktionsfunktion erforderlich. Wertschöpfung geschieht in der Regel nicht durch feste Abläufe, sondern durch besondere Ausrichtung auf den Kunden.

Das Rechnungswesen bildet die betrieblichen Prozesse mengen- und wertmäßig ab und stellt so den Leistungsprozess in finanziellen Größen dar (Thommen/Achleitner 2006: S. 209). Es ist die Ausgangsbasis für die Information über Eigentümer, Bezugsgruppen, für Entgeltkalkulationen und unternehmerische Entscheidungen. Das Rechnungswesen gliedert sich in das externe Rechnungswesen mit Buchhaltung und Jahresabschluss und in das interne Rechnungswesen, das die Information des Managements und die Vorbereitung unternehmerischer Entscheidungen in den Mittelpunkt stellt. Im Sozialbereich befinden sich zahlreiche Vereine, Stiftungen und öffentliche Rechtsformen mit besonderen Rechnungslegungsvorschriften. Die Anlehnung an öffentliche Haushalte ist immer noch weit verbreitet und die Rahmenbedingungen der Gemeinnützigkeit müssen beachtet werden. Die Kostenrechnung ist geprägt von der Orientierung an Entgeltverhandlungen mit dem öffentlichen Träger oder Zuschussanträgen. Die an sich „interne" Kostenrechnung verliert insofern ihren internen Charakter und damit oft ihre Aussagekraft für das Management. Dies muss durch besondere Verfahren wieder hergestellt werden.

Auf der Kostenrechnung setzt das Controlling auf, das zum Ziel hat, das Management mit Informationen über das Unternehmen zu versorgen und so für eine systematische Entscheidungsfindung zu sorgen. Die Funktionen des Controllings werden dabei üblicherweise in die Funktionen a) Informationsversorgung, b) Planung, c) Koordination und d)Kontrolle gegliedert (Bruhn/Stauss 2006: S. 7). Die zentrale Schwierigkeit des Controllings in der Sozialwirtschaft ist die Bestimmung von Wirkungen und den Faktoren, die zu Wirkungen geführt haben.

Finanzierung kann im weitesten Sinne definiert werden als die Ausstattung eines Unternehmens mit finanziellen Ressourcen oder geldwerten Vorteilen (Wöhe 1993: S. 772). Das Finanzierungsproblem aus betriebswirtschaftlicher Sicht stellt die Finanzierung von Investitionen und die hierfür notwendige Bereitstellung von Kapital in den Mittelpunkt. Es geht also um die Beschaffung von Eigenkapital, neue Gesellschafter und Kreditformen. Die Betriebswirtschaft geht davon aus, dass die Investitionen irgendwann produktiv eingesetzt werden und außerdem mit dem Verkaufserlös der Produkte und Leistungen der laufende Leistungserstellungsprozess finanziert wird. Die Erzielung von Verkaufserlösen ist eher Aufgabe des Marketings, nicht der Finanzierung. In Sozialunternehmen werden „Verkaufserlöse" nicht durch die Bereitstellung der Leistungen alleine erzielt, sondern es bedarf einer gesonderten Verhandlung mit einem öffentlichen Sozialleistungsträger. Erst wenn Entgelte verhandelt und Zuschüsse beantragt sind erhält das Sozialunternehmen eine Vergütung seiner Leistungen. Diese Funktion existiert in der Betriebswirtschaftslehre nicht. Sie ist ein Spezifikum der Betriebswirtschaftslehre von Sozialunternehmen und soll „sozialwirtschaftliche Finanzierungsfunktion" genannt werden (Schellberg 2011: S. 196).

Ein Unternehmen ist geprägt vom Zusammenwirken von Menschen, Betriebsmitteln und Produktionsfaktoren. Dementsprechend stellt sich die Frage, wie sich ein Unternehmen organisieren kann, um dieses zusammenwirken sicherzustellen. Dies ist die Organisationsaufgabe des Unternehmens. Es gilt einerseits in statischer Sicht Organisationsformen zu finden, in dynamischer Sicht das Spannungsfeld zwischen dynamischer Umwelt und statischer Organisationen durch geplanten organisatorischen Wandel zu gestalten. Die Besonderheit von Sozialunternehmen in ihrer oft ideellen Ausrichtung, unter Umständen auch in ihrer Orientierung an traditionellen Strukturen und der Bedeutung von Ehrenamtlichen und Unternehmensfremden in Vorständen und Entscheidungsgremien.

Die Wahl der Rechtsform sieht die Betriebswirtschaft als einen Gestaltungsbereich, um die unternehmerischen Zwecke gut erreichen zu können. Im Mittelpunkt stehen die Fragen nach Finanzierungsmöglichkeiten, der Haftung und nach Leitungsbefugnissen. Fragen der Konzernverflechtungen, internationale Unternehmen oder der Steuerbelastung sind in der Sozialwirtschaft weniger bedeutend. Aufgrund der Gemeinnützigkeit der meisten Unternehmen scheiden bestimmte Rechtsformen aus, während Vereine, Stiftungen und öffentliche Rechtsformen häufiger auftreten.

Die Aufgabe des strategischen Managements und der Unternehmensführung liegen im Behandeln der Grundfragen des Unternehmens: nach Zielen (normative Führung), grundlegenden Handlungsfeldern und Formen (strategischer Planung und Führung) und der Form der Umsetzung in den operativen Bereich (strategiebasierte Führung). Der Leitgedanke ist, nicht auf eine zufällige oder historische Entwicklung des Unternehmens zu bauen, sondern auf Zielsetzungen und Pläne zur Zielerreichung. Typische Aufgaben dieser Funktion sind die Analyse der eigenen Wettbewerbssituation, des Geschäftsfeldes, die Entwicklung von Strategien und ihre Umsetzung (z.B. in Form von Balanced Scorecards). Eine Besonderheit der Sozialunternehmen liegt in der Organisationsform des Sozialmarktes und dem prägenden Typ Wohlfahrtsverband. Die Fixierung der Sozialunternehmen ist oft auf die Politik gerichtet und nicht auf die eigene Gestaltungsfähigkeit. Wohlfahrtsverbände sind zudem oft traditionell und historisch gewachsen; eine gezielte Strategieentwicklung hat oft nicht stattgefunden.

Das Personal zählt in der Betriebswirtschaft zusammen mit anderen zu den Produktionsfaktoren eines Unternehmens. Da sich der Mensch in vielerlei Hinsicht von Maschinen und Gebäuden unterscheidet (Ulrich 1970: S. 246 f.), wird das Personal in einer eigenen betriebswirtschaftlichen Funktion betrachtet. Hierbei werden in einer Funktion „Personalwesen" Fragen der Personalbedarfsermittlung, der Personalgewinnung, der Arbeits- und Tarifverträge und der Entlohnung behandelt. An dieser Stelle sind in Sozialunternehmen die enge Bindung des Personalbedarfs an die Vorgaben der Kostenträger (Personalschlüssel, Fachkraftquoten) sowie die besonderen Tarifverträge der kirchlichen Sozialunternehmen („Dritter Weg") zu nennen.

Die Funktion der Personalführung und der -entwicklung bezieht sich nicht auf die quantitative Bereitstellung von Personal, sondern auf die Steigerung der Leistungsfähigkeit und -bereitschaft des Mitarbeiterstamms. Prägend für Sozialunternehmen ist hier das ausgeprägte Principal-Agent-Problem, d.h. das Management ist im Prinzip nur in geringem Umfang in der Lage, die Arbeit und Leistung des Personals zu kontrollieren. Es bedarf also anderer Mittel als der Kontrolle zur Personalführung.

Neben die klassischen betriebswirtschaftlichen Funktionen treten weitere spezielle Funktionen, etwa Projekt-, Risiko-, Wissens-, Immobilien- oder Qualitätsmanagement. Das Qualitätsmanagement hat sich innerhalb dieser Funktionen im Sozialbereich eine besondere Stellung erarbeitet.

Qualitätsmanagement hat zum Ziel, die Kundenorientierung (Effektivität) und die effiziente Gestaltung der Unternehmensprozesse systematisch sicherzustellen. Damit bildet es Schnittpunkte mit anderen unternehmerischen Funktionen. Diese besondere Stellung des Qualitätsmanagements bei Sozialunternehmen rührt einerseits aus dem eigenen Qualitätsanspruch viele Sozialunternehmen und der gleichzeitigen fehlenden Messbarkeit von Leistungen und Wirkungen. Darauf gibt Qualitätsmanagement eine Antwort, weshalb die meisten Sozialgesetze Qualitätsprüfungen oder Qualitätsentwicklungsvereinbarungen zwischen öffentlichem Kostenträger und Sozialunternehmen vorsehen.

Die Besonderheiten der Betriebswirtschaftslehre von Sozialunternehmen im Überblick werden in folgender Tabelle dargestellt:

Tab. 1: Besonderheiten der Betriebswirtschaftslehre von Sozialunternehmen

Besonderheiten	Dienstleistungen	Organisation des Sozialmarkts	Wohlfahrtsverbände und NPOs; Öffentliche Einrichtungen	Besonderheiten der Sozialen Arbeit
Marketing	Intangibilität der Leistungen, Bedeutung von Kommunikation	Öffentlicher Träger, Leistungsempfänger und ggf. Entscheider, Angehörige als Zielgruppe, Wettbewerber können sich koordinieren	Verknüpfung mit ideellen Zielen und Sozialmarketing	Bedarfsorientierte Leistung, teilweise fehlende Freiwilligkeit
Beschaffung, Logistik	Für Sachmittel geringe Bedeutung			
Produktion	Integration des Kunden, Wertschöpfungsprozesse Workflow-Management in Dienst-leistungen			Hoher Individualitätsanspruch, Anspruch an Selbstbefähigung
Rechnungswesen			Oft Mischformen zwischen kfm. Buchhaltung, Vereinen, öffentlicher Buchhaltung geringere Größe, keine internationalen Abschlüsse, Gemeinnützigkeit	
Kostenrechnung	Fehlende Lagerbarkeit, Kapazitäts-berechnungen	Orientierung oft an Erfordernissen der Entgeltkalkulation, geringer Professionalisierungsgrad		
Controlling	Schwierigkeiten bei der Bestimmung von Wirkungen, Leistungen und Erfolgsfaktoren			Schwierigkeiten bei der Bestimmung von Wirkungen, Leistungen und Erfolgsfaktoren
Finanzierung und Investition	Starke Fokussierung auf Immobilien	Öffentliche Investitionsfinanzierung, besondere	Finanzierungsmöglichkeiten aus Rücklagen, Kirchensteuern	

Besonderheiten	Dienstleistungen	Organisation des Sozialmarkts	Wohlfahrtsverbände und NPOs; Öffentliche Einrichtungen	Besonderheiten der Sozialen Arbeit
Sozialwirtschaftliche Finanzierung		Abhängigkeit von öffentlichen Sozialleistungsträgern prägt Finanzierung der Leistungen. Daher eigene Funktion sozialwirtschaftliche Finanzierung	Möglichkeiten der Finanzierung über Spenden, Freiwilligenarbeit, Stiftungen	Schwierigkeiten bei der Bestimmung von Wirkung und damit des Nutzens
Organisation		Vernetzung mit öffentlichen Trägern und Politik in Arbeitsgruppen, Gremien, Vorständen	Vereinsorganisation, dezentrale Organisationsform, kaum „Konzerne", Prägung durch traditionelle Strukturen, Ehrenamtliche	
Rechtsformen			Verein, Stiftungen, Genossenschaften, öffentliche Körperschaften als besondere Rechtsformen; Gemeinnützigkeit, geringe Bedeutung Personengesellschaften	
Strategisches Management und Unternehmensführung		Prägender politischer Einfluss	Oft politisch geprägte Entscheidungsfindung, nicht analytisch; geringe strategische Orientierung	
Personalwesen		Anforderung an Personalbedarf, -ausbildung, Fachkraftquoten	Besondere Arbeitsverhältnisse („Dritter Weg")	
Personalführung und -entwicklung	Individualität der Dienstleistung, geringe Kontrollmöglichkeiten		Anspruch an Führungsprinzipien	
Qualitätsmanagement	Geringe Kontrollmöglichkeiten der Leistungen	Hohe Anforderungen an Qualitätskontrollen; Vorgaben der Sozialgesetze	Hoher eigener Qualitätsanspruch	

Klaus Schellberg

2.5. Entwicklungslinien und Entwicklungsbedarf einer Betriebswirtschaftslehre von Sozialunternehmen

Führt man nun die Besonderheiten der Sozialwirtschaft und den Entwicklungsstand der Betriebswirtschaft zusammen, so ergeben sich drei Ebenen:

1. Auf einer Ebene können betriebswirtschaftliche Konzepte nahezu unverändert in den Sozialbereich adaptiert werden. Sie müssen möglicherweise begrifflich übersetzt und für sie Akzeptanz geschaffen werden. Es gibt jedoch keine Besonderheiten der Sozialwirtschaft, die neue Konzepte erfordern. In nahezu allen betriebswirtschaftlichen Funktionsbereichen findet sich diese Ebene. Ausgeprägt ist sie im Bereich Personal, Organisationsentwicklung, Rechnungswesen, betriebswirtschaftliche Finanzierung.
2. In anderen Bereichen müssen betriebswirtschaftliche Funktionen erweitert werden, etwa um Spezialgebiete oder Themen aus angrenzenden Gebieten. Beispiele hierfür sind etwa Fragen der Gemeinnützigkeit, die speziellen Gesellschaftsformen des Sozialbereichs, das öffentliche Haushaltswesen, die Thematik des Dritten Weges. Die Betriebswirtschaftslehre der Sozialunternehmen wird an dieser Stelle ergänzt um branchenspezifische Konzepte und Themen, wofür umgekehrt andere eher vernachlässigt werden können (so etwa Materialwirtschaft oder die Finanzierung über Kapitalmärkte)
3. Auf einer dritten Ebene stoßen die Besonderheiten von Sozialunternehmen an eine Grenze, die nur noch durch grundlegende neue Entwicklungen in der Betriebswirtschaft angegangen werden können. Hierzu gehören insbesondere:
   – Die Zieldefinition und die Definition der eigenen Wertschöpfung
   – Strategische Planung und Marktgestaltung;
   – das Marketing sozialer Dienstleistungen gegenüber zwei Kunden,
   – die Gestaltung der Produktion und der der Wertschöpfung,
   – die besondere Funktion der sozialwirtschaftlichen Finanzierung

Diese Themen werden im Folgenden detailliert behandelt.

2.5.1. Die Zieldefinition von Sozialunternehmen

Ein großer Teil der Sozialunternehmen, die Einrichtungen der freien Wohlfahrtspflege, die Selbsthilfeeinrichtungen u.Ä., sind nicht gewinnorientierte Unternehmen, die an die Stelle der Gewinnerzielungsabsicht eine ideelle Zielsetzung, in der Regel die Bedarfsdeckung der Zielgruppe, setzt. Die meisten Sozialunternehmen sind aber auch nicht klassische „Nonprofit-Organisationen", wenn man als Definition für Nonprofit-Organisationen die Leistungserstellung im nicht-kommerziellen Sektor ansetzt (Badelt/Meyer/Simsa 2007: S. 8ff.). Die Leistungen der Sozialunternehmen folgen hingegen in der Regel dem klassischen betrieblichen Umsatzprozess, in dem sie eine Leistungserstellung gegen Leistungsentgelte vorsehen.

Worin besteht dann aber die ideelle Verantwortung des Sozialunternehmens? Wie kann sie beschrieben werden? Das Spektrum der ideellen Verantwortung kann wie folgt aufgebaut werden:

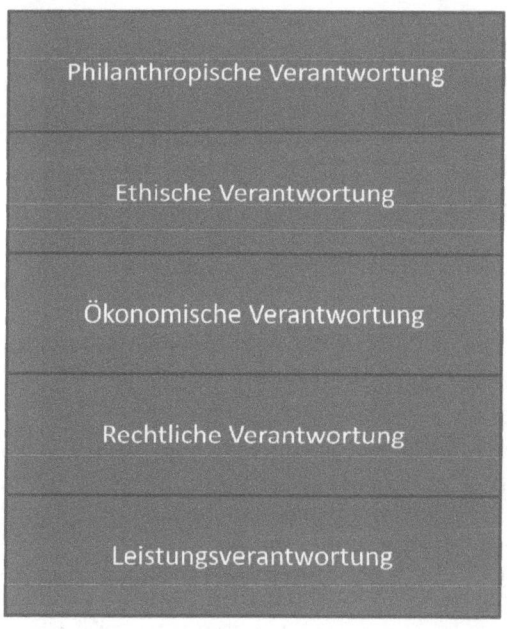

Abb. 7: Ideelle Bereiche eines Sozialunternehmens (Archie 1991: S. 39-48)

Der Charakter der ideellen Orientierung des Sozialunternehmens lässt sich demnach in fünf Bereiche einteilen: In der Leistungsverantwortung übernimmt das Sozialunternehmen eine Verantwortung für eine ausreichende, angemessene und fachlich gute Leistung im Sinne der Kunden. Das Gegenteil hiervon wäre eine Übervorteilung des Kunden bis hin zum Betrug. Die rechtliche Verantwortung zielt darauf ab, die gesetzlichen Anforderungen auch in nicht kontrollierbaren Situationen einzuhalten. In der ökonomischen Verantwortung übernimmt das Sozialunternehmen Verantwortung für die überlassenen gesellschaftlichen Ressourcen (also die erhaltenen Leistungsentgelte, Zuschüsse) und bemüht sich um eine wirtschaftliche, ressourcenschonende Führung. Weiterhin besteht die ökonomische Verantwortung im langfristigen Erhalt des Unternehmens, um eine nachhaltige Erfüllung der ideellen Ziele sicherzustellen.

Diese ersten drei Verantwortungsbereiche sind in sozialen Dienstleistungsunternehmen gewerblichen und gemeinnützigen Charakters von Bedeutung. Soziale Dienstleistungen werden – wie noch zu zeigen ist – häufig in wenig vorhersehbaren und von Dritten wenig kontrollierbaren Situationen geleistet. Es kann daher die Versuchung bestehen, diese Gestaltungsspielräume zu Lasten der Kunden und der Sozialleistungsträger auszunutzen (also etwa mehr Leistungen zu dokumentieren als geleistet wurden, die Kaffeepause länger zu machen oder den Dienstschluss zu Lasten der Kunden vorzuziehen). Die Einhaltung dieser Vorgaben entspricht ungefähr der Idee eines „ehrbaren Kaufmanns", gewissermaßen eine Regel des „ehrbaren Sozialunternehmens".

Erst mit der zusätzlichen ethischen Verantwortung in den übrigen Austauschprozessen, z.B. für Führungsstil oder Arbeitsbedingungen entsteht ein darüber hinausgehender ethischer Zusatzwert. Dieser liegt in Bereichen, die eben nicht aus dem reinen Unternehmertum zu erwarten sind. Vom Handwerker wird eine gute handwerkliche Leistung gewünscht, seine ethische Mehrleistung besteht darin, dass er z.B. umweltbewusst arbeitet oder sich für eine Beratung in anderer Angelegenheit Zeit nimmt. Analog im Sozialunternehmen – die Leistung an sich ist nicht der ethische Mehrwert, sondern erst die Gestaltung von Austauschbeziehungen außerhalb des Leistungsprozesses. Dies bedeutet Bereich der ethisch verantwortungsvollen Unternehmensführung.

Die philanthropische Verantwortung besteht dann darin, zusätzliche Leistungen zu erbringen, die nicht durch Kunden refinanziert werden. Hier beginnt die Öffnung zur echten Nonprofit-Organisation.

Für die Betriebswirtschaft bedeutet diese vielfältige Möglichkeit der Zielsetzungen zunächst eine Orientierungslosigkeit. Wie kann das Ziel so formuliert werden, dass es in der betrieblichen Praxis für Entscheidungen auch leitend sein kann? „Erhöhe den Gewinn" ist eine einfache Formel, die - bei aller Zukunftsunsicherheit und allen Entscheidungsdilemmata - eine klare Messgröße und klare Entscheidungsformel in sich birgt. Wie viel schwerer ist es, ideelle Ansprüche „Verwirklichung von christlicher Nächstenliebe", „fachlich gute Arbeit" als Entscheidungskriterium zu formulieren und in Konzepte einzubetten?

Die Betriebswirtschaftslehre bietet hier verschiedene Ansatzpunkte, die es aber noch zu entwickeln und vielleicht neu zu erfinden gilt. Ein Ansatzpunkt ist die Balanced Scorecard, die „ausbalancierte Kennzahlenkarte". Ursprünglich war diese als Methode zur Strategieumsetzung angedacht. Hierzu wurden Ziele in verschiedene Perspektiven eines Unternehmens, finanzielle Ziele, kundenbezogene Ziele, Geschäftsprozesse, Lernen und Entwicklung, übersetzt und als konkrete Kennzahlen formuliert. Für Sozialunternehmen bietet das Konzept insbesondere die Möglichkeit, mehrdimensionale Zielsysteme und die Zusammenhänge zwischen den Zielbereichen formulierbar und darstellbar zu machen.

Ein zweiter Ansatz ist das bereits dargestellte Konzept des Social Returns on Investment (SROI). Dieser SROI kann als Steuerungsgröße die Integration in ein „Ethik-Portfolio" sein:

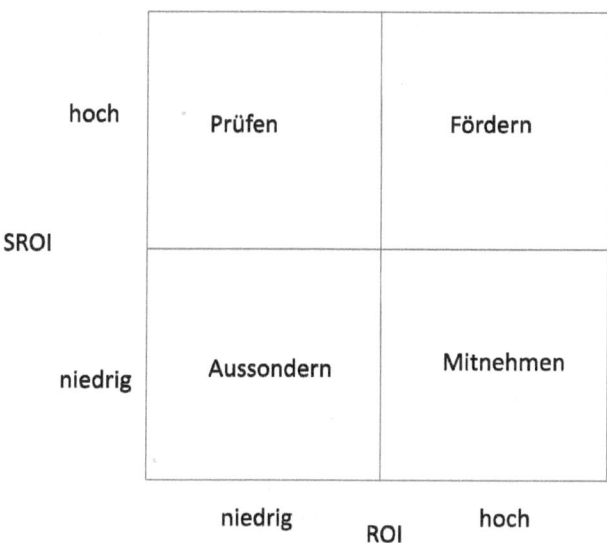

Abb. 8: *Ethik-Portfolio (Schellberg 2011: S. 126)*

Demnach muss sich das Unternehmen zwischen den zwei Kategorien „SROI" (soziale Wirkung) und „ROI" (Return on Investment, Rendite) entscheiden. Geschäftsfelder mit hoher Rendite und hoher sozialer Wirkung sind ideal, die es zu fördern gilt. Geschäftsfelder mit hoher Rendite, aber niedriger sozialer Wirkung sind notwendig als Geldquellen („Cash Cows") zur Quersubventionierung anderer Bereiche. Bereiche bei denen sowohl soziale Wirkung als auch Rendite niedrig sind, sollte das Sozialunternehmen vermeiden. Die Bereiche, in denen die soziale Wirkung hoch, jedoch eine eheliche oder negative Rendite entsteht, sind die ethnischen Prüfsteine. Sie können in dem Volumen verwirklicht werden, in denen aus den „Cash Cows" ausreichend Geld zur Verfügung gestellt wird.

2.5.2. Strategische Planung und Marktgestaltung

Die häufig anzutreffende Struktur in Vereinen, die Vielzahl der ehrenamtlichen Vorstände, die hohe Abhängigkeit von Politik und die nichtunternehmerische Tradition und Kultur von Sozialunternehmen führen meist zu einer Vernachlässigung des strategischen Handelns. Sozialunternehmen neigen oft dazu, sich dem Markt, dem Sozialleistungsträger, den Gegebenheiten anzupassen, nicht aber sich zu gestalten.

Die Betriebswirtschaft sieht hier die strategische Planung gefordert und würde bei Sozialunternehmen ein Strategiedefizit diagnostizieren. Es fehlen allzu oft Grundsatzentscheidungen über bestimmte Geschäftsfelder (grundlegende oder langfristige Pläne), sowie Markt-und Umweltanalysen. So finden sich beispielsweise zahlreiche Aussagen darüber, dass der Pflegebedarf mit dem demographischen Wandel steigen wird. Doch wie wird sich Pflege in der Zukunft entwickeln? Wie wird das eigene Unternehmen hier positioniert sein? Wie werden sich Mitbewerber, bzw.

andere Anbieter, verhalten? Welche en haben die geburtenreichen Jahrgänge an die Pflege in der Zukunft? Dafür aussagekräftige Umwelt-, Markt- und Konkurrenzanalysen sind bislang noch wenig verbreitet.

Dies liegt auch an dem derzeit fehlenden Instrumentarium der strategischen Planung für die Branche. Die allgemeinen Instrumente der strategischen Planung sind in der Regel zu unspezifisch und bieten wenig Branchenunterstützung. Die Entwicklung und Adaption solcher Instrumente, die Forschung nach Erfolgsfaktoren, und Ideen zur Integration der ideellen Zielsetzungen stehen noch aus.

2.5.3. Produktionstheorie

Während die Zieldiskussion immer wieder geführt wird, ist eine der großen offenen Lücken der Betriebswirtschaft für Sozialunternehmen die klare Beschreibung der „Produktion von Dienstleistungen". Diese ist wichtig, um die Erfolgsbedingungen des eigenen Handelns transparent und beeinflussbar zu machen. Alternativ ließen sich auch nur einzelne Inputfaktoren umorganisieren, wie zum Beispiel Umstrukturierungen beim Personal. Wird der Prozess der Leistung aber nicht umgestellt, würde verhindert werden, dass Schnittstellenprobleme, Leistungen, Reibungsverluste, alternative Methoden unternehmerisch durchdacht würden.

Neuere Konzepte der Dienstleistungs-BWL bieten Ansatzpunkte, diese Lücke zu schließen und die Erstellung sozialer Dienstleistungen in ein umfassenderes Wertschöpfungskonzept einzubetten. (Stabell/Fjeldstad 1998: S. 413-437). Die Wertkette wird hier durch weitere Wertschöpfungskonfigurationen, wie den Wertshops und den Wertnetzen, erweitert.

Charakteristisch für die Wertkette ist die sequentielle Abfolge der Prozess und dass der Wertschöpfungsprozess in aller Regel mehrfach und in identischer Weise durchlaufen werden kann. Hieraus konnten auch Wertschöpfungspotenziale wie Lerneffekte, Verbesserung von Schnittstellen und Prozessabläufen, Arbeitsteilung durch Konzentration auf Kernkompetenzen und andere analysiert werden. Die Wertkette ist geeignet für Wertschöpfungsprozesse, die im Wesentlichen einer sequentiellen Fertigung entsprechen und mit einer dauerhaften Technologie miteinander verknüpft sind („long-linked technology").

Für soziale Dienstleistungen ist eine solche Darstellung begrenzt geeignet, etwa wenn häufig wiederkehrende, routinemäßige Prozesse wie die Tagesroutine in einer Wohngruppe beschrieben werden sollen. Ablaufbedingte Abhängigkeiten wie sie die Wertkette impliziert (oder die Fließbandproduktion) sind nicht kennzeichnend für soziale Dienstleistungen.

Es benötigt also eine andere Wertschöpfungslogik und Wertschöpfungsstruktur. Besonders geeignet für Sozialunternehmen scheint die Darstellung als Wertshop. Dem Wertshop liegt die Vorstellung zugrunde, dass der Dienstleister eine große Anzahl unterschiedlicher Angebote, Methoden und Techniken vorhält, um eine Veränderung beim Kunden zu erreichen. Auswahl, Kombination und die Reihenfolge werden durch den Kunden oder einen Fachmann (Case Manager) festgelegt.

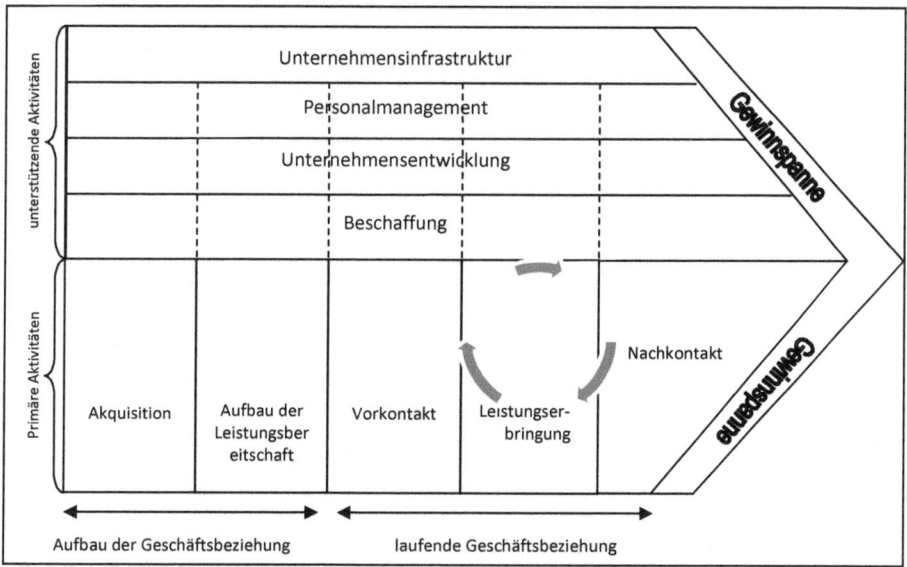

Abb. 9: *Wertkette für Dienstleistungen (Spiegel 2003: S. 83)*

Der entscheidende Wertschöpfungsbeitrag liegt beim Wertshop nicht in der geeigneten Verknüpfung von Ablaufschritten, sondern in einem guten System der Einschätzung der individuellen Problemlösungsbedarfe und der Kenntnis der Angebote, Methoden und Strukturen. Letztlich benötigt der Wertshop ein geeignetes Steuerungssystem, das den Kunden individuell durch die verschiedenen Leistungen steuern kann.

Eine weitere Herausforderung besteht im Kapazitätsmanagement der vom Wertshop angesteuerten Leistungsangebote. Anders als bei einem festen Ablauf werden diese Leistungsangebote unregelmäßig angesprochen und sind ggf. über- oder unterlastet. Die notwendigen Kapazitäten müssen flexibel gestaltet sein, um Kapazitäten umschichten oder anpassen zu können (also z.B. wechselnder Personaleinsatz zwischen ambulanten und stationären Diensten).

2.5.4. Sozialwirtschaftliche Finanzierung

Die sozialwirtschaftliche Finanzierung befasst sich mit der Finanzierung des Leistungsprozesses oder Wertschöpfungsprozesses einer sozialen Einrichtung. Sie kann aus dem sozialwirtschaftlichen Dreiecksverhältnis, der Spaltung des Kunden in Kostenträger und Leistungsempfänger, hergeleitet werden. Diese Funktion existiert in der Betriebswirtschaft so nicht, sondern hier ist die Frage der Preisbildung und Generierung von Umsätzen ein Teil des Marketings. In der Sozialwirtschaft ist die sozialwirtschaftliche Finanzierung von dem Wechselspiel zwischen Sozialleistungsträger und Leistungserbringern gekennzeichnet. Dies ist traditionell eng geprägt von Verhandlungen, Ausschreibungsverfahren, Antragsverfahren, Leistungserbringungsrecht, Kostenkalkulationen etc. Die üblichen Inhalte der Marke-

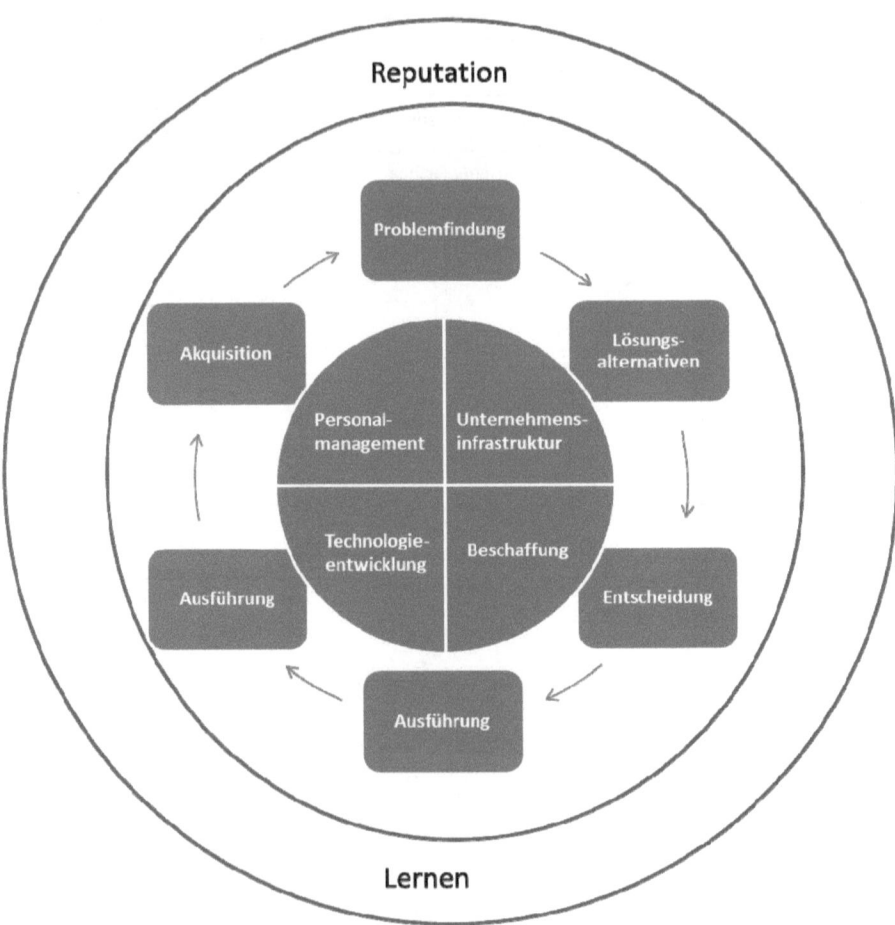

Abb. 10: Wertshop bei Dienstleistern (Stabell/Fjeldstad 1998: S. 424)

tinglehre sind hier nicht förderlich. Insofern gilt es, diese Funktion zu beschreiben und komplett neu zu bearbeiten.

Die sozialwirtschaftliche Finanzierung lassen sich nach Quellen, Preisformen und Kontaktformen unterscheiden.

Die Quellen beschreiben die Sozialleistungsträger und ihre gesetzliche Grundlage – also z.B. Jugendamt, Arbeitsagentur oder Pflegekasse. In der Regel wird in jedem Sozialleistungsgesetz ein Sozialleistungsträger angesprochen, der für die jeweilige Leistung zuständig ist – somit ist hier eine eindeutige Zuordnung möglich (Bachert/Schmidt 2010). Die Kenntnis der Finanzierungsquellen hat eine besondere Bedeutung, denn das Sozialunternehmen hat zunächst den Leistungsempfänger und den Handlungsbedarf im Blick, womit aber nicht automatisch die Finanzierung gesichert ist.

Die Schwierigkeit des Managements von Finanzierungsquellen ist ihre Vielfalt: öffentliche Sozialleistungsträger mit Ausschreibungsverfahren oder Entgeltverhandlungen, Selbstzahler, Spender, Förderstiftungen, Europäische Union mit spezifischen Zuschussverfahren. Zwischen diesen verschiedenen Finanzierungsformen ist ein Finanzierungsmix zu finden, der einerseits administrativ zu beherrschen ist, andererseits eine gewisse Unabhängigkeit des Sozialunternehmens ermöglichen könnte.

Die Preisform beschreibt, wie die Leistungen vergütet werden – ob beispielsweise Tagessätze, Maßnahmepauschalen, Fachleistungsstunden, Betriebskostenzuschüsse geleistet werden. Die Preisformen werden in der Praxis oft als gegeben hingenommen und das Sozialunternehmen passt sich darauf an. Dabei wird oftmals verkannt, dass eine Preisform auch aus dem Verhalten des Unternehmens heraus entsteht. Zum einen, weil Sozialunternehmen als Verhandler und Mitgestalter mitwirken, zum anderen weil Preisformen nicht wie ein deus ex machina hereinfliegen, sondern aus dem Verhalten der Marktteilnehmer und der Probleme früherer Preissysteme erklärbar sind. Sie sind aber auch durch strategisches Verhalten der Marktteilnehmer steuerbar.

Die Analyse, welche Handlungsmöglichkeiten Finanzierungssysteme bieten, aber auch die Prognose des Verhaltens der Marktteilnehmer, andere Anbieter und Sozialleistungsträger, ist insofern ein wichtiges Planungsinstrument.

Ein wichtiges Sonderthema der Preisformen ist ihre Bezugsgröße: Ist die Leistung ein Tag in der Einrichtung („Bewohnertag"), eine Leistungsstunde („Fachleistungsstunde"), die Einzelleistung („Maßnahme") oder werden gar leistungsunabhängige Zuschüsse gewählt?

Aus betriebswirtschaftlicher Sicht wird es daher eine wichtige Frage werden, den Leistungsbedarf eines Leistungsempfängers möglichst objektiv und begründbar darzustellen. Ein Ansatz hierzu ist die wirkungsbezogene Vergütung - womit natürlich eine weitere offene Baustelle der Sozialwirtschaft angesprochen ist.

3. Fazit

Die meisten Konzepte und Modelle der Sozialen Arbeit können auch in ökonomischen Kategorien interpretiert und analysiert werden. Am Ende bleibt der normative Anspruch der Sozialen Arbeit ohne eine Entsprechung in der Ökonomie. Dies ist auch insofern unproblematisch, denn die Ökonomie sieht sich nicht als eine Wissenschaft, die Ziele vorgibt, sondern die die optimale Zielerreichung für gegebene Ziele sucht. Die „Ökonomisierung" des Sozialen ist insofern eher ein Scheinproblem. Vielmehr ist es eine Frage der richtigen Konzepte der Ökonomie – werden etwa Konzepte aus der Automobilindustrie auf die Sozialwirtschaft übertragen, so werden zwangsläufig viele Aspekte nicht berücksichtigt: der Dienstleistungscharakter, die besondere Marktkonstellation, die existierende Struktur von Sozialunternehmen, die Besonderheit der Sozialunternehmen. Die Übertragung eines nicht passenden Konzepts, noch dazu wenn sie belehrend oder aggressiv eingebracht wird, ruft den Eindruck der Ökonomisierung hervor.

Dies sind die Herausforderung und die Verantwortung der Ökonomie. So manche Selbstverständlichkeit, so mancher Begründungsabbruch muss (wieder) angegangen, hinterfragt und aufgearbeitet werden. Die Phänomene der meisten Wirtschaftszweige können nicht als gegeben angesehen werden, sondern hier bedarf es grundlegender Definitionen und Analysen. Dadurch wird die ökonomische Betrachtung der Sozialwirtschaft die Ökonomie insgesamt bereichern.

Welche Forderung ist damit verbunden? Nicht ein stumpfes „Mehr" an Ökonomie ist notwendig. Vielmehr bedarf es einer Übersetzung, Adaption und in einzelnen Bereichen einer Neuentwicklung. Dies ist eine Bringschuld der Ökonomie, die hierfür die geeigneten Modelle und Analyseformen vorhält.

Dabei sind drei Stufen zu unterscheiden:

In einem Bereich ist eine einfache Übersetzungsarbeit notwendig – das Geschäftsfeld in Arbeitsfeld umzubenennen oder ähnliches. In einem zweiten Bereich ist eine Adaption und Erweiterung des Wissensbereichs notwendig, etwa wenn Fragen zum Gemeinnützigkeitsstatus oder der Personalführung ein- oder umgearbeitet werden müssen. Für einzelne Bereiche sind grundlegende Neuentwicklungen notwendig.

Die Ökonomie hat Fortschritte bei der Übertragung und Übersetzung im Bereich Controlling, Kostenrechnung und betriebswirtschaftlicher Finanzierung gemacht. Eine gewisse Ernüchterung herrscht jedoch in anderen Feldern – die großen aufgezeigten Entwicklungsschritte bleiben bislang aus. Hier scheint die Bereitschaft, sich auf die kleine Branche Sozialwirtschaft einzulassen, noch zu fehlen, die dann möglicherweise sogar das Gedankengebäude der klassischen ökonomischen Entwicklungslinien stört.

Letztlich wird die Entwicklungslast bei den Sozialwirten und Sozialmanagern mit ihren originären auf die Schnittstelle ausgerichteten Studiengängen liegen. Aber auch hier gibt es keine Heilsgewissheit oder einen Automatismus, dass Sozialmanagement oder Sozialwirtschaft per se die Entwicklung vorantreibt, sondern es bedarf des Willens, sich wirklich auf Neues einzulassen. Die Blickrichtung der Ökonomie ist für den Sozialbereich immer noch herausfordernd und nicht immer bequem.

Es wird zu Umstrukturierungen und neuen Konzepten kommen, die etablierte Organisationen irritieren und die Branche aufrütteln werden. Der Anpassungsdruck auf die Branche wird nicht von der Politik ausgehen, sondern von Sozialunternehmen, die mit neuer organisatorischer und strategischer Aufstellung an die Sozialwirtschaft herangehen. Das Ergebnis wird ein lebendiger und innovativer Sozialbereich und ein für die Gesellschaft und für Fachkräfte attraktiver Wirtschaftszweig. Ein sich selbst verstärkender Entwicklungskreislauf könnte entstehen.

Kontrollfragen

1. Ist die Wirtschaftswissenschaft eine Sozialwissenschaft?
2. Skizzieren Sie den Bezug der Wirtschaftswissenschaften zur Sozialen Arbeit aus Sicht der Wirtschaftswissenschaften!
3. Begründen Sie, weshalb Soziale Arbeit eine Dienstleistung im Sinne der Ökonomie ist.
4. Was ist der externe Faktor im Sinne der Dienstleistungsproduktion?
5. Was beinhaltet die zweistufige Produktionsfunktion bei Dienstleistungen?
6. Was ist ein Gut?
7. Was besagt der „mehrdimensionale Kundenbegriff" in der Sozialwirtschaft?
8. Wie „misst" die Ökonomie den Nutzen eines Gutes?
9. Woraus entsteht die unterschiedliche Nutzenbewertung durch den öffentlichen Sozialleistungsträger und dem Leistungsempfänger?
10. Was unterscheidet die Bedürfnisse vom Bedarf?
11. Wie wird im Sozialstaat ein Bedürfnis zum Bedarf?
12. Skizzieren Sie das Verhältnis von „Erwerbswirtschaft", „Öffentlicher Daseinsvorsorge" und „Persönlichem Wirtschaften" bei der Befriedigung von Bedürfnissen.
13. Inwiefern könnte die „anwaltschaftliche Funktion" der Sozialen Arbeit als Marketing interpretiert werden?
14. Skizzieren Sie die drei Typen von Leistungsempfängern am Sozialmarkt!
15. Skizzieren Sie die Rolle des Sozialunternehmens am Sozialmarkt!
16. Was ist Gegenstand der Finanzwissenschaften?
17. Was ist der Social Return on Investment?
18. Skizzieren Sie drei Ansätze der Neuen Institutionenökonomik.
19. Überlegen Sie, worin sich das Prinzip der „Eigenverantwortlichkeit" bei einem Sozialunternehmen widerspiegelt.
20. Wieso wird Gewinnorientierung oft fälschlich als konstitutives Merkmal der Betriebswirtschaft angesehen?
21. Was ist Wertschöpfung im betrieblichen Systemmodell?
22. Was besagt das finanzwirtschaftliche Gleichgewicht?
23. Ein Sozialunternehmen veranstaltet regelmäßig ein Nachbarschaftsfest mit den Anwohnern in der Straße. Nehmen Sie nun an, dieses Sozialunternehmen sei a) eine stationäre Einrichtung und b) eine Einrichtung der Gemeinwesenarbeit. Gehört das Nachbarschaftsfest in beiden Fällen zur unmittelbaren Wertschöpfung?
24. Skizzieren Sie die besondere Funktion der sozialwirtschaftlichen Finanzierung!
25. Was sind die Besonderheiten des Rechnungswesens in der Sozialwirtschaft?
26. Was besagt das Konzept des Wertshops und inwieweit unterscheidet es sich vom Konzept des Wertshops?

Literatur

Archie B., Carrol: The Pyramid of Corporate Social Responsibility: Toward the Moral Management of Organizational Stakeholders. *Business Horizons*, 1991: 39-48.
Bacher, Robert/Schmidt, Andrea: *Finanzierung von Sozialunternehmen*. Freiburg: Kolhoff, 2010.
Bäcker, Gerhard: *Sozialpolitik und soziale Lage in Deutschland, Band 1*, 5. Aufl., Wiesbaden: VS Verlag, 2010.
Badelt, Christoph/Meyer, Michael /Simsa, Ruth: *Handbuch der Nonprofit-Organisationen: Struktur und Management*. 4. Aufl., Stuttgart: Schäffer-Poeschel, 2007.
Bea, Franz/Dichtl, Erwin/Schweitzer, Marcel: *Allgemeine Betriebswirtschaftslehre, Band 1: Grundfragen*. Stuttgart: utb, 1992.
Bieger, Thomas. *Dienstleistungsmanagement*. Bern: Haupt, 2000.
Bödege-Wolf, Johanna/Schellberg, Klaus: *Organisationen der Sozialwirtschaft*. 2. Aufl., Baden-Baden: Nomos, 2010.
Breyer, Friedrich/Buchholz, Wolfgang: *Ökonomie des Sozialstaats*. 2. Aufl., Berlin, New York: Springer, 2009.
Breyer, Friedrich/Zweifel, Peter /Kifmann, Matthias: *Gesundheitsökonomik*. 5. Aufl., Berlin, New York: Springer, 2005.
Bruhn, Manfred/Stauss, Bernd: *Dienstleistungscontrolling*. Wiesbaden: Gabler, 2006.
Corsten, Hans: *Dienstleistungsmanagement*. München, Wien: Erich Schmidt Verlag, 1997.
Deutscher Bundestag, Enquête-Kommission : Wachstum, Wohlstand, Lebensqualität – Wege zu nachhaltigem Wirtschaften und gesellschaftlichem Fortschritt in der Sozialen Marktwirtschaft. *Drucksache 17/3853*. Berlin: Deutscher Bundestag, November 23, 2010.
Diefenbacher, Hans/Zieschank, Roland: *Woran sich Wohlstand wirklich messen lässt*. München: oekom-Verlag, 2011.
Engelke, Ernst.: *Die Wissenschaft Soziale Arbeit*. Freiburg: Lambertus, 2003.
Evers, Adalbert/Heinze, Rolf/Olk, Thomas:Soziale Dienste – Arenen und Impulsgeber sozialen Wandels. In: *Handbuch Sozialedienste*, hrsg. v. Adalbert Evers, Rolf Heinze and Thomas Olk. Wiesbaden: VS Verlag, 2011.
Finis-Siegler, Beate: *Ökonomik Sozialer Arbeit*. Freiburg: Lambertus, 2009.
Flierl, Hans: *Freie und öffentliche Wohlfahrtspflege*. 2. Aufl., München: Jehle, 1990.
Fließ, Sabine: *Prozessorganisation in Dienstleistungsunternehmen*. Stuttgart: Kohlhammer, 2006.
Gabler Verlag: *Gabler Wirtschaftslexikon*. Wiesbaden: Gabler Verlag, 2010.
Göbel, Elisabeth: *Neue Institutionenökonomik - Konzeption und betriebswirtschaftliche Anwendungen*. Stuttgart: utb, 2002.
IFSW: The International Federation of Social Workers (IFSW). 2000. www.ifsw.org/policies/definition-of-social-work/ (accessed Juni 8, 2012).
Kortendieck, Georg: *Strategisches Management im Sozialen Bereich*. Augsburg: Ziel, 2009.
Luhmann, Niklas: Formen des Helfens im Wandel gesellschaftlicher Bedingungen. In: *Gesellschaftliche Perspektiven der Sozialarbeit*, hrsg. v. Hans-Uwe Otto and Siegfried Schneider. Berlin: Neuwied, 1973.
Meffert, Heribert/Bruhn, Manfred: *Dienstleistungsmarketing*. 6. Aufl., Wiesbaden: Gabler, 2008.
Mühlenkamp, Holger: *Kosten-Nutzen-Analysen*. München: Kohlhammer, 2007.
Müller-Wertmann, Gerhard/Neudeck, Rupert : *Der Konzern der Menschlichkeit. Die Geschäfte des Deutschen Roten Kreuzes*. Stuttgart: Hohenheim-Verlag, 1989.
Neumann, Manfred: *Theoretische Volkswirtschaftslehre, Band 2: Produktion, Nachfrage und Allokation*. 1. Aufl. München: Vahlen, 1982.
Nowotny, Ewald/Zahler, Martin: *Der öffentliche Sektor – Einführung in die Finanzwissenschaften*. 5. Aufl., Berlin, Heidelberg, New York: Springer, 2009.
Porter, Michael: *Wettbewerbsvorteile: Spitzenleistungen erreichen und behaupten*. 6. Aufl., Frankfurt am Main, New York: Campus Verlag, 2000.

Porter, Michael/Kramer, Mark: Die Neuerfindung des Kapitalismus. *Harvard Business Manager*, no. 03/2012 (2012).
Sauter, Robert:Die Jugendhilfe ist zu teuer! Ist die Jugendliche zu teuer? – Analysen und Anmerkungen zu einem sperringen Dauerthema. *Bay. Landesjugendamt, Mitteilungsblatt 6/1998*, 1998.
Schellberg, Klaus: *Betriebswirtschaftslehre für Sozialunternehmen*. 5. Aufl., Augsburg: Ziel, 2011.
Schellberg, Klaus: Wirkung und Wertschöpfung von Sozialunternehmen. In: *Auf der Suche nach Sozialmanagementkonzepten und Managementkonzepten für und in der Sozialwirtschaft*, hrsg. v. Armin Wöhrle. Augsburg: Ziel, 2011.
Schilling, Johannes. *Entwicklungslinien der Sozialpädagogik/Sozialarbeit*. Neuwied: Luchterhand, 1997.
Schrödter, Mark/ZieglerZiegler: Wirkungsorientierte Jugendhilfe. 2010. www.wirkungsorientierte-jugendhilfe.de (accessed August 24, 2012).
Schwenn, Kerstin: Diagnose Dezemberfieber. *FAZ*, no. 128 (Juni 1995): 10.
Sibbel, Rainer: *Produktion integrativer Dienstleistungen*. Wiesbaden: Deutscher Universitäts-Verlag, 2004.
Spiegel, Thomas: *Prozessanalyse in Dienstleistungsunternehmen: Hierarchische Integration strategischer und operativer Methoden im Dienstleistungsmanagement*. München: Deutscher Universitätsverlag, 2003.
Stabell, Charles B./Fjeldstad, Øystein D.: Configuring Value for Competitive Advantage: On Chains, Shops and Networks. *Strategic Management Journal*, 1998: 413-437.
Thommen, Jean-Paul/Achleitner, Ann-Kristin: *Allgemeine Betriebswirtschaftslehre*. 5.Aufl. vols. Wiesbaden: Gabler-Verlag, 2006.
Ulrich, Hans: *Das Unternehmen als produktives soziales System*. 2. Aufl., Bern, Stuttgart: Haupt, 1970.
Villmar, Hans: NDR-Interview. *Handelsblatt*. no. Nr. 018. Frankfurt, Januar 27, 1999.
Weber, Jürgen: *Einführung in das Controlling*. 8. Aufl., Stuttgart: Schäfer Poeschel, 1999.
Weimann, Joachim: *Wirtschaftspolitik – Allokation und kollektive Entscheidung*. 3. Aufl., Berlin, Heidelberg, New York: Springer, 2004.
Wendt, Wolf Rainer: *Sozialwirtschaftslehre – Grundlagen und Perspektiven*. Baden-Baden: Nomos, 2002.
Wöhe, Günther: *Einführung in die Betriebswirtschaftslehre*. 24. Aufl., München: Vahlen, 2010.
Wüllenweber, Walter:Die Hilfsindustrie. *Der Stern*, Februar 17, 2011: 92-101.

Kapitel 5 Organisationstheorien und Managementlehre

Armin Wöhrle

Nach den Annäherungen aus einem grundlegenden Verständnis des Bewirtschaftens gesellschaftlicher Belange, der Aufklärung über die Hintergründe sozialpolitischer Steuerungsabsichten, der Eigenlogik der Fachlichkeit Sozialer Arbeit und des wiederum eigenen Denkansatzes der Wirtschaftswissenschaften bleibt weiterhin aufklärungsbedürftig, was das Sozialmanagement und das Management in der Sozialwirtschaft ist, weshalb es sich erst am Ende des 20. Jahrhunderts unter diesem Begriff herausbildete und was seine Besonderheiten sind. Jedoch bevor dazu Feststellungen getroffen werden können, muss konstatiert werden, dass es bereits theoretische Auffassungen über Organisationen und eine Beschäftigung mit Management gab bevor das Sozialmanagement und das Management in der Sozialwirtschaft in fachwissenschaftlichen Beiträgen Erwähnung fanden. Zu diesen theoretischen Grundlagen bedarf es eines kurzen Rekurs.

1. Organisationstheorien

Das Verständnis von Management ist, wie der geraffte geschichtliche Überblick zeigen wird, eng verkoppelt mit den Auffassungen darüber, wie Organisationen zu verstehen sind.

1.1 Die Klassiker der Organisationstheorie (Maschinenmodelle)

Hinsichtlich der Blickrichtung auf Organisationen darf nicht übersehen werden, dass die Klassiker der Organisationstheorien, Frederik W. Taylor (1856-1915) und Henri Fayol (1841-1925) Ingenieure waren. Ihr Verdienst war es, betriebliche Abläufe zu analysieren und sie mit einem wissenschaftlichen Interesse funktional besser aufeinander abzustimmen. Für die damalige Zeit war dies eine erstmalige wissenschaftliche Betrachtungsweise und ein entscheidender Beitrag für die industrielle Revolution. Eine Theorie für Organisationen wurde denkbar. Organisationen konnten entworfen werden als Aufgaben abarbeitende Konstrukte. Zweckrationalität und Formalisierung konnten als Kategorien entstehen. Planung, Organisation der Durchführung, Anweisung und Kontrolle wurden als wesentliche Steuerungsinstrumente entdeckt (vgl. Taylor 1911; Fayol 1929).

Obwohl kein Ingenieur, sondern Jurist und Nationalökonom, eher aber bekannt als Klassiker der Soziologie und Wegbereiter der Kultur- und Sozialwissenschaften, wird Max Weber (1864-1920) ebenfalls zu den Klassikern der Organisationstheorie gerechnet. Seine Untersuchungen zur bürokratischen Herrschaft grenzten diese als Errungenschaft gegenüber der Willkür des Feudalismus ab. Er suchte insbesondere nach Prinzipien, die die Funktionsfähigkeit rasch anwachsender und sehr großer Organisationen erklären können. Aus unserer heutigen Sicht untersucht er die Legitimität von Herrschaft (z.B. Anordnungsbefugnisse) in Organisationen. Nicht die Macht ist für ihn interessant, die bewirkt, dass Handeln erzwungen werden kann, sondern ihn interessieren die einsichtigen Regeln, die Handeln anleiten. Diese müssen legitimiert, also durch politische Willensbildung beschlossen bzw. von ihr abgeleitet sein (z.B. in Ausführungsbestimmungen auf der Grundlage von Gesetzen), um einsichtig und handlungsanleitend zu wirken. Insbesondere gilt dies für einen Beamtenapparat, der auf gesetzliche Bestimmungen eingeschworen ist (vgl. Weber 1921). Sein Fokus, das Funktionieren großer Organisationen zu untersuchen und zu erklären, weshalb sie ohne ständige Kontrolle der Beschäftigten funktionieren können, hat ihn zum „Vater der Organisationstheorie" stilisiert. Der „Befehl" im Fayol'schen Ansatz wurde ersetzt durch das einsichtige Regelwerk. Die Vorstellung, dass Akteure ihr Handeln selbständig ausrichten, wurde damit erstmals sichtbar.

Diese klassischen Verständnisse von Organisationen werden – aus heutiger Sicht betrachtet – als Maschinenmodelle bezeichnet, denn in ihnen kommen Menschen nur unter dem Aspekt der Einpassung in eine Maschinerie vor (extrem versinnbildlicht am Beispiel des Fließbandes, das von Taylor erfunden wurde). Und auch bei Weber ging es um die Regelwerke, nicht um die ausführenden Menschen. Kein Wunder also, dass in späteren Untersuchungen konkreter Unternehmen der Mensch als „Störvariable" entdeckt wurde und sich dadurch das Verständnis von Organisationen veränderte. In den sog. Hawthorne-Experimenten (vgl. Kieser 1999) wurden in den 1920er und 1930er Jahren Untersuchungen im Hawthorne Werk der Western Electric Company durchgeführt, die deutliche Abweichungen von der bisherigen Annahme erbrachten, dass Mitarbeiter und Mitarbeiterinnen berechenbar auf Vorgaben reagieren. Insbesondere erbrachten die Experimente Hinweise darauf, dass sich Beschäftigte zu Gruppen und Cliquen zusammenfinden, dabei eigene soziale Normen ausbilden und Anforderungen entsprechend ihres Vorverständnisses interpretieren, wobei ihre Reaktionen nicht mehr rational bezogen auf konkret an sie herangetragene Anforderungen ausfallen müssen.

1.2 Verhaltenswissenschaftliche Ansätze

Als „Brückenschlag" zwischen der klassischen und der (neoklassischen) Verhaltenswissenschaftlichen Schule kann Chester I. Bernard (1886-1961) angesehen werden. Im Gegensatz zu den „Organisationsingenieuren", die Organisationen als Maschinen zu untersuchen trachten, versucht er das Zustandekommen von Organisationen als „kooperative Systeme" zu klären. Dabei muss die Bereitschaft der Individuen zur Kooperation mit einbezogen werden. Bernard überschreitet die früheren Beiträge zur Organisationstheorie insbesondere durch drei Ansätze (Bernard 1938):

- Mit seiner „Anreiz-Beitrags-Theorie", mit der ein Gleichgewichtzustand anzustreben gesucht wird zwischen dem, was Individuen in eine Organisation einzubringen suchen und den Anreizen, die Organisationen Individuen bieten können, überwindet er die Vorstellung einer einseitigen Anpassung von Individuen an die Organisation.

- Mit seiner Vorstellung, dass nicht Individuen, sondern Handlungen Bestandteil formaler Organisationen seien, nimmt er nicht nur Annahmen der Systemtheorie vorweg, sondern befindet er sich bereits auf einer Vorstufe dazu, Organisationen als offene Systeme fassen zu können.
- Mit seiner Akzeptanztheorie der Autorität kann er an Überlegungen von Weber anknüpfen. Nachdem Weber den Befehl (nach Fayol) durch ein Regelwerk ersetzte, muss Bernard dieses Konstrukt mit den Individuen in Verbindung bringen, die sich freiwillig in Organisationen einbringen. Sie können Regelwerke befolgen oder auch nicht. Diese Möglichkeiten bezieht er auf die Begriffe Autorität und Akzeptanz. Autorität ist in diesem Sinne das Merkmal eines Befehls in einer formalen Organisation. Je nach Ausprägung des Merkmals sind Anweisungen oder Regeln einsichtig und werden befolgt oder nicht und werden zu unterlaufen gesucht, mit allen Folgen für die Organisation.

Als deutliche Reaktion auf die Ausklammerung der Individuen in den Maschinenmodellen können die Human-Ressource-Ansätze angesehen werden. In ihnen werden insbesondere die Menschen in der Organisation betrachtet (Motivationsforschung, Analyse von Gruppenverhalten, Führungsverhalten etc.). Wesentliche Vertreter dieses Zweiges waren Argyris, Bennis, Lewin, Likert und McGregor. Insbesondere Lewin und Bennis beschäftigten sich mit Fragen des Wandels von Organisationen. Hierbei sind die wesentlichen Quellen und Grundlagen für den Ansatz der Organisationsentwicklung entstanden, der auch in der Frühphase des Sozialmanagements große Bedeutung hatte (vgl. Lewin 1947; Bennis 1969). Zu nennen sind:

- die Entdeckung der Gruppendynamik (Laboratoriumsmethode, Sensitivity-Training) als neue Lehr- und Lernmethode (Ende der 1940er Jahre in den USA),
- die Survey-Feedback-Methode,
- die Aktionsforschung sowie
- die Theorie sozio-technischer Systeme des Tavistock Institute of Human Relations.

Die Neuerungen gegenüber bisher bekannter Verfahren bestehen u.a. darin, dass sich Gruppen und Gruppenmitglieder selbst zum Gegenstand des Lernens machen.

- In der Laboratoriumsmethode und dem Sensitivity-Training wird mit der Konzentration auf das „Hier und Jetzt" der Mechanismus der Relativierung von Neuem durch den Bezug zur alltäglichen Praxis durchbrochen, indem in der Ausnahmesituation der Gruppe nach neuen Lösungen gesucht werden kann.
- Das Survey-Feedback-Verfahren bezieht die Befragten nach der ausgewerteten betriebsinternen Befragung wiederum als Sachkundige ein, damit sie die Ergebnisse interpretieren und bewerten können. Somit kann mit dieser Daten-Rückkopplungs-Methode ein beteiligungsorientierter Prozess mit mehreren Feedback-Schleifen entstehen, bei dem die Beteiligten wissen, was, wie und warum es geändert werden soll.

- Auch die Aktionsforschung setzt auf die Einbeziehung der Betroffenen als entscheidende Sachverständige und auf einen Prozess mit Rückkoppelungsschleifen. Aktionsforschung ist gekennzeichnet durch ihre Anwendungsorientierung und Kooperation mit den Praktikern und Praktikerinnen. Trotz unterschiedlicher Ausprägungen (diagnostisch, partizipativ, empirisch und experimentell) ist sie mit dem Anspruch einer Demokratisierung der Forschung verbunden.
- Die Theorie sozio-technischer Systeme überwindet die Vorstellung, dass Probleme in Organisationen an Unzulänglichkeiten von Menschen gebunden sind. Aufgrund von Untersuchungen wuchs die Überzeugung, dass Veränderungen von Technologien zwingend auch eine Veränderung der sozialen Strukturen von Organisationen mit sich bringen müssen. Damit entstand eine Vorstellung davon, dass Organisationen mit ihrem Umfeld in einer wechselseitigen Beziehung stehen, aus der eine gegenseitige Beeinflussung erwächst.
- Die Organisationsentwicklung (OE), die sich aus der systematischen Verarbeitung von Erkenntnissen dieser verschiedenen Forschungsarbeiten herausbildete, kann man mit Comelli definieren als „einen geplanten, gelenkten und systematischen Prozess zur Veränderung der Kultur, der Systeme und des Verhaltens einer Organisation mit dem Ziel, die Effektivität der Organisation bei der Lösung ihrer Probleme und der Erreichung ihrer Ziele zu verbessern" (Comelli 1985, 96).

1.3 Systemtheoretische Ansätze

Der offensichtliche Widerspruch, der im Zusammendenken von Menschen und Organisationen besteht, wird in den frühen Ansätzen zur Seite der Organisation hin aufzulösen gesucht (im Extremfall bei Taylor, wobei der Mensch am Fließband zum Anhängsel der Maschine wird). In der Human-Relations-Bewegung (vgl. Kieser 1999) kommt die Antithese hinzu im Sinne von: „Nur glückliche Arbeiter sind gute Arbeiter". Hier wiederum wird das Spannungsverhältnis zwischen den Motiven der Individuen einerseits und den objektiven Erfordernissen betrieblicher Abläufe andererseits ignoriert. Ökonomische und soziale Rationalität wurden unzulässigerweise in Eins gesetzt.

Die bedeutendste Leistung des systemtheoretischen Ansatzes besteht im Zusammendenken beider Seiten. Dabei muss jedoch das Bild der Organisation überarbeitet werden. Es ist weder eine Maschine noch ein freiwilliger Verbund zusammenwirkender Menschen. Es ist ein auf Ziele ausgerichtetes System, das eher einem Organismus gleicht, in dem durch Synergetik, Strukturbildung und Selbstorganisation beständig Anpassungsleistungen gegenüber der Umwelt erzeugt werden (Luhmann 1973, 1984).

An dieser Stelle können nun nicht alle systemtheoretischen Ansätze vorgestellt werden und es kann auch keiner vertieft werden. Es lassen sich jedoch beispielhaft folgende Sichtweisen unterscheiden:

- Bestimmte systemtheoretische Auffassungen (eine radikale Sichtweise ist die von Niklas Luhmann) halten es für völlig ungenau, Menschen zum System Organisation zu rechnen. Bei Organisationen handelt es sich im Verständnis des

Strukturalismus um soziale Systeme, die durch ihre Selbsterzeugung („Autopoiesis") und „operationale Geschlossenheit" gekennzeichnet sind. Darin kommen Menschen nur in ihren Einpassungen (sozusagen als Träger von Äußerungen oder Einbringungen, immer jedoch austauschbar unterhalb der übergeordneten Funktionen) vor (vgl. Luhmann 1973, 1984).

- Welche Einpassungen dies sein können, lassen sich aus den angrenzenden Systemtypen erschließen. Den Menschen betreffen drei Typen von Systemen: „Während biologische Systeme ausschließlich Materie und Energie verarbeiten und auf diese Weise »Leben« produzieren, sind die beiden anderen Typen »sinnverarbeitende« Systeme. Diese beiden unterscheiden sich wieder hinsichtlich ihrer »Bestandteile«: Während psychische Systeme aus (und nur aus) Bewusstseinsereignissen bestehen, sind Elemente sozialer Systeme stets und ausschließlich Kommunikationen" (Vogel/Bürger/Nebel/Kersting, 1994, 290).

Die wesentlichen Vorteile der systemtheoretischen Denkweise für die folgenden Überlegungen zum Management bestehen in der Überwindung des linearen Denkens:

- Weder kann eine Organisation durch das Management konstruiert und können die Beschäftigten zweckfunktional, sozusagen gegen deren Willen, eingepasst werden,
- noch bilden sich Organisationen allein durch das zweckbezogene Zusammenwirken von Individuen mittels derer Motivation heraus.
- Es wirken Eigengesetzmäßigkeiten und „emergente Prozesse und Strukturen" (Schreyögg 2003, 417) in Systemen, die sich weder aus den formalen Ordnungsprinzipien oder einem intendierten Ausgangsziel erklären noch durch absichtliche Steuerung kontrollieren lassen.

Im Zentrum systemtheoretischer Betrachtungsweisen stehen somit (von einzelnen Menschen unabhängige) Leitkategorien wie Kommunikation, Handeln, Strukturen, Prozesse und Regeln.

1.4 Organisationen als Kultur

In der neueren Organisationssoziologie entstanden Modelle von Organisationen, die aufgrund ihrer sozialwissenschaftlichen Grundlagen eine deutliche Nähe zu theoretischen Konzepten haben, die auch in der Sozialen Arbeit eine Rolle spielen. So arbeiten z.B. Paul Bate und insbesondere Edgar H. Schein die Vorstellung der Organisation als Kultur aus (Bate 1997, Schein 1985, 2003). Diese Vorstellung hat den Vorteil, nicht die individuumszentrierte Sicht einzunehmen, aber auch nicht lediglich eine, in dem der Mensch nur ein Rädchen in einem Maschinengebilde ist. Auch in der Kultur sind Menschen austauschbar, aber es wird auch ihre prägende Wirkung gewürdigt. Gegenüber dem systemischen Ansatz, der seine Stärke hinsichtlich struktureller und funktionaler Erklärung hat, in dem jedoch Menschen eher mit dem Ausschnitt der Handlungen, der Kommunikation oder als Strukturelement vorkommen, erscheint der Kulturansatz bunter. Insbesondere mit dem phänomenologischen Denkansatz, mit dem Organisationen als soziale Konstruktionen begriffen werden, als Lebensgemeinschaften mit ausgebildeten Wert-

und Orientierungsmustern ergibt sich eine Nähe zu Begrifflichkeiten wie Lebenswelt (Schütz 1974), Milieubildung (Böhnisch 1994) und Alltag (Thiersch 1992) der sozialpädagogischen Theoriebildung (vgl. Grunwald 2008).

Mit Schein lässt sich besser analytisch als deduktiv erläutern, was die Kultur einer Organisation ausmacht. Zunächst können wir nur das sehen, was uns Organisationen zeigen. Typisch für das dabei entworfene Bild ist das eines Eisberges, von dem wir nur das sehen, was über die Oberfläche ragt, dessen größter Teil jedoch unterhalb der Oberfläche liegt. Von außen zeigt sie nur ein interpretationsbedürftiges Symbolsystem, das entschlüsselt werden kann, wenn wir die öffentlich propagierten Werte der Organisation zu Hilfe nehmen. Verstehen werden wir die Organisation dadurch noch nicht, denn diese erschließt sich nur, wenn wir die grundlegenden, für selbstverständlich erachteten Überzeugungen, damit verbundenen Gedanken und Gefühle und somit die unausgesprochenen Handlungsrichtlinien berühren.

Die Stärke dieses Ansatzes besteht insbesondere darin, dass weitere Themenstellungen, die zur Aufhellung der Kommunikation und des Handelns in Organisationen beitragen, einbezogen werden können:

- Durch Organisationsberater und -beraterinnen wurden eine Menge Phänomene durch Beobachtungen in Organisationen zusammengetragen, die unter dem Kulturaspekt ausgewertet werden können.
- Die soziologische und anthropologische Organisationsforschung hat Phänomene wie Organisationsmythen (Wöhrle 2008a) und Organisationsriten (Wöhrle 2008b) entdeckt, die den Kulturbegriff stützen.
- Aus den Politik- und Verwaltungswissenschaften stammt der Begriff der Mikropolitik (Wöhrle 2008c), unter dem bereits vielfältige Phänomene kategorisiert wurden (Heinrich/Schulz zur Wiesch 1998).
- Durch die Forschungen der Organisationspsychologie werden wiederum Fragestellungen bezogen auf Organisationen zu beantworten gesucht (z.B. nach Motivation, Gruppenbildung, Organisationsklima, Konflikten), die sich wiederum in den Kulturkontext von Organisationen weiterverfolgen lassen.
- Und selbst die Erziehungswissenschaften tragen wesentliche Impulse zum Verständnis von Organisationen über Lerntheorien bei, die nicht nur das Lernen von Individuen, sondern auch von Gruppen und selbst von Organisationen zu erklären versuchen (vgl. Geißler 1995).

1.5 Definition und Modelle von Organisationen

Bei all diesen unterschiedlichen Betrachtungsweisen, die uns auch in der Managementlehre wiederum begegnen, ist es nun angebracht, zu definieren, was eine Organisation ist. Dabei sollten zwei Betrachtungsweisen unterschieden werden:

»**Organisation**« **im engeren Sinn** ist die Koordinierung und die innere Ordnung eines Systems, die ein einwandfreies Funktionieren gewährleisten soll. Ein Unternehmen **hat** eine Organisation, d.h. eine Gliederung oder eine Struktur, eine Auf-

1. Organisationstheorien

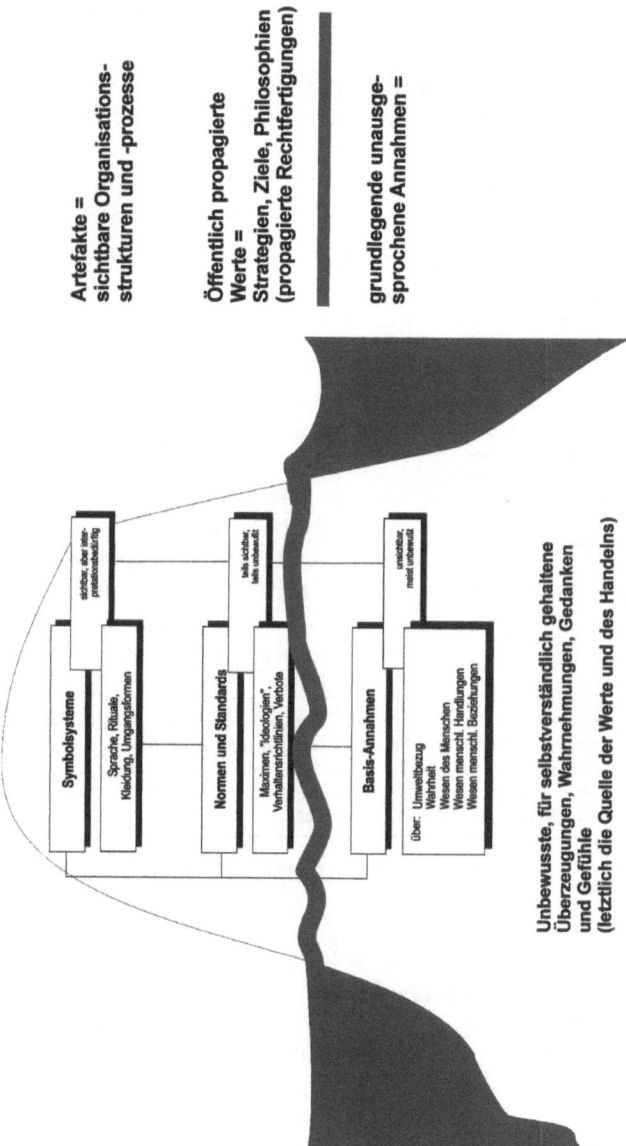

Abb. 1: Kulturebenen und ihr Zusammenhang (eigene Grafik basierend auf Schein 1985, 2003 und Grafik nach Schreyögg 1992, 1527)

bau- und Ablauforganisation, um deren Regelung sich die Geschäftsleitung selbst oder eine von ihr beauftragte Organisationsabteilung kümmern muss.

»**Organisation**« **im weiteren Sinn** ist ein soziales System, z.B. ein Industriebetrieb oder eine Institution, die auf dem Markt und in der Gesellschaft ein gewisses Eigenleben führt. Ein Unternehmen **ist** eine Organisation" (Becker/Langosch 1990, 2).

Der Blick darauf, egal ob wir nun die Einordnung des Gebildes in seine Umwelt oder seine interne Steuerung betrachten, ist von theoretischen Vorannahmen geprägt. Mit den folgenden holzschnitzartigen Vereinfachungen sollen die aufgezeigten theoretischen Modelle von Organisationen gegenübergestellt werden.

Organisationen als		
Maschine:	**Organismus:**	**Kultur:**
ist zur Erfüllung einer Aufgabe konstruiert,	ist ein lebendiges, umweltoffenes System,	ist ein durch die Mitglieder – unter Beachtung von Machtkonstellationen - selbst definiertes Konstrukt,
folgt der Eingabe von Befehlen,	passt sich selbständig an seine Umwelt an,	folgt einer internen Steuerung, die Kontakt zum Umfeld hält,
Ziele werden von außen gesetzt,	hat ein intrinsisches Überlebensziel,	Ziele werden durch die Mitglieder – teilweise in Konkurrenz zueinander – aufgestellt,
wird als Instrument eingesetzt und perfektioniert,	steuert sich selbst im Überlebenskampf,	steuert sich selbst über Machtzentren im Überlebenskampf,
soll beherrschbar sein (Ordnung und Überschaubarkeit),	ist ein System im Fließgleichgewicht (nicht in Ruhe),	ist ein System, das mit Konflikten leben muss und nach einem Ausgleich sucht,
bildet leblose Teile ab, die in Beziehung gesetzt werden.	umfasst Organe, die eigenständig Funktionen übernehmen und nicht beliebig durch andere ersetzt werden können.	umfasst selbständig tätige Einheiten, die eigenständige Funktionen übernehmen und nicht beliebig durch andere ersetzt werden können.

Abb. 2: Organisationsmodelle bzw. Unterschiede im Verständnis von Organisationen (Wöhrle 2005, 55)

Auch wenn deutlich wird, dass keines der Modelle die Realität von Organisationen bereits abbilden kann, so wird doch deutlich, dass die neu hinzukommenden Modelle zunehmend in der Lage sind, mehr Komplexität abzubilden, wobei ihre Kategorien zwar genauer werden, jedoch die Eindeutigkeit von Ableitungen und insbesondere von Vorhersagbarkeit für konkretes organisationales Geschehen eher abnimmt. Konnte Taylor das zunehmende Verständnis von Organisationen in der Automobilproduktion noch unmittelbar ummünzen in managerielle Entscheidungsprozesse, so sind wir mit dem Verständnis von Organisationen als Organismen und als Kulturen weit davon entfernt. Es wird nun notwendig, Managementmodelle zu entwerfen, mit denen eine Brücke zwischen dem Verstehen von Organisationen einerseits und ihrer Führung und Steuerung andererseits geschlagen werden kann. Hierfür müssen zunächst Erkenntnisse der Managementlehre hereingeholt werden.

2. Managementlehre
2.1 Weshalb entstand das Management?

Es ist bereits deutlich geworden, dass Organisationen gehandhabt werden müssen. Die Notwendigkeit einer systematischen Handhabung ergab sich aus der Zunahme von Komplexität, wobei sich unser heutiges Verständnis von Management (auch wenn sich in früheren geschichtlichen Phasen bereits Anhaltspunkte finden lassen) durch die industrielle Revolution erklärt. Gegenüber den älteren kleinen Handwerksbetrieben und den in der Frühzeit der Industriellen Revolution üblichen mittelgroßen Fabriken bildeten sich Mitte des 19. Jahrhunderts industrielle Großunternehmen heraus (vgl. Kocka 1975, 80 ff). Diese verlangten eine Ausdifferenzierung der Steuerung gegenüber der personenzentrierten Führung, wie sie in früheren Unternehmungen üblich war.

Die Ursachen für die Herausbildung von Managementfunktionen sind:

- „Die Größe und Komplexität der Unternehmen sowie die damit zusammenhängenden Koordinationsprobleme verlangten nach differenzierten Zuständigkeiten, eindeutigen Kommunikationswegen, Verantwortlichkeiten und Unterstellungsverhältnissen.
- Der ursprünglich einheitliche personale Handlungszusammenhang und die an Personen gebundene Entscheidungen genügten nicht mehr den Koordinierungsproblemen eines komplexen Organisationszusammenhangs.
- Es musste also eine „personenunabhängige" Struktur aus Stellen, die innerhalb einer Organisation auf mehreren Ebenen angesiedelt, einem Regelwerk und einer einleuchtenden Logik von Über- und Unterstellungsverhältnissen folgte, geschaffen werden.
- Es bedurfte eine Vervielfältigung von Leitungsentscheidungen innerhalb eines definierten Korridors von Entscheidungsbefugnissen, die nur über die Ablösung der neu entstehenden Managementfunktionen von den (ursprünglich wenigen) Leitungspersonen erreicht werden konnte.
- Es musste also eine Art „Verselbständigung" von leitenden Funktionen gegenüber dem früheren Eigentümerunternehmer erfolgen" (Wöhrle 2003, 18).

2.2 Was ist Management?

Cornelia Bader macht auf die Ursprünge des Wortes Management aufmerksam: „Das anglo-amerikanische Wort »management« bzw. das Verb »to manage« ist im deutschen Sprachgebrauch längst eingeführt und adaptiert. Sprachgeschichtlich gesehen leitet sich »to manage« aus der italienischen Sprache ab, die wiederum ihre Wurzen in der lateinischen Sprache hat: »manus« - die Hand und »agere« - führen. Management bedeutet also »an der Hand führen«. Diese Bedeutung findet sich im italienischen »maneggiare«, was ursprünglich bedeutet: ein Pferd in allen Gangarten üben, es veranlassen, die Übung in der Reitbahn (»manege«) auszuführen. Zingarelli (1994, 1045) gibt dafür die folgenden drei Bedeutungen an: »trattarecon le mani«, »tenere tra le mani per scopi vari«, also: etwas mit den Händen entwickeln, etwas in Händen halten. Die zweite Bedeutung lautet: »saper usare q.c. con particolare capacita o abilita«, also: etwas mit Geschicklichkeit und Fähigkeit zu gebrauchen wissen. Als dritte Bedeutung findet sich: »amministrare«, also: große Summen Geld zu verwalten. Im Englischen ist die erste Wortbedeutung »to oversee and make decisions about«, was bedeutet: Überblick haben und entscheiden. Die zweite Wortbedeutung wird beschrieben mit: »to make and keep compliant (skill in managing problem children«, also: willfährig machen und willfährig halten. Als dritte Bedeutung findet sich: »to treat with care: use the best advantage«, also: etwas vorteilhaft nutzen (Webster's 1996, 607)" (Bader 2002, 23).

Management ist die Führung und Steuerung einer Organisation. Wenn wir von der Managementlehre reden, so meinen wir die „Lehre der systematischen Erörterung von betrieblichen Steuerungsproblemen" (Steinmann/ Schreyögg 2000, 37). In ihrer aktuellen Fassung sprechen wir von einer Managementlehre, die sich von der Betriebswirtschaftslehre getrennt hat und sich aus eigener Forschung sowie aus Erkenntnissen von Nachbardisziplinen speist.

Management wird heute in der Regel von einem Personenkreis her verstanden, der Funktionen ausübt. Gleichzeitig handelt es sich beim Management um ein Bündel von Funktionen, die für konkrete Handlungen stehen und mehr oder weniger in sich verschlungen sind. Es wiederholt sich hier die Unterscheidung der Blickwinkel, indem Organisationen unabhängig von den konkret agierenden Personen betrachtet werden können, als Generationen überdauernde Gebilde und gleichzeitig Organisationen nur durch konkrete Menschen zum Leben erweckt werden können. Auch hinsichtlich der Betrachtung des Managements lässt sich demnach eine institutionelle und funktionale Sicht unterscheiden:

- Der **institutionelle Ansatz** geht von Akteuren aus, die sich in Leitungsfunktionen befinden und einen maßgeblichen Einfluss auf das Organisationsgeschehen haben. Bei diesem Zugang stehen Gründer von Organisationen und ihre Visionen, Führungspersönlichkeiten, Betriebsphilosophien, Handlungskonzepte und -strategien im Vordergrund. Hierbei wird nicht selten von Führung oder Leadership gesprochen.
- Im zweiten Zugang kommt zum Ausdruck, dass Organisationen auch personenunabhängig erklärt werden müssen, da viele älter sind als Personen leben können und Personen in ihnen austauschbar sein müssen. Das hier entworfene Managementverständnis beschäftigt sich mit einem umfassenden Managementkreislauf, mit dem die Organisation Aufgaben aus der Umwelt erhält bzw. hereinholt, sie in bearbeitbare Schritte zerlegt (Planung, Durchführung und Kontrolle) sowie unterschiedliche Aufgabenbereiche, die innerhalb von Organisationen durch das Management erfüllt werden müssen (wie Qualitätsmanagement, Personalmanagement, Change Management, usw.). Hier spricht man vom **funktionalen Ansatz**.

Knut Bleicher sucht den Kern des Managements mit seinem integrierten Managementansatz (Bleicher 1992) durch die Teilfunktionen der Lenkung und der Entwicklung zu fassen. Damit ist gemeint:

- „Gestaltung eines institutionellen Rahmens, der es ermöglicht, eine handlungsfähige Ganzheit über ihre Zweckerfüllung überlebensfähig und entwicklungsfähig zu erhalten;
- Lenkung durch das Bestimmen von Zielen und das Festlegen, Auslösen und Kontrollieren von zielgerichteten Aktivitäten des Systems und seiner Elemente;
- Entwicklung ist teils das Ergebnis von Gestaltungs- und Lenkungsprozessen im Zeitablauf, teils erfolgt sie in sozialen Systemen eigenständig evolutorisch durch integratives Erlernen von Wissen, Können und Einstellungen" (ebenda, 40; vgl. auch Ulrich 1984, 113ff).

Auf die Teilfunktionen lassen sich nun **Handlungsebenen** beziehen (vgl. Ulrich/Fluri 1992, 19 ff):

- Das **normative Management** befasst sich mit den unternehmens- bzw. organisationsbedingten Wert- und Interessenskonflikten aller Beteiligten (z.B. Verhandlungen mit den Interessensvertretungen der Beschäftigten, Verhandlungen mit politischen Partnern).
- Das **strategische Management** beschäftigt sich mit den Steuerungsproblemen qualitativer Art (z.B. Überleben am Markt, Reaktionen auf zukünftige Bedingungen, Entwicklung eigener Innovationspotentiale).
- Das **operative Management** kümmert sich um die unmittelbare Steuerung der Organisation, ihre Zielerreichung, ihre Wirtschaftlichkeit, ihre Öffentlichkeitswirksamkeit etc.

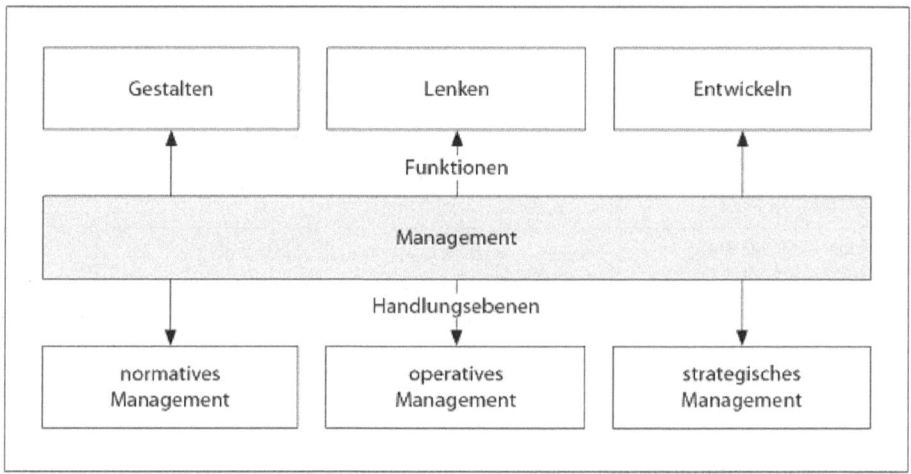

Abb. 3: *Teilfunktionen und Handlungsebenen des Managements (Merchel 2000, 15)*

2.3 Entwicklungsphasen in der Managementlehre

Wie bereits angedeutet, hat sich das Verständnis des Managements entlang der Veränderungen im Verständnis von Organisationen mit verändert. Ausschlaggebend für die Beschleunigung des Entwicklungsprozesses waren die zunehmenden Herausforderungen an Organisationen und ihr Management durch die Globalisierung.

Den folgenden Übersichten von Walter Simon kann entnommen werden, dass Sichtweisen über das Management einem historischen Wandel unterliegen und Managementkonzepte bezogen auf die aktuellen Herausforderungen entwickelt werden.

	Periode des stabilen Wachstums	Periode des Wettbewerbs	Periode des Hyperwettbewerbs
Zeitraum	1945 - 1975	1975 - 1995	Seit 1995
Kennzeichen des wirtschaftlichen Umfeldes	- Wachstum - Geschäftschancen	- Wettbewerb - Zyklisches Wachstum	- Revolutionäre Veränderungen - Globalisierung
Vorrangige Unternehmensziele	- Umsatzwachstum - Risikosteuerung	- Überleben - Profitabilität - Shareholder Value	- Management der unvorhergesehenen Entwicklungen (Flexibilität)
Vorherrschende Unternehmensstrategien	- Expansion	- Restrukturierung - Re-Fokussierung auf das Kerngeschäft - Nischenmarketing - Mergers & Acquisitions	- Neudefinition von Branchengrenzen - Neudefinition des Geschäftes - Management der Beziehungen zu Partnern
Prägende Management-Modelle	- Lebenszyklusmodell - Ansoffs Matrix - Situationstheorie - Structure follows Strategy-Theorie	- Lehre von den Wettbewerbskräften - Kernkompetenzen - Prozessmanagement - Lean Management	- Chaostheorie - Spieltheorie - Evolutionstheorie - Ressourcenbasierte Strategie

Abb. 4: Managementtheorien im Wandel der Zeit (nach: Simon, 2002, 14)

Folgender Übersicht kann eine Zuordnung bekannter Managementansätze entnommen werden:

Periode 1900 bis 1930 rationales Handeln in geschlossenen Systemen:	■ Bürokratiemodell (Max Weber) ■ Scientific Management (Frederick W. Taylor) ■ Administrative Lehren (Henry Fayol, Alfred Sloan) ■ Fordismus (Henry Ford)
Periode 1925 bis 1955 soziales Handeln in geschlossenen Systemen:	■ Human Relations-Bewegung (Elton Mayo) ■ XY-Theorie (Douglas McGregor) ■ Leadership-Theorie (Chester Bernard) ■ Motivationstheorie (Frederick Herzberg)
Periode 1955 bis 1970 rationales Handeln in offenen Systemen:	■ Situationstheoretische Ansätze ■ Theory of Leadership Effectiveness (F.E. Fiedler) ■ Stochastische Organisationslehre (P. Lawrence und L. Lorsch) ■ Strategy and Structure-Theory (Alfred Chandler)

Periode ab 1970 soziales Handeln in offenen Systemen:	■ Evolutions- und chaostheoretische Ansätze (Karl Weick, James March)
	■ Entscheidungstheorie (Herbert Simon)
	■ Kybernetik (Norbert Wiener)
	■ Empirische Erfolgsforschung (Peter F. Drucker, Thomas J. Peters, Robert H. Waterman, Thomas S. Watson)
	■ Lean Management (MIT-Studie, Taiichi-Ohno)
	■ Postschlankes Management
	■ Lehre von den Wettbewerbskräften (Michael Porter)
	■ Ressourcen-basierte Strategie (Gary Hamel, C.K. Prahalad)

Abb. 5: Vier Hauptperioden der Managementtheorie (nach Simon 2002, 24)

Mit dieser Übersicht wird deutlich, dass die Unübersichtlichkeit und Turbulenz des Umfeldes für Organisationen zugenommen hat und deshalb zunehmend nach organisationalen Lösungen für flexible Reaktionen gesucht wird.

Ohne hier auf die vielen Managementkonzepte und -strategien eingehen zu können, die als jeweilige Erfolgskonzepte angepriesen werden und ohne auf seriöse Managementmodelle eingehen zu können, aus denen erfolgreiche Konzepte und Strategien abgeleitet werden können, sollen hier zwei Hinweise gegeben werden:

Im Kapitel 3 hat Klaus Grunwald bereits auf vier Kategorien von Steuerungsansätzen hingewiesen, die sich aus systemtheoretischen Überlegungen ableiten lassen:

- Ansätze der „plandeterminierten Steuerung",
- Ansätze der „inkrementalistischen Steuerung",
- der Ansatz der „geplanten Evolution" und
- der Ansatz der „Kontextsteuerung".

Auch hier ist eine ähnliche Entwicklungslinie wie bei den Modelle, die von Organisationen gebildet wurden, feststellbar. Die Ansätze entfernen sich von der Vorstellung einer umfassenden Steuerbarkeit bis hin zur Erkenntnis, dass nur die Beteiligten an organisationalen Prozessen eine exakte Feinsteuerung vornehmen können. Gleichzeitig wird – wie bei den systemischen Modellen und denen, Organisationen als Kulturen zu verstehen – eine zunehmende Komplexität in die theoretischen Konstrukte aufgenommen.

Um eine mehr praktische Vorstellung davon zu geben, welches Umdenken hier stattgefunden hat, soll anhand von Bildern und Visionen angedeutet werden, in welche Richtung sich in neuerer Zeit die Vorstellung eines erfolgreichen Managements bewegt (ausführlicher in: Wöhrle 2012):

- Mit dem Bild der „DelphinStrategie" bzw. den Managementstrategien in chaotischen Systemen (Lynch/Kordis 1991) soll versinnbildlicht werden, dass das

Management sich um Orientierung in den Außenbezügen der Organisation (Wahrnehmung von Veränderungen, Lobbyismus usw.) und Ausrichtung der Gesamtorganisation bemühen sollte, anstatt sich in einzelne interne Abläufe einzumischen.

- Mit dem Bild der „unbeweglichen Ozeanriesen", die nicht in der Lage sind, schnell auf Veränderungen auf turbulenter See zu reagieren, wird eine Vision entworfen, dass man Organisationen in kleine, wendige Boote, also sich selbst steuernde Einheiten, umbauen sollte, die als dezentrale Einheiten selbständig auf neue Herausforderungen reagieren können. Und selbst wenn eine separate Organisationseinheit sich in die falsche Richtung bewegt, wird die Gesamtorganisation nicht so nachhaltig beschädigt, wie wenn die gesamte Organisation auf falschem Kurs ist.

- Mit diesem Bild eng einher geht die Vision einer lernenden Organisation, die weniger durch Vorgaben und Anweisungen als durch Vernetzung und die transparente Weitergabe von Informationen verbunden ist (bis hin zu Vorstellungen einer virtuellen Organisation).

- In der letzten Vision, die als Bild eine Revolution statt einer kontinuierlichen Weiterentwicklung von Organisationen verlangt, kommen die Schwierigkeiten mit in den Blick. Die wesentlichen Publikationen des Change Managements beschäftigen sich mit einem Wandel zweiter Ordnung, also einem Bruch mit herkömmlichen Verständnissen, Strukturen, aber insbesondere der bestehenden Kultur in den Organisationen.

- Deutlich wird in all diesen Bildern und Visionen eine Aufwertung der Mitarbeiter und Mitarbeiterinnen, die in die Überlebensfähigkeit der Organisation als Mitunternehmende (Entrepreneurship) eingebunden werden sollen. Dies ist sowohl mit einer höheren Qualifikation, mit mehr Entscheidungsbefugnissen und Fragen der Erfolgsbeteiligung wie einem Rückzug des oberen Managements (Relativierung des „Machertums") auf Überblicks- und wirkliche Steuerungsaufgaben verbunden.

2.4 Was ist im Management zu tun?

Es wurden bereits die Handlungsebenen des normativen, strategischen und operativen Managements benannt. In den meisten Fällen wird in Publikationen zum Management jedoch auf den sogenannten Managementkreis verwiesen. Dabei handelt es sich um formallogische Schrittfolgen, bestehend aus:

- Ziele setzen,
- planen,
- entscheiden,
- realisieren und
- kontrollieren, vermittelt über
- Kommunikation,

die fast jedem logischen Vorgehen zugrunde gelegt werden können.

2. Managementlehre

Hier soll zunächst eine relativ weit entwickelte Variante (von Steinmann/ Schreyögg 2000) vorgestellt werden, für die eine ganze Reihe von Urheber herangezogen werden können. Denn es lässt sich eine Entwicklungslinie verschiedener Management-Theoretiker (Fayol, Guick/Urwick, u.a.) aufzeigen, deren Entwürfe durch Harold Koontz und Cyril O'Donnell überarbeitet wurden und in den relativ unumstrittenen „Fünferkanon" der heutigen Managementlehre mündeten. Die Funktionen können wie folgt charakterisiert werden:

- **Planung** bedeutet im Vorgriff darüber nachdenken, was erreicht werden soll, Ziele festlegen, Handlungsoptionen zuordnen, Programme entwickeln, Verfahrensweisen zur Realisierung entwerfen und darüber nachdenken, wie der Erfolg kontrolliert werden kann.
- **Organisation** bedeutet, das entsprechende Handlungsgefüge herstellen, welches zum Erreichen der gesetzten Ziele führt. Es müssen organisatorische Einheiten sinnvoll eingerichtet werden, damit die Ziele erreichbar sind. Entscheidungskompetenzen müssen an die entsprechend richtigen Stellen verlagert werden, damit ein Zusammenspiel aus Aktion, Informationsfluss, Rückkoppelung in Bezug auf die Aufgabenstellung und Neujustierung entsteht, wobei die Vermeidung von Reibungsverlusten sehr wichtig ist.
- **Personaleinsatz** (heute eher: Personalentwicklung) beinhaltet Personalauswahl, (also: die jeweils richtige Person auf die richtige Stelle zu platzieren), die Pflege des Personals (also: entsprechende Anreizsysteme zu schaffen, Personal fortzubilden, es im Sinne der Karriereplanung auf zukünftige Stellen vorzubereiten), seine Motivierung, Burn-out-Symptome vermeiden, aber auch Personal unter fairen Bedingungen aus der Organisation ausscheiden zu lassen.
- **Führung** bedeutet, dass die konkrete Veranlassung der Arbeitsausführung und die zielführende Feinsteuerung sowohl gegenüber dem Organisationsziel als auch gegenüber den Ansprüchen der Mitarbeitenden angemessen bewerkstelligt werden. Hier ist ein entsprechender zwischenmenschlicher Umgang von Bedeutung. Zu beachten sind hier die alltägliche Motivation, Kommunikation und Konfliktbereinigung.
- **Kontrolle** ist im Sinne des Vergleichs von Soll- und Ist-Daten zu verstehen. Dabei geht es weniger um die Endabrechnung, denn dann kann es im Interesse des Erfolgs der Organisation bereits zu spät sein, sondern um einen begleitenden Prozess der Überprüfung von Daten, die Aufschluss darüber geben, ob sich die entsprechenden Einheiten im „grünen oder bereits im roten Bereich" befinden. Es muss ein Rückkoppelungssystem etabliert werden, das allen Akteuren rechtzeitig Warnsignale sendet oder positive Rückmeldungen gibt, damit der Arbeitsfluss bestätigt oder korrigiert werden kann.

Auf dieser Grundlage kann folgender Management-Regelkreis entworfen werden:

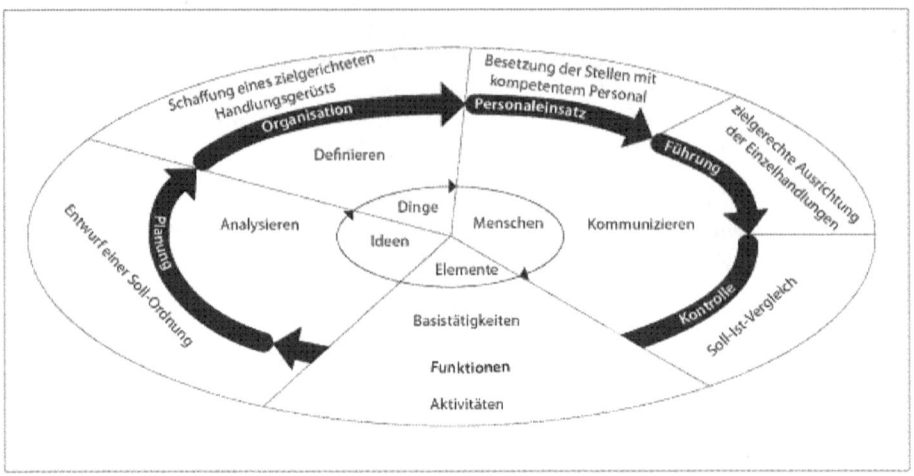

Abb. 6: Der Management-Regelkreis (Steinmann/Schreyögg 2000, 11)

Steinmann und Schreyögg haben dem Fünferkanon, wie zu sehen ist, noch einen weiteren Kreisausschnitt (Funktion) und zusätzlich kommentierende Kreislaufe hinzugefügt, wodurch sie deutlich machen können, welche Ziele und parallelen Leistungen damit verbunden sind.

Damit nicht genug, soll hier eine der Weiterentwicklungen vorgestellt werden, die das Modell auf die Sozialwirtschaft zu übertragen sucht und die Ebenen der sozialpolitischen, der organisationalen und der fachlichen Steuerung in einem Modell zusammen denkt, wobei der mittlere Kreislauf den maßgeblichen Managementkreis abbildet.

An diese grundlegenden Funktionen lassen sich nun die verschiedenen Aufgabengebiete anschließen, auf die sich das Managementhandeln im Besonderen zu beziehen hat. Ohne hier eine abschließende Aufzählung vornehmen zu wollen, muss ein Management in jeder Organisation, deshalb auch in denen der Sozialwirtschaft zumindest folgendes leisten:

- Die geführte Organisation muss in der Öffentlichkeit und bei Stakeholdern, insbesondere den Finanzgebern bekannt gemacht werden.
- Insbesondere ihre Leistungen müssen bekannt sein und sich schlüssig im Kontext sozialpolitischer und gesellschaftlicher Bedarfe erklären lassen, damit dafür Mittel aufgewendet werden, sie also bezahlt werden.
- Intern bedarf es eines Selbstverständnisses, einer Betriebsphilosophie, eines Leitbildes oder wie auch immer bezeichneten Ganzen, woraus sich eine Identifikation der Organisationsmitglieder ergibt und Ziele einer strategischen Planung abgeleitet werden können.

2. Managementlehre

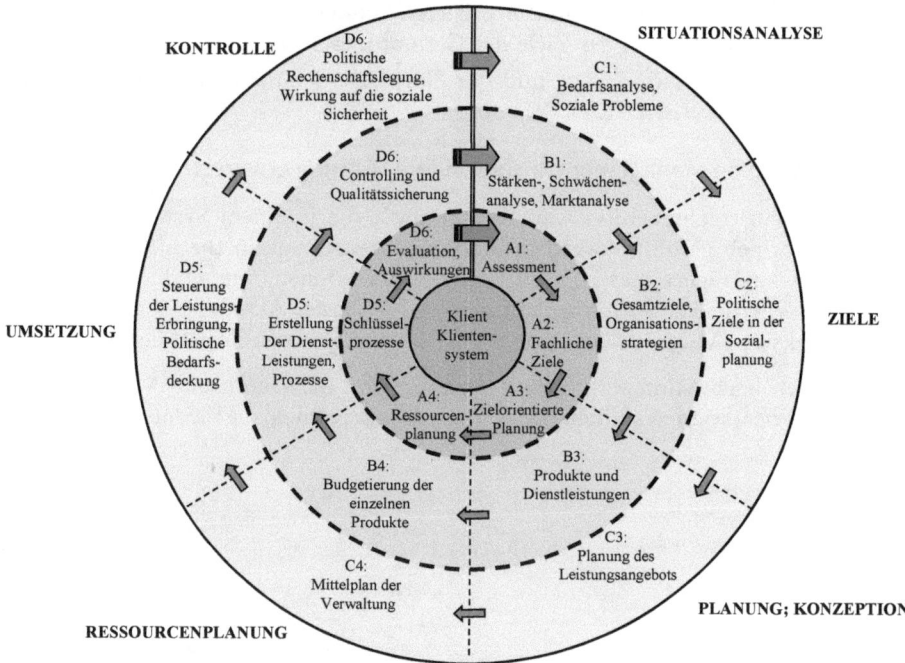

Abb. 7: *Regelkreis der Verbesserung (Meinhold/ Matul 2011, 115)*

- Für die Umsetzung der Ziele bedarf es der erforderlichen Finanzen, juristischen und formalen Voraussetzungen, um mit einer organisierten Dienstleistungserbringung beginnen zu können.
- Intern muss ein organisationales Handlungsgerüst vorhanden sein. Dafür bedarf der Vorstellung von einer Aufbauorganisation (Über- und Unterordnungsverhältnisse) und der Vorstellungen davon, wie Abläufe zur Bewältigung von Arbeitsabläufen zu bewerkstelligen sind (Ablauforganisation).
- Von Beginn an wird nach passenden Mitarbeitenden gesucht. Es bedarf der intelligenten Auswahl von Mitarbeitenden, die für die entsprechenden Stellen gut qualifiziert sind und auf den wichtigen Stellen in einem guten Zusammenspiel miteinander wirken können.
- In den neueren Managementkonzepten geht es nicht mehr um das Durchstellen von Befehlen nach unten, sondern um ein Entrepreneurship, also darum, Mitarbeitende quasi zu Mitunternehmenden zu machen, die selbst motiviert die Ziele der Organisation verfolgen und nach den besten Lösungen suchen. Dafür muss das Management Einheiten entwerfen, in denen dies sinnvoll praktizierbar ist.
- Der Aufbau eines Controllings als wesentliche Managementaufgabe kann unter diesem Aspekt nicht auf die Kontrolle der Mitarbeitenden ausgerichtet sein. Er muss den sich weitgehend selbst steuernden Einheiten Rückmeldungen geben,

damit sie ihre Ressourcen und ihre Zielerreichung selbst im Blick haben und ihren Stand hinsichtlich der Ziele der Gesamtorganisation verfolgen können.
- Gegenüber den Finanzgebern und der Gesellschaft muss eine Rechenschaftslegung erbracht werden.

2.5 Was wird von Management, insbesondere Führung erwartet?

Soziologisch betrachtet müssen für Funktionen, die in einem System zu erfüllen sind, Passformen gefunden werden, die von Akteuren als solche identifiziert und über die sie zu Trägern dieser Funktionen werden können. Letztendlich müssen sie diese verkörpern. Die Soziologie verwendet für diesen Akt des Anschlusses zwischen objektiven Vorgaben und subjektiver Übernahme den Begriff der Rolle.

Es existieren nach Mintzberg **zehn Rollen**, die von Managern und Managerinnen gespielt werden können sollten. Sie können drei Bereichen zugeordnet werden:

Bereich	interpersonelle Beziehungen	Informationen	Entscheidungen
Rollen	– Galionsfigur – Vorgesetzter – Vernetzer	– Radarschirm – Sender – Sprecher	– Innovator – Problemlöser – Ressourcenzuteiler – Verhandlungsführer

Abb. 8: Zehn Rollen von Managerinnen und Managern in drei Bereichen (nach Mintzberg 1980, übersetzt und zitiert nach Steinmann/Schreyögg 2000, 17)

Die Skripts zu den Rollen können folgendermaßen skizziert werden:

- **Galionsfigur (Figurehead)**
  Diese Rolle hat quasi eine symbolische Funktion: die personelle Vertretung der Organisation nach innen und außen. In dieser Funktion wird repräsentiert. Man ist in der Organisation weit oben angesiedelt ohne vielleicht alle entscheidenden Vorgänge in der Organisation zu kennen. Man erhält Ergebnisse vermittelt. Dennoch repräsentiert man die Kultur und hat Einfluss auf sie nach innen.
- **Vorgesetzter (Leader)**
  Als Vorgesetzter hat man einen Auftrag. Vorgaben der übergeordneten Leitung sind nach unten zu vermitteln und Anliegen der Basis nach oben durchzustellen. Man hat Verantwortung für die Kultur im begrenzten Bereich und ist für die Motivierung und Anleitung der unterstellten Mitarbeiter und Mitarbeiterinnen zuständig.
- **Vernetzer (Liaison)**
  Dieses Skript umfasst den Aufbau und die Pflege von Netzwerken innerhalb und außerhalb der Organisation. Von entscheidender Bedeutung ist dabei, in

den entsprechenden Netzwerken auf gleicher Ebene vertreten zu sein und die Mitarbeitenden zu motivieren, sich auf ihren Ebenen zu vernetzen.

- **Radarschirm (Monitor)**
Es ist bedeutsam, früher als andere von Entwicklungen zu wissen und durch entsprechende Impulse auch Entwicklungen beeinflussen zu können. Dieses Skript dient zur kontinuierlichen Sammlung, Aufbereitung und Weitergabe von Informationen über interne und externe Entwicklungen. Wichtig ist hierbei natürlich, bei Gerüchten den „Spreu vom Weizen" zu trennen, um nicht unnötige Panik und womöglich falsche Reaktionen zu provozieren. Die Bedeutsamkeit dieser Funktion wird deutlich, wenn ganz neue, von der Organisation eher abgewehrte Informationen aufbereitet werden.

- **Sender (Disseminator)**
In der Rolle des Senders sollte die Führungsperson relevante Informationen gut aufbereitet im Sinne von zielorientierten, handlungsanleitenden und motivierenden Botschaften an die Mitarbeiter und Mitarbeiterinnen weitervermitteln.

- **Sprecher (Spokesperson)**
Die Rolle des Sprechers ist analog der des Senders zu sehen, nur dass sich die Informationen an die Organisationsumwelt richten. Hier sollte das übermittelt werden, hinter dem die Organisation steht und was sie in die Organisationsumwelt authentisch einbringt. Hier sind Positionen gefragt.

- **Innovator (Entrepreneur)**
Die Kernaktivitäten dieses Skripts betreffen die Initiierung und Realisierung von organisatorischem Wandel (Change Management). Während bei Nachjustierungen und Feineinpassungen nur Überzeugungskraft erforderlich ist, muss für harte Schnitte mit bestehenden Gewohnheiten und grundlegenden Änderungen in wesentlichen Strukturen und insbesondere der Kultur viel Energie aufgewendet werden und auch viel ausgehalten werden können.

- **Problemlöser (Disturbance handler)**
In dieser Rolle sind Aktivitäten gebündelt, die der Konfliktschlichtung und der Bearbeitung unerwartet auftretender Probleme, Widerstände und Störungen dienen. Es gibt Konfliktkonstellationen, in denen die Führungsperson direkt einschreiten muss, die sozusagen zur Chefsache gemacht werden müssen. Für kalkulierbare, immer wieder auftretende Konfliktkonstellationen können Mechanismen eingerichtet werden (Zuständigkeiten, Verfahrensabläufe zur Schlichtung, Supervision etc.), die den Beteiligten Hilfestellung geben.

- **Ressourcenzuteiler (Ressource allocator)**
Ressourcen betreffen insbesondere Zeit (damit auch: eine Entscheidung über wichtige und weniger wichtige Ziele und Aufgabenstellungen), personelle Ressourcen und Kompetenzen sowie finanzielle Ressourcen. Mit diesem Skript werden somit entscheidende Weichen innerbetrieblicher Ausrichtung und Zielführung gestellt.

- **Verhandlungsführer (Negotiator)**
Anders als in der Rolle der Galionsfigur, in der es insbesondere um repräsentative Aufgaben geht, steht hier die Vertretung der eigenen Organisationseinheit in Verhandlungen im Vordergrund. Das Ziel sind für diesen Zuständigkeitsbe-

reich erfolgreiche Ergebnisse zu erreichen. Hier muss das ganze Potential der Organisation oder des Teils der Organisation, den man vertritt, im Rücken gespürt werden, um machtvoll verhandeln zu können.

Vermutlich können diese zehn Skripts nicht nur innerhalb der Begrifflichkeiten differenziert, sondern auch noch gehörig erweitert und variiert werden, wie folgende Abbildung von Drucker belegt:

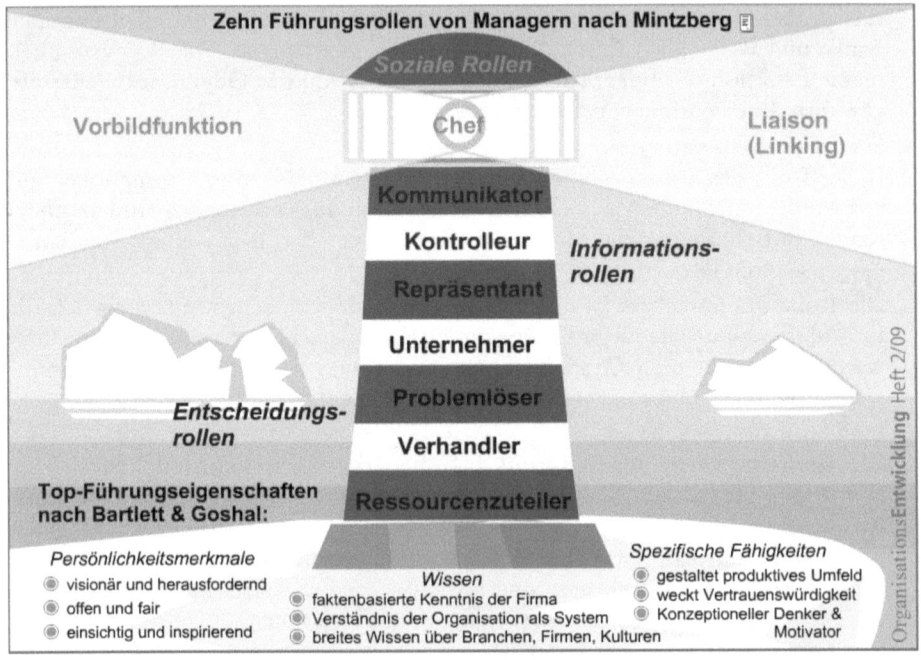

Abb. 9: Zehn Führungsrollen von Managern und Managerinnen nach Mintzberg und Top-Führungseigenschaften nach Bartlett/Goshal (vgl. Drucker 2009)

Die skizzierten Rollen sollen hier als Anregungen verstanden werden. Und sie sollen nicht nur als Anforderungen, sondern auch als Möglichkeiten begriffen werden (wie sie jeder Schauspieler und jede Schauspielerin hat, wenn er oder sie eine Rolle gestaltet). Alles ist interpretierbar und damit mit eigener Färbung zu füllen. Wie in der Abb. 9 deutlich, können entsprechende Persönlichkeitsmerkmale (hier in Bezug auf Bartlett/Goshal 1997) mit den Rollen korreliert werden.

Nicht auf allen Funktionsebenen, die man in einer Organisation einnimmt, werden alle Führungseigenschaften gleich gefordert. Es gibt Abstufungen:

- Im unteren Management stehen die technischen Fähigkeiten (technical skills) im Vordergrund. Hier geht es um die richtige Anwendung von Methoden und Verfahren im Bereich der sachbezogenen Aufgabenerfüllung. Personalführung ist hier bereits gefragt, weil Personen und Teams angeleitet werden müssen.

Man spricht hier von Behavioral Sciences als dem verhaltenswissenschaftlichen Teil der Anleitung von Personen.

- Im mittleren Management ist insbesondere die Verknüpfung zwischen den Gesamtzielen der Organisation, der Einbindung und Motivation der Fachkräfte wichtig. Deshalb werden hier verstärkt soziale Fähigkeiten (human-relations skills) benötigt: Kompetenzen im Bereich der personenbezogenen Aufgabenerfüllung, Führung, Motivation und Konfliktlösung. Hinzu kommen die Aufgabenstellungen, die aus der Unternehmensführung erwachsen. Man spricht hier von Business Administration, die insbesondere den betriebswirtschaftlichen Teil der Steuerung mit umfasst.

- Im oberen Managementsegment wird die ganzheitliche Übersicht über das Unternehmen verlangt, seine Teile, aber auch seine Einbindung ins Umfeld. Zukünftige Entwicklungen und ihre Auswirkungen auf das Unternehmen müssen eingeschätzt werden können, damit rechtzeitige Anpassungsprozesse eingeleitet werden. Damit stehen die analytischen Fähigkeiten (conceptual skills) im Mittelpunkt. Hier sind die klassischen Leadership-Qualifikationen erforderlich. Unternehmensforschung (Operations Research) und sein auf Verfahren bezogener, formalwissenschaftlicher Teil (Management Sciences) sollten hier ausgebildet sein (vgl. Katz 1974).

Deutlich wird, dass unterschiedliche Fähigkeiten auf verschiedenen Managementebenen verlangt werden und es eine kritische Selbsteinschätzung bedarf, auf welcher Ebene man es sich zutraut, zu agieren. Gleichzeitig ist es bereits eine analytische Aufgabe festzustellen, auf welcher Ebene man sich im Management der Sozialwirtschaft befindet.

2.5 Was wird von Personen in Führung (Leadership) erwartet?

Nachdem die Funktion schon betrachtet wurde, soll nun das Augenmerk auf den Führungsaspekt gelenkt werden, mit dem die Person deutlicher in den Vordergrund rückt.

Die Definition der Führung durch Claus Steinle ist nicht weit entfernt von einer Definition des Managements: „Führung wird verstanden als systematisch strukturierter Einflussprozess der Realisierung intendierter Leistungs-Ergebnisse; Führung ist damit im Kern zielorientierte und zukunftsbezogene Handlungslenkung, wobei diese Einwirkung sich auf Leistung und Zufriedenheit richtet" (Steinle 1978, 27). Mit der Definition durch Horst-Joachim Rahn differenziert sich das allerdings mehr aus: Es „kann zwischen personenbezogener Führung als Personalführung (Leadership) und sachlich- rationaler Führung als Unternehmensführung (Management) differenziert werden" (Rahn 2008, 1). Demnach lassen sich verschiedene Orientierungen im Führungsverhalten unterscheiden:

- „Das **personenorientierte** Führungsverhalten beruht auf einem respektvollen, wertschätzenden, empathischen Umgang zwischen Vorgesetzten und Mitarbeitern bzw. Mitarbeiterinnen.

- Das **sachorientierte** Führungsverhalten fokussiert die prozessbezogenen Ablaufschritte betrieblicher Vorgänge. Die Kommunikation zwischen Vorgesetzten

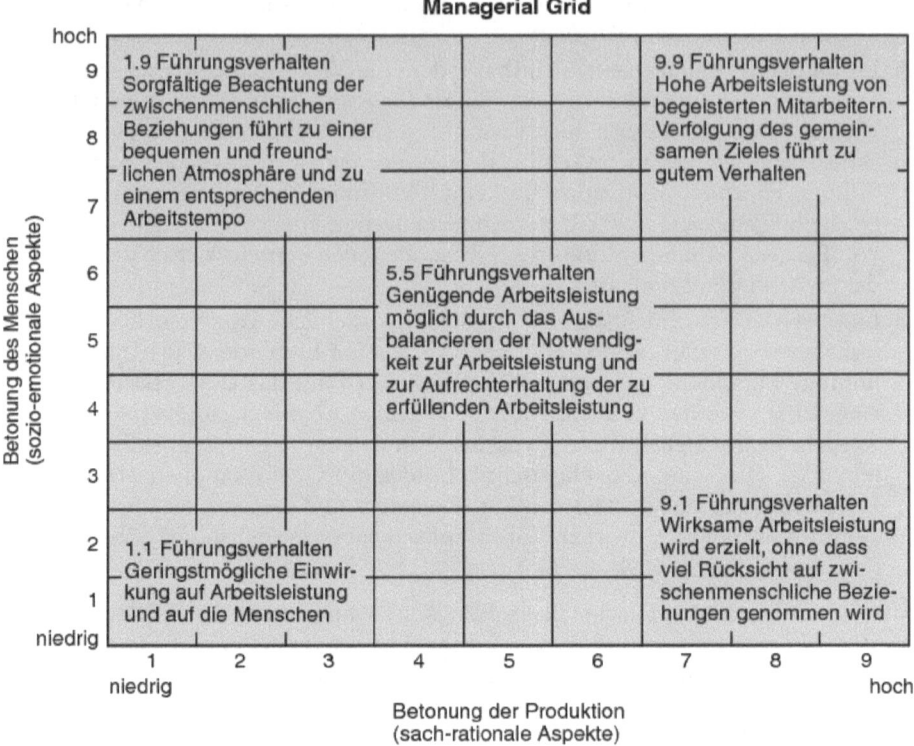

Abb. 10: Verhaltensgitter (nach Blake/ Mouton 1980, 51)

und Mitarbeiter/ Mitarbeiterinnen sind tendenziell auf die Aufgabenverteilung und die Zielerreichung gerichtet" (ebenda, 5).

Es gibt eine Reihe von Untersuchungen über mehr oder weniger passendes Führungsverhalten. Mit der Unterscheidung von verschiedenen Dimensionen des Führungsverhaltens (Personenorientierung gegenüber Sachorientierung) und mit der Betrachtung von alt bekannten Führungsstilen (autoritärer, partizipativer und Laissez-faire-Stil, z.B. in: Hentze/Graf/Kammel/Lindert 2005, 237ff) und weiteren Varianten (z.B. dem Verhaltensgitter von Blake/Mouton 1980, 51, siehe Abb. 10) entfernen wir uns zunehmend von einem technokratischen Verständnis von Führung, da deutlich wird, dass es Personen sind, die Aufgaben und Herausforderungen unterschiedlich annehmen, nicht einfach Strukturen und Instrumente übernehmen, sondern in ganz eigenwilliger Art prägen und verändern.

Insbesondere in Definitionen aus der englischsprachigen Literatur wird auf die Persönlichkeit derer abgehoben, die diese Führungs- bzw. Leadership-Position einnehmen (vgl. Neuberger 2002, 7ff.). Hervorgehoben wird hier u.a.:

- „...the behavior of an individual [...] directing the activities of a group toward a shared goal ...
- ...the influential increment over and above mechanical compliance with the routine directives of the organization...
- ...exercised when persons [...] mobilize [...] institutional, political, psychological, and other resources so as to arouse, engage, and satisfy the motives of followers...
- ...the ability to step outside the culture [...] to start evolutionary change processes that are more adaptive...
- ...Leadership is a function of knowing yourself, having a vision that is well communicated, building trust among colleagues, and taking effective action to realize your own leadership potential..." (spirit of leadership).

Unter diesem Blickwinkel treten nun Führungspersönlichkeiten ins Rampenlicht, die eine Vision, gepaart mit einer charismatischen Ausstrahlung, Beharrungsvermögen und Durchsetzungskraft besitzen. Auf diesem Hintergrund ist es sicherlich richtig, erfolgreiche Führung „nicht nur in der Anwendung immer perfekterer Planungssysteme und der Handhabung des Rationalen" zu suchen, „sondern in der Konzentration auf Inhalte und in der Lenkung der emotionalen Energien einer Organisation auf das gemeinsame Ziel" (Berger 1987, 7).

Warren Bennis und Burt Nanus, auf die sich Roland Berger bezieht, unterscheiden Managen von Führen:

- „Managen bedeutet bewirken, herbeiführen, die Leitung und Verantwortung übernehmen.
- Führen heißt beeinflussen, die Richtung und den Kurs bestimmen, Handlungen und Meinungen steuern" (Bennis/Nanus 1987, 28f).

Für ihr Verständnis von Führung schlagen sie vier Strategien vor:

- Mit einer Vision Aufmerksamkeit erregen,
- Sinn vermitteln durch Kommunikation,
- eine Position einnehmen und damit Vertrauen erwerben und
- die Persönlichkeiten entfalten lassen (Bennis/ Nanus 1987).

Der Definitionsversuch auf einer Internetseite, mit der das Ziel verfolgt wird, alle Informationen zum Thema Leadership zu bündeln (spirit of leadership), macht etwas Weiteres deutlich. Doch zunächst die Definition:

„Leadership ist die Aggregation von praktiziertem Verhalten eines Managers oder einer Managementcrew, das dazu führt,

- eine große Organisation (ein komplexes System) zielgerichtet und ganzheitlich in einem Prozess dauerhafter Entwicklung zu ihrer Höchstleistung zu führen,
- dazu im Interesse der Zukunftsfähigkeit der Organisation grundlegenden Wandel zu wagen, die Menschen dazu zu befähigen und über Widerstände hinweg zu bewegen,

- die dazu erforderliche Umgestaltung und Transformation der Organisation einzuleiten und unter Berücksichtigung aller Elemente der Organisation (Strategie, Kultur, Prozesse, Struktur, Führung, Information und Kommunikation, Leistung und Ergebnis) konsequent voranzutreiben
- die Menschen in der Organisation mental und emotional für eine Zukunftsvision zu stimulieren und eine Verbundenheit über alle Hierarchieebenen hinweg zu bewirken" (spirit of leadership).[1]

In dieser Definition werden die Anforderungen des Wandels und Change Management mit aufgenommen. Damit wird deutlich, dass bestehende Systemgrenzen überwunden werden müssen, damit Organisationen, die auf schließlich von ihrer Bauweise her auf Kontinuität ausgerichtet sind, die neuen Herausforderungen meistern können. In der Folge kann man nun folgende Unterscheidung vornehmen:

- „Management ist das Arbeiten *im* Organisationssystem.
- Leadership ist das Arbeiten *am* Organisationssystem" (ebenda).

Über diese in ihrer Allgemeinheit durchaus anregenden Betrachtungen gehen allerdings andere Autoren und Autorinnen hinaus, indem sie den Anschein erwecken, man könne bereits praktizierte Erfolgsrezepte von Führungspersönlichkeiten wiederholen. Diese sollen hier nicht weiter verfolgt werden.

Mit der folgenden Übersicht von Gerhard Dammann soll angedeutet werden, welche Forschungsrichtungen sich mit Führungstheorien beschäftigen. Damit wird angedeutet, welche Wissenschaftsgebiete etwas hierzu beizusteuern haben.

Generell sollte deutlich geworden sein, dass sich mit der Diskussion über Führung und Leadership der Fokus verschiebt. Er entfernt sich von Fragestellung einer objektiv erscheinenden Rationalität im Sinne von: „Was muss in einer Organisation – unabhängig von Personen – an Managementleistungen erbracht werden, damit die Organisation erfolgreich ist?" hin zu eher auf Personen bezogenen Fragestellungen: „Welches Persönlichkeitsprofil ist für die Führung einer Organisation hilfreich?".

Einen Zwischenschritt dorthin stellen empirische Studien und Betrachtungen des Alltags von Managerinnen und Managern durch die moderne Organisationssoziologie dar.

2.6 Zentrale Qualifikation von Führungskräften – Bewältigung von Dilemmata und Paradoxien

Wird durch die differenzierte Betrachtung von Organisationen die vereinfachte Vorstellung überwunden, man könne Organisationen wie Maschinen steuern, so hat dies auch Folgen für die Vorstellungen von Management. Die in manchen Patentrezepten noch durchschimmernde Vorstellung eines „Machertums" wurde zumindest wissenschaftlich mit der Relativierung der Zweckrationalität („Entthro-

---

1 Hervorhebungen im Internettext wurden weggelassen.

2. Managementlehre

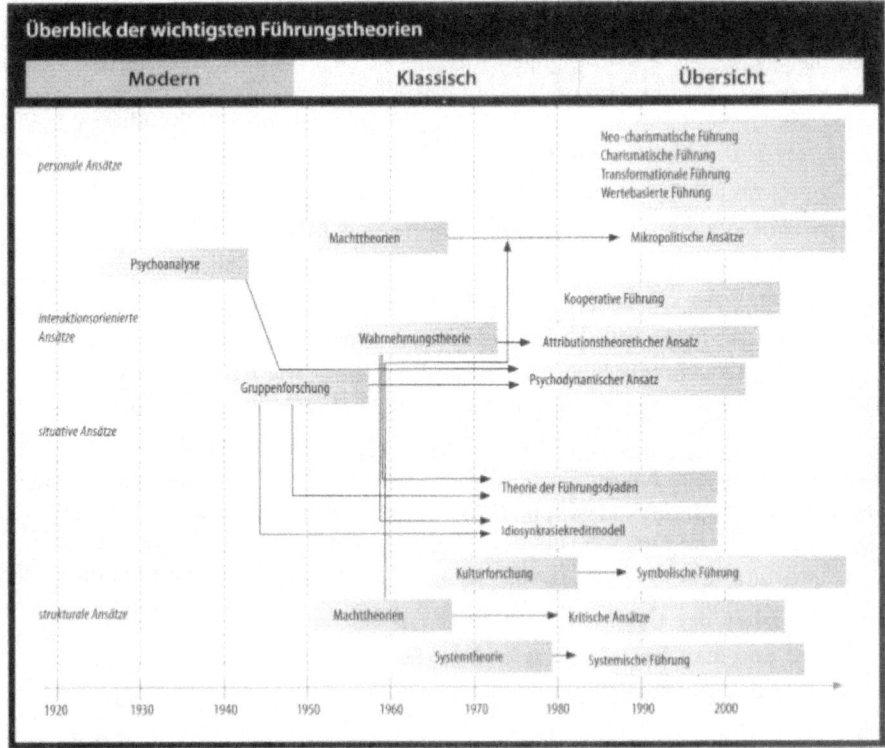

Abb. 11: Überblick über die wichtigsten Führungstheorien (Dammann 2007, 24)

nung des Zweckbegriffs" laut Kühl 2002) ad acta gelegt. Damit ist nicht gemeint, dass nun die Zweckrationalität von Organisationen geleugnet würde, jedoch dass sich diese linear im Sinne einer Kette von Vorgaben und deren Erfüllungen durchstellen ließe.

In der modernen Managementlehre stehen die Bewältigung von Dilemmata und Paradoxien im Mittelpunkt der Managementqualifikation (Grunwald 2006). Hierzu muss zunächst erklärt werden, was mit den Begriffen Dilemmata und Paradoxien in unserem Zusammenhang gemeint ist:

- „Grundsätzlich beschreibt ein Führungsdilemmata eine Situation, in der ein Entscheidungsträger vor die Schwierigkeit der Wahl zwischen zwei einander widersprechenden Handlungslogiken gestellt wird, wobei für beide i.a. gute Gründe sprechen" (Müller-Stewens/Fontin 1997, 3). Es kann hier nicht auf die vielfältig beschriebenen Dilemmata und Paradoxien eingegangen werden. Allein Mintzberg beschreibt 13 Dilemmata (u.a. das „Oberflächlichkeitssyndrom", „Planungsdilemma" oder „Kontrollparadox"; vgl. Mintzberg 2011). Es soll hier lediglich beispielhaft ein zentrales Dilemma hervorgehoben werden. Gebert weist auf partiell gegensätzliche Zielorientierungen in Organisationen hin. Wenn die Führung unter dem Druck des zunehmenden Wettbewerbs die Flexibilität, Wandlungsfähigkeit und Kreativität voranzutreiben sucht, ist sie parallel dazu den Anforderungen ausgesetzt, steigenden Effizienz- und Qualitätsanforderungen zu entsprechen und trotz Verflüssigung der Strukturen, um dem ersten Ziel zu dienen, muss sie die Zuverlässigkeit und Stabilität der Prozesse gewährleisten (Gebert 2004).

- Während man sich bei einem Dilemma - ohne ausreichende Entscheidungshilfe – festlegen muss und der Ausgang offen ist, kann bei einem Paradox nichts mehr entschieden werden: „die Entscheidung ist getroffen und man ist nun konfrontiert mit in sich widersprüchlichen Konsequenzen. Wenn man A gesagt hat, bekommt man unausweichlich Nicht-A und umgekehrt. Statt der Qual der Wahl trifft einen der Fluch der getroffenen Wahl" (Neuberger 2002, 354). Die Entscheidung war falsch und es muss nun ein Ausweg gefunden werden, den alle Mitstreitenden verstehen und mittragen können, aber nicht müssen.

Analog der zentralen Funktion der Reduktion von Komplexität des Systems Organisation kommt dem Management die Funktion der „Absorption von Ungewissheit" (Weick 1998) zu, womit die Aufgabenstellung verbunden ist, Unklarheiten, Ungewissheiten und Widersprüche in Organisationen aus der Sphäre der Diffusität und Nichtgreifbarkeit zu überführen in formulier- und greifbare Spannungsfelder und Dilemmata (Grunwald 2006). Die eigentliche Existenzberechtigung der Führungskräfte liegt somit im Umgang mit Paradoxien und Dilemmata. Sie müssen im Interesse der Organisation aufbereitet werden, damit sie kommunizierbar und bearbeitbar werden (Kühl 1997).

In der Aufgabenstellung, Paradoxien und Dilemmata durch Managementhandeln der organisationalen Bearbeitung zuzuführen, steckt eine doppelte Anforderung:

- Managerinnen und Manager „müssen einerseits die Komplexitätswahrnehmung reduzieren, indem sie die Unbestimmtheit von Entscheidungen absorbieren. Sie müssen also einen Großteil der Entstehungsgeschichte und des Kontexts einer Entscheidung gezielt so verkürzen, dass mit der gefallenen Entscheidung ... weitergearbeitet werden kann.
- Leitungskräfte müssen andererseits aber auch ... die Komplexität systematisch erhöhen, indem sie Dilemmata und Paradoxien so entfalten, dass sie in der Organisation wahrgenommen und bearbeitet werden können" (Grunwald 2011, 6).

Damit ist der Druck, eine heroische Persönlichkeit sein zu müssen, die charismatisch überzeugt und die Organisation zu neuen Ufern führt, etwas herausgenommen, jedoch bleiben erhebliche Anforderungen, für die es keine technischen Vorgaben gibt. Es sind die Persönlichkeiten in Führungs- und Leitungsfunktionen, die in den entsprechenden Drucksituationen unter Einbeziehung der Mitarbeitenden etwas Produktives gestalten müssen.

2.7 Anforderungen an Führungspersönlichkeiten

Anforderungen sind in der Literatur viele benannt, jedoch die für die Rollen passenden Persönlichkeiten wenig bzw. sehr kontrovers und keineswegs wissenschaftlich gesichert charakterisiert. Die Forschung steht dabei vor noch größeren Problemen als die Forschung zu den Aspekten, die bereits behandelt wurden, denn jetzt müssten interdisziplinär auch noch Persönlichkeitsmerkmale untersucht und mit den bereits angesprochenen Aspekten in Relation gesetzt werden. Es ist also gegenwärtig nicht schlüssig erforscht, was gute Manager und Managerinnen auszeichnet.

Anregungen können Überlegungen von Fredy Hausammann zum Personal Governance geben. Sein individuumsbezogenes Verständnis kann hilfreich sein, um sich aus der Sicht Studierender und angehender Führungskräfte in die Rolle einzudenken: „Personal Governance ist eine bewusste, strategische und operativ/situative Selbststeuerung und permanente persönliche Weiterentwicklung unter Berücksichtigung der reflektierten individuellen Bedürfnisse, Fähigkeiten und Präferenzen sowie unter Berücksichtigung des privaten und beruflichen Umfeldes. Die Personal Governance ist auf ein Lebensprojekt ausgerichtet, das auf einer ausgewogenen Berücksichtigung von privaten und beruflichen Zielen basiert und gesellschaftspolitische Interessen integriert" (Hausammann 2007, 22).

Hier sollen wenigstens ein paar Stichworte hinsichtlich plausibler Anforderungen, geordnet von den Basics zu den besonderen Fähigkeiten von Führungskräften gegeben werden:

- Relativ unumstritten ist, dass Führungskräfte die interpersonale Fähigkeit besitzen sollten, eine Vielfalt kommunikativer Mittel einzusetzen und neue soziale Kontakte einzuleiten.
- Sie sollten heuristische Fähigkeiten besitzen, neuartige Situationen zu erschließen und zu bewältigen.
- Nicht unerwartet sollte (insbesondere in Organisationen der Sozialen Arbeit) die reflexive Fähigkeit zu ihren Eigenschaften gehören.
- Sie sollten eigene Lebensprojekte entwerfen und weiterverfolgen können.
- Für den Umbruch der Organisationsumwelt benötigen sie interpretative Fähigkeiten, um bisherige Umweltdeutungen für ihre Organisationen in Zweifel zu ziehen und einen Weg für die Schaffung einer neuen Ordnung über den Weg der Unordnung zu (er)finden.
- Sie sollten neue Ideen entwickeln können, um eingefahrene Denkmodelle in der eigenen Organisation aufzubrechen und neue Kreativität freizusetzen.

Wenig thematisiert werden in der Literatur die negativen Seiten, die mit Leitungspositionen verbunden sind. Bekannt ist, dass Führungskräfte Personalentscheidungen treffen müssen, dass sie Bewertungen vornehmen, Sanktionen aussprechen und Entlassungen vornehmen müssen. Insbesondere beim Umbau von Organisationen bedarf es harter Schnitte. Aus dem folgt, dass Führungsentscheidungen auch unangenehm für Mitarbeitende sein können und daraus wiederum, dass Leitungs- und Führungspositionen einsam machen. Es bedarf also auch einer Konstitution, die mit Einsamkeit in der Funktion umgehen kann. Eine Person, die von allen in ihrer Umgebung geliebt werden will, ist sicherlich nicht gut platziert auf einem Führungsposten.

Auf die Komplexität, die sich aus den sehr unterschiedlichen Anforderungen an Leitungs- und Führungsaufgaben hinsichtlich passender Persönlichkeitsprofile ergibt, kann an dieser Stelle nicht eingegangen werden. Sie wird Studierende und Lehrende in den Studiengängen des Sozialmanagements und Managements in der Sozialwirtschaft durch das gesamte Studium beschäftigen.

> **Kontrollfragen**
>
> 1. Wie hat sich die Betrachtung von Organisationen in der Theorie weiterentwickelt?
> 2. Wie haben sich die Managementkonzepte verändert?
> 3. Was sollten Managerinnen und Manager neben dem einschlägigen Wissen insbesondere mitbringen, wenn sie gute Arbeit machen und etwas verändern wollen?

Literatur

Bader, C. (2002): Der kleine große Unterschied. Zu den Besonderheiten des Managements von Non-Profit-Organisationen, S. 22ff, in: Sozialmagazin 11/2002.
Barnard, Ch. I. (1938): The Functions of the Executive; deutsche Übersetzung: Die Führung großer Organisationen, Essen 1970, 17. Auf.
Bartlett, C. A./**Goshal**, S. (1997): The myth of the generic manager: New personal competencies for new management roles. In: California Management Review, 40 (1), S. 92 ff.
Bate, P. (1997): Cultural Change. Strategien zur Änderung der Unternehmenskultur, München 1997.
Becker, H./**Langosch**, I. (1990): Produktivität und Menschlichkeit. Organisationsentwicklung und ihre Anwendung in der Praxis, Stuttgart, 3. Aufl.
Bennis, W.G. (1969): Organization development, Reading/Mass.
Bennis, W./ **Nanus**, B. (1987): Führungskräfte. Die vier Schlüsselstrategien erfolgreichen Führens, Frankfurt/Main, New York.
Berger, R. (1987): Vorwort zur deutschen Ausgabe von: Bennis/Nanus.
Blake, R. R./**Mouton**, J. S. (1964): The managerial grid. Houston, deutsch (1980): Verhaltenspsychologie im Betrieb. 2. Aufl., Düsseldorf.
Bleicher, K. (1992): Das Konzept Integriertes Management. 2. Aufl., Frankfurt/New York.
Böhnisch, L. (1994): gespaltene Normalität. Lebensbewältigung und Sozialpädagogik an den Grenzen der Wohlfahrtsgesellschaft, Weinheim und München.
Comelli, G. (1985): Training als Beitrag zur Organisationsentwicklung, München, Wien.
Dammann, G. (2007): Narzissten, Egomanen, Psychopathen in der Führungsetage. Fallbeispiele und Lösungswege für ein wirksames Management, Bern, Stuttgart, Wien.
Drucker, P. (2009): Führungsrollen. Siehe unter: http://www.zoe.ch/einblick_2009_02.html (30. 06. 2011).
Fayol, H. (1929): Allgemeine und industrielle Verwaltung, Berlin 1929.
Gebert, D. (2004): Dilemma-Management, S. 195ff, in: Schreyögg/von Werder.
Geißler, H. (1995): Grundlagen des Organisationslernens, Weinheim, 2. Aufl.
Grunwald, K. (2006): Management von Dilemmata und Paradoxien in Organisationen der Sozialen Arbeit, S. 186-201, in: Neue Praxis, 36. Jahrgang, Heft 2.
Grunwald, K. (2008): Zur Nähe der heutigen Auffassungen der Organisationssoziologie zu zentralen Konzepten der Sozialen Arbeit am Beispiel der Lebensweltorientierten Sozialen

Arbeit – Annäherungen zwischen Sozialmanagement und Sozialer Arbeit?, S. 194 ff, in: Bassarak/Wöhrle.

Grunwald, K. (2011): Zur Bewältigung von Dilemmata und Paradoxien als zentrale Qualifikation von Führungskräften. Vortrag auf der Tagung „Sozialwirtschaftliche Bedeutung des Personals im Sozialmanagement" der Bundesarbeitsgemeinschaft Sozialmanagement/ Sozialwirtschaft am 6.05.2011 in Stuttgart.

Hausammann, F. (2007): Personal Governance als unverzichtbarer Teil der Corporate Governance und Unternehmensführung. Haupt Verlag, Bern/Stuttgart/Wien.

Heinrich, P./Schulz zur Wiesch, J. (Hrsg.; 1998): Wörterbuch zur Mikropolitik, Opladen.

Hentze, J./Graf, A./Kammel, A./Lindert, K. (2005): Personalführungslehre, 4. Aufl., Stuttgart.

Katz, R. (1974): Skills of an effective administration, S. 90 ff, in: Harvard Business Review, Sept./Oct.

Kieser, A. (1999): Human-Relations-Bewegung und Organisationspsychologie, S. 109ff, in: Kieser (Hrsg.): Organisationstheorien, Stuttgart, 3. Aufl.

Kocka, J. (1975): Unternehmer in der deutschen Industrialisierung. Göttingen.

Kühl, S. (1997): Widerspruch und Widersinn bei der Umstellung auf dezentrale Organisationsformen – Überlegungen zu einem Paradigmenwechsel in der Organisationsentwicklung, S. 4 ff, in: Organisationsentwicklung, 16. Jahrgang, Heft 4.

Kühl, S. (2002): Sisyphos im Management. Die vergebliche Suche nach der optimalen Organisationsstruktur, Weinheim.

Lewin, K. (1947): Frontiers in group dynamics, S. 5ff, in: Human Relations 1/1947.

Luhmann, N. (1973): Zweckbegriff und Systemrationalität. Frankfurt a.M.

Luhmann, N. (1984): Soziale Systeme. Grundriss einer allgemeinen Theorie, Frankfurt a.M.

Lynch, D./Kordis, P. (1991): DelphinStrategien. ManagementStrategien in chaotischen Systemen. Fulda.

Meinhold, M./ Matul, Chr. (2011): Qualitätsmanagement aus der Sicht von Sozialarbeit und Ökonomie, Baden-Baden, 2. Aufl.

Merchel, J. (2000): Einführung in das Studium (des weiterbildenden Verbundstudiengangs Sozialmanagement der Fachhochschule Münster und Niederrhein), hrsg. v. Ministerium für Schule, Wissenschaft und Forschung des Landes Nordrhein-Westfalen (zu beziehen über: Institut für Verbundstudien der Fachhochschule Nordrhein-Westfalen, Haidener Straße 182, 58095 Hagen), Hagen.

Mintzberg, H. (1980): The nature of managerial work. 2. Aufl., New York.

Mintzberg, H. (2011): Managen, Offenbach, 2. Aufl.

Müller-Stewens, G./Fontin, M. (1997): Management unternehmerischer Dilemmata. Ein Ansatz zur Erschließung neuer Handlungspotentiale, Stuttgart.

Neuberger, O. (2002): Führen und führen lassen, Stuttgart.

Rahn, H.-J. (2008): Personalführung kompakt. Ein systemorientierter Ansatz. München.

Schein, E. H. (1985): Organizational culture and leadership, San Francisco, London.

Schein, E. H. (2003): Organisationskultur (The Ed Schein Corporate Culture Survival Guide), Bergisch Gladbach.

Schreyögg, G. (1992): Organisationskultur, S. 1526, in: Frese 1992.

Schreyögg, G. (2003): Organisation: Grundlagen moderner Organisationsgestaltung, Wiesbaden, 4. Aufl.

Schütz, A. (1974): Der sinnhafte Aufbau der sozialen Welt, Frankfurt am Main.

Simon, W. (2002): Moderne Managementkonzepte von A – Z. Strategiemodelle, Führungskonzepte, Managementtools, Offenbach.

Spirit of leadership, gefunden unter: http://www.spirit-of-leadership.de/SL-Leadership/The-Spirit-of-Leadership-Information-rund-um-das-Thema-Leadership-E1138.htm.

Steinle, C. (1978): Führung. Grundlagen, Prozesse und Modelle der Führung in der Unternehmung. Stuttgart.

Steinmann, H./**Schreyögg,** G. (2000): Management. Grundlagen der Unternehmensführung, Wiesbaden.
Taylor, F. (1911): Principles of scientific management, New York 1911.
Thiersch, H. (1992): Lebensweltorientierte Soziale Arbeit, Weinheim (7. Auflage 2009).
Ulrich, H. (1984): Management. Bern/Stuttgart.
Ulrich, P./**Fluri,** E. (1995): Management. Eine konzentrierte Einführung. 7. Aufl., Bern/Stuttgart/Wien.
Vogel, H.C./**Bürger,** B./**Nebel,** G./**Kersting,** H.J. (1994): Werkbuch für Organisationsberater, Aachen.
Weber, M. (1921): Wirtschaft und Gesellschaft, Tübingen, 1. Aufl. 1921, 5. Aufl. 1972
Webster´s new encyclopedic dictionary (1996), New York.
Weick, K. (1998): Der Prozeß des Organisierens, Frankfurt am Main
Wöhrle, A. (2003): Grundlagen des Managements in der Sozialwirtschaft. Baden-Baden, 1. Aufl.
Wöhrle, A. (2005): Den Wandel managen. Organisationen analysieren und entwickeln, Baden-Baden
Wöhrle, A. (2008a): Mythen, S. 696 ff, in: Maelicke
Wöhrle, A. (2008b): Ritual, S. 847 ff, in: Maelicke
Wöhrle, A. (2008c): Mikropolitik, S. 681 ff, in: Maelicke
Wöhrle, A. (2012): Konzepte des Sozialmanagements und des Managements in der Sozialwirtschaft, Brandenburg (Studienbrief 2-020-1401)
Zingarelli (1994): Vovabulario Della Lingua Italiana, Roma

Kapitel 6 Sozialmanagement und Management in der Sozialwirtschaft

Armin Wöhrle

1. Entwicklungslinien des Sozialmanagements und Managements in der Sozialwirtschaft

Die Vorstellung von einem Sozialmanagement bildete sich (abgesehen von wenigen Vordenkern und Diskussionszusammenhängen) erst in den 1990er Jahren heraus. Dann allerdings entstand bald die Unterscheidung zu einem Management in der Sozialwirtschaft. Ein breit geteiltes Verständnis über dieses Management sowie ein Selbstverständnis unter den Akteuren in Managementfunktionen sind erst am Entstehen. Warum dies so ist, muss zunächst erklärt werden.

Abb. 1: Phasen des Sozialmanagements und des Managements in der Sozialwirtschaft (Wöhrle 2008, 72)

Mit den hier angedeuteten Phasen soll angedeutet werden, dass aus einer eher „dunklen Vergangenheit" im Sinne eines fehlenden Selbstbewusstseins und einer Orientierung an der öffentlichen Verwaltung heraus eine zunehmende Professionalisierung des Sozialmanagements einsetzte. Aufgrund der Anforderungen der Praxis musste reagiert werden, wozu man sich das Handwerkzeug aus den Betriebswirtschaften holte und es sich „zurechtschneiderte". Erst mit den boomenden Studiengängen und neu entstehenden Diskussionszusammenhängen wurden zunehmend eigenständige Fragestellungen aus Sicht des Sozialmanagements entwickelt und eigene Forschungen betrieben. In diesen Zusammenhängen wird nun auch deutlicher das Eigenständige des Sozialmanagements und des Managements in der Sozialwirtschaft herausgearbeitet und Fragen nach der theoretischen Verortung gestellt (Wöhrle 2007). Die Vision, die hier angedeutet wird, besteht darin, dass die theoretische Beschäftigung mit den Eigenheiten des Sozialmanagements und des Managements in der Sozialwirtschaft auch Anregungen für das gesamtgesellschaftliche Wirtschaften und damit ein sozialeres erbringen könnte.

Wenn den vorgestellten Konzepten des Sozialmanagements und des Managements in der Sozialwirtschaft ausführlicher nachgegangen wird, lässt sich die Geschichte differenzierter erzählen (vgl. Wöhrle 2012b). Hier sollen lediglich Merkmale für die Unterscheidung von Phasen herausgearbeitet werden.

1.1 Die „dunkle Vergangenheit"

Eigentlich kann diese Phase nicht zur Geschichte des Sozialmanagements gerechnet werden, weil kein Selbstverständnis des Sozialmanagements als etwas Eigenes vorhanden war und gleichzeitig muss sie erwähnt werden, weil ja auch in dieser Phase Organisationen der Sozialen Arbeit gesteuert und geführt werden mussten. Der Begriff des Sozialmanagements entstand in den 1970er Jahren in Fortbildungsveranstaltungen der Diakonischen Akademie Stuttgart, für die Albrecht Müller-Schöll zeichnete. Er brachte auch das erste Lehrbuch zum Thema zusammen mit Manfred Priepke heraus (Müller-Schöll/Priepke 1983). Offensichtlich war zuvor kein Führungspersonal in den freien Trägern vorhanden, das sich als eigenständiges Management begriff.

Diese Abstinenz hinsichtlich eines Managementverständnisses ist insofern nicht verwunderlich, weil bis in die 1990er Jahre die Erbringung wohlfahrtsstaatlicher Leistungen in Deutschland durch ein korporatistisches System geprägt war (vgl. Seibel 1992). Die Steuerung der Organisationen wurde durch die öffentliche Verwaltung und ihre Finanzzuteilung vorgegeben. Sowohl die Wohlfahrtsverbände mit ihren engen Verbindungen zur öffentlichen Verwaltung als auch die kleinen freien Träger konnten sich dieser Logik nicht entziehen. Die lange Phase vor der „Erfindung" des Sozialmanagements bestand somit für die Leitung und Führung sozialer Organisationen darin, Vorgaben der öffentlichen Verwaltung (erläutert durch die Verwaltungswissenschaft) auf dem jeweiligen Stand zu übernehmen. Man hing als freier Träger ohne Alternative am „Tropf" der öffentlichen Zuwendungen und verstand sich als „verlängerter Arm" der öffentlichen Verwaltung, weil man deren Verwaltungsvorschriften und Abrechnungsmodi einzuhalten hatte.

Nicht erstaunlich ist deshalb, dass in der Sozialen Arbeit alle Tätigkeiten, die nicht unmittelbar fachlicher Natur waren, als Verwaltung bezeichnet wurden. Darunter subsumierte alles von der Belegerbringung für Ausgaben bis zur Personaleinstellung. Es war offensichtlich kein Bewusstsein für differenzierte Führungs- und Leitungstätigkeiten vorhanden. Sie waren auch eher mit einem negativen Vorzeichen versehen und die meisten Hochschulen, insbesondere die Universitäten beschäftigten sich nicht bzw. erst in den 1990er Jahren damit.

1.2 Die eigenständige Suchbewegung

Ein erster Bruch mit dem Bild eines „verlängerten Arms der Verwaltung" war erkennbar mit der in den 1980er Jahren einsetzenden Kritik an den Wohlfahrtsverbänden, an der staatlichen Verwaltung und Bürokratie und insbesondere an ihrer Verflechtung („(Neo-) Korporatistisches System" – vgl. z.B. Seibel 1992, Olk 1986).

In dieser Phase ab den 1980er Jahren suchte die Führung und Leitung in Organisationen der Sozialen Arbeit nach eigenen Steuerungsinstrumenten. In diesem Abwehrkampf gegen eine Vereinnahmung, die nicht passte, wurde nach Instrumenten des Managements gesucht, die das Eigenständige unterstützen sollten. Dies war die Phase einer Suchbewegung, die eher durch graue Literatur dokumentiert werden kann (vgl. in Wöhrle 2012b). Unterstützt wurde diese Suchbewegung durch Beratungsprozesse und Fortbildungen. Insbesondere die Diakonische Akademie in Stuttgart unter Albrecht Müller-Schöll, die Fortbildungsakademie des Deutschen Vereins für öffentliche und private Fürsorge und das Institut für Sozialarbeit und Sozialpädagogik (ISS) in Frankfurt am Main, verbunden mit dem Namen Bernd Maelicke waren dabei Vorreiter. Lange bevor sich die ersten Studiengänge für Sozialmanagement etablierten entstand ein Fortbildungs- und Beratungsmarkt innerhalb und außerhalb der Wohlfahrtsverbände (vgl. Grunwald 2001). Eine erste Schriftenreihe „Soziale Arbeit in der Wende" unter dem Dach der staatlichen Fachhochschule München griff ab 1983 Sozialmanagementthemen auf. Erste Sozialmanagementkonzepte wurden thematisiert (vgl. Flösser/Otto 1992) und es wurden die jeweiligen Bestrebungen zur Verwaltungsmodernisierung in praxisbezogenen Studiengängen an Hochschulen diskursiv begleitet und unterstützt. In dieser Zeit wurden Monografien veröffentlicht, die das Sozialmanagementwissen auf der Höhe der Zeit zusammenfassen suchen (hierzu mehr in: Wöhrle 2012b).

Kann diese Phase anhand von evolutionären Anpassungsprozessen an zunehmende neue Herausforderungen gepaart mit einem beginnenden Selbstbewusstsein als Suche nach einem eigenständigen Management beschrieben werden, so wurde sie inmitten ihrer Bestrebungen in den 1990er Jahren quasi überrollt durch einen grundlegenden sozialpolitischen Umbau.

1.3 Die „Ökonomisierungswelle" der 1990er Jahre und das Modell der Neuen Steuerung in der öffentlichen Verwaltung

Mit den Auswirkungen der Globalisierung bzw. der Neuausrichtung der Europäischen Gemeinschaft auf einen im Umbruch befindlichen Weltmarkt, der Wachstumskrise der Wirtschaft in Deutschland bei gleichzeitigen Prognosen hinsichtlich einer Überalterung der Gesellschaft und Hochrechnungen, die eine zukünftige Finanzierung der Sozialsysteme infrage stellten, wurde politisch nach neuen Modellen der Finanzierung und Steuerung der Sozialsysteme gesucht. In der Folge des weltweiten Vergleichs von Steuerungssystemen wurde in den 1990er Jahren nicht nur das Wohlfahrtssystem grundlegend umgebaut (vgl. Beck/Schwarz in Kapitel 2), sondern auch das Steuerungssystem der öffentlichen Verwaltung und der Organisationen, die soziale Leistungen erbringen. Mit der „Neuen Steuerung" wurde ein „Wandel zweiter Ordnung" (Wöhrle 2005, 52 ff., 2012b, 26 ff.) eingeleitet, gekennzeichnet durch einen Paradigmenwechsel oder – noch krasser ausgedrückt – eine „revolutionäre Umbruchsituation". Wenn man so will, wurde nun erstmalig das auf den Feudalismus zurückgehende kameralistische Regime der öffentlichen Verwaltung, das im aufkommenden Kapitalismus durch eine Formalbürokratie überformt wurde und die verschiedenen politischen Systeme als Exekutive überdauert hatte, nun frontal infrage gestellt und durch das kapitalistische Modell der betriebswirtschaftlichen Steuerung zu ersetzen gesucht.

Eine kontinuierliche Weiterentwicklung des Managements in den Organisationen der Sozialen Arbeit nach eigener Logik unter den bekannten Vorzeichen machte nun keinen Sinn mehr, weil alle Weichen sozialpolitisch und verwaltungspolitisch umgestellt waren. Es ging nun um Anpassungsleistungen an die neuen Vorgaben.

Auch die Anpassungsleistungen erbringenden Fortbildungs- und Beratungsträger wurde überrollt durch den Einstieg der Hochschulen in die Ausbildung für die Sozialwirtschaft und für das Sozialmanagement. Das war für die Hochschulen nur bedingt ein freiwilliger Akt, denn sie wurden eingebunden in den Bologna-Prozess und mussten sich zur eigenen Überlebenssicherung neue Chancen hinsichtlich der Masterstudiengänge erschließen. Fortbildungsträger waren gezwungen, sich hier einzutakten oder haben mit ihren Angeboten nicht überlebt.

1.4 Anpassungsleistungen und Plattformen für Suchbewegungen

Auch wenn in den 1990er Jahren die meisten Monografien entstanden, die den Einzug des Managements in die Soziale Arbeit zu erklären suchten und in denen nach praktischen Anregungen und Konzepten für das Managen gesucht wurde, so entsteht eine neue Qualität nicht durch die Summe von einzelnen Veröffentlichungen, sondern durch die Einrichtung von Plattformen für Suchbewegungen in Richtung eigenständiger Passformen und umgreifender Verständnisse für das Sozialmanagement und das Management in der Sozialwirtschaft. Was die neue Phase kennzeichnet, soll anhand von drei Beispielen verdeutlicht werden (ausführlicher in: Wöhrle 2012b):

- Bernd Maelicke war Initiator und 1990 Mitbegründer der Fachzeitschrift „SOCIALmanagement", die heute zweimonatlich als „SOZIALwirtschaft" und 14-tägig als „SOZIALwirtschaft aktuell" erscheint. 1994 begann er als Herausgeber der „Edition Sozialwirtschaft" bei Nomos mit der Veröffentlichung aktueller Konzepte und Diskussionen. Hier sind bislang über 30 Bände zu Thema Sozialmanagement und Sozialwirtschaft erschienen. Seit 2000 dokumentiert diese Reihe auch die Kongresse der Sozialwirtschaft.
- Gotthart Schwarz entwarf 1994 ein Programm, das die aktuellen Herausforderungen der damaligen Zeit einbezog, die Bedeutung von Organisationen und ihres Managements hervorhob, die jeweiligen Modelle der Organisationssoziologie und Managementlehre grob gewichtete und das Konzept des Lean Managment als richtungsweisend für den Umbau des Sozialmanagements ansah. Er entwarf damit ein Konzept für die Veröffentlichungsreihe im Ziel-Verlag

(Schwarz 1994). In der Reihe folgten Bände zu allen wesentlichen Fragen des Sozialmanagements bzw. des Managens in der Sozialwirtschaft. In dieser Reihe fließen in jüngster Zeit auch Ergebnisse der Kongresse der Bundesarbeitsgemeinschaft und der Internationalen Arbeitsgemeinschaft Sozialwirtschaft/Sozialmanagement (INAS) ein.

- Ein für die Ausbildung von Sozialmanagern und Sozialmanagerinnen richtungsweisendes Programm wurde in den 1990er Jahren durch den Fachhochschulfernstudienverbund der Länder Brandenburg, Berlin, Sachsen, Sachsen-Anhalt, Mecklenburg-Vorpommern (FHL) aufgelegt. Durch ein Bund-Länder-Projekt finanziert wurde hier ein Fachausschuss unter Leitung von Armin Wöhrle eingerichtet, der anhand eines Masterplans von Gotthart Schwarz und unter Einbeziehung von ca. 30 Fachleuten der beteiligten Wissenschaftsdisziplinen ein Curriculum für Studiengänge des Sozialmanagements entwarf, für das über 70 Studienbriefe (ca. 5.000 Seiten Material) erarbeitet wurden. Bis heute gibt es kein vergleichbares Konzept, das Gebiet des Sozialmanagements für die Hochschulausbildung derart umfassend aufzubereiten. Vermarkter dieses Konzeptes ist heute der Hochschulverbund Distance Learning (HDL), der seit seiner Organisationsform als FHL auch einige Umbauprozesse durchlaufen hat.[1]

Wie diese Beispiele zeigen, ist heute ein grundlegendes Wissen für das praktische, also anwendungsbezogene Management in der Sozialen Arbeit vorhanden.

Zudem hat sich die Praxis Foren geschaffen, auf denen nach Antworten auf drängende Fragen gesucht wird. Es gibt

- die Kongresse der Sozialwirtschaft, die in der Trägerschaft der Bundesarbeitsgemeinschaft der Freien Wohlfahrtspflege (BAGFW), der Bank für Sozialwirtschaft (BfS) und der Nomos Verlagsgesellschaft von den bundeszentralen Akademien der Freien Wohlfahrtspflege und dem Deutschen Verein für öffentliche und private Fürsorge durchgeführt wurden[2] und
- die ConSozial, die größte Fachmesse für den Sozialmarkt (mit 5.095 Besuchern und 264 Ausstellern in 2012).[3]

Für die wissenschaftliche Diskussion wurde bereits 1997 die Bundesarbeitsgemeinschaft Sozialmanagement/Sozialwirtschaft (bag smsw) eingerichtet, in der sich die Lehrenden in Studiengängen des Sozialmanagements und der Sozialwirtschaft eher lose zusammenfanden bis sie 1999 einen Verein gründeten. Im Rahmen eines Kongresses in Luzern wurde in 2008 die Gründung der Internationalen Arbeitsgemeinschaft Sozialmanagement/Sozialwirtschaft (INAS) beschlossen.[4] Seit 2013 gibt es eine weitere Plattform, auf der wissenschaftlicher Fragen erörtert werden können. Das „Kölner Journal" als wissenschaftliches Forum für Sozial-

---

1 Der aktuelle Stand der Reihen kann abgefragt werden unter:
http://www.aww-brandenburg.de/suche.php - Eingabe: Sozialmanagement;
http://www.ziel-verlag.de/042e5d9b4f0f74608/index.php;
http://www.nomos-shop.de/trefferListe.aspx?q=Management+in+der+Sozialwirtschaft&action=search&page=0.
2 Veröffentlichungen z.B.: Bundesarbeitsgemeinschaft der Freien Wohlfahrtspflege (Hrsg.) 2009.
3 Siehe: http://www.consozial.de/index.php?section=367
4 Siehe: http://www.inas-ev.eu.

wirtschaft und Sozialmanagement wurde von der Bundesarbeitsgemeinschaft Sozialmanagement/Sozialwirtschaft (bag smsw) ins Leben gerufen.[5]

1.5 Sichtung, Sortierung und erste Bilanzen oder die Suche nach Selbstverortung

Die Errichtung von 118 Studiengängen für das Handlungsfeld Sozialmanagement und Management in der Sozialwirtschaft im deutschsprachigen Raum (Boeßenecker/Markert 2011) ist ein untrügliches Indiz, dass die Qualifizierung der Leitungskräfte für Organisationen der Sozialen Arbeit und Sozialwirtschaft nicht mehr der betrieblichen Praxis überlassen bleibt. Wenn ein derartiger Zuwachs an Studiengängen festzustellen ist, der durch einen Boom an entsprechender Fachliteratur begleitet wird und zudem die Absolventen und Absolventinnen in der Praxis offensichtlich unterkommen, muss davon ausgegangen werden, dass sich die Praxis professionalisiert.

Damit ist jedoch noch keineswegs untersucht, ob diese Professionalisierung sich nicht lediglich in Anpassungsleistungen an die neuen Herausforderungen der Sozialpolitik und Neuen Steuerung erschöpft und die Betriebswirtschaft zur Leitwissenschaft für die Steuerung des Sektors wird. Interessant ist es herauszufinden, ob sich mit diesem neu entstandenen Potential an Ausbildung, Forschung und Entwicklung auch neue Blickwinkel für das Sozialmanagement und Management in der Sozialwirtschaft und eigenständige Kreationen für das Managen ergeben.

In den letzten Jahren lassen sich nun erste Anzeichen dafür erkennen, dass die Phase der lediglichen Anhäufung von anwendungsbezogen Wissen für die Praxis ergänzt wird durch Bestrebungen, das vielfältig angehäufte Material zu sichten, zu sortieren und zu ordnen, dabei bestehende Ordnungssysteme auch wieder zu überdenken und grundlegende Fragen nach der Verortung im Wissenschaftssystem zu stellen (Wöhrle 2007, 2009). Hinsichtlich der mit der Abb. 1 angedeuteten Vision eines zweiten Professionalisierungsschubs wäre verbunden, nicht nur sich im Terrain bestehender Managementdiskussionen bewegen und die Besonderheiten des Sozialmanagements hervorheben zu können, sondern eigenstände Beiträge bis hin zu kritischen Ansätzen gegenüber dem bisherigen Wirtschaften nicht nur in der Sozialwirtschaft liefern zu können (Wöhrle 2012a).

Eindeutige Anzeichen für eine neue Phase sind folgende:

- Ein Ausdruck für die Erstellung von Übersicht und Komprimierung auf wissenswerte Aspekte ist das 2008 von Bernd Maelicke herausgegebene erste Lexikon der Sozialwirtschaft, das über 800 Stichworte umfasst und in dem das Sozialmanagement in seinen Bezügen verortet werden kann (Maelicke 2008). Die Mitwirkung von über 150 Autoren und Autorinnen deutet auf reges Interesse hin. In Kürze erscheint eine zweite Auflage mit wesentlich mehr Stichworten.
- Im Zusammenhang mit der ersten Auflage entstanden erste Beiträge mit Überlegungen zur Theoriebildung (Wendt/Wöhrle 2007).
- Mit dem ersten internationalen Kongress der Bundesarbeitsgemeinschaft Sozialmanagement/Sozialwirtschaft (bag smsw), mit dem es zum Auftakt einer Aus-

---

5 Siehe: http://www.bag-sozialmanagement.de/index.php?id=50

weitung der Organsierung zunächst auf den deutschsprachigen Raum als Internationale Arbeitsgemeinschaft Sozialmanagement und Sozialwirtschaft (INAS) kam, wurde 2007 in Luzern eine systematische Bestandsaufnahme zur Ausbildung, Forschung und Entwicklung sowie hinsichtlich der Theoriebildung im deutschsprachigen Raum herzustellen gesucht (Bassarak/Wöhrle 2008).

- Parallel dazu entstand eine Bestandsaufnahme aus Sicht der Fakultäten der Erziehungswissenschaften in Fortsetzung des 1992 herausgegebenen Bandes von Gabi Flösser und Hans-Uwe Otto. Der aktuelle Band wurde von Klaus Grunwald herausgegeben (Grunwald 2009).
- Weitere Bestrebungen der Bestandsaufnahme im Rahmen der INAS erstrecken sich auf die Konzepte des Sozialmanagements bzw. des Managements der Sozialwirtschaft (Wöhrle 2012a) sowie auf Forschung und Entwicklung (Bassarak/ Schneider 2012).

Ohne hier differenzierte Ergebnisse der bisherigen Bilanzen liefern zu können, lassen sich ein paar holzschnittartige Tendenzen markieren:

- Es liegt kein schlüssiges Modell des Sozialmanagements oder des Managements in der Sozialwirtschaft vor. Auch mit der beginnenden Bestandsaufnahme durch die INAS wird noch keine umfassende Bestandsaufnahme entstehen können solange nicht alle Diskussionszusammenhänge eingebunden werden. Parallel dazu existieren:
  - Der Kreis der Forschenden, die sich an den Nonprofit-Organisationen orientieren,
  - die Diskussionsgemeinschaft in der Betriebswirtschaft, die sich mit Dienstleistungen beschäftigt,
  - die Diskutanten, die den Dritten Sektor vorwiegend aus dem Blickwinkel der Politikwissenschaften verhandeln,
  - die Diskutanten aus dem Umfeld der Gesellschaft für Erziehungswissenschaften, die Sozialmanagement bereits in Augenschein nehmenden, aber immer noch mit einer gewissen Abwehrhaltung und
  - die Beratungsfragen diskutierenden Akteure der Deutschen Gesellschaft für Supervision.
- Zudem hat die Diskussion im Rahmen der INAS den deutschsprachigen Raum noch nicht überschritten. Der Anspruch, wenigstens die Diskutanten im europäischen Raum zusammenzuführen, ist noch in weiter Ferne.
- Es bildet sich zunehmend ein stabiler Diskussionsstrang durch Sozialwissenschaftler und Sozialwissenschaftlerinnen heraus, die Erkenntnisse aus der Organisationssoziologie, der Managementlehre, den Leadership-Modellen usw. auf die Organisationen und Steuerungskonzepte der Sozialen Arbeit und Sozialwirtschaft konstruktiv anwenden und damit den Boden für eine theoretische Unterfütterung für das Managen in diesem Bereich bereiten (vgl. z.B. Grunwald 2001, 2012, Fröse 2005, 2012, Merchel 2001, 2009, Wöhrle 2005, 2012a, 2012b).

- Eher auf einer theoretischen Ebene zwischen einem umfassenderen volkswirtschaftlichen Verständnis und der Bewirtschaftung von sozialwirtschaftlichen Organisationen, jedoch mit Ausstrahlungen bis hin zur Netzwerkarbeit und zum Case Management hin, führt Wolf Rainer Wendt Bewirtschaftungskategorien des Sozialen ein, an denen Sozialmanagementkonzepte und solche des Managements in der Sozialwirtschaft nicht vorbeikommen (Wendt 2002, 2010).
- Parallel zu den in sozialpädagogischen und sozialarbeiterischen Diskussionszusammenhängen verhafteten Diskussionslinien haben sich nun auf betriebswirtschaftlichen Grundlagen fußende herausgebildet, die alle Abwehrhaltungen hinsichtlich der auffindbaren Besonderheiten, auf denen die Abgrenzung beruht, abgeklopft haben und schlussfolgern, dass alle diese Besonderheiten in eine Unterabteilung der Betriebswirtschaft integrierbar seien (Schellberg 2012).
- Jedoch melden sich auch aus den Betriebswirtschaften Diskutanten zu Wort, die an der Reichweite des betriebswirtschaftlichen Steuerungsvermögens für soziale Belange zweifeln, es für zu begrenzt halten und volkswirtschaftliche Steuerungskonzepte einklagen (Faust 2012).
- Insbesondere aus der Schweiz kommen in jüngster Zeit Bereicherungen für die Debatte. Hier stehen – anders wie in Deutschland oder Österreich – entsprechende Forschungsmittel auch zur Erforschung des Sozialmanagements zur Verfügung. Es wird hier an Sozialmanagementmodellen gearbeitet, indem untersucht wird, was bestehende Managementkonzepte für das Sozialmanagement bzw. das Management in der Sozialwirtschaft leisten können (Bürgisser u.a. 2012) und es entstehen Entwürfe für Sozialmanagementmodelle (Fritze/Maelicke/Uebelhart 2011).

2. Einordnung, Kennzeichen, Besonderheiten und Merkmale der Leistungserbringung in der Sozialwirtschaft

Die im letzten Kapitel skizzierte Diskussion wäre nicht notwendig, wenn es sich beim Management der Sozialwirtschaft und dem Sozialmanagement lediglich um die Ausweitung des herkömmlichen Managements auf ein neues Anwendungsgebiet handeln würde. Die Widerstände und der immense Diskussionsaufwand signalisieren, dass hier offensichtlich Besonderheiten zu berücksichtigen sind, die nicht einfach übergangen werden können. Zwischenzeitlich meldet sich auch eine Praxis zu Wort, die reklamiert, dass die Anwendung von bestimmten Managementinstrumenten bzw. -tools für den Erfolg einer guten Praxis in der Sozialen Arbeit nicht tauglich ist. Es muss also herausgefunden werden, was das Eigene, was die Besonderheiten und Merkmale des Sozialmanagements und des Managements in der Sozialwirtschaft sind.

2.1 Soziale Arbeit ist eine Dienstleistung

Auch wenn die jeweilige Herleitung nicht identisch ist, kann sowohl aus Sicht der Sozialen Arbeit (siehe Kapitel 3) als auch aus Sicht der Wirtschaftswissenschaften (siehe Kapitel 4) in der Sozialwirtschaft von Dienstleistungen gesprochen werden, die Sozialarbeiter und Sozialarbeiterinnen bzw. Sozialpädagogen und Sozialpädagoginnen erbringen. Nun ist das kein Alleinstellungsmerkmal, da hier lediglich zum Ausdruck kommt, dass die Soziale Arbeit zum Dienstleistungssektor zählt, wobei dieser die folgenden Bereiche umfasst (vgl. BMWi 2012):

- Handel und Gastgewerbe,
- Verkehr- und Nachrichtenübermittlung,
- Kredit- und Versicherungsgewerbe,
- Grundstücks- und Wohnungswesen, Vermietung beweglicher Sachen, Erbringung von sonstigen wirtschaftlichen Dienstleistungen (Unternehmensdienstleister),
- Gebietskörperschaften und Sozialversicherung,
- Erziehung und Unterricht,
- Gesundheits-, Veterinär- und Sozialwesen sowie
- sonstige öffentliche und persönliche Dienstleistungen.

Der Dienstleistungssektor hat sich zwischenzeitlich in Deutschland hinsichtlich seiner volkswirtschaftlichen Bedeutung an die Spitze vorgearbeitet, in dem er

- 2009 rund 73 Prozent der gesamtwirtschaftlichen Wertschöpfung generierte (1991 noch 62 Prozent),
- 73 Prozent aller Erwerbstätigen in 2009 beschäftigte (1991 noch 59 Prozent),
- 77 Prozent aller steuerpflichtigen Unternehmen in 2008 umfasste (absolut rund 2,4 Millionen Unternehmen)
- 2008 mehr als die Hälfte (54 Prozent) aller steuerpflichtigen Umsätze erbrachte
- und auch für die Zukunft als Wirtschaftsmotor angesehen wird (ebenda).

Die Gewichte zwischen den Wirtschaftsbereichen haben sich in den letzten 100 Jahren immer mehr zuungunsten des primären und zugunsten des tertiären Sektors verschoben. Innerhalb des tertiären Sektors wiederum nehmen die sozialen Dienstleistungen seit der Jahrtausendwende einen immer größeren Raum ein.

Unter diesem Blickwinkel rechnet Soziale Arbeit zum größten (dem tertiären) Sektor in Deutschland und nimmt im Rahmen dessen bei den sozialen Dienstleistungen wiederum den ersten Platz ein, woraus sich beim besten Willen kein Alleinstellungsmerkmal ableiten lässt. Dennoch kann diese Zuordnung zur Charakterisierung der Leistungen beitragen.

Zunächst werden Dienstleistungen in Abgrenzung zum produzierenden Gewerbe bzw. Güterproduktion als wirtschaftliche Leistungen definiert: „Bei Dienstleistungen handelt es sich wie bei materiellen Gütern um wirtschaftliche Leistungen. Leistungen werden in der Regel als ökonomisch angesehen, wenn sie material, nutzenstiftend (nützlich) knapp und übertragbar sind" (Decker 1992, 63).

Kapitel 6: Sozialmanagement und Management

Wirtschaftsbereich	1882[1]	1925[1]	1950[2]	1970[3]	2004[4]
primärer Sektor	43,4	30,5	22,1	9,1	2,3
sekundärer Sektor	33,7	41,4	44,7	49,4	30,8
tertiärer Sektor	22,8	28,1	33,2	41,5	66,9
davon:					
distributive Dienstleistungen (I)		11,9	15,7	17,9	23,5
Produzentendienstleistungen (II)		2,1	2,5	4,5	8,5
soziale Dienstleistungen (III)		6,0	11,1	15,7	24
personenbezogene Dienstleistungen (IV)		7,7	6,9	6,1	8,9

Abb. 2: Erwerbstätige nach Wirtschaftsbereichen im Vergleich 1882 bis 2004 in Deutschland (Opielka 2008, 71)[6]

Im folgenden Schema wird eine Differenzierung von Dienstleistungen vorgenommen, wobei sich dabei die Linie „persönliche Dienstleistungen" – „personenorientiert" – „prozessorientiert" für die Soziale Arbeit nachvollziehen lässt.

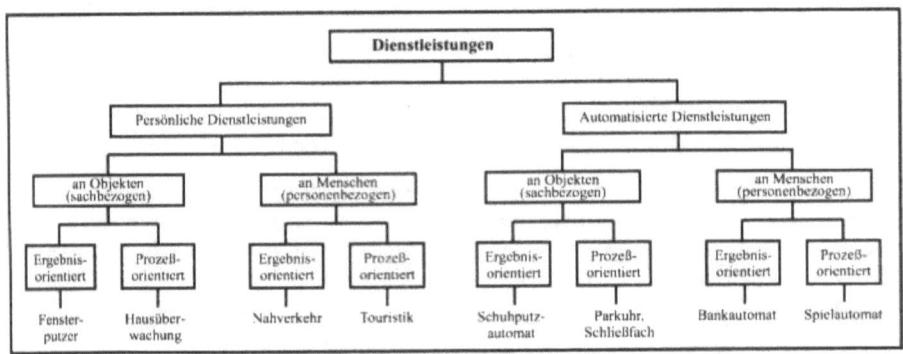

Abb. 3: Systematik der Dienstleistungen (Arnold 1998, 261)

---

6 Für Zeile 1-3: Statistisches Bundesamt 2006, S. 92 -Anmerkungen: 1 = Ergebnisse der Berufszählung im Reichsgebiet -Erwerbspersonen, 2 = Ergebnisse der Berufszählung im früheren Bundesgebiet, 3 = Ergebnisse des Mikrozensus April 1970 im früheren Bundesgebiet, 4 = Ergebnisse des Mikrozensus März 2004 in Deutschland. Für Zeile 4-7: Castells 2003, Bd. 1, S. 326f., für 1925-1950 aus Singelmann 1978, für 1970 nach Mikrozensus, Statistisches Bundesamt, jeweils nur für Deutsches Reich bzw. Westdeutschland; für 2004 für Deutschland (nur für 2002 verfügbar), nach Europäischer Kommission 2004, S. 37. -Anmerkungen: Zu (I) gehören Transport, Kommunikation, Groß-und Einzelhandel, zu (II) v. a. Banken, Versicherungen, Immobilien, Juristische Dienstleistungen, zu (III) Gesundheitsdienste, Erziehung/Bildung, Wohlfahrt, religiöse Dienste, gemeinnützige Organisationen, Postdienst, Staatliche Verwaltung (einschl. Polizei, Militär), zu (IV) v. a. Hausangestellte, Hotels, Restaurants, Wäscherei, Unterhaltung –Die Angaben in Stat. Bundesamt 2006 weichen geringfügig von den Angaben für den tertiären Sektor bei Castells und Europäischer Kommission ab. Die Zeilen 4-7 ergeben deshalb nicht die Aggregate in Zeile 3 (tertiärer Sektor).

Charakteristisch für Dienstleistungen ist:

- die Immaterialität/Intangibilität (Nichtsichtbarkeit/Nichtgreifbarkeit),
- die Unteilbarkeit (Nicht-Speicher- oder -lagerbarkeit),
- das Uno-aktu-Prinzip, d.h. Produktion und Konsumtion fallen zusammen,
- ihre Gebundenheit vor Ort, d.h. die Dienstleistung ist immobil; die Möglichkeiten der anbietenden Seite und die nachfragende Seite müssen vor Ort sein, dort zusammentreffen,
- die Individualität des Vorgangs, d.h. die Leistung muss im Zusammenwirken der Akteure (Produzent/Produzentin und Konsument/Konsumentin) immer neu und individuell geschaffen werden (vgl. Arnold 1998, Brülle/Reis/Reiss 1998).

In einem weiteren Schritt kann nun versucht werden, die Leistungen der Sozialen Arbeit in die aufgezeigten Raster einzuordnen. Franz Decker beschreibt in diesem Sinne Sozialeinrichtungen und Hilfsorganisationen als typische Beispiele für Dienstleistungsorganisationen folgendermaßen:

- „Sie bieten vorwiegend immaterielle Dienste und Leistungen an, z.B. in Hilfe, Pflege für alte, kranke, bedürftige Menschen.
- Solche Dienstleistungen vollbringen Sozialbetriebe nicht für einen anonymen Markt, sondern für Menschen, maßgeschneidert, auf die individuelle Not- und Bedürfnislage zugeschnitten. Es handelt sich also nicht um standardisierte, materiell anonyme Produkte.
- Die sozialen Dienstleistungen richten sich primär auf Menschen. Auch der Umgang mit diesen Menschen ist Teil der Leistung (Beziehungsqualität).
- Diese geistig-sozialen, menschlichen Leistungen benötigen jedoch auch eine materielle Basis bzw. Ergänzung, z.B. durch medizinische Geräte, Einrichtungsgegenstände und Fahrzeuge.
- Diese sozialen Leistungen sind auch an die Marktentwicklung gebunden, z.B. Nachfrage, Arbeitsmarkt, Finanz- und Kapitalmarkt.
- Dienstleistungen im sozialen Bereich sind also sowohl menschlich-persönliche Leistungen als auch durch eine wirtschaftliche Basis charakterisiert.
- Sie werden also charakterisiert durch
  - Ihre immaterielle Natur,
  - Ihre Nutzen- bzw. Hilfestellung,
  - Ihre Knappheit und
  - Übertragbarkeit" (Decker 1992, 63).

2.2 Das Leistungsspektrum sozialer Dienste

Wenn wir uns Fragen des Sozialmanagements nähern und eine Verbindung zwischen der gesellschaftlichen Funktion von Dienstleistungen und ihrer organisationalen Erbringung herstellen wollen, so ist bedeutsam, dass wir uns soziale Dienstleistungen nicht als von individuellen Fachkräften erbrachte Einzelleistungen vorstellen, sondern als zusammenhängende Pakete, die in Organisationen, also den sozialen Diensten, angeboten werden. Grunwald hat im Kapitel 3 die Unterscheidung zwischen „sozialen Dienstleistungen" und „sozialen Diensten" vorgenommen.

Was ist nun das Leistungsspektrum der Sozialen Dienste?

Der Wirtschafts- und Sozialausschuss der Europäischen Kommission hat am 12.09.2001 in Reaktion auf die Verunsicherungen, die im Zusammenhang mit dem Europäischen Wettbewerbsrecht entstanden sind, eine Stellungnahme zum Thema: „Private Sozialdienste ohne Erwerbszweck im Kontext der Daseinsvorsorge in Europa" (CES 1120-2001) abgegeben. In dieser Stellungnahme wird definiert, dass soziale Dienste im Interesse der Allgemeinheit wirken. Dieses Wirken bezieht sich auf drei wesentliche Punkte:

- „Sie erschließen die einer ständigen Entwicklung unterliegenden sozialen Bedürfnisse und bedienen auch die am ehesten verwundbaren Personengruppen:
  - Dank ihres Beobachtungsvermögens ermitteln und entdecken sie Schwachstellen, soziale Bedürfnisse und Notstände, deren Schweregrad immer weiter ansteigt, deren Ursache in ihrer Vielschichtigkeit ständig zunimmt und deren inhaltliche Komplexität und Ausdrucksformen sich beharrlich verschärfen.
  - Sie werden bei den öffentlich-rechtlichen Körperschaften vorstellig, um zu erreichen, dass bei der Anerkennung und der Gewährleistung der Grundrechte für alle Fortschritte erzielt werden.
  - Es ist ihnen ein Anliegen, mehr zu tun als reine Dienstleistung, und sie versuchen die Menschen, denen sie Unterstützung angedeihen lassen, dazu zu bewegen, ihre Eigenverantwortung zu übernehmen und ihr Leben wieder selbst in die Hand zu nehmen.
  - Sie haben ein enormes Innovationsvermögen bei der Bedienung von Bedürfnissen.
- Sie wirken im Sinne der Schaffung oder Wiederherstellung des sozialen Gefüges:
  - Sie lassen es nicht bei der Dienstleistung bewenden, sondern stellen das Konzept des Zusammenhalts in den Vordergrund, indem sie die Personen und Familien am öffentlichen Leben beteiligen.
  - Sie entwickeln eine Netz-Logik, die das Prinzip des unmittelbaren Erfolgszwangs hinter sich lässt.
  - Sie entwickeln ein System der Teilhabe am Wissen und an Erfahrungen für Personen aller sozialer Kreise, ganz gleich ob sie Freiwillige, Gehaltsempfänger oder Nutzer der betreffenden Dienste sind.
- Sie bemühen sich um eine Mobilisierung der Solidarität unter den Bürgern:
  - Sie fördern das Vermögen der Gesellschaft, ihr Schicksal selbst in die Hand zu nehmen, den Dialog mit den Machtstrukturen (öffentlich-rechtliche Körperschaften, Wirtschaftsakteure) zu führen.
  - Sie stehen allen Personen offen und nicht nur bestimmten Personengruppen.
  - Sie erbringen den Beweis, dass Zusammenhalt, Solidarität, der Kampf gegen Ausgrenzung nicht nur von den Gebietskörperschaften ausgehen kann, auch wenn deren diesbezügliche Verantwortung nach wie vor von grundlegender

Bedeutung ist, und dokumentieren, was die Zivilgesellschaft auf der Basis von Freiwilligkeit und des Konsens zu verwirklichen vermag.
- Sie stützen sich in unterschiedlichem Maße auf die Freiwilligkeit, auf ein Engagement, das sich nicht auf die Erfüllung der Steuerpflicht oder finanzielle Zuwendungen beschränkt, sowie die ehrenamtliche Tätigkeit.
- Es wird allerdings befürchtet, dass einige Anbieter von sozialen Diensten wegen ihrer Abhängigkeit von öffentlichen Finanzmitteln ihr Vermögen zur Bekämpfung der sozialen Ausgrenzung und ihre Innovationskapazität etwas einbüßen werden" (CES 1120-2001).

Auch wenn die obige Definition der sozialen Dienste noch nicht die Bandbreite der Diskussion umfasst, die Wolf Rainer Wendt mit seiner Fassung der Sozialwirtschaft entwirft und auch wenn damit weder die Dienstleistungserbringung der Sozialen Arbeit im öffentlichen Dienst Deutschlands (Jugendämter, Sozialämter), noch die Anbieter sozialer Dienstleistungen erfasst sind, die gewerblich auf gewinnorientierter Basis erbracht werden, so ist der Blick dafür geschärft, dass soziale Dienste nicht einfach eine Verlängerung des Arms der öffentlichen Verwaltung sein können:

- Soziale Dienste beauftragen sich in ihrer Historie oft selbst, indem sie sich aus Selbsthilfeinitiativen entwickelt haben und auf je aktuelle Problemlagen im Nahumfeld der Menschen reagieren.
- Sie beziehen sich auf Standards der Sozialen Arbeit und den Code of Ethic der Professionellen in der Sozialen Arbeit, mit dem eben nicht nur eine „Feuerwehrfunktion" gefordert ist, sondern insbesondere auch die „Einmischung", die im Kinder- und Jugendhilfegesetz festgeschrieben ist, sowie die Prävention.
- Aus beiden Aspekten entspringt der Auftrag einer Interessensvertretung („Anwaltsfunktion") sowie die Einbindung der „Kunden" (Betroffenen, Klienten, Hilfebedürftigen, Anspruchsberechtigten usw.), da ohne deren aktive Mitgestaltung der Auftrag nicht umfassend professionell erfüllt werden kann.
- Aus Sicht der Lebensweltorientierten Sozialen Arbeit (siehe Kapitel 3) wird von Professionellen und ihren Organisationen darüber hinaus eine gewisse „Verstärkung" der lebensweltlichen Erfahrungen und Deutungen der Adressaten und gleichzeitig eine „Selbstbeschränkung" verlangt, damit die organisationale Eigenrationalität, die professionellen und rechtlichen Vorgaben mit ihrer Definitionsmacht die machtlos vorgetragen oder schlecht artikulierten Bedürfnisse nicht überrollt.
- Zusammen mit der Einbindung von bürgerschaftlichem Engagement und Ehrenamtlichkeit, dem Einwerben von Mitteln aus der Gesellschaft (Spenden, Sponsoren) und dem Erwirtschaften von Eigenmitteln geht nicht nur das Leistungsspektrum weit über die Abarbeitung von Aufträgen der öffentlichen Verwaltung hinaus, sondern auch die Beauftragung und Finanzierung umfasst ein breiteres Spektrum.

Bei Einbeziehung dieser Eigenarten stellt sich die Frage nach den Steuerungssphären, aus denen das Management der Organisationen, die soziale Dienstleistungen erbringen, seine Anhaltspunkte beziehen kann.

2.3 Organisationen der Sozialen Arbeit als Teil des Dritten Sektors, der Nongovernment-, Nonprofit-Organisationen und der Sozialwirtschaft

Die Aussage, dass in der Sozialwirtschaft Dienstleistungen erbracht werden, ist – wie der Dienstleistungsbegriff selbst – geprägt von der Sichtweise der Abgrenzung zum produzierenden Gewerbe bzw. der Güterproduktion und damit auch zur Steuerungssphäre der Wirtschaft, die gekennzeichnet ist durch Markt, Wettbewerb und Gewinnmaximierung.

Entsprechend dieser Abgrenzung verstehen sich die überwiegenden Träger, Einrichtungen und Beschäftigten in der Sozialen Arbeit als nicht der Steuerungssphäre der Wirtschaft zugehörig. Es handelt sich um Organisationen und Tätigkeiten, die sich entweder aus einem staatlichen Auftrag ableiten oder die einem gesellschaftlichen Hilfe- oder Selbsthilfeauftrag entspringen. In beiden Fällen steht die Gemeinnützigkeit im Vordergrund. Es geht um Kostendeckung und selbst wenn unter den Prinzipien der Neuen Steuerung Überschüsse erwirtschaftet werden, so müssen sie wiederum dem gemeinnützigen Zweck zugeführt werden (vgl. Rechtsformen in Schick 2012, 50 f.).

Die Suche nach einem Ordnungsraster für Organisationsformen und Steuerungssphären, denen sich die Organisationen der Sozialen Arbeit zuordnen lassen, muss verschiedene Logiken im volkswirtschaftlichen Denken durchstreifen. Generell lassen sich drei Steuerungssphären ausmachen (vgl. Grafik, Abb. 1 im Kapitel 2):

- Zentral im volkswirtschaftlichen Denken ist die Güterproduktion, der Vertrieb der Güter über den Markt und eine Gewinnmaximierung, die in definierten Anteilen über Steuern abgeschöpft wird und der weiteren Verteilung durch den Staat zur Verfügung steht.
- Der Staat bzw. der öffentliche Sektor ist am Gemeinwohl und der Wohlfahrt seiner Bürger interessiert. Er sucht Benachteiligungen auszugleichen, definiert Ansprüche per Gesetz und stellt mittels seiner öffentlichen Verwaltung einen Transfer von Mitteln in bedürftige Bereiche und hin zu bedürftigen Personengruppen sicher. Er vergibt dabei entsprechende Aufträge an nicht staatliche, also freie Träger.
- Mit der Gemeinschaft sind all die gesellschaftlichen Aktivitäten erfasst, die selbst bezüglich nicht abgedeckter Bedarfszustände und Bedürfnisse Sorge tragen, Hilfe organisieren und anbieten. Dies umfasst das Spektrum von der Selbsthilfe und Nachbarschaftshilfe über Spenden und Sponsoring bis zur Einrichtung von Stiftungen, die Projekte und Organisationen fördern oder den speziellen Aufbau von Organisationen, die einen Gewinn erwirtschaften, der sozialen Zwecken zugeführt wird.

Mit der Hinzufügung eines intermediären Bereichs, mit dem die Organisationen der Sozialen Arbeit zu fassen gesucht werden (vgl. Abb. 1 im 2. Kapitel), soll deutlich werden, dass sie sich in all diesen Regulationssphären bewegen.

Damit ist jedoch keine eigene Steuerungssphäre definiert. Es bleibt ja die Abhängigkeit von den Logiken der jeweiligen Bezugssysteme. Auch die Abgrenzungsversuche von den Steuerungssphären Staat und Markt, die mit den Definitionen des

Dritten Sektors, den Nonprofit-Organisationen (NPO) oder den Nongovernment-Organisationen (NGO) vorgenommen wurden, führen für die Organisationen der Sozialen Arbeit nicht wirklich weiter. Alle drei Rubriken fassen zwar große Teile der Organisationen Sozialer Arbeit, teilweise sind sie innerhalb einer Rubrik in der Überzahl, jedoch ergibt sich durch die vielfältigen Überlappungen kein systematisches Bild.

Definitionen von Dritter Sektor, NGO und NPO:
Dritter Sektor: Hierunter fallen Organisationen aus den Bereichen „Kultur und Erholung, einschließlich Sport und Freizeit, Bildungs- und Forschungswesen, Gesundheitswesen, Soziale Dienste, einschließlich Katastrophenschutz, Umwelt, mit Naturschutz und Tierschutz, Entwicklung, Wohnungswesen, Beschäftigung, Rechtswesen, Bürger- und Verbraucherinteressen, Politik (ohne Einrichtungen mit primär politischen Zielsetzungen), Stiftungswesen, Spendenwesen, Ehrenamtlichkeit, internationale Aktivitäten, Religion (ohne Einrichtungen mit primär religiösen Zielsetzungen), Wirtschaftsverbände, Berufsverbände, Gewerkschaften und ´Sonstige`" (Wendt 1999, 20). Zu diesem Sektor rechnen sowohl Anstalten des öffentlichen Rechts als auch Gesellschaften mit beschränkter Haftung (GmbH) oder gar Aktiengesellschaften, so dass hinsichtlich der Rechtsformen fließende Übergänge in die Sektoren der Wirtschaft und des Staates existieren. Hinsichtlich der konkreten Tätigkeitsbereiche rangieren hier soziale Einrichtungen neben Sparkassen, städtischen Verkehrsbetrieben, Wasserwerken und öffentlich-rechtlichen Rundfunkanstalten.
NGO (Non-Governmental-Organizations, Nongovernment-Organisationen, Nicht-Regierungs-Organisationen) lassen sich folgendermaßen definieren: „Hinter diesem Kürzel verbergen sich Zusammenschlüsse von Personen in gemeinnützigen Vereinen, Verbänden und Interessensgemeinschaften, die in der Regel unterstützende Tätigkeiten für besondere Bevölkerungsgruppen organisieren und/oder leisten. Sie sind formal von staatlichen Institutionen unabhängig und zeichnen sich durch starke Basisverankerung, Förderung von Selbstorganisation und hohe Kompetenz in ihrem Aktivitätsbereich aus. Die Tätigkeiten erstrecken sich von der Förderung angepasster Landwirtschaft und Technologie, Alphabetisierung und basisnaher Bildung über Gesundheitsversorgung, Volksküchen, Projektfinanzierung etc., bis hin zu Menschenrechtsaktivitäten und Flüchtlingsarbeit. Zunächst wurden Organisationen, die an sozialen Brennpunkten in Ländern der »Dritten Welt« tätig waren, unter diesem Begriff subsumiert. Inzwischen bezeichnen sich zahllose Verbände, Vereine und Gruppen auch in den marktwirtschaftlich entwickelten Ländern als NGOs. Ihre Finanzierung erfolgt über Spenden, Mitgliedsbeiträge, Stiftungen, kirchliche Institutionen, Schuldenkonversion und staatliche Gelder. Viele NGOs werden vor allem in »Drittweltländern« aufgrund ihrer kritischen Haltung gegenüber staatlichen Organen diskriminiert, kontrolliert und deren Mitglieder nicht selten verfolgt, inhaftiert oder sogar ermordet. Einige von ihnen genießen aufgrund ihrer mittlerweile nicht mehr übergehbaren Bedeutung und Kompetenz konsultativen Status bei UNO-Gliederungen, der EU, anderen internationalen Institutionen sowie auch vor einigen nationalen Parlamenten" (Baumgart 2003; siehe auch: Hanisch/Wegner 1994). NGOs umfassen viele staatskritische Organisationen, die auf die Selbsthilfe und Gegenbewegungen zu Entwicklungen setzen, die staatliche und überstaatliche Organisationen vereinbart haben. Stark ist diese politische Bewe-

gung insbesondere in ihren Bestrebungen gegen die Globalisierung der Wirtschaft, für Menschenrechte, gegen Rassismus und im Ökologiebereich.

NPO (Nonprofit-Organisationen, Not-for-Profit-Organisationen) lassen sich negativ abgrenzen als solche, die nicht primär auf Profiterzielung ausgerichtet sind. „Sie verkaufen i.d.R. nicht individuell nutzbare Güter und/oder Dienstleistungen gegen mind. kostendeckende Preise, um auf Konkurrenzmärkten Gewinne und Rentabilität aus dem investierten Kapital zu erzielen (wie die Profit-Unternehmung). Unter diese Negativ-Abgrenzung gegenüber der Unternehmung fallen die öffentlichen Verwaltungen, öffentliche Unternehmen (Public Management), QUANGO[7] und die privaten NPO (NPO i.e.S.). Zu den privaten NPO zählen Vereine, Verbände, Stiftungen, Wohlfahrtsorganisationen, Clubs, Kirchen, Parteien etc. Grenz- oder Übergangsformen sind Genossenschaften („von einem Verein getragene Unternehmungen") und Kammern als berufsständische Interessenvertretungen auf gesetzlicher Grundlage. Beide haben aber eine mitgliedschaftliche Struktur und daher mind. teilweise analoge Probleme wie Verbände" (Gabler 2012). „Positiv umschrieben werden NPO zur Erfüllung bestimmter Zwecke bzw. spezifischer Aufgaben geschaffen (sog. Bedarfswirtschaften oder Betriebe mit Sachzieldominanz, …). NPO sind durch ein Mindestmaß an formaler Organisation gekennzeichnet. NPO dürfen keine Gewinne bzw. Überschüsse an Eigentümer oder Mitglieder ausschütten. Sie weisen ein Minimum an Selbstverwaltung und Entscheidungsautonomie auf. NPO sind stets durch ein Mindestmaß an Freiwilligkeit gekennzeichnet und können Eigenleistungs-NPO[8] oder Drittleistungs-NPO[9] sein. NPO sind in folgenden Bereichen tätig: Kultur- und Erholungsbereich, Bildungs- und Erziehungswesen, Gesundheits- und Katastrophenhilfewesen, Entwicklungszusammenarbeit, Sozialwesen, Politische Landschaft (vgl. ICNPO).[10] Zu ihren Aufgaben zählen: (1) *Kollektive*

---

7 Abk. für Quasi Nongovernmental Organizations, darunter versteht man solche Organisationen, die grundsätzlich öffentliche (staatliche) Aufgaben wahrnehmen, die aber rechtlich verselbstständigt sind und als Selbstverwaltungskörperschaft oder in privatrechtlicher Form die ausgegliederten (bzw. dem Privatsektor überlassenen) Staatsaufgaben erfüllen. Mit QUANGO soll ausgedrückt werden, dass sich diese Organisationen quasi anders verhalten als staatliche Aufgabenträger.

8 Typ von privater Non-Profit-Organisation (NPO). Eigenleistungs-NPO erbringen ihre Leistungen ausschließlich für eigene Mitglieder. Typische Beispiele für Eigenleistungs-NPO sind Vereine und Verbände.

9 Typ von privater Non-Profit-Organisation (NPO). Drittleistungs-NPO sind dadurch gekennzeichnet, dass sie Leistungen im Sinne von Hilfe, Unterstützung und/oder Förderung für Dritte erbringen. Diese Leistungen basieren i.d.R. auf einem ethisch, religiös oder ideologisch begründeten Leistungsauftrag (z.B. Wohlfahrtsbzw. karitative Organisationen) oder auf dem Auftrag der Verbreitung einer Idee bzw. der Beeinflussung des Verhaltens anderer.

10 1. *Begriff und Geschichte:* Internationale Klassifikation von Non-Profit-Organisationen (NPO), wurde 1992 von Lester M. Salamon und Helmut K. Anheier vorgeschlagen. Die ICNPO hat sich mittlerweile fest in der NPO-Community etabliert und findet im einschlägigen Schrifttum häufig Anwendung, trotz einer Vielzahl von „konkurrierenden" Klassifikationen (wie z.B. der International Standard Industrial Classification (ISIC) der Vereinten Nationen, der General Classification of Economic Activities (NACE) der Europäischen Union sowie der National Taxonomy of Exempt Entities (NTEE), die vom National Council of Charitable Statistics in den USA entwickelt wurde).
2. *Klassen:* Die ICNPO unterscheidet insgesamt zwölf unterschiedliche Klassen von Nonprofit-Organisation (NPO). Dies sind:
(1) Culture and Recreation,
(2) Education and Research,
(3) Health,
(4) Social Services,
(5) Environment,
(6) Development and Housing,
(7) Law, Advocacy and Politics,

> *Selbsthilfe* von Gruppen, als direkte Unterstützung, Förderung der Mitglieder durch (Dienst-) Leistungen wie Informationen, Beratung, Schulung, Versicherung etc.; (2) *karitative Fremdhilfe*, als Abgabe von Dienst- oder Finanzleistungen an bedürftige Dritte, oft unentgeltlich oder zu geringen Gebühren.
> (3) *Interessenvertretung*, als Durchsetzung der Trägerinteressen oder -ideologien durch Beeinflussung politischer Prozesse (Lobby) oder der Einstellungen und Verhaltensweisen bestimmter Bevölkerungskreise (...). Zur Erfüllung ihrer Aufgaben benötigen NPO Arbeitskraft, Finanz- und Betriebsmittel, die es rationell zu beschaffen, einzusetzen und zu nutzen gilt, um eine bestmögliche Zweckerfüllung mit geringstmöglichen Kosten zu erreichen" (ebenda).

Mit der systematischen Herleitung des Begriffs der **Sozialwirtschaft** sucht Wolf Rainer Wendt die Negativabgrenzungen bei der Findung eines Bezugssystems für die Organisationen der Sozialen Arbeit zu überwinden und ein Gehäuse zu schaffen, in dem alle diese Organisationen aufgehoben sind. Er folgt dabei nicht den vorgegebenen Pfaden der gängigen Wirtschaftswissenschaften, sondern setzt historisch an der Vorstellung der Bewirtschaftung des ganzen Hauses in den Stadtstaaten Griechenlands an (in dem von der Verteidigung, über die Selbstversorgung mit Lebensmitteln, das Handwerk und den Handel, die Erziehung der Kinder und ihre Ausbildung bis zur Versorgung der Alten für alles gesorgt wurde):

> „Frei von Vorannahmen der herkömmlichen Ökonomiewissenschaften gehen wir in der Sozialwirtschaftslehre von der Beziehung wirtschaftlichen Handelns im sozialen Raum auf die primäre Wirtschafts- und Lebensweise von Menschen aus. Sie sind Subjekt wirtschaftlicher Aktivität in eigenen Belangen, und sie werden unter Umständen zum Objekt spezifischer Wohltätigkeit und wirtschaftlicher Aktivität in sozialen Belangen. Mit anderen Worten: Wir beziehen intermediäre dienstliche, versorgende und unternehmerische Aktivitäten auf individuelles und gemeinschaftliches Haushalten (griech. *oikonomike*). So haben sich, was das Wirtschaften bzw. die »Bewirtschaftung der sozialen Wohlfahrt« (Wendt 2009, 29ff) betrifft, historisch aus diesem Haushalten entfaltet. Es stellt den engeren Bezugsrahmen der Sozialwirtschaft dar und bezeichnet ihre inneren Abhängigkeiten" (Wendt 2002, 14).

Dieser umfassende Ansatz muss hier nicht weiter entfaltet werden, da er im ersten Kapitel dieses Bandes durch Wendt selbst vorgestellt wird.

---

(8) Philanthropic Intermediaries and Voluntarism Promotion,
(9) International,
(10) Religion,
(11) Business and Professional Assocoiations, Unions,
(12) Not Elsewhere Classified.
3. *Bedeutung*: Von größter ökonomischer Bedeutung sind in nahezu allen westlichen Industrienationen die Klassen (1) bis (4), weil sie die meisten Arbeitsplätze repräsentieren und das größte finanzielle Volumen aufweisen.

2.4 Unterschiedliche Steuerungsbezüge für das Management

Bezugnehmend auf die aufgezeigten Steuerungssphären wird deutlich, dass mit der einheitlichen Zuordnung zur Sozialwirtschaft für die Frage der Ausrichtung der Steuerung noch nicht viel gewonnen wurde. Nach wie vor bleiben unterschiedliche Steuerungsanforderungen, die aus unterschiedlichen Steuerungssphären entspringen, nebeneinander maßgeblich:

- Abhängig von Finanzgeber der öffentlichen Hand muss die jeweilige Logik der politischen Zielvorgaben (in der Europäischen Union, im Bund, im Land, im Landkreis, in der Kommune) nachvollzogen werden, um entsprechende Mittel (institutionelle Förderung, Projektförderung etc.) zu erhalten. Die Nachweisführung und Rechenschaftslegung folgen dabei der vorgegebenen Logik übergeordneter Politik.
- Um gesellschaftliche Kräfte in die Dienstleistungserbringung einbeziehen zu können, muss deren Interesse und Engagement durch das Profil der Organisation, in dem ihre Ziele und ihr bedeutsamer gesellschaftlicher Beitrag sich entfalten sollen, geweckt werden. Diese Logik erfordert Überzeugungsarbeit und Rechenschaftslegung, mit denen auch zukünftig bürgerschaftliches und ehrenamtliches Engagement angeregt werden kann.
- Da immer weniger soziale Organisationen ausschließlich durch öffentliche Zuwendungen finanziert werden, müssen sie weitere Zuwendungen erschließen und dabei weitere Logiken (von Spendern, Sponsoren, Stiftungen usw.) bedienen können. Hierbei müssen sehr spezielle Interessen berücksichtigt werden und entsprechende Rechenschaftslegungen.
- Trotz dieser unterschiedlichen Einwerbungen von Ressourcen kann es sein, dass die Organisation noch nicht auf der sicheren Seite ist. Das Management mit seiner Aufgabe der Überlebenssicherung für die Organisation kann gezwungen sein, weitere Einnahmen für die Organisation dadurch zu erwirtschaften, dass Betriebsteile eingerichtet werden, die profitwirtschaftlich Überschüsse erzielen, um unrentable Betriebsteile zu stabilisieren. Die Rechenschaftslegung darüber ist einerseits auf die formale (monetäre) Logik begrenzt und gleichzeitig eine im Sinne der Gesamtorganisation übergreifend sinnstiftende. Sie folgt also wiederum einer eigenen Logik.
- Nehmen wir noch den Fall dazu, dass investiert werden muss, damit sich die Organisation auf einen zukünftigen Auftrag vorbereiten kann und dafür Kredite aufgenommen werden müssen, so wird die zunehmende Komplexität deutlich.

Im Hinblick auf die Steuerungssphären haben wir es also mit einem Management zu tun, das sich in allen bekannten Steuerungslogiken des sie beauftragenden und finanzierenden Umfelds auszukennen hat. Auch die Zuordnung zur Sozialwirtschaft reduziert somit die Komplexität hinsichtlich der Steuerungsfragen nicht.

Die Komplexität hinsichtlich der Steuerungsfragen kann zunächst zu reduzieren versucht werden, indem nach der Beauftragung gefragt wird. Hier sind nun wieder verschiedene Herangehensweisen denkbar. Plausibel erscheint, zunächst die Blickwinkel der beiden Disziplinen heranzuziehen, die vornehmlich das Manage-

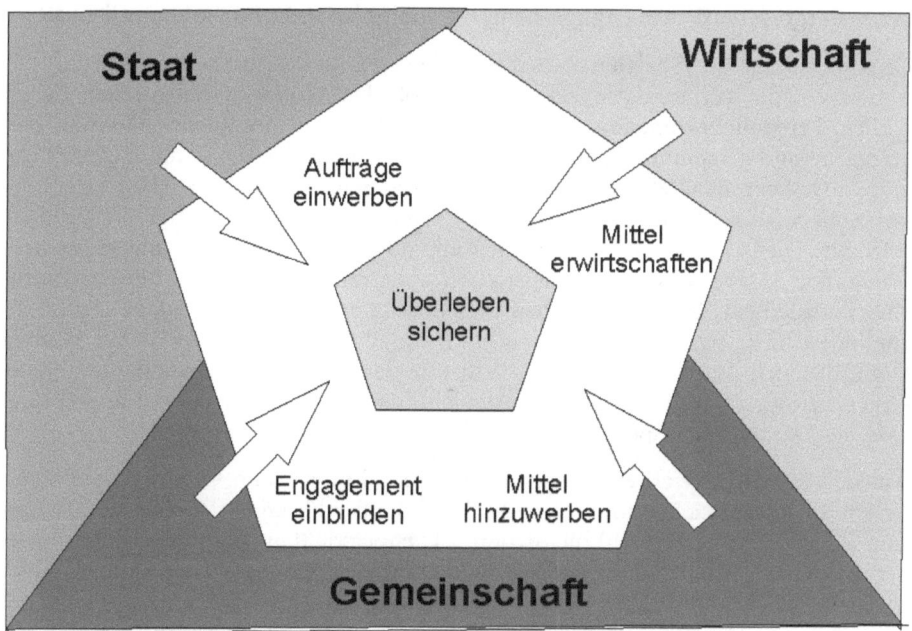

Abb. 4: Tätigkeit des Sozialmanagement in unterschiedlichen Steuerungssphären

ment von Organisationen, die soziale Dienstleistungen erbringen, in Augenschein nehmen: Die Wirtschaftswissenschaften und die Soziale Arbeit.

2.5 Besonderheiten aus Sicht der Wirtschaftswissenschaften

Hinsichtlich derer, auf die Dienstleistungen ausgerichtet sind und die Einfluss auf die Erbringung von Dienstleistungen haben, wird in der Managementliteratur neben dem Begriff des Kunden auch der des Stakeholders verwendet. Unter **Kunden und Kundinnen** werden Personen verstanden, die eine Dienstleistung nachfragen, in Anspruch nehmen und dafür bezahlen. Mit dem Terminus **Stakeholder** soll eine Erweiterung gegenüber dem auf eng begrenzte Profitinteressen ausgerichteten Begriff der Shareholder erreicht werden. Deshalb sollen Gruppen und Individuen erfasst werden, „die entweder aktiv Einfluss auf Entscheidungen des Unternehmens nehmen können oder passiv durch dessen Entscheidungen betroffen sind" (Steinmann/Schreyögg 2000, 75 f.). In dieser Allgemeinheit lassen sich pro Organisation, die Leistungen der Sozialen Arbeit erbringt, ca.15 Stakeholder definieren. Dabei sagt der Begriff nichts über die faktische Einflussnahme (also die Macht) der konkret unterschiedenen Stakeholder aus. Es bleibt also nichts anderes übrig, als die jeweiligen Interessensgruppen, deren besondere Anliegen, aber auch deren Einflussmöglichkeiten und Macht hinsichtlich der jeweiligen Organisation genauer zu definieren und analysieren.

2.5.1 Bürgerschaftliches Engagement, Freiwilligenarbeit und Ehrenamtlichkeit

Organisationen der Sozialen Arbeit entstehen oft aus Selbsthilfeinitiativen oder Initiativen, die von sozialen oder psycho-sozialen Notlagen Betroffenen helfen wollen. Persönliches Engagement steht im Vordergrund. Es werden meistens eingetragene und gemeinnützig anerkannte Vereine gegründet, die sich um öffentliche Zuschüsse bemühen. Wir haben hier ein Unterscheidungsmerkmal hinsichtlich des Forprofit-Sektors. Es ist dort undenkbar, dass engagierte Freiwillige ein Produkt oder eine Dienstleistung (mit) herstellen und auf sämtliche Entlohnung verzichten. Genau das ist aber in der Sozialwirtschaft anzutreffen. Hier wirkt **bürgerschaftliches Engagement, Freiwilligenarbeit und Ehrenamtlichkeit** (Gensicke/Geiss 2010) zumindest mit, wobei darunter ein individuelles Handeln verstanden werden kann, das sich durch Freiwilligkeit, fehlende persönliche Absicht, eine materielle Gegenleistung zu erzielen und eine Ausrichtung auf das Gemeinwohl auszeichnet (Alscher/Dathe/Priller/Speth 2009, 10).

Aus den Initiativen und eingetragenen Vereinen können nun Organisationen entstehen. In ihnen wächst nun neben der Struktur der Ehrenamtlichkeit eine professionelle Struktur heran, weil qualifiziertes Fachpersonal aufgrund der eingeworbenen Mittel eingestellt werden muss. Ihre Steuerung verbleibt weiterhin bei einer ehrenamtlichen Führung (Vereinsvorstände), was ab einem bestimmten Punkt des Wachstums zu Spannungen und Überforderungen führen kann.

Zusätzlich zur Mitwirkung Ehrenamtlicher ist für viele, kleine und große Organisationen der Sozialwirtschaft (wie für Nonprofit- und Nongovernment-Organisationen in weiteren Tätigkeitsbereichen) kennzeichnend, dass ihre Rechts- und Organisationsform auf **Mitgliedschaften** beruht (eingetragener Verein, Genossenschaft). Mitglieder der Organisation haben auch ohne finanzielle Einlagen Rechte und damit Einfluss auf die Art und Weise der Leistungserbringung.

Die besonderen Merkmale der Mitwirkung sowohl von Ehrenamtlichen als auch von Organisationsmitgliedern haben in Organisationen der Sozialwirtschaft Auswirkungen auf das Management dieser Organisationen. Auch kann es zwischen den Professionellen, den Ehrenamtlichen und den Mitgliedern zu Spannungsverhältnissen kommen. Hierbei handelt es sich für das Management um eine Zuspitzung hinsichtlich der Berücksichtigung unterschiedlicher Stakeholderinteressen, da alle drei Gruppen organisationsintern an der Leistungserbringung mitwirken.

2.5.2 Nicht-schlüssige Tauschbeziehungen

Neben der Auffälligkeit des ehrenamtlichen Engagements fällt aus betriebswirtschaftlichem Blickwinkel auf, dass der Kundenbegriff unklar ist (vgl. auch Kapitel 4). Insbesondere durch die Beauftragung durch öffentliche Finanzgeber entsteht für Organisationen der Sozialen Arbeit eine besondere Form der Wirtschaftsbeziehung, die in der Betriebswirtschaftslehre die Bezeichnung der **nicht-schlüssige Tauschbeziehung** erhalten hat. Dabei gerät die Situation in den Fokus, dass nicht der Kunde für eine erhaltene Dienstleistung bezahlt, sondern ein Auftraggeber. Aus der Sicht des Dienstleistungserbringenden gibt es somit zwei „Kunden": einen, der für die Leistung bezahlt, mit der Dienstleistungserbringung zufrieden

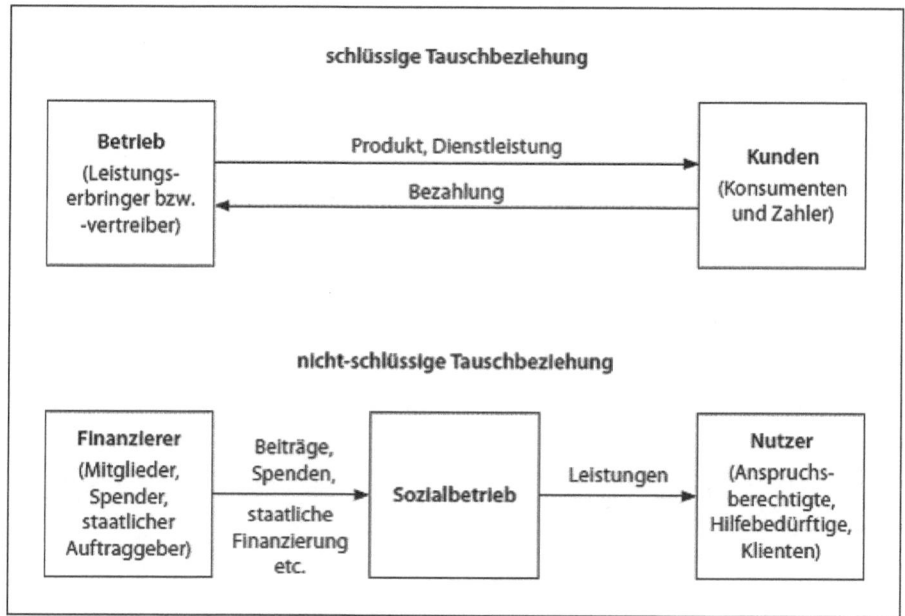

Abb. 5: Schlüssige und nicht-schlüssige Tauschbeziehungen (Burla 1989, 108)

sein muss und hierfür einen entsprechenden Nachweis verlangt und einen weiteren, bei dem mit der Dienstleistung eine Bedürfnisbefriedigung zustande gekommen sein sollte, wenn er damit zufrieden sein soll. Folgende Grafiken sollen dies verdeutlichen.

Mit juristischer Untersetzung kann von einem sozialrechtlichen Dreiecksverhältnis (vgl. Abb. 6) gesprochen werden kann, das deutlich macht, dass Leistungsberechtigte aufgrund eines Gesetzes Anspruch auf Dienstleistungen haben. Dieser Anspruch richtet sich an den Staat, der durch die Exekutive, also die öffentliche Verwaltung (in den meisten Fällen durch das Jugend- oder Sozialamt) zu erfüllen ist. Mit der Erbringung der Dienstleistung wird ein freier Träger beauftragt, mit dem ein Leistungsvertrag geschlossen und der für seine Leistungserbringung vergütet wird. Er tritt nun dem Anspruchsberechtigten als Leistungserbringer gegenüber.

2.5.3 Unklarer Kundenbegriff

Hinsichtlich der Steuerung wirft diese Besonderheit viele Fragen auf, die keineswegs durch die Einführung des Kundenbegriffs im Rahmen der Neuen Steuerung ausgeräumt werden. Im Gegenteil. Der in die Soziale Arbeit durch die neuen Steuerungskonzepte Einzug gehaltene **Kundenbegriff** ist ungenau. Er suggeriert eine Nachfragemacht, die in der Realität nicht vorhanden ist und eine Einflussnahme, die sehr ungleich verteilt ist. Ein Elternteil, dessen Kind durch ein Jugendamt in ein Heim eingewiesen wird, wird sich kaum als Kunde erfahren können.

Kapitel 6: Sozialmanagement und Management

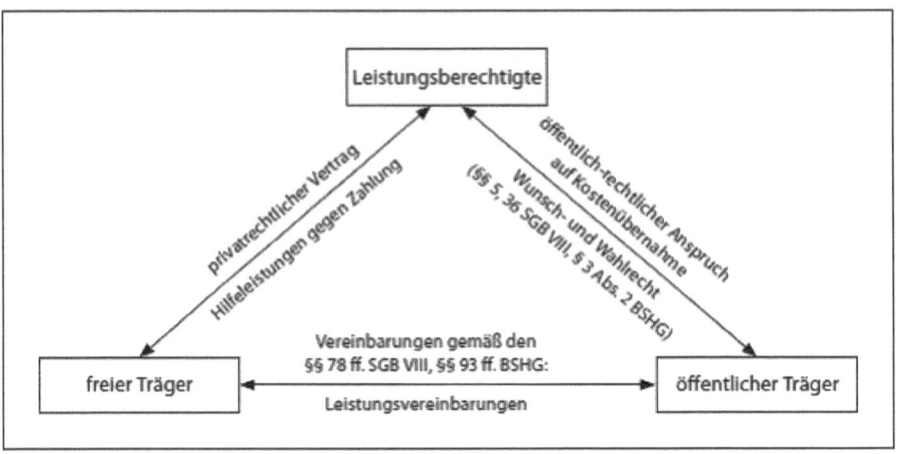

Abb. 6: Das sozialrechtliche Dreiecksverhältnis (vereinfachte Darstellung nach: Zimmer/Nährlich 1998, 72)

Und aus Sicht der Organisationen, die soziale Dienstleistungen erbringen, gibt es eindeutig Leistungsempfänger und Kostenträger, die hinsichtlich ihres Einflusses sehr ungleiche „Kunden" darstellen. Es können, wie im obigen Schaubild deutlich, Auftragsvergebende, Auftragsausführende und Auftragsempfangende, die die eigentlichen Anspruchsberechtigten sind, unterschieden werden.

Mit dem Konzept der Meritorisierung (Finis Siegler 1997) wird an einer Verbesserung der Nachfragemacht zu arbeiten gesucht. Das Konzept geht davon aus, dass die im sozialrechtlichen Dreiecksverhältnis beteiligten Partner nicht auf „gleicher Augenhöhe" verhandeln: Nicht die Anspruchsberechtigten verhandeln direkt mit Leistungserbringenden und Finanzgebern, oft nicht einmal die Leistungserbringer direkt mit den Finanzgebern, sondern: „Bei den Vertragspartnern handelt es sich meist um die – selbsternannten – Stellvertreter der unmittelbaren Anbieter in Person von Lobbyisten der großen Verbände des Sozial- und Gesundheitswesens auf der einen Seite und der zuständigen »Sachbearbeiter« staatlicher oder kommunaler Instanzen auf der anderen Seite" (Effinger 1993, 28). Eine Konsequenz dieses Konzeptes besteht darin, die Macht der Anspruchsberechtigten als Kunden oder Nachfragende zu stärken. Ein Beispiel, bei dem diese Konsequenz politisch gezogen wurde, ist die Entscheidungsfreiheit, die im Behindertenbereich mit dem „Persönlichen Budget" (Klie/Spermann 2004) geschaffen oder zumindest angestrebt wird.

2.5.4 Keine eindeutige Abrechenbarkeit mit dem Formalziel Gewinn: Sachzieldominanz

Mit den unterschiedlichen Steuerungsbezügen, nicht-schlüssigen Tauschverhältnissen und den Einflussnahmen diverser Stakeholder ist keine eindeutige Bilanzierung hinsichtlich eines Ziels gegeben. In Wirtschaftsunternehmen ist es das Formalziel Gewinn, auf den die Prozesse in der Organisation ausgerichtet und mit dem der

Erfolg des Betriebs ausgedrückt werden kann. Da sich Umsätze und Gewinne in Zahlen ausdrücken lassen, eventuell auch in Börsendaten niederschlagen, lassen sich Vergleiche mit anderen Betrieben – gleich aus welcher Sparte – ziehen. Für diese Unternehmen können somit formale Ziele als Steuerungsgröße ausgewiesen werden. Deren Erreichen lässt sich berechnen und deren Werte lassen sich mit denen von Konkurrenten, aber auch zwischen Abteilungen im eigenen Unternehmen vergleichen. Ein Ranking kann hergestellt werden. Diese lineare Logik bezogen auf Gewinn, Umsatz und Marktanteil lässt sich bis in Details auffächern, so dass Controllingverfahren entwickelt werden können, die dem alltäglichen Handeln Hinweise liefern können, wie es sich besser auf die zentralen Ziele ausrichten kann.

Für die im Rahmen öffentlicher Träger gesteuerten und die an enge Mitgliederbindungen angekoppelten Organisationen ist der Nachweis schwarzer Zahlen in der Bilanz nicht ausreichend. Auch wenn es gelingt, dass die gesamte Palette unterschiedlicher Abrechnungsanforderungen hinsichtlich finanzieller Größen, also der Abgleich der Kosten mit Einnahmen durch Aufträge, Zuschüsse von Finanzgebern, und eigenerwirtschafteten Mitteln in eine positive Bilanz münden und das Überleben der Organisation sichern, muss das Gleichgewicht der Organisation noch nicht hergestellt sein, denn es können Interessen von wichtigen Stakeholdern verletzt oder nicht befriedigt worden sein. Für ein entsprechendes Jugend- oder Sozialamt kann es bedeuten, dass Bürgerproteste dazu führen, dass ein Sozialbürgermeister seinen Hut nehmen muss. Bei einer Genossenschaft oder einem Verein kann es dazu führen, dass wesentliche Mitglieder ausscheiden und das ehrenamtliche Engagement zurückgeht usw.

Um keine Missverständnisse aufkommen zu lassen: Selbstverständlich muss eine Organisation in der Sozialwirtschaft kostendeckend arbeiten, um überleben zu können und wenn die Möglichkeit besteht, wird ihr Management versuchen, Überschüsse zu erwirtschaften. Allerdings lässt sich ihre Steuerung nicht auf das Formalziel der Kostendeckung oder Überschusserwirtschaftung reduzieren. Vielmehr treten Sachziele hinzu. Es wird deshalb auch von der **Sachzieldominanz** (Arnold/Maelicke 1998) gesprochen.

Mit dem Beitrag von Klaus Schellberg (Kapitel 4) wird eine Perspektive eröffnet, wie aus Sicht der Betriebswirtschaft an dieser Verengung von Unternehmen auf ein Formalziel bzw. an der Einbeziehung von Sachzielen gearbeitet werden kann.

2.6 Besonderheiten aus Sicht der Sozialen Arbeit

Für die Einordnung des Managements, das die besondere Fachlichkeit der Sozialer Arbeit zu steuern und zu bewirtschaften hat, war es eher eine Vereinnahmung, im wirtschaftlichen Zusammenhang als Dienstleistung definiert zu werden. Jedoch lässt sie sich auch mit den Kategorien der Sozialen Arbeit nachvollziehen (siehe Grundwald in diesem Band). Heimatlos bzw. in verschiedenen der bereits definierten Sektoren „vagabundierend" kann es zunächst befreiend wirken, endlich in der Sozialwirtschaft eine eindeutige Heimat gefunden zu haben. Allerdings folgt die Ernüchterung, dass dies hinsichtlich der Steuerungssphären dem Management nicht wirklich weiter hilft. Hilfreich dagegen kann die Bestimmung der Sachzieldominanz sein, weil nun gefragt werden muss, um was es bei der Erbringung sozialer Dienstleistungen im Kern geht.

2.6.1 Sozialer Ertrag und Sachzieldominanz

Positiv formuliert geht es bei den Dienstleistungen in der Sozialen Arbeit

- um einen sozialen Ertrag,
- bei dem es sich gesellschaftlich und sozialpolitisch um Wohlfahrt handelt, hinsichtlich der Beauftragung sowohl
  - objektiv betrachtet um eine Bedarfsdeckung, wobei der Bedarf durch einen politischen oder gesellschaftlichen Auftrag- und Finanzgeber festgestellt wurde, für dessen Deckung er Mittel zur Verfügung stellt und
  - subjektiv betrachtet um eine Bedürfnisbefriedigung, wobei erst durch die Einbeziehung des Empfängers der Dienstleistung festgestellt werden kann, ob es sich um eine solche für ihn handelt.

2.6.2 Wohlfahrt und Bedürfnisbefriedigung = doppeltes Mandat

Aus gesellschaftlicher und sozialpolitischer Perspektive betrachtet wird mithilfe von Sozialen Diensten „Wohlfahrt" angestrebt. **Wohlfahrt** ist nach Adalbert Evers und Thomas Olk „das Ergebnis eines Konsumtionsprozesses, im Verlauf dessen aus dem Einsatz und Verbrauch von Gütern, Diensten, Zeit und Energie" eine objektiv registrierbare und subjektiv empfundene „Bedürfnisbefriedigung" entsteht (Evers/Olk 1996, 15). Wohlfahrt und die damit angestrebte Bedürfnisbefriedigung lassen sich grob operationalisieren (vgl. Thiersch 1995, Wilken 2000) als:

- die Verwirklichung von Chancengleichheit, Solidarität und sozialer Gerechtigkeit auf gesellschaftlicher Ebene und
- Bewältigungskompetenz und Stabilität in Bezug auf Lebensfragen auf der individuellen Ebene.

Aus individueller Perspektive geht es Betroffenen um eine Hilfe in prekären, die Existenz ungenügend absichernden Lebenslagen (Sozialarbeit) und um Unterstützung bei persönlichen Entwicklungsprozessen (Sozialpädagogik). Deshalb stehen sie (die Hilfesuchenden, Adressaten, Anspruchsberechtigten usw.) im Zentrum der professionellen Hilfeleistungen der praktischen Sozialen Arbeit. Ziel ist es (vgl. Thiersch 1995, Wilken 2000):

- Menschen zu einem gelingenden, möglichst selbstbestimmten Leben zu verhelfen,
- Benachteiligungen auszugleichen und Schwierigkeiten zu beheben, die Menschen daran hindern, an einem „normalen" Leben teilzunehmen und zu einem erfüllten Leben zu gelangen.

Für Organisationen der Sozialen Arbeit besteht also eine doppelte Beauftragung. Einerseits sind sie „öffentlich mit einer spezifischen Normalisierungsarbeit beauftragt" (Kessl/Otto 2011, S. 391). Ihre wohlfahrtsstaatliche Aufgabe besteht darin,

„subjektive Lebensführungs- und Subjektivierungsweisen in Bezug auf die wohlfahrtsstaatlich als gültig vereinbarten Normalitätsmodelle zu regulieren und zu gestalten" (ebenda). Soziale Arbeit dient somit dem öffentlichen Auftrag der Herstellung, Bewahrung und Veränderung von Formalstrukturen sowie der Abwendung und Bearbeitung von Tendenzen der Exklusion und Desintegration. Andererseits muss sich die Profession Sozialer Arbeit aufgrund ihres Code of Ethic, ihrer Standards bzw. Handlungs- und Strukturmaxime als durch die Betroffenen beauftragt verstehen. Nur so kann sich die Professionalität, wie sie durch Grunwald in diesem Band mit dem Konzept Lebensweltorientierter Sozialer Arbeit veranschaulicht wird, entfalten.

Das Spannungsverhältnis zwischen staatlicher Beauftragung und Handeln im Interesse der Klienten wird in der Diskussion über Soziale Arbeit seit ihrer Professionalisierung unter dem Widerspruch von Hilfe und Kontrolle diskutiert und als **doppeltes Mandat** bezeichnet (Gildemeister 1983). Die Disziplin erhebt einen Anspruch an Autonomie, auf den sich die Profession gerne zu beziehen sucht, um sich von einer lediglich ausführenden Instanz (sozusagen im staatlichen Auftrag) abzugrenzen (Merten 1997). Da die Profession in ihrem Anspruch die selbstbestimmte Lebensführung der Betroffenen (mit all ihren Besonderheiten) zum ethischen Standard erhebt, ist insbesondere der Eingriff gegen den Willen von Betroffenen, der aufgrund staatlicher Beauftragung per Gesetz erforderlich ist, legitimationsbedürftig (Müller 2011). Es wurde bereits festgestellt, dass aus ökonomischer Sicht der Kundenbegriff nicht eindeutig ist. Im Zusammenhang eines staatlich verordneten Eingriffs ist er geradezu absurd. Und dies gilt nicht nur bei Heimunterbringungen von in ihrem elterlichen Umfeld gefährdeten Kindern. In Fällen der Feststellung der Berechtigung einer materiellen Hilfegewährung müssen Einblicke in die Privatsphäre genommen und wertende Entscheidungen getroffen werden. Und sozialpädagogische Maßnahmen werden nicht selten auch dann angeboten, wenn die Teilnehmenden daran mit einem indirekten Druck zur Teilnahme bewegt werden. Mit der öffentlichen Finanzierung von Organisationen, die Soziale Arbeit erbringen, ist nicht in jedem Fall, aber in durchaus nicht zu vernachlässigenden Fällen ein Kontrollauftrag verbunden.

2.6.3 Unmittelbare Hilfe versus gesicherte Finanzierung

Die Normalitätsmaßstäbe der Gesellschaft, die sich in Gesetzen und Anspruchsberechtigungen niederschlagen, werden nicht aufgrund der Analysen der Disziplin und Profession Soziale Arbeit verbindlich definiert. Die als nötig erachtete Hilfe, die aufgrund der Wissenschaft und Profession Sozialer Arbeit diagnostiziert wird, kann nicht einfach verabreicht werden. Es bleibt eine Differenz zwischen staatlich und/oder gesellschaftlich geförderten bzw. finanzierten Angeboten und den Leistungen, die durch die konkrete Soziale Arbeit real erbracht werden. Zudem entsteht immer neu ein nicht abgedeckter Bedarf, weil sich aktuell neue Problemlagen und Bedarfe ergeben. Nicht abgedeckte Bedürfnisse werden durch Betroffene selbst, durch gesellschaftliche Initiativen, durch Ehrenamtlichkeit usw. abzudecken gesucht und durch die Professionalität der Sozialen Arbeit unterstützt.

Armin Wöhrle

Bei entsprechender Unterstützung durch gesellschaftliche Kräfte entsteht eine Anspruchshaltung, die sich durch die entsprechenden Entscheidungsinstanzen bis zu gelten gesetzlichen Regelungen durchsetzen kann. Die Disziplin und Profession der Sozialen Arbeit ist an diesem Prozess – angefangen von den Bedarfsermittlungen in der täglichen Praxis, den Sozialplanungen auf örtlicher Ebene, gefolgt von denen auf Landesebene bis hin zur Bundesebene – beteiligt. Es gibt ein gutes Beispiel aus der Geschichte, dass die Diskussion durch die Instanzen ausreichende Begründungen für die Reformierung des Jugendwohlfahrtgesetzes zum Kinder- und Jugendhilfegesetzes lieferte (Fischer 2005).

In der Zwischenzeit – und wir befinden uns immer in einer Zwischenzeit, sogar in einer Zeit, in der die Anspruchshaltung an die staatliche Verantwortung zurückgeht und die Erwartungen an die gesellschaftlichen Kräfte wachsen – müssen Organisationen der Sozialen Arbeit Leistungen, auf die per Gesetz kein Anspruch besteht, die jedoch aufgrund der Diagnose der sozialpädagogischen Fachlichkeit notwendig sind, dennoch irgendwie finanzieren. Es müssen gesellschaftliche Kräfte gefunden werden, die durch Spenden und Sponsoring Mittel und sich selbst durch ehrenamtliches Engagement einbringen. Es müssen Finanztöpfe gefunden werden, aus denen durch aufwendige Antragsverfahren Mittel eingeworben werden können, die das Überleben der Organisation sichern.

Hinsichtlich des Auftretens von sozialen Problemen und Bedarfslagen, ihrer Wahrnehmung im öffentlichen Interesse und möglichen Reaktionsmuster durch die politischen Akteure besteht in der Sozialwirtschaft ein enormer Forschungsbedarf. An Konzepten hinsichtlich der Sozialwirtschaft wird erst in Ansätzen gearbeitet (Fritze/Maelicke/Uebelhart 2011), wobei unklar ist, ob sich solche Konzepte politisch durchsetzen lassen, weil die machtpolitischen Analysen ebenfalls erst zu leisten sind (Kessl 2009).

2.6.4 Uneindeutige Legitimationsmodi

Für die Steuerung jedweder Organisation ist von Bedeutung, welche Ziele angestrebt werden, wie nachgewiesen werden kann, ob diese erreicht werden und ab wann man von einem Erfolg sprechen kann. Die Organisationen und ihr Management müssen sich darüber legitimieren. Dafür ist es aber wichtig zu wissen, wem gegenüber was zu legitimieren ist.

War im alten Legitimationsmodus der Sozialen Arbeit klar, dass man sich gegenüber dem Staat mit dem Bezug auf Gesetze und hinsichtlich der Finanzausgaben gegenüber der öffentlichen Verwaltung und ihrer Vorschriften zu rechtfertigen hatte und die Klienten ebenso mit der Leistung zufrieden sein sollten, so ist dieses Rechenschaftslegungssystem komplexer geworden:

- Abgerechnet werden muss nach wie vor gegenüber dem Staat und der öffentlichen Verwaltung, jedoch werden über diesen Finanzierungskanal nicht mehr alle Kosten abgedeckt. Allein, um kommunale Mittel zu erhalten, müssen heute nicht selten Mittel aus der Europäischen Union, wiederum gebunden an die Genehmigung von Landesmittel eingeworben werden. Abrechnungsverfahren und die inhaltliche Rechenschaftslegung können hierfür sehr umfangreich sein.

- Es gibt eine wachsende Zahl gesellschaftlicher Akteure (z.B. Stiftungen, die sich finanziell an Aktivitäten auch der Sozialen Arbeit beteiligen. Meist werden spezielle Ziele und Programme vorgegeben und deshalb auch entsprechende Rechenschaftslegungen verlangt.
- Eine Organisation, die Leistungen der Sozialen Arbeit erbringt, kann schwerlich nur aufgrund beständig wechselnder Programme leben. Sie benötigt einen Gleichklang aus beständigen Angeboten mit einer gewissen Regelfinanzierung und zusätzlichen Programmen. Dafür benötig sie eine Rechenschaftslegung gegenüber ihren wesentlichen Stakeholdern durch das Management.
- Bei all diesen Bemühungen müssen die Leistungen Sozialer Arbeit im Endeffekt konkrete Bedürfnisse der Adressaten befriedigen. Bei ihnen muss eine Bedürfnisbefriedigung ankommen. Auch wenn nicht in jedem Fall eine Evaluation durchgeführt werden kann, benötigt das Management zumindest eine Rückmeldung von den Leistungsempfängern über die Professionellen.
- Für eine Organisation sind nicht nur die Finanzgeber, die Adressaten und die sonstigen Interessensgruppen wichtig, sondern auch die Öffentlichkeit muss über die Medien bedient davon überzeugt werden, dass angemessene Dienstleistungen erbracht werden.

Bei all den unterschiedlichen Rechenschaftslegungen muss bedacht werden, dass die Leistungen der Sozialen Arbeit nicht einseitig verabreicht werden können: „Soziale Arbeit besteht wie ein pädagogischer oder ein psychotherapeutischer Einsatz größtenteils in einer Ermöglichungsarbeit. Nicht die professionell Tätigen, sondern die Adressaten sind die Produzenten; ihnen wird durch Anleitung, Beratung, Begleitung und Kontrolle zugearbeitet, sodass bei ihnen ein Potential zu einer Wertschöpfung entsteht. Ergänzend erfolgt eine Netzwerkarbeit, wodurch Ressourcen in einem Beziehungsumfeld erschlossen und die Akteure in ihm zu einem personenbezogenen Zusammenwirken geführt werden. Beide Arbeitsformen sind an keinen eingerichteten Produktionsbetrieb gebunden. In Projekten der Gemeinwesenarbeit oder im Quartiersmanagement geht die Netzwerkarbeit in eine Ermöglichungsarbeit über; die eine erfordert die andere" (Wendt 2010, 44 f.).

Die für die Rechenschaftslegung eingesetzten Verfahren sind oftmals sehr begrenzt, meist fixiert auf ein bestimmtes Ziel und tragen der Komplexität nicht Rechnung. Zwischenzeitlich haben alle Finanzgeber spezielle Qualitätsmanagementsysteme (Meinhold/Matul 2011) eingerichtet, die von manchen Organisationen die Rechenschaftslegung gegenüber mehreren Qualitätskontroll- und entwicklungsverfahren verlangen. Gleichzeitig werden innerhalb der Organisationen neben dem unvermeidlichen Controlling verschiedene Managementinstrumente für die Zielüberprüfung (z.B. Balance Score Card, Zielvereinbarungen, siehe Simon 2002) eingerichtet. Nicht nur die Komplexität der Rechenschaftslegung nimmt für die Organisation und ihr Management zu, sondern auch der Aufwand, sich mit Nachweisverfahren neben der eigentlichen Tätigkeit zu beschäftigen, nimmt für die Mitarbeitenden zu (Meinhold 2012).

Trotz des zunehmenden Aufwandes hinsichtlich der Rechenschaftslegung und der Einführung betriebswirtschaftlicher Instrumente ist kein Nachweis erbracht, ob sich nun eine höhere Effektivität und Effizienz hinsichtlich der Leistungen Sozialer Arbeit ergeben hat. Es wurde bislang überwiegend dem Legitimationsbedürfnis der Finanzgeber Rechnung getragen. Es stellen sich mehr denn je Fragen hinsichtlich der Wirksamkeit von Leistungen Sozialer Arbeit unter der Regie der gegenwärtiger Mittelvergabe im Hinblick auf das gesellschaftliche Gefüge. Diese können nur durch Investitionen in eine Forschung beantwortet werden, die alle neu aufgeworfenen Fragen insbesondere der Wirkung von Maßnahmen zu klären sucht.

2.7 Sozialmanagement im Umbruch – Change Management

Das Sozialmanagement und das Management in der Sozialwirtschaft muss auf die sozialpolitischen Umbrüche, den Umbau der öffentlichen Verwaltung und die diversen Anforderungen an die Einwerbung von Finanzen und Rechenschaftslegungen reagieren und kann dabei nicht auf eine altehrwürdige Disziplin und Profession zurückgreifen. Vielmehr hat sich dieses Management mit dem sozialpolitischen und steuerungslogischen Umbruch herausgebildet, der seitdem nicht zum Stillstand kam und dessen Ende nicht in Sicht ist. Somit ist das Management des Wandels (Change Management) ein Kennzeichen für das Sozialmanagement und das Management in der Sozialwirtschaft. Noch deutlicher: Sozialmanagement und Management in der Sozialwirtschaft sind seit der Erfindung ihrer Begrifflichkeiten ein Change Management (Wöhrle 2002, 2005). Sie sind geradezu durch den Umbruch entstanden.

Für das Management des Wandels gibt es genügend Vorgaben, da auch das Management im Profit erwirtschaftenden Sektor durch die Globalisierung einen nicht kalkulierbaren Umbruch erlebte, doch sind die Erfahrungen nur bedingt übertragbar (Wöhrle 2012b). Kennzeichnend ist für das Change Management, dass inmitten der Weiterverfolgung des Alltagsgeschäfts etwas Neues kreiert werden muss. Unter den Herausforderungen eines Umbruchs der Systeme müssen die Verbindung zu unterschiedlichen und neu entstehenden Logiken hergestellt und die Entwicklungsprozesse in ihren Auswirkungen auf die eigene Organisation beobachtet werden und gleichzeitig muss das Alltagsgeschäft, wiederum nach unterschiedlichen Logiken, da sich die Bezugssysteme unterschiedlich intensiv im Umwälzungsprozess befinden, bewältigt werden. Insbesondere muss ein Umbruch in der eigenen Organisation eingeleitet werden, um sie besser hinsichtlich der neuen Herausforderungen aufzustellen, wobei neben dem Import externer auch interne Ressourcen erschlossen werden müssen. Das verlangt zusätzlich zum Verstehen der Prozesse, die extern ablaufen, ein Verständnis von Organisationen, ihren Strukturen und internen Abläufen, aber insbesondere ihrer Kultur. Und, da der verlangte Wandel wenig mit linearen Anpassungsleistungen und kosmetischen Korrekturen zu tun hat, sondern radikale, teilweise revolutionäre Veränderungen erfordert, müssen Wissen und Erfahrung über das strategische Management ebenso wie mit dem Kulturwandel angeeignet werden (vgl. Wöhrle 2005). Die Aufgabe besteht in nichts geringerem, als eine Initiative der Qualitätsentwicklung mit Organisationsentwicklung und Personalentwicklung zu verbinden (vgl. Wöhrle 2012a, 2012b).

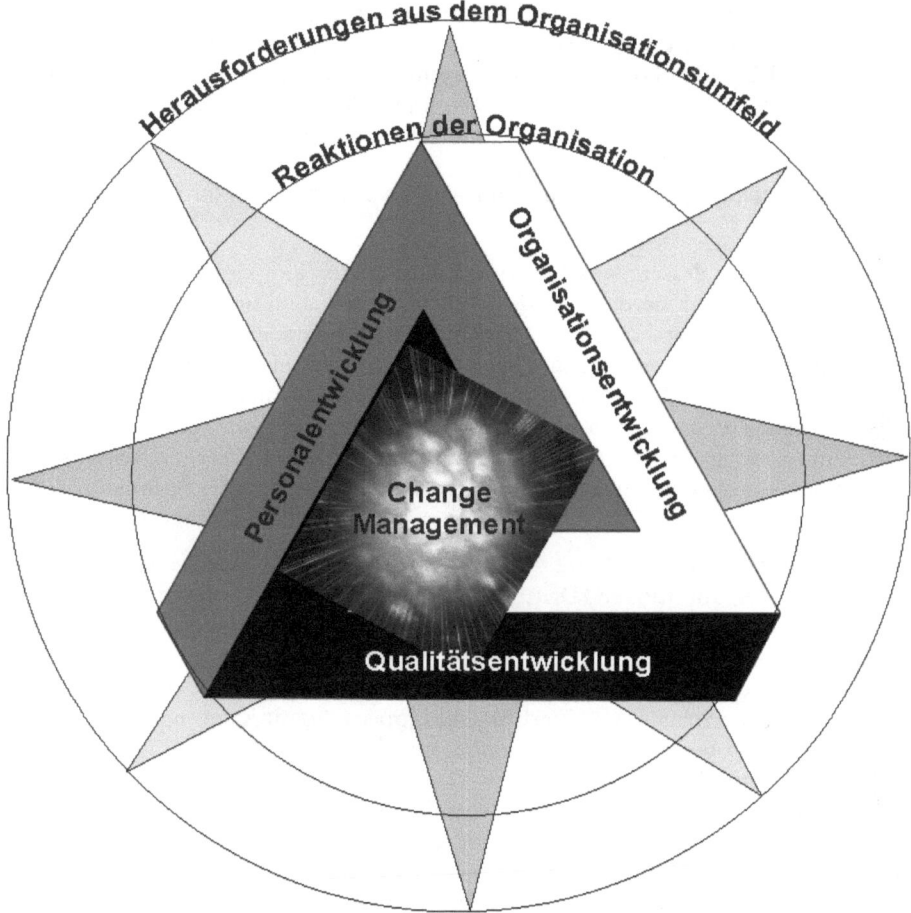

Abb. 7: Change Management als Einheit aus Qualitätsentwicklung, Organisationsentwicklung und Personalentwicklung (Wöhrle)

3. Begriffsklärungen und Definitionen

Nachdem Entwicklungslinien der Diskussion über das Sozialmanagement und das Management in der Sozialwirtschaft und grundlegende Verbindungslinien zu Bezugswissenschaften aufgezeigt wurden, aber auch die Besonderheiten dieses Managens nicht zu kurz kamen, ist es an der Zeit, die zentralen Begriffe des Sozialmanagement und des Management in der Sozialwirtschaft zu definieren. Wissenschaftliches Denken ist zentral auf die genaue Bezeichnung dessen angewiesen, auf das sich das Denken bezieht. Erst wenn die Begriffe klar sind, können die wissenschaftlichen Untersuchungsverfahren ihre Wirkung entfalten.

In der aktuellen Literatur sind verschiedene Begriffe anzutreffen, die den Gegenstand zu bezeichnen suchen, der hier gemeint ist. Der Begriff **Sozialmanagement** (z.B. Müller-Schöll/Priepke 1983; G. Schwarz 1994; Merchel 2001), ist seit den

1980er Jahren im deutschsprachigen Raum eingeführt. Daneben wird vom **Management in sozialen Organisationen** (z.B. Puch/Westermeyer 1999), **sozialem Management** (z.B. Pankoke 1997), **Management von oder in Nonprofit-Organisationen** (z.B. Badelt 1999; P. Schwarz 1986 und 1996) und **Management in der Sozialwirtschaft** (z.B. Maelicke 2000; Wendt 2002, Wöhrle 2003) gesprochen.

3.1 Unterscheidung des Managens hinsichtlich bewirtschafteter Sektor und Fachlichkeit

Bei der Definition dessen, was Management zu leisten hat, kann auf das letzte Kapitel zurückgegriffen werden. Bei der Steuerung, Führung und Leitung von Organisationen kann zusätzlich zu den allgemein zu erfüllenden Funktionen nach besonderen Anforderungen aufgrund der **Sektoren, in denen gewirtschaftet wird** und der **Fachlichkeit**, auf die sich das Management bezieht, unterschieden werden. Die entsprechenden Begriffe sind mehr oder weniger gut geeignet, einen bezeichnenden Beitrag zur Erfassung des Gegenstandes zu leisten. Im Folgenden wird eine Zusammenfassung einer ausführlicheren Argumentation vorgestellt (ausführlich in Wöhrle 2013).[11]

Von den Kategorien, die unter 2.4 behandelt werden, kann kein Sektor bzw. keine Gruppe von Organisationen (Dritter Sektor, Nonprofit- und Nongovernment-Organisationen) die Organisationen, mit denen Soziale Arbeit erbracht wird, definitorisch und empirisch umfassen. Es bleibt daneben eine Kategorie der Wohlfahrtsverbände, die empirisch relativ gut erfasst ist, aber wiederum auch nicht alle Organisationen, die Soziale Arbeit erbringen, umfasst. Somit kann man eine Kategorie einführen, zu der alle Organisationen, mit denen Soziale Arbeit geleistet wird, zu rechnen sind. Diese als „soziale Organisationen" (z.B. Puch/Westermeyer 1999) zu bezeichnen, die von einem „sozialen Management" (z.B. Pankoke 1997) gesteuert werden, ist begrifflich verwirrend, da alle Organisationen soziale Gebilde sind und jedes Management in allen Organisationen ein soziales sein sollte (Fröse 2005). Wenn also ein Management bezeichnet werden soll, das nur auf die o.g. Organisationen bezogen ist, so müssen sie auch als solche, d.h. als **Organisationen, mit denen Soziale Arbeit erbracht wird**, bezeichnet werden. Darüber hinaus ist hinsichtlich des Sektors, mit dem die Bewirtschaftung gekennzeichnet wird, der Begriff **Sozialwirtschaft** angemessen, da er die abgrenzenden Bezeichnungen überwindet und das Ganze zu fassen versucht. Hier kann dann von einem Management in der Sozialwirtschaft gesprochen werden.

3.2 Management in (Organisationen) der Sozialen Arbeit und seine Fachlichkeit(en)

Der Begriff und die Aufgaben des Managements wurden bereits im fünften Kapitel definiert. Unter dem Blickwinkel, diese Aufgaben auf eine spezifische Fachlichkeit zu beziehen, wird deutlich, dass hierfür Begriffe wie Management in Nonpro-

---

[11] Bei den nachfolgenden Begriffsbestimmungen sind Passagen mit denen aus Wöhrle 2013 (Kölner Journal) teilweise deckungsgleich, ohne dass sie als Zitate kenntlich gemacht wurden, da zum Zeitpunkt der Abfassung unklar war, welcher Beitrag als erster erscheinen wird.

fit-Organisationen wenig weiterführen. In Organisationen, die fachliche Dienstleistungen der Soziale Arbeit erbringen, müssen die Managementaufgaben auf die spezifischen Anforderungen der fachlichen Aufgabenstellung, die Besonderheit der Finanzierung und Mitteleinwerbung, die besonderen Stakeholder usw. ausgerichtet werden. Das bedeutet zunächst nichts weiter, als dass die Fachlichkeit des Gegenstandes der Bewirtschaftung die Art und Weise des Managens mitbestimmt, also die Besonderheiten beachtet werden müssen. Das ist jedoch bei einer Maschinenbaufirma, einem Krankenhaus oder einer Bank nicht anders. Für das Management bedeutet dies, dass die Fachlichkeit im Management vorhanden sein sollte.

Gleichzeitig wird deutlich, dass die spezifische Fachlichkeit nicht ausreicht, denn in den jeweiligen Basisstudiengängen ob der Medizin, des Maschinenbaus oder der Sozialen Arbeit, um nur Beispiele zu nennen, wird nicht die Fachlichkeit der Führung und Leitung von Organisationen in den jeweiligen Branchen mit vermittelt. Es muss eine zusätzliche Fachlichkeit hinzukommen, für die betriebswirtschaftliche Studiengänge und die Managementlehre stehen. Dieser zusätzliche Bedarf kann auf verschiedenen Wegen befriedigt werden. Er kann summiert oder durch integrierende Aneignung über Personen zu decken gesucht werden. Im ersten Fall werden verschiedene Leitungsfunktionen eingerichtet. Auch in einem Krankenhaus kann es eine Doppelspitze aus einer Verwaltungsleitung und einem Oberarzt bzw. einer leitenden Ärztin geben. Dass zwei Leitungspersonen an der Spitze stehen ist auch in einer Organisation der Sozialen Arbeit möglich; hier heißen sie z.B. Verwaltungsleiter und Pädagogische Leitung. Im zweiten Fall geht es nun um den entsprechenden Zuschnitt, mit dem in Aufbaustudiengängen in unserem Fall die Fachlichkeit der Sozialen Arbeit mit der Fachlichkeit der Betriebswirtschaftslehre und der Managementlehre verbunden werden kann. Diese Aufbaustudiengänge sind in der Regel in Fakultäten der Sozialen Arbeit angesiedelt, wenn sie Wert auf eine Verknüpfung mit der Fachlichkeit legen. Sie werden aber auch in anderen Fakultäten angeboten.

Zusammenfassend kann man also behaupten, dass das Management von Organisationen, in denen Dienstleistungen der Soziale Arbeit erbracht werden, über die Fachlichkeit der Sozialen Arbeit als auch über die der Fachlichkeit, die aus den Betriebswirtschaften stammen, verfügen sollte.

Dabei bleiben Fragen nach der Abgrenzung innerhalb der Hierarchie und hinsichtlich angrenzender Bereiche offen, auf die zurückzukommen sein wird.

3.3 Definition Sozialmanagement

Der Begriff **Sozialmanagement** ist durch Albrecht Müller-Schöll schon in den 1970er Jahren eingeführt worden. Mit ihm sollte zunächst verdeutlicht werden, dass Organisationen, die Soziale Arbeit erbringen, auch gesteuert werden müssen und dass es hierfür eine besondere Art der Steuerung bedarf. Er wurde also in enger Verknüpfung mit der Fachlichkeit Sozialer Arbeit eingeführt. Unerheblich ist dabei, ob diese Dienstleistungen in einem öffentlichen Träger, einem freien Wohlfahrtsverband, einem kleinen gemeinnützigen Verein oder einem gewerblichen, auf Profit orientierten Betrieb organisiert werden. Der Bezugspunkt ist die Fachlichkeit Sozialer Arbeit und sind ihre Standards. Man könnte zunächst meinen, dass damit das Sozialmanagement nur auf Organisationen angewandt werden kann, die im Bereich der Sozialen Arbeit tätig sind. Entsprechend wäre für die öffentlichen Träger das Öffentliche Dienstleistungsmanagement zuständig. Allerdings ist für das Jugend- und das Sozialamt (obwohl Teil der öffentlichen Verwaltung) auch das Sozialmanagement zuständig, weil hier fachliche Leistungen im Bereich der Sozialen Arbeit erbracht werden. Und wenn in einem großen Betrieb der freien Wirtschaft eine Gesundheits- und Sozialabteilung eingerichtet ist und in dieser ein Bereich für Soziale Arbeit existiert, die von einer Fachkraft mit der oben beschriebenen Doppelqualifikation geleitet wird, so kann auch hier von Sozialmanagement gesprochen werden.

Da man von Management nicht erst spricht, wenn die Spitze der Hierarchie einer Organisation definiert wird, sondern durchaus Leitungs- und Führungsfunktionen auf verschiedenen Ebenen unterschieden werden, macht es Sinn, Sozialmanagement mit seinem fachlichen Zuschnitt als zuständig für alle Ebenen der Steuerung in allen Arten von Organisationen, in denen Soziale Arbeit erbracht wird, zu erklären. Dies umfasst dann die Ebene der Teamleitung ebenso wie Sachgebiets- und Abteilungsleitungen als auch Geschäftsführungen von Organisationen.

Zusammenfassend kann behauptet werden, dass der Begriff Sozialmanagement sehr dem des Managements von Organisationen, die Soziale Arbeit erbringen, ähnelt, er jedoch auch unterschieden ist, weil er zusätzlich zu den Organisationen, die allein Leistungen der Sozialen Arbeit erbringen, auch auf Teilbereiche von Organisationen der Öffentlichen Verwaltung und der profitorientierten Wirtschaft anwendbar ist.

Eine Definition könnte lauten: **Sozialmanagement** wird einem Personenkreis zugerechnet, der auf verschiedenen Funktionsebenen in unterschiedlichen Organisationen, in denen ausschließlich oder unter anderen auch Leistungen der Soziale Arbeit erbracht werden, angesiedelt ist (Management als Institution). Gleichzeitig versteht man unter Sozialmanagement ein Bündel von Funktionen in diesen Organisationen, die in konkrete Handlungen münden müssen, um die Sicherung und Entwicklung der Organisationen in ihren sozialpolitischen, betriebswirtschaftlichen, juristischen und fachlichen Zusammenhängen zu gewährleisten (Management als Funktion). Bei den Funktionen sind Erkenntnisse der Betriebswirtschaft und Managementlehre zu beachten, insbesondere aber Besonderheiten, die aus der Fachlichkeit Sozialer Arbeit entspringen.

3.4 Weshalb Management in der Sozialwirtschaft?

Um zu verstehen, weshalb neben dem Begriff des Sozialmanagements der des Managements in der Sozialwirtschaft eingeführt wurde, müssen zwei Zugänge nachvollzogen werden: ein theoretischer und ein pragmatischer.

Der theoretische geht auf Wendt zurück, der **Sozialwirtschaft**, wie bereits angedeutet, als die Organisation des Sozialen als gesamtgesellschaftliche Reproduktions- und soziale Entwicklungsarbeit betrachtet. Er spricht von „Arrangements der Wohlfahrtsproduktion", wobei „auf der *Makroebene* politisch eingerichteter und institutionell ausgeformter Regime wohlfahrtsstaatlicher Versorgung, auf der *Mesoebene* des Betriebs dieser Versorgung, geleistet in Diensten und Einrichtungen in frei-gemeinnütziger, öffentlicher und privat-gewerblicher Trägerschaft und auf der *Mikroebene* der unmittelbaren humandienstlichen Betätigung und privater Arrangements in der Selbstsorge der Menschen in den Belangen ihres Wohlergehens" (Wendt 2010, 11) eingebunden werden.

Dabei kann ein auf einzelne Unternehmungen bzw. Organisationen bezogenes Management, wie es in der Managementlehre verstanden wird, nur auf der Mesoebene angesiedelt sein. Zur Makroebene hin finden sich lediglich Spuren in den Versuchen der sozialpolitischen Einflussnahme der Wohlfahrtsverbände bzw. in ihrem Lobbyismus und zur Mikroebene hin Spuren managerieller Einflussnahme auf die Gestaltung von Arbeitsprozessen (über Qualitätsmanagement, Zielvereinbarungen etc.) sowie die Einbindung der Mitarbeitenden (z.B. mittels Entrepreneurship) (Wöhrle 2012b). Wenn also ein Begriff des Managements in der Sozialwirtschaft die gesamte Breite der Sozialwirtschaft, wie Wendt sie versteht, beibehalten soll, so müssen Erweiterungen hinsichtlich der Managementlehre vorgenommen werden. Der Managementbegriff kann sich dann nicht mehr allein auf Betriebe, Unternehmen oder Organisationen beziehen. Es wird darauf zurückzukommen sein.

Die Definition von **Management in der Sozialwirtschaft**, wie sie z.B. von Bernd Maelicke vorgenommen wird, bezieht sich allerdings auf den Ausschnitt von „Betrieben und Unternehmen der Sozialwirtschaft in öffentlicher, privat-gemeinnütziger oder gewerblicher Trägerschaft" (Maelicke 2008, 923). Das weite Gebiet der Sozialwirtschaft, das Wendt vorgibt, wird hier auf die Mesoebene reduziert, weshalb angenommen werden muss, dass hier ein anderer Begriff von Sozialwirtschaft als bei Wendt zugrunde liegt. Man kann hier von einem pragmatischen Begriff sprechen, der die Praxis der großen Organisationen, die im Gesundheits-, Pflege-, Sozial-, Kultur- und Bildungsbereich tätig sind, zu fassen versucht. Eingeführt wurde der Begriff durch die 1923 als „Hilfskasse gemeinnütziger Wohlfahrtseinrichtungen Deutschlands GmbH." gegründete und in der Bundesrepublik Deutschland als „Bank für Sozialwirtschaft" bezeichnete Unternehmung, an der die Spitzenverbände der Freien Wohlfahrtspflege die Mehrheit der Anteile halten. In den 1990er Jahren wurde Diskussionsforen für das Sozialmanagement und die Sozialwirtschaft eingerichtet und Publikationsreihen geschaffen (vgl. Teil 1 des Beitrags). Der Name wurde somit seit den 1990er Jahren etabliert. Er macht aus Sicht der Wohlfahrtsverbände insofern Sinn, weil er ihre vielfältigen Tätigkeiten nicht nur in der Sozialen Arbeit, sondern auch im Gesundheits-, Pflege-, Bildungs- und Kulturbereich unter eine Überschrift zu fassen in der Lage ist.

Allerdings ergibt sich mit dem so verstandenen Management in der Sozialwirtschaft ein neues Definitionsproblem, das wiederum anders gelagert ist als bei der Betrachtung des Sozialwirtschaftsbegriffs, der von Wendt eingeführt wurde. Es wird darauf zurückzukommen sein.

3.5 Management des Sozialen

Um den Begriff Management in der Sozialwirtschaft definieren zu können, muss zunächst auf eine Diskussion zu Steuerungsfragen des Sozialen verwiesen werden.

Entstanden ist der Begriff Management des Sozialen auf dem Hintergrund der Kritik an der unreflektierten Übertragung betriebswirtschaftlicher Konzepte und Methoden auf Organisationen, die Dienstleistungen der Sozialen Arbeit erbringen. Dabei wurde insbesondere festgestellt, dass die Verbesserung der Leistungen Sozialer Arbeit weniger durch die Optimierung organisationaler Prozesse zu erzielen sei, als durch sozialpolitische Reformen. In den Blick kam somit ein sozialpolitisches Steuerungsprogramm (Flösser/Otto 1992). Man könnte nun an die Sozialpolitik und ihre Diskussionszusammenhänge, an neuere Konzepte der Kapitalismuskritik und der politischen Ökonomie weiterverweisen, allerdings ist die Debatte 17 Jahre nach dem Band von Gabi Flösser und Hans-Uwe Otto zum gleichen Thema fortgesetzt und bilanziert wurden (Grunwald 2009). Mit Wendt und seiner umfassenden Betrachtung des Sozialen wird ein Spektrum für das Managen aufgemacht, mit dem nicht allein die Überlebenssicherung einer Organisation gemeint ist, sondern die Gestaltung der gesellschaftlichen und sozialpolitischen Zusammenhänge, in die Organisationen der Sozialen Arbeit eingebunden sind. Übergreifend über disziplinäre Diskussionszusammenhänge lässt sich ein Bogen von der fehlenden Passform von Managementinstrumenten für die Praxis der Sozialen Arbeit (Bürgisser u.a. 2012) über den nicht angemessen Anschluss der öffentlichen Verwaltung an ein betriebswirtschaftliches Steuerungssystem (Crouch 2008), der Notwendigkeit zur „Remoralisierung der Organisationen" (Jäger/Coffin 2011, 36) bis hin zu einem global falschen Wirtschaften, das soziale Prozesse nicht im Interesse der gesamten Menschheit regelt, sondern zunehmend mehr soziale Probleme erzeugt (Faust 2012) ziehen.

Das **Management des Sozialen** (wobei angemerkt wurde, dass es sich hier um keinen glücklichen Begriff handelt) kann nur abstrakt definiert werden, da sehr unterschiedliche Positionen unter diesem Begriff verhandelt werden. Vermutlich ist es am besten gefasst, wenn man es als eine Überschrift für unterschiedliche Bemühungen ansieht, aus dem Blickwinkel der Disziplin und Profession der Sozialen Arbeit die Steuerung des Sozialen in einer Gesellschaft inklusive der Sozialpolitik, der Prozesse, mit denen Menschen in der Gesellschaft für sich selbst und für andere soziale Angelegenheiten zu regeln versuchen, des Managens von Organisationen der Sozialwirtschaft und des Organisierens von komplexen Tätigkeiten in der Sozialen Arbeit zu betrachten. Diese Betrachtung hat einerseits eine extreme politische Sprengkraft, gleichzeitig ist kein Konzept erkennbar, um eine solche Wirkung entfalten zu können.

3.6 Management in der Sozialwirtschaft

Hinsichtlich des Begriffs des Managements in der Sozialwirtschaft wurde festgestellt, dass er sich an der Entwicklung der großen Organisationen ausrichtet. Dabei wird wiederum deutlich, dass bei ihrer Leistungserbringung nicht nur die Fachlichkeit der Sozialen Arbeit im Vordergrund steht. Aber nicht nur die Wohlfahrtsverbände als die großen Player in der Sozialwirtschaft sammeln immer mehr Aufgabengebiete unter ihrem Einfluss an, sondern auch die mittleren freien Träger und manchmal weiten auch bereits kleine ihr Aufgabenspektrum aus, während privatwirtschaftlich agierende auch zunehmend im Gebiet der Sozialen Arbeit mitmischen. Jedoch nicht die dadurch entstehende Unübersichtlichkeit soll hier thematisiert werden, sondern die Auswirkung auf die Definition des Managements.

In vielen Trägern, die generell der Sozialwirtschaft zugeordnet werden können, werden Leistungen zur Verfügung gestellt, deren Erbringung die Beteiligung von Fachlichkeiten und Professionellen aus dem Gesundheit-, Pflege-, Bildung-, Kulturkulturbereich usw. bedürfen. Die Organisation dieser verschiedenen fachlichen Einheiten verlangt ein Management, für das zwischenzeitlich an verschiedenen Fakultäten neben dem Sozialmanagement Studiengänge u.a. des Gesundheits- und Pflegemanagements, des Bildungsmanagements und Kulturmanagements angeboten werden. Damit treten weitere Wissenschaftsdisziplinen und Professionalitäten in den Diskurs über die Definition des Managementbegriffs ein.

Mit dem Begriff des Managements in der Sozialwirtschaft wird die enge Verbindung mit der Fachlichkeit Sozialer Arbeit gelockert, weil weitere Fachlichkeiten mit hinzugedacht werden müssen. Dies bedeutet keineswegs eine Lockerung im Sinne der geringeren Bedeutung oder des weniger Beachtens der Fachlichkeit Sozialer Arbeit bei der Erbringung entsprechender Dienstleistungen, sondern die zusätzliche Beachtung auch anderer Fachlichkeiten bei der Erbringung anderer Dienstleistungen und die Zunahme eines interprofessionellen Verständnisses.

Hinsichtlich der Definition wird nun ein deutlicher Unterschied zwischen dem Sozialmanagement und dem Management in Organisationen, die Leistungen Sozialer Arbeit erbringen einerseits und dem Management in der Sozialwirtschaft andererseits deutlich. Die beiden ersten Begriffe sind und bleiben eng auf die Soziale Arbeit bezogen, der dritte Begriff umfasst weitere Fachlichkeiten, die auch ihren Niederschlag im Managementhandeln finden müssen. Damit entsteht eine neue Fragestellung: Muss das Topmanagement als Management der Sozialwirtschaft eine über die verschiedenen, eng auf Fachlichkeiten bezogene Managementqualifikationen hinaus gehende Qualifikation besitzen?

Ohne die Fragestellung hier bereits beantworten zu wollen, soll eine grobe Definition des Begriffs vorgestellt werden:

Das **Management der Sozialwirtschaft** ist für die Steuerung und Führung von Organisationen der Sozialwirtschaft zuständig. Die Besonderheit dieses Managements beruht hinsichtlich der Überlebenssicherung der Organisation (1.) auf einer Finanzierungs- und Rekrutierungsgrundlage, die sich an Maßstäben der öffentlichen Beauftragung auszurichten hat, (2.) auf dem Einwerben von Mitteln aus der Gemeinschaft und der Aktivierung von ehrenamtlichem Engagement sowie (3.) der Deckung von Finanzierungslücken durch Eigenbetriebe und Gewinn erzielende Unternehmungen. Eine weitere Besonderheit des Managements besteht darin, dass es (4.) unterschiedliche Professionen aus dem Gesundheit-, Pflege-, Sozial-, Bildungs- und Kulturbereich bei der Erbringung der Dienstleistungen einzubinden hat.

Durch den Umstand, dass dieses Management nun keinen eindeutigen Bezug zu einer Profession mehr aufweist, sondern das Gesundheit-, Pflege-, Sozial-, Bildungs- und Kulturmanagement in der eigenen Organisation zu überblicken hat, gleichzeitig dadurch aber sehr unterschiedliche Abgrenzungsmerkmale an den Bruchstellen der zu managenden Bereiche durch die öffentliche Mittelvergabe, das Einwerben von Mitteln aus der Gesellschaft und die Erwirtschaftung von Eigenmittel aufweist, wird es zu einem eigenen Management, das sich nicht nur eindeutig von einem Management in der Privatwirtschaft unterscheidet, sondern auch von den ausschließlich auf bestimmte Fachlichkeiten ausgerichteten Managementansätzen. Unter diesem Blickwinkel sind das Sozialmanagement und das Management in der Sozialwirtschaft eindeutig zu unterscheiden.

Kontrollfragen

1. Wie lässt sich die Leistungserbringung der Sozialen Arbeit hinsichtlich ihrer wesentlichen Besonderheiten charakterisieren?
2. Welche Steuerungsbezüge sind für das Management von Organisationen, in denen Soziale Arbeit erbracht wird, zu beachten?
3. Welche Besonderheiten sind beim Management in der Sozialwirtschaft zu beachten?

Arbeitsaufgabe zur Begriffsklärung:
Suchen Sie das Stichwort Sozialmanagement bei Wikipedia im Internet. Notieren Sie sich die darin enthaltenen Ungenauigkeiten und Fehler und vergleichen Sie Ihre Entdeckungen mit den unten aufgeführten Hinweisen auf Ungenauigkeiten. Versuchen Sie die wesentlichsten durch die Eingabe eines neuen Textes zu verbessern und untersetzen Sie Ihre Aussagen mit wesentlichen Literaturangaben.

Literatur

Alscher, M./Dathe, D./Priller, E./Speth, R. (2009): Bericht zur Lage und zu den Perspektiven des bürgerschaftlichen Engagements in Deutschland. Bundesministerium für Familie, Senioren, Frauen und Jugend, Berlin.
Arnold, U. (1998): Besonderheiten der Dienstleistungsproduktion, S. 257ff, in: Arnold/Maelicke.
Arnold, U./Maelicke, B. (Hrsg.; 1998): Lehrbuch der Sozialwirtschaft, Baden-Baden.
Badelt, C. (Hrsg.; 1999): Handbuch der Nonprofit-Organisation. Strukturen und Management. 2. Aufl., Stuttgart.
Bader, C. (2002): Der kleine große Unterschied. Zu den Besonderheiten des Managements von Non-Profit-Organisationen, S. 22ff, in: Sozialmagazin 11/2002.
Bassarak, H. (Hrsg.; 1997): Modernisierung kommunaler Sozialverwaltungen und der Sozialen Dienste. Düsseldorf.
Bassarak, H./Noll, S. (Hrsg. 2012): Personal im Sozialmanagement. Neueste Entwicklungen in Forschung, Lehre und Praxis, Wiesbaden.
Bassarak, H./Schneider, A. (Hrsg. 2012): Forschung und Entwicklung im Management sozialer Organisationen, Augsburg.
Bassarak, H./Wöhrle, A. (Hrsg.; 2008): Sozialwirtschaft und Sozialmanagement im deutschsprachigen Raum. Bestandsaufnahme und Perspektiven. Augsburg
Baumgart, A. (2003): NGO, am 17.04.2003 zu finden unter: http://www.sociologicus.de/_socioframe2.html/Lexikon/N/NGO.

BMWi 2012 = http://www.bmwi.de/BMWi/Navigation/Wirtschaft/dienstleistungswirtschaft,did=239886.html.
Boeßenecker, K.-H./Markert, A. (2011): Studienführer Sozialmanagement, Baden-Baden, 2. Aufl.
Brülle, H./Reis, C./Reiss, H.-C. (1988): Neue Steuerungsmodelle in der Sozialen Arbeit, S. 55 ff, in: Reis/Schulze-Böing.
Bürgisser, H./Buerkli, Chr./Stremlow, J./Kessler, O./Benz, F. (2012): Skizze eines systemischen Management-Modells für den Sozialbereich, S. 231 ff., in: Wöhrle (Hrsg.; 2012a).
Burla, A. S. (1998): Rationales Management in Non-Profit-Organisationen, Bern/Stuttgart.
CES 1120-2001 = Initiativstellungnahme des Wirtschafts- und Sozialausschusses der Europäischen Kommission zum Thema: „Private Sozialdienste ohne Erwerbszweck im Kontext der Daseinsvorsorge in Europa" – Stellungnahme vom 12.09.2001; URL: www.ces.eu.int/pages/avis/0901/de/CES1120-2001.
Crouch, C. (2008): Postdemokratie, Frankfurt a.M.
Decker, F. (1992): Effizientes Management für soziale Institutionen, Landsberg/Lech.
Effinger, H. (1993): Soziale Dienste zwischen Gemeinschaft, Markt und Staat, S. 13 ff., in: Effinger, H./Luthe, D. (Hrsg.): Sozialmärkte und Management. S. 13 ff., Bremen.
Effinger, H. (1996): Sozialarbeitswissenschaft als Teildisziplin einer Wissenschaft personenbezogener Dienstleistungen im Wohlfahrtsdreieck, S. 185ff, in: Merten/Sommerfeld/Koditek.
Evers, A./Olk, T. (1996): Wohlfahrtspluralismus – Analytische und normativ-politische Dimensionen eines Leitbegriffs. in: Evers A./Olk, T. (Hrsg.): Wohlfahrtspluralismus. Vom Wohlfahrtsstaat zur Wohlfahrtsgesellschaft. S. 9 ff., Opladen.
Evers, A./Heinze, R. G./Olk, Th. (Hrsg.; 2011): Handbuch Soziale Dienste, Wiesbaden.
Faust, W. (2012): „Auf der Suche nach der verlorenen Vernunft" – Grundlagen der Sozialwirtschaft, S. 167 ff., in: Wöhrle 2012a, Band 2.
Finis Siegler, B. (1997): Ökonomik sozialer Arbeit, Freiburg i.Br.
Fischer, J. (2005): Die Modernisierung der Jugendhilfe im Wandel des Sozialstaates, Wiesbaden.
Flösser, G./Otto, H.-U. (Hrsg.; 1992): Sozialmanagement oder Management des Sozialen? Bielefeld.
Flösser, G./Oechler, M. (2008): Dienstleistung in der Sozialen Arbeit, S. 206 ff., in: Kreft/Mielenz.
Fritze, A./Maelicke, B./Uebelhart, B. (Hrsg.; 2011): Management und Systementwicklung in der Sozialen Arbeit, Baden-Baden.
Fröse, M.W. (Hrsg.; 2005): Management Sozialer Organisationen. Beiträge aus Theorie, Forschung und Praxis. Das Darmstädter Management-Modell. Bern (u.a.).
Fröse, M.W. (2012): Gibt es eine Theoriebildung des Sozialmanagements? S. 94 ff., in: Wöhrle 2012a, Band 1.
Gabler 2012 = im Internet abrufbar am 18. August 2012 unter: http://wirtschaftslexikon.gabler.de/Definition/non-profit-organisation-npo.html
Galuske, M. (2007): „Wenn Soziale Arbeit zum Management wird ...", S. 333ff, in: Krauß/Möller/Münchmeier.
Gehrmann, G./Müller, K.D. (1993): Management in sozialen Organisationen . Handbuch für die Praxis Sozialer Arbeit, Berlin, Bonn, Regensburg.
Gensicke, Th./Geiss, S. (2010): Hauptbericht des Freiwilligensurveys 2009 – Zivilgesellschaft, soziales Kapital und freiwilliges Engagement in Deutschland 1999-2004-2009. Bundesministerium für Familie, Senioren, Frauen und Jugend, Berlin.
Gildemeister, R. (1983): Als Helfer überleben. Beruf und Identität in der Sozialarbeit/Sozialpädagogik, Neuwied/Darmstadt.
Grunwald, K. (2001): Neugestaltung der freien Wohlfahrtspflege. Management organisationalen Wandels und die Ziele der Sozialen Arbeit, Weinheim und München.

Grunwald, K. (Hrsg.; 2009): Vom Sozialmanagement zum Management des Sozialen? Eine Bestandsaufnahme, Baltmannsweiler.
Grunwald, K. (2012): Zur Bewältigung von Dilemmata und Paradoxien als zentrale Qualifikation von Leitungskräften in der Sozialwirtschaft, S. 55 ff, in: Bassarak/Noll.
Hanisch, R./Wegner, R. (Hrsg. 1994): Nichtregierungsorganisationen und Entwicklung. Schriften des Deutschen Überseeinstitutes Hamburg, Hamburg.
Helmig, B./Boenigk, S. (2012): Nonprofit Management, München.
Jäger, W./Coffin, A.R. (2011): Die Moral der Organisation. Beobachtungen in der Entscheidungsgesellschaft und Anschlussüberlegungen zu einer Idee der Interaktionssysteme, Wiesbaden.
Kessl, F. (2009): „Sozialmanagement oder Management des Sozialen" im Kontext postwohlfahrtsstaatlicher Transformation, S. 42 ff., in: Grunwald 2009.
Kessl, F./Otto, H.-U. (2011): Soziale Arbeit und soziale Dienste, S. 389ff, in: Evers/Heinze/Olk
Klie, Th./Spermann, A. (2004): Persönliche Budgets – Aufbruch oder Irrweg? Ein Werkbuch zu Budgets in der Pflege und für Menschen mit Behinderungen. Hannover.
Krauß, E. J./Möller, M./Münchmeier, R. (Hrsg., 2007): Soziale Arbeit zwischen Ökonomisierung und Selbstbestimmung. Kassel.
Kreft, D./Mielenz, I. (Hrsg. 2008): Wörterbuch Soziale Arbeit, München, 6., überarbeitete und aktualisierte Auflage.
Kuhn, B. (2005): Entwicklungspolitik zwischen Markt und Staat. Möglichkeiten und Grenzen zivilgesellschaftlicher Organisationen, Frankfurt a. M.
Maelicke, B. (Hrsg.; 2000): Veränderungsmanagement in der Sozialwirtschaft. Baden-Baden.
Maelicke, B. (2008): Stichwort „Sozialmanagement", S. 923 ff., in: Maelicke (Hrsg.).
Maelicke, B. (Hrsg.; 2008): Lexikon der Sozialwirtschaft, Baden-Baden.
Meinhold, M./Matul, Chr. (2011). Qualitätsmanagement aus der Sicht von Sozialarbeit und Ökonomie, Baden-Baden.
Meinhold, M. (2012): Qualität befördern, S. 237 ff., in: Wöhrle 2012a), Band 3.
Merchel, J. (2000): Einführung in das Studium (des weiterbildenden Verbundstudiengangs Sozialmanagement der Fachhochschule Münster und Niederrhein), hrsg. v. Ministerium für Schule, Wissenschaft und Forschung des Landes Nordrhein-Westfalen (zu beziehen über: Institut für Verbundstudien der Fachhochschule Nordrhein-Westfalen, Haidener Straße 182, 58095 Hagen), Hagen.
Merchel, J. (2001) Sozialmanagement. Eine Einführung in Hintergründe, Anforderungen und Gestaltungsperspektiven des Managements in Einrichtungen der Sozialen Arbeit, Münster.
Merchel, J. (2009): Zur Debatte um „Sozialmanagement", S. 62 ff., in: Grunwald 2009.
Merten, R. (1997): Autonomie der Sozialen Arbeit. Zur Funktionsbestimmung als Disziplin und Profession, Weinheim und München.
Merten, R./Sommerfeld, P./Koditek, T. (Hrsg. 1996): Sozialarbeitswissenschaft – Kontroversen und Perspektiven, Neuwied, Kriftel, Berlin.
Mühlum, A./Rieger, G. (Hrsg.; 2009), Soziale Arbeit in Wissenschaft und Praxis. Festschrift für Wolf Rainer Wendt, Lage.
Müller, B. (2011): Eingriff, S. 299 ff., in: Otto/Thiersch.
Müller-Schöll, A./Priepke, M. (1983): Sozialmanagement. Zur Förderung systematischen Entscheidens, Planens, Organisierens, Führens und Kontrollierens in Gruppen, Frankfurt/M.
Müller, C.W. (1994, 1997): Wie Helfen zum Beruf wurde. Eine Methodengeschichte der Sozialarbeit, Band 1: 1883-1945 (4. Aufl.) Weinheim 1994, Band 2: 1945-1995, (3. Aufl.), Weinheim 1997.
Olk, T. (1986): Abschied vom Experten. Sozialarbeit auf dem Weg zu einer alternativen Professionalität. Weinheim und München.

Opielka, M. (2008): Sozialpolitik. Grundlagen und vergleichende Perspektiven, Reinbek, 2. Aufl.
Otto, H.-U./Thiersch H. (Hrsg. 2011): Handbuch Soziale Arbeit, München, Basel.
Pankoke, E. (1997): Soziales Management: „Systemdenken" und „strategisches Lernen" für soziale Dienste. In: Bassarak (Hrsg.; 1997), S. 113 ff.
Puch, H.-J./Westermeyer, K. (1999): Managementkonzepte. Eine Einführung für soziale Berufe. Freiburg.
Reis, C./Schulze-Böing, M. (Hrsg., 1988): Planung und Produktion sozialer Dienstleistungen: die Herausforderung „neuer Steuerungsmodelle" (Modernisierung des öffentlichen Sektors, Sonderband 9), Berlin.
Roß, P.-St. (2009): Koproduktion. Thesen zur analytischen, normativen und praktischen. Weiterentwicklung einer Grundkategorie Sozialer Arbeit, S. 306ff, in: Mühlum/Rieger
Schellberg, K. (2012): Soziale Organisationen sind anders – Besonderheiten von Organisationen der Sozialen Arbeit aus ökonomischer Sicht und die Anforderungen an das Management, S. 149ff, in: Wöhrle 2012a, Band 2.
Schick, St. (2012): Rechtliche und steuerliche Grundlagen in der Sozialwirtschaft, Baden-Baden (UTB)
Schwarz, G. (1994): Sozialmanagement. München.
Schwarz, P. (1986): Management in Nonprofit-Organisationen. Öffentliche Verwaltung und Betriebe, Verbände, Vereine, Parteien, Kirchen und Sozialwerke, Die Orientierung, Nr. 88.
Schwarz, P. (1996): Management-Brevier für Nonprofit-Organisationen. Eine Einführung in die besonderen Probleme und Techniken des Managements von privaten Nonprofit-Organisationen unter Einbezug von Beispielen und Parallelen aus dem Bereich der öffentlichen NPO. Bern/Stuttgart/Wien.
Schwarz, P./Purtschert, R./Giroud, Ch./Schauer (2009): Das Freiburger Management-Modell für Nonprofit-Organisationen (NPO), 6., weitgehend aktualisierte und ergänzte Auflage, Bern/Stuttgart/Wien.
Simon, W. (2002): Moderne Managementkonzepte von A-Z. Strategiemodelle, Führungskonzepte, Managementtools, Offenbach.
Steinmann, H./Schreyögg, G. (2000): Management. Grundlagen der Unternehmensführung, Wiesbaden, 5. Aufl.
Seibel, W. (1992): Funktionaler Dilettantismus. Erfolgreich scheiternde Organisationen im Dritten Sektor zwischen Markt und Staat. Baden-Baden.
Thiersch, H. (1995): Lebenswelt und Moral. Beiträge zur moralischen Orientierung Sozialer Arbeit, Weinheim und München.
Ulrich, H. (1984): Management. Bern/Stuttgart.
Ulrich, P. (2010): Zivilisierte Marktwirtschaft, Bern, Stuttgart, Wien.
Wendt, W.R. (1999): Sozialwirtschaft und Sozialmanagement in der Ausbildung, Baden-Baden.
Wendt, W.R. (2000): Ansätze einer Sozialwirtschaftslehre, S. 261 ff., in: Sozialer Fortschritt 11/2000.
Wendt, W. R. (2002): Sozialwirtschaftslehre. Grundlagen und Perspektiven. Baden-Baden.
Wendt, W.R. (2009): Soziales bewirtschaften: Managen im sozialwirtschaftlichen Handlungsrahmen, S. 179 ff., in: Grunwald 2009.
Wendt, W.R. (2010): Arrangements der Wohlfahrtsproduktion in der sozialwirtschaftlichen Bewerkstelligung der Versorgung, S. 11 ff., in: Wendt (Hrsg.) (2010).
Wendt, W.R. (Hrsg.; 2010): Wohlfahrtsarrangements. Neue Wege in der Sozialwirtschaft, Baden-Baden.
Wendt, W. R./Wöhrle, A. (2007): Sozialwirtschaft und Sozialmanagement in der Entwicklung ihrer Theorie. Augsburg.
Wilken, U. (Hrsg., 2000): Soziale Arbeit zwischen Ethik und Ökonomie, Freiburg.

Wöhrle, A. (2002): Change Management. Organisationen zwischen Hamsterlaufrad und Kulturwandel. Augsburg.
Wöhrle, A. (2003): Grundlagen des Managements in der Sozialwirtschaft. Baden-Baden.
Wöhrle, A. (2005): Den Wandel managen. Organisationen analysieren und entwickeln. Baden-Baden.
Wöhrle, A. (2007): Zum Stand der Theorieentwicklung des Sozialmanagements, S. 101 ff., in: Wendt/Wöhrle.
Wöhrle, A. (2008): Soziale Arbeit und ihr Management – ein schwieriges Verhältnis und eine Vision, S. 63 ff., in: Bassarak/Wöhrle.
Wöhrle, A. (2009): Zur Untersuchung des Sozialmanagements. Eine kritische Bestandsaufnahme und eine Vision, S. 139ff, in: Grunwald.
Wöhrle, A. (2011): Einführung in das Sozialmanagement und das Management in der Sozialwirtschaft, Brandenburg (HDL Studienbrief 2-020-0100).
Wöhrle, A. (Hrsg.; 2012a): Auf der Suche nach Sozialmanagementkonzepten und Managementkonzepten für und in der Sozialwirtschaft. Eine Bestandsaufnahme zum Stand der Diskussion und Forschung, 3 Bände, Augsburg; Band 1: Übersicht, Einordnung und Bilanzen; Band 2: Verschiedene Blickwinkel und bisherige Managementkonzepte; Band 3: Entwürfe mit mittlerer Reichweite und Arbeiten an den Nahtstellen.
Wöhrle, A. (2012b): Managementkonzepte für die Sozialwirtschaft, Brandenburg (HDL Studienbrief 2-020-1401).
Wöhrle, A. (2013): Mit welchen Begriffen des Managements argumentieren wir? Ein Beitrag zur Klärung der Begriffe Management von Organisationen, die Dienstleistungen der Sozialen Arbeit erbringen, Sozialmanagement, Management in der Sozialwirtschaft und Management des Sozialen, Kölner Journal 1/2013.
Zimmer, A./Nährlich, S. (1998): Zur volkswirtschaftlichen Bedeutung der Sozialwirtschaft. In: Arnold.
Zimmer, A./Priller, E. (2004): Gemeinnützige Organisationen im gesellschaftlichen Wandel. Ergebnisse der Dritte-Sektor-Forschung. Wiesbaden.

Kontrollfragen und Antworten

Kapitel 1: Sozialwirtschaft (Wendt)

Ob ein Dienstleister zur Sozialwirtschaft gehört, entscheidet sich nach dem Auftrag, den er wahrnimmt. Was kennzeichnet den sozialwirtschaftlichen Handlungsrahmen?

Die Rechtsform (öffentlich-rechtlich, frei-gemeinnützig, privat-gewerblich) ist kein entscheidendes Kriterium für einen sozialwirtschaftlichen Betrieb. Für ihn ist charakteristisch, dass er darauf eingerichtet ist, einen personenbezogenen Versorgungsbedarf im Feld der sozialen und gesundheitlichen Wohlfahrt zu decken. Der sozialwirtschaftliche Handlungsrahmen ist durch eine direkt wohlfahrtsdienliche Aufgabenerfüllung gekennzeichnet.

Welchen Beitrag leisten die primären sozialen Netze im Feld der Erziehung und der Pflege zur Sozialwirtschaft?

Da Sozialleistungen und ihre personenbezogene Erbringung in Diensten und Einrichtungen nur insoweit komplementär und kompensatorisch vorgesehen sind, als Menschen sich nicht selber (hinreichend) versorgen können, setzt das Leistungssystem voraus, dass ein Großteil der Wohlfahrtsproduktion, auf die sich die organisierte Leistungserbringung bezieht, durch deren Adressaten selber erbracht wird. Die Jugendhilfe ersetzt nicht die Kindererziehung durch die primär Sorgeberechtigten und wäre dazu auch gar nicht in der Lage. Pflegebedürftige werden immer noch weit überwiegend im häuslichen Rahmen von Angehörigen versorgt und die institutionalisierte Versorgung ist darauf angewiesen.

Warum sind der Dritte Sektor und die Sozialwirtschaft nach Umfang und Funktion nicht identisch?

Dem Dritten Sektor wird eine große Menge von zivilgesellschaftlichen und anderen nicht auf finanziellen Gewinn gerichteten Betätigungen, Unternehmungen und Organisationen zugerechnet. Sie haben diverse Interessen und verfolgen verschiedene Ziele im gesellschaftlichen Leben. Viele Organisationen im Dritten Sektor sind nicht oder nur am Rande in die soziale und gesundheitsbezogene Versorgung einbezogen und haben direkt keinen Anteil an deren sozialwirtschaftlicher Gestaltung. Dem Dritten Sektor in seinem großen Umfang ist nicht die Funktion eigen, den konkreten Bedarf an Sozialleistungen zu decken. Zivilgesellschaftliche Organisationen ohne diese Aufgabe sind aber Stakeholder und nehmen Einfluss auf die Erfüllung der sozialwirtschaftlichen Aufgabe.

Kapitel 2: Sozialstaat, Sozialpolitik und (sozial-)politische Steuerung

Fragen zur Wissenskontrolle und Vertiefungsaufgaben

Abschnitt 1

Wissenskontrolle

1.1 Was sind charakteristische Merkmale von Hilfesystemen in kleinräumigen Gesellschaftssystemen und in modernen Industriegesellschaften?
1.2 Was meint die Bezeichnung „Dritter Sektor".
1.3 Nennen Sie gesellschaftliche Gruppen und Akteure, die an der politischen Gestaltung des „Dritten Sektors" beteiligt sind.

Abschnitt 2

Wissenskontrolle

2.1 Skizzieren Sie die wichtigsten Funktionen des Sozialstaats und der Sozialpolitik in einer modernen Industriegesellschaft.

Abschnitt 3

Wissenskontrolle

3.1 Nennen Sie die Kernelemente des Sozialstaatsmodelles des „demokratischen Sozialismus" (SPD).
3.2 Was sind die zentralen Aussagen zur „sozialen Marktwirtschaft" in den Düsseldorfer Leitsätzen der CDU zur Wirtschafts- und Sozialpolitik" (1949)?
3.3 Beschreiben Sie die wichtigsten Versionen verfassungsrechtlicher Interpretationen zum Sozialstaatsprinzip.
3.4 Was meint die Feststellung, dass der Sozialstaat in Deutschland sich als Kompromiss zwischen Kapital und Arbeit unter Vermittlung des Staates erweist?

Abschnitt 4

Wissenskontrolle

4.1 Was ist mit Solidaritäts-/Solidarprinzip gemeint?
4.2 Skizzieren Sie die Kernbedeutung des Subsidiaritätsprinzips.
4.3 Nennen Sie die mit dem Kausalprinzip verbundenen Probleme. Inwiefern könnte hier durch eine alternative Orientierung am Finalprinzip Abhilfe geschaffen werden?
4.4 Skizzieren Sie die Grundlage folgender Hilfesysteme: Versicherung, Versorgung, Jugend-/Sozialhilfe.

Abschnitt 5

Wissenskontrolle

5.1 Skizzieren Sie die Gesetzgebungskompetenz von Bund und Ländern für den Bereich der sozialen Arbeit.

5.2 Welche Möglichkeiten der Einflussnahme haben die Länder bei der Gesetzgebung im sozial relevanten Bereich?

5.3 Skizzieren Sie wesentliche Elemente der Finanzverfassung und Finanzquellen der Kommunen.

Vertiefungsaufgabe

Verschaffen Sie sich einen Einblick in die Entwicklung kommunaler Ausgaben in den Bereichen der Jugend- und Sozialhilfe in Deutschland. Hierbei können Sie sich stützen auf die vom Deutschen Städtetag (2010) herausgegebene Publikation „Sozialleistungen der Städte in Not". (www.staedtetag.de/imperia/md/content/dst/neue_schriften_93_sozialleistungen.pdf, 04.09.2012)

Abschnitt 6

Wissenskontrolle

6.1 Welche Auffassungen liegen dem Konzept eines „aktivierenden Sozialstaats" zugrunde?

Vertiefungsaufgabe

Die Debatten um die Einführung von „Betreuungsgeld", Bildungspaket" oder „Mindestlohn" wurden im politisch-gesellschaftlichen Raum äußerst kontrovers geführt.

- Konzentrieren Sie sich auf eine dieser Debatten und verschaffen Sie sich einen Einblick (z. B. im Internet „Informationsportal zur Sozialpolitik") in die diesbezüglich vertretenen Positionen sowie deren (Pro- bzw. Contra-) Argumente.
- Überprüfen Sie, welches Modell von Sozialstaat in der jeweiligen Position (am ehesten) zum Ausdruck gebracht wird.

Abschnitt 7

Wissenskontrolle

7.1 Was sind zentrale Kritikpunkte am Sozialstaat?
7.2 Skizzieren Sie wichtige Argumente zur Verteidigung des Sozialstaats.
7.3 Beschreiben Sie zentrale Elemente des Paradigmenwechsels in der Steuerung des Sozialstaats.

Vertiefungsaufgabe

„Ist der Sozialstaat ein aufgeblähter Kostgänger der Volkswirtschaft, der diese finanziell überfordert? Diese Frage lässt sich nur beantworten, wenn die finanziellen Ausmaße sozialpolitischer Aufwendungen bekannt sind. ... Wie steht es um die viel zitierte Kostenexplosion des Sozialstaats und seiner jeweiligen Systeme?" (www.sozialpolitik-aktuell.de/tf-finanzierung.html, 04.09.2012)
Verschaffen Sie sich einen Einblick in die Entwicklung der Sozialleistungen in der BRD. Entsprechende Informationen (Statistiken) erhalten Sie über das Informationsportal zur Sozialpolitik (www.sozialpolitik-aktuell.de/finanzierung-datensammlung.html#iii-sozialleistungensozialbudget)

Abschnitt 8

Wissenskontrolle

8.1 Was meint die Feststellung, dass der moderne Sozialstaat ein „Steuer- und Interventionsstaat" sei?
8.2 Warum kann gefordert werden, dass auch im Kontext des Sozialmanagements eine Auseinandersetzung mit sozialstaatlichen Rahmenbedingungen und Strukturen geführt wird?

Lösungsteil

1.1 Hilfesysteme in kleinräumigen Gesellschaften beruhen auf persönlichen, wechselseitigen Hilfen, die überschaubar und unmittelbar auf die Bedürfnisse bezogen sind. Hilfesysteme in großen Flächenstaaten werden über komplexe soziale Programme gesteuert, über kommunale Verwaltungen, gemeinnützige und private Organisationen und dort tätige Menschen in professionellen Berufen umgesetzt.
1.2 Teils staatlich/ teils marktwirtschaftlich organisierten Sektor sozialer Hilfen, der getragen wird von privaten Anbietern, Kirchen, Wohlfahrtsverbänden, Selbsthilfegruppen, Vereinen und andere freie und gemeinnützige Träger.
1.3 An der Gestaltung des Dritten Sektors" sind relevante Gruppen aus Politik, Wirtschaft und Gesellschaft beteiligt: Regierungen, Parteien, Wirtschafts- und Sozialverbände, Städte und Gemeinden, Kirchen, Verwaltungen, einschlägige Berufsgruppen, die Medien und die Öffentlichkeit.
2.1
- Regulierung von Konflikten zwischen (Lohn-)Arbeit und Kapitel: Durch sozialstaatliche Regelungen und Steuerungsinstrumente werden beide Seiten „gezwungen", Kompromisse einzugehen, die für den sozialen Zusammenhalt und Frieden notwendig sind.
- Herstellung und Sicherung ausreichender und anforderungsgemäßer Arbeitsfähigkeit und Qualifikationen von Arbeitskräften für den gesellschaftlichen Produktionsprozess.

- Integration durch kompensatorische Regulierung gesellschaftlicher Risiken. Dazu gehören: Mindestversorgung der lohnabhängigen Bevölkerung und Ergänzung eines unzureichenden Lohneinkommens durch Sozialeinkommen zwecks Absicherung existentieller Lebensgrundlagen und materieller Reproduktion (Sozialversicherung, Sozialtransfers, Steuerpolitik, Verteilungspolitik).
- Kontrolle und Diskriminierung: Aufrechterhaltung und Absicherung eines reibungslosen Ablaufs von Produktions- und Reproduktionsprozessen, sowie der in der bürgerlichen Gesellschaft herrschenden Normen, Wertorientierungen und Verkehrsformen.

3.1 Umstrukturierung des Wirtschaftssystems und Vergesellschaftung von Grund und Boden sowie der Produktionsmittel, Kontrolle von Produktion und Investitionen, Mitbestimmung der Arbeitnehmer/innen in den Betrieben.

3.2 Schutz des Privateigentums und marktwirtschaftliche Regelung der Wirtschaftsprozesse, möglichst geringe staatliche Eingriffe in die Wirtschaft, sozialpolitische Eingriffe zur Korrektur individueller Notlagen.

3.3
- *Konfliktreduzierender Ansatz*: Aufrechterhalten von Recht und Ordnung durch den Staat, ansonsten möglichst wenig Einmischung.
- *Notmindernder/ gerechtigkeitsorientierter Ansatz*: Der Staat gewährt umfassende Hilfe zur Überwindung sozialer Notlagen und trägt Verantwortung für die Herstellung sozialer Gerechtigkeit.
- *Demokratieidentischer Ansatz*: Beseitigung sozialer Ungleichheit durch eine aktive Sozialstaatspolitik, Forderung nach Demokratisierung von Wirtschaft und Sozialordnung.
- *Steuerungspolitischer Ansatz*: Auffassung, dass zur Durchsetzung sozialpolitischer Ziele auf rationale wirtschaftliche, politische, soziale, ökologische und fiskalische Steuerungskonzepte zurückgegriffen werden muss.

3.4 Gemeint ist, dass der Sozialstaat die Produktionskraft und Reproduktionsfähigkeit der Individuen (insbesondere der Lohnabhängigen) erhalten und schützen soll. Der Staat übernimmt verfassungsrechtlich die Verantwortung für die Überwindung sozialer Beeinträchtigungen und die Befriedung sozialer Gegensätze in der Gesellschaft. Politisch sollen damit soziale Revolutionen durch rechtzeitige und durchgreifende Sozialreformen vermieden werden.

4.1 Auffassung, dass Menschen über Generations-, Alters- und Berufsgrenzen hinweg Verantwortung füreinander übernehmen sollen.

4.2 Nach dem Subsidiaritätsprinzip hat die Selbsthilfe Vorrang vor jeder Fremdhilfe.

4.3 Nach dem Kausalprinzip können Leistungen nur aufgrund spezifizierter Ursachen und Ansprüche geltend gemacht werden (z. B. Arbeitslosigkeit, Wohnungsverlust etc.). Problematische Folgen dieser Regelungen sind: Vielfältige institutionelle Überschneidungen in den Zuständigkeiten und Aktivitäten der verschiedenen Leistungsträger, die für die Abdeckung sozialer Risiken bei bestimmten Personenkreisen zuständig sind; Mehrdimensionalität und Unübersichtlichkeit der Versorgung; unterschiedliche Behandlung gleicher sozialer Tatbestände; eine verwirrende Fülle von Leistungsüberschneidungen und Leistungslücken im Versorgungssystem. Bei einer Ausrichtung am Finalprinzip würde sich die Leistungsabgabe am Bedarf des Leistungsempfängers orientieren. Damit könnte eine ungleiche Behandlung gleicher Tatbestände vermieden werden.

4.4 *Versicherung*: Leistungsabgabe erfolgt entsprechend der Höhe und Dauer der Eigenvorsorge (Äquivalenzprinzip); *Versorgung*: Hilfeempfänger haben einen Rechtsanspruch auf Geldleistungen und zwar ohne eigene Beitragszahlung (z. B. Kriegsopferversorgung, Kindergeld); *Sozialhilfe/ Jugendhilfe*: basiert auf Rechtsansprüchen (nach Bedürftigkeitsprüfungen). Sie wird aus den allgemeinen Haushaltsmitteln finanziert (ohne Beitragsleistungen der Empfänger).

5.1 Gemäß der föderativen Ordnung der Bundesrepublik als Bundesstaat sieht die Verfassung eine differenzierte, abgestufte Gesetzgebungskompetenz und Zuständigkeit des Bundes und der Länder für den Bereich der sozialen Arbeit vor. In den Bereichen der *konkurrierenden* Gesetzgebung haben die Länder Befugnisse zur Gesetzgebung, solange und soweit der Bund von seinem Gesetzgebungsrecht keinen Gebrauch macht.

5.2 Die Länder haben die Möglichkeit durch landeseigene Programme in der Familien-, Regional-, Struktur-, Agrar-, Wohnungsbauförderungs-, Bildungspolitik usw. auf Strukturen und Prozesse von sozialer Bedeutung Einfluss nehmen. Des Weiteren können Sie durch ihre Mitwirkungsbefugnisse im Bundesrat sozialpolitische Korrekturen erreichen. Die sozialstaatlich relevanten Gestaltungskompetenzen liegen jedoch beim Bund

5.3 Die Steuergesetzgebung liegt nach Art. 105 GG ausschließlich beim Bund und bei den Ländern. Der Bund leistet Finanzhilfen ausschließlich an die Länder. Der Artikel 28 GG sichert den Städten, Gemeinden und Gemeindeverbänden das Recht der Selbstverwaltung zu. Er macht jedoch keine Aussagen über deren angemessene Finanzausstattung. Ohne eigene Finanzmittel kann keine Gemeinde eigenständig verantwortliche Entscheidungen treffen. Die kommunale Finanzkraft ist somit zum erheblichen Teil auf die staatlichen Zuweisungen von Finanzmitteln je nach Größe, Einwohnerzahl und Bedarf der Gemeinde/des Gemeindeverbunds angewiesen. Kommunale Steuersatzungen bedürfen außerdem der Genehmigung der Aufsichtsbehörden der Länder.

6.1 Soziale Sicherung der Bürger erfolgt im Rahmen einer Mischung aus staatlicher Verantwortung und bürgerlicher Eigeninitiative. Die Erschließung zusätzlicher Ressourcen im sozialen Bereich soll über Aktivierung bürgerschaftlichen Engagements erfolgen.

7.1 Folgewirkungen des Wohlfahrtsstaates sind: Abhängigkeit, Bürokratie, Freiheitsverlust und Überversorgung.

7.2 Argumente in der Verteidigung des Sozialstaats: Soziale Absicherung und ein hohes Sozialleistungsniveau gelten als Voraussetzung für individuelle Freiheit, für Bildung und Produktivität.

7.3 Zentrale Elemente des Paradigmenwechsels sind: Auflösung des „Normalarbeitsverhältnisses" und Ausbau des wenig geschützten Niedriglohnsektors; investive statt kompensatorische Sozialpolitik; „Soziale Gleichheit" wird als unerreichbar angesehen, an ihre Stelle tritt das Ziel der „Sozialen Inklusion"; Eigenverantwortung der Bürger für ihre soziale Sicherheit statt „Bringschuld des Staates"; marktorientierte statt staatliche Sozialpolitik.

8.1 Historisch, politisch und ökonomisch gesehen ist der moderne Sozialstaat/ Wohlfahrtsstaat Ergebnis eines wachsenden Staatsinterventionismus mit einer doppelten Aufgabenstellung: (1) Sicherung, Verteilung und Umverteilung der materiellen/kulturellen Ressourcen und Güter im Rahmen geregelter und staatlich kontrollierter Verfahren (Recht, Steuern, Finanzen). (2) Steuerung der wirtschaftlichen, politischen und sozialen Konflikte mit dem Ziel der Krisendämpfung bzw. Krisenbeseitigung im Produktions- und Reproduktionsbereich (Politik, demokratische Strukturen und Prozesse). Der gegenwärtige Sozialstaat wäre ohne Steuerungsimpulse und Lenkungseingriffe der Politik nicht entstanden. Seine wichtigsten sozialpolitischen Instrumente zur Sicherung des politisch-ökonomischen Systems sind Transferzahlungen zur Einkommenssicherung bei Arbeitslosigkeit/Erwerbsunfähigkeit und die Sozialeinkommen/sozialen Dienstleistungen im Gesundheits-, Sozial- und Bildungsbereich.

8.2 Sozialpolitik und sozialstaatliche Entwicklungen definieren Zielperspektiven, Rolle und Aufgaben der Sozialarbeit. Sie stecken damit auch den Gestaltungs- und Handlungsspielraum für das Sozialmanagement ab, das sich als Steuerungsmethode für den Sozialbereich versteht Wer sich daher mit Sozialmanagements befasst, muss auch den Sozialstaat, seine Rahmenbedingungen, seine Strukturen und seine Entwicklung im Auge behalten. Zu erwarten und zu fordern wäre daher, dass sich die Protagonist/innen des Sozialmanagements an maßgeblicher Stelle mit ihrer Sicht und ihren Argumenten in die Diskussionen um Reform, Weiterentwicklung und Stabilisierung des Sozialstaats einmischen.

Kapitel 3: Soziale Arbeit (Grunwald)

Soziale Arbeit ist sowohl eine Disziplin als auch eine Profession. Was kennzeichnet die Disziplin Soziale Arbeit, was die Profession Soziale Arbeit?

Soziale Arbeit ist als wissenschaftliche *Disziplin* eine Wissenschaft, die durch eine Fülle von wissenschaftlichen Diskursen und Forschungen gekennzeichnet ist. Diese können stärker theoretisch oder/und stärker empirisch ausgerichtet sein. Sie differenzieren sich beispielsweise bezüglich der Arbeitsfelder immer weiter aus. Soziale Arbeit als *Profession* meint eine besondere Form eines Berufs und ist gekennzeichnet durch das Bestreben, in einem umfassenden Sinn zum einen eine Disziplin zu sein (oder zu werden), zum anderen als solche anerkannt zu werden. Ein weiteres Kennzeichen für eine Profession besteht darin, dass sie sich sowohl des ‚wissenschaftlichen Erklärungswissens' als auch des ‚praktischen Entscheidungswissens' bedient und die beiden Kriterien ‚Wahrheit' und ‚Angemessenheit' miteinander verbindet. Ihr geht es darum, mit wissenschaftlichem Wissen fachliche Entscheidungen sorgfältiger und stichhaltiger begründen zu können und gleichzeitig auf der Basis von praktischem Können die eigene Handlungskompetenz immer weiter zu verbessern.

Soziale Arbeit steht heute vor einer Fülle von im weitesten Sinne gesellschaftlichen Herausforderungen, die sie in Theorie, Profession und Praxis aufnehmen muss. Welche Herausforderungen sind dies?

Zentrale gesellschaftlichen Herausforderungen sind insbesondere die Prozesse der Globalisierung und der Europäisierung, die Individualisierung der Lebenslagen und die Pluralisierung der Lebensführungen, die zunehmende gesellschaftliche Mobilität, der demografischer Wandel, die Flexibilisierung der Arbeitswelt, zunehmende soziale und ökonomische Ungleichheiten, der tiefgreifende technologische Wandel und der mit ihm verbundene Übergang in neue gesellschaftliche Strukturen und Prozesse.

Das Management sozialwirtschaftlicher Unternehmen hat viel damit zu tun, die Organisation und ihre Abteilungen, Teams etc. zu ‚steuern'. Zwei sehr gegensätzliche Ansätze der Steuerung von Organisationen sind die ‚plandeterminierte Steuerung' und die ‚Kontextsteuerung'. Wie lassen diese sich jeweils kurz beschreiben und welches Managementverständnis beinhalten sie jeweils?

Ansätze einer ‚plandeterminierten Steuerung' gehen davon aus, dass eine vorausgehende, möglichst umfassende Planung von Abläufen und Strukturen möglich und sinnvoll ist. Hier wird auch von einem ‚Primat der Planung' gesprochen. Alle weiteren Steuerungsaktivitäten sollen sich aus dieser ‚Totalplanung' ableiten lassen. ‚Kontextsteuerung' geht dagegen davon aus, dass direkte steuernde Eingriffe in ein komplexes System aufgrund der Selbstbezüglichkeit desselben nicht möglich sind. Steuerung kann aber indirekt erfolgen über die Veränderung von Rahmenbedingungen. ‚Plandeterminierte Steuerung' versteht Management als eine systematische Abfolge von Managementfunktionen wie Planung, Organisation, Personaleinsatz, Führung und Kontrolle, die alle aufeinander aufbauen und in einem Regelkreis miteinander verbunden sind. ‚Kontextsteuerung' versteht Management dagegen als indirekte Steuerung, die der Eigenlogik und dem Eigensinn von Unternehmen als sozialen Systemen Rechnung trägt. Die Ergebnisse von Steuerungsbemühungen sind aus dieser Sicht weder berechen- noch planbar.

Im Kontext der Lebensweltorientierten Sozialen Arbeit wird professionelles methodisches Handeln stark geprägt durch die sogenannte ‚strukturierten Offenheit'. Was bedeutet dieser Begriff für das methodische Handeln von professionellen SozialarbeiterInnen?

Professionelles methodisches Handeln muss gedacht werden als eine dauernde ‚Pendelbewegung' zwischen der Fähigkeit, sich auf die vorgegebene Praxis engagiert einzulassen und sie in ihrer Eigengesetzlichkeit zu akzeptieren und zu respektieren und dem Vermögen zu kritischer Reflexion, um in der Praxis liegende Widersprüche und Probleme wahrnehmen und bearbeiten zu können.

In der Lebensweltorientierten Sozialen Arbeit werden verschiedene Dimensionen unterschieden, die Lebenswelten prägen: Zeit, Raum, soziale Beziehungen und Deutungsmuster. Bitte beschreiben Sie, auf welche Weise diese für die Analyse und Gestaltung der Kultur einer Organisation hilfreich sind.

Hilfreich für die Analyse und Gestaltung der Kultur einer Organisation sind Fragen, die an die genannten Dimensionen anknüpfen: Welche zeitlichen, welche räumlichen Strukturierungen prägen unsere Einrichtung? Wie gestalten wir die sozialen Beziehungen der AdressatInnen und der MitarbeiterInnen jeweils untereinander, wie diejenigen zwischen AdressatInnen und MitarbeiterInnen? Welche Deutungsmuster prägen die Sichtweisen der einzelnen Beteiligten?

In der Sozialen Arbeit wird differenziert zwischen ‚sozialen Dienstleistungen' und ‚sozialen Diensten'. Wie lassen sie sich unterscheiden? Worin besteht der Bezug zu Sozialmanagement?

Soziale Dienstleistungen meinen die Tätigkeiten. Soziale Dienste meinen dagegen die Organisationen, in denen diese erbracht werden. Es gibt also *zwei Ebenen*, die zwar eng aufeinander bezogen, dennoch aber analytisch zu trennen sind, die ‚Erbringungsebene' der sozialen Dienstleistung und die ‚organisationale Ebene' der sozialen Dienste. Beide Ebenen sind für eine Soziale Arbeit als personenbezogene soziale Dienstleistung relevant. Die zweite Ebene stellt einen klaren Bezug her zur Fragestellung der organisatorischen Gestaltung der Produktion von sozialen Dienstleistungen im Kontext des Sozialmanagements.

Soziale Arbeit distanziert sich davon, vor allem soziale Kontrolle auszuüben. Die Maxime der Partizipation wird immer wichtiger. Im Kontext einer Sozialen Arbeit als personenbezogener sozialer Dienstleistung wird häufig von der Notwendigkeit einer durchgehenden ‚Nutzerorientierung' der Sozialen Arbeit gesprochen. Was meint der Begriff der ‚Nutzerorientierung' und welche Bedeutung hat er für die Soziale Arbeit?

Nutzerorientierung meint, dass das Verhältnis zwischen Klientel und Professionellen neu akzentuiert wird. Aus dieser Sicht ist der KlientIn eben nicht KlientIn, sondern AdressatIn, ‚KundIn' ist; er/sie ist nicht *Objekt* von Eingriff und Kontrolle, sondern gleichberechtigtes und mündiges *Subjekt* im Rahmen institutionalisierter Handlungsformen und seiner/ihrer eigenen Lebenswelt mit eigenen Rechten und Maßstäben in der Beurteilung des Angebots.

Bereits 1992 wurde davon gesprochen, dass es eine Entwicklung ‚vom Sozialmanagement zum Management des Sozialen' geben müsse. Was bedeutet diese Formulierung?

Die Formulierung ‚*Vom Sozialmanagement zum Management des Sozialen*' beinhaltet die Notwendigkeit einer Verschiebung des Fokus weg von den Interna sozialer Dienstleistungsunternehmen (‚Sozialmanagement') hin zu einer sozialpolitischen Perspektive, die die Binnenperspektive des Sozialmanagements übersteigt. Im Zentrum stehen damit nicht unter dem Label ‚*Sozialmanagement*' vielfältig diskutierte Lösungsversuche für innerorganisatorische Probleme und Schwächen. Stattdessen wird die Frage nach den die Arbeit strukturierenden Zielsetzungen im Kontext des pädagogischen und sozialpolitischen Auftrags fokussiert und damit letztlich ein ‚Management des Sozialen' im Sinne einer Öffnung des Blicks auf das Feld, in dem die sozialen Dienste erbracht werden.

Kapitel 4: Wirtschaftswissenschaften (Schellberg)

Ist die Wirtschaftswissenschaft eine Sozialwissenschaft?

Ja, sie beschäftigt sich mit menschlichem Handeln und Zusammenleben. Sie wendet dabei einen spezifischen Blickwinkel an, die Frage der Knappheit. Dadurch rücken die strukturellen, teilweise physischen Gegebenheiten menschlichen Handelns stärker in den Mittelpunkt als in anderen Sozialwissenschaften.

Skizzieren Sie den Bezug der Wirtschaftswissenschaften zur Sozialen Arbeit aus Sicht der Wirtschaftswissenschaften!

Die Wirtschaftswissenschaften sehen sich generell als eine Wissenschaft, die sich mit dem Umgang mit Knappheitsproblemen in verschiedenen Bereichen beschäftigt. Sie löst sie mit Hilfe des wirtschaftlichen Prinzips, hat aber keine eigene normative Ebene. Die Wirtschaftswissenschaften sehen sich also im Bereich der Sozialen Arbeit als Wissenschaft, die die Ziele der Sozialen Arbeit durch Steigerung der Effizienz und Effektivität zu erreichen sucht.

Begründen Sie, weshalb Soziale Arbeit eine Dienstleistung im Sinne der Ökonomie ist.

Eine Dienstleistung bezeichnet den wertschöpfenden Prozess bei einem Partner durch Aktivität des Dienstleisters. Diese Merkmale sind bei der Sozialen Arbeit gegeben: Es werden Zustandsveränderungen angestrebt, es geht um Partner (Klienten) und der Sozialarbeiter muss hier aktiv werden.

Was ist der externe Faktor im Sinne der Dienstleistungsproduktion?

Der Kunde. Er muss an der Erstellung der Dienstleistung mitwirken („Produktionsfaktor"), in dem er entweder anwesend ist oder sogar interagiert und eigene Beiträge erbringt.

Was beinhaltet die zweistufige Produktionsfunktion bei Dienstleistungen?

Die Vorkombination (Erstellung der Leistungsbereitschaft) und die Endkombination, die mit dem Auftreten des Kunden beginnt und die Dienstleistung an sich erbringt.

Was ist ein Gut?

Ein Gut ist eine Sache oder eine Leistung, die Nutzen stiftet oder anders formuliert die Möglichkeit zur Bedürfnisbefriedigung in sich trägt

Was besagt der „mehrdimensionale Kundenbegriff" in der Sozialwirtschaft?

Die Aufteilung der Kundenrolle in Sozialleistungsträger und Leistungsempfänger.

Wie „misst" die Ökonomie den Nutzen eines Gutes?

Da die Ökonomie nicht davon ausgeht, dass Nutzen direkt und objektiv messbar ist, sondern eine subjektive Bewertung jedes Einzelnen ist, wird der Nutzen nur implizit gemessen in Form der Zahlungsbereitschaft für ein Gut. Der Nutzen eines Gutes muss mindestens so hoch sein wie der Preis hierfür, sonst würde es nicht gekauft.

Woraus entsteht die unterschiedliche Nutzenbewertung durch den öffentlichen Sozialleistungsträger und dem Leistungsempfänger?

Der öffentliche Sozialleistungsträger hat einen gesetzlichen Auftrag zu erfüllen und sieht den individuellen Nutzen beim Leistungsempfänger nicht. Er kann den Nutzen daher nur vermuten und wird hier vermutlich den Nutzen eher höher ansetzen. Der Leistungsempfänger sieht den Nutzen zwar, muss in aber oft nicht zahlen. Er wird ihn eher niedriger ansetzen.

Was unterscheidet die Bedürfnisse vom Bedarf?

Ein Bedürfnis ist ein subjektives Gefühl des Mangels, ein Wunsch. Es wird zum Bedarf, in dem es mit „Kaufkraft" (Zahlungsbereitschaft) ausgestattet wird und am Markt auftritt.

Wie wird im Sozialstaat ein Bedürfnis zum Bedarf?

Indem eine sozialrechtliche Anerkennung erfolgt.

Skizzieren Sie das Verhältnis von „Erwerbswirtschaft", „Öffentlicher Daseinsvorsorge" und „Persönlichem Wirtschaften" bei der Befriedigung von Bedürfnissen.

Bedürfnisse können befriedigt werden, in dem sie durch eigene Produktion oder Familie („persönliches Wirtschaften") gedeckt werden, in dem im Rahmen des Tauschens in Erwerbswirtschaften Leistungen eingekauft werden oder in dem die öffentliche Hand für die Leistungen sorgt („Öffentliche Daseinsfürsorge"). Die Sozialwirtschaft bewegt sich in diesem Spannungsfeld.

Inwiefern könnte die „anwaltschaftliche Funktion" der Sozialen Arbeit als Marketing interpretiert werden?

Die anwaltschaftliche Funktion versucht auch, bestimmte soziale Leistungen für Zielgruppen beim öffentlichen Sozialleistungsträger zu erwirken. Dies kann auch als „Verkaufsförderung" im Sinne des Marketings interpretiert werden.

Skizzieren Sie die drei Typen von Leistungsempfängern am Sozialmarkt!

Es kann zwischen „Selbstzahlern" unterschieden werden, die ihre Leistungen weitgehend selber zahlen, zwischen „reziproken Leistungsempfängern", die im Laufe ihres Lebens mal zu Steuer- und Beitragszahlern, mal zu Leistungsempfängern werden, und „nicht reziproken Leistungsempfängern", bei denen die Rollen Steuer-/Beitragszahler und Leistungsempfänger getrennt sind, unterschieden werden.

Skizzieren Sie die Rolle des Sozialunternehmens am Sozialmarkt!

Das Sozialunternehmen ist in erster Linie Dienstleister. Sie verstehen sich auch politisch und können zusätzlich als Finanziers von Dienstleistungen auftreten, in dem sie Eigenmittel für soziale Dienstleistungen aufwenden.

Was ist Gegenstand der Finanzwissenschaften?

Die Finanzwissenschaften beschäftigen sich mit der Finanzierung und den wirtschaftlichen Wirkungen staatlichen Handelns.

Was ist der Social Return on Investment?

Der Social Return on Investment versucht, die Wertschöpfung sozialer Leistungen beim Leistungsempfänger oder bei der Gesellschaft zu messen und möglichst in Geldgrößen auszudrücken. Investment sind die eingesetzten gesellschaftlichen Kosten, Return sind die in Geld bewerteten Wirkungen.

Skizzieren Sie drei Ansätze der Neuen Institutionenökonomik.

Der Verfügungsrechteansatz untersucht die Eigentums- und Einflussrechte und ihre Wirkung auf wirtschaftliches Handelns. Der Principal-Agent-Ansatz untersucht die Wirkung von Informationsasymmetrien zwischen Auftraggebern und Auftragnehmern. Der Transaktionskostenansatz setzt bei den Kosten von wirtschaftlicher Aktivität an.

Überlegen Sie, worin sich das Prinzip der „Eigenverantwortlichkeit" bei einem Sozialunternehmen widerspiegelt.

Ein Sozialunternehmen hat in der Regel ein eigenes Management mit eigener Entscheidungsmacht. Durch seine Entscheidungen werden Finanzströme gelenkt und es kann letztlich auch insolvent gehen.

Wieso wird Gewinnorientierung oft fälschlich als konstitutives Merkmal der Betriebswirtschaft angesehen?

Weil in den meisten Branchen Kapitalgeber mit Renditenerwartungen investieren und die Bedingungen des vollkommenen Marktes nur die Unternehmen mit den höchsten Gewinnen überleben können. Diese Bedingungen herrschen jedoch nicht in allen Branchen. Dort gilt dieses Kriterium nicht oder zumindest modifiziert.

Was ist Wertschöpfung im betrieblichen Systemmodell?

Eine Zustandsveränderung, Transformation der Ressourcen in eine Leistung, die Nutzen bei den Abnehmern stiftet.

Was besagt das finanzwirtschaftliche Gleichgewicht?

Ein Unternehmen muss langfristig über einen Mittelzufluss in einer Höhe verfügen, der mindestens den Abfluss für den Verbrauch von Ressourcen deckt.

Ein Sozialunternehmen veranstaltet regelmäßig ein Nachbarschaftsfest mit den Anwohnern in der Straße. Nehmen Sie nun an, dieses Sozialunternehmen sei a) eine stationäre Einrichtung und b) eine Einrichtung der Gemeinwesenarbeit. Gehört das Nachbarschaftsfest in beiden Fällen zur unmittelbaren Wertschöpfung?

Im Fall a) stationäre Einrichtung gehört das Nachbarschaftsfest nicht zur direkten Wertschöpfung. Dies ist Wohnen und Betreuung. Das Nachbarschaftsfest erleichtert die Produktion durch gut-nachbarliche Verhältnisse, ist aber nicht unmittelbare Wertschöpfung. Bei der b) Gemeinwesenarbeit gehört Vernetzung, was im Rahmen eines Nachbarschaftsfestes erfolgen kann, zur unmittelbaren Wertschöpfung.

Skizzieren Sie die besondere Funktion der sozialwirtschaftlichen Finanzierung!

Die sozialwirtschaftliche Finanzierungsfunktion beschäftigt sich mit der Finanzierung des betrieblichen Leistungserstellungsprozesses durch öffentliche Sozialleistungsträger. Im Gegensatz zur betriebswirtschaftlichen Finanzierung geht es nicht um Kapitalbeschaffung für Investitionen.

Was sind die Besonderheiten des Rechnungswesens in der Sozialwirtschaft?

Das Rechnungswesen in Sozialunternehmen ist oft noch stark am Rechnungswesen öffentlicher Haushalte orientiert. Weiterhin müssen die Bedingungen der Gemeinnützigkeit beachtet werden.

Was beinhaltet die ethische Verantwortung eines „ehrbaren Sozialunternehmens"?

Der Begriff ist angelehnt an den Begriff des „ehrbaren Kaufmanns", der beschreibt, dass Verträge eingehalten werden, Preise fair kalkuliert werden und niemand übervorteilt wird. Für den Sozialunternehmer bedeutet dies, dass Spielräume nicht zulasten der öffentlichen Hand oder der Leistungsempfänger ausgenützt werden.

Was besagt das Konzept des Wertshops und inwieweit unterscheidet es sich vom Konzept des Wertshops?

Die Wertkette beschreibt eine feste Verkettung von Prozessen, die zu Wertschöpfung führen. Beim Wertshop steht das System der individuellen Findung von Problemlösungen, der Analyse und der Steuerung des Kunden durch das Hilfesystem im Mittelpunkt.

Kapitel 5: Organisationstheorien und Managementlehre (Wöhrle)

Wie hat sich die Betrachtung von Organisationen in der Theorie weiterentwickelt?

Die klassischen Managementansätze versuchten die Organisation und ihre Steuerung nach alter naturwissenschaftlich-techischer Methodik durch Analyse, funktionaler Zusammensetzung und linearer Einflussnahme zu beeinflussen. Heraus kam ein durch Ingenieure geprägtes „Maschinenmodell", in das Menschen kontrolliert einzubinden gesucht werden (Beispiel: Fließbandarbeit).

Eine Reaktion darauf waren die verhaltenswissenschaftlichen Ansätze, die sozusagen den Menschen als eigentliche Produktivkraft (wieder) entdeckten. Innerhalb dieser Ansätze gibt es Umwege, die den Gleichklang zwischen der unabdingbaren Motivation der Organisationsmitglieder einerseits und der Vorgaben durch Unternehmenszwecke andererseits nicht fanden.

Der systemische Ansatz folgt einem Paradigmenwechsel. Mit ihm gelangen Organisation und Umwelt, Entwicklungen und ihre Prozesse sowie Eigenmechanismen im Zusammenwirken von Menschen in organisationalen Zusammenhängen in den Vordergrund der Betrachtung. Er liefert Erkenntnisse gerade für das Spannungsfeld des Managements, Umweltanforderungen gerecht zu werden und Menschen in der Organisation damit in Verbindung zu setzen.

Darüber hinaus ist insbesondere das Modell, Organisationen als Kulturen zu betrachten, hervorzuheben, da es auf seiner sozialwissenschaftlichen Grundlage Anknüpfungsmöglichkeiten für theoretische Bezüge der Sozialen Arbeit gibt.

Wie haben sich die Managementkonzepte verändert?

Die Managementkonzepte folgen den Veränderungen in den Organisationstheorien. War in frühen Managementkonzepten die Vorstellung gegeben, dass Menschen sich durch Regelwerke und Anweisungen weitgehend in Organisationen einbinden und auf die Organisationsziele ausrichten lassen, so entfernen sich spätere Ansätze von Vorstellungen einer umfassenden Steuerbarkeit.

Mit der größeren Nähe zur Empirie wird die zunehmende Komplexität deutlich und die Steuerung kann immer weniger als linearer, top-down ablaufender Prozess erklärt werden. Insbesondere unter den Bedingungen immer schneller werdenden Veränderungen im Organisationsumfeld und steigenden Herausforderungen für Organisationen wird mit neueren Konzepten nach Lösungen für mehr Flexibilität und Reaktionsschnelligkeit gesucht. Diese Konzepte verlangen mehr Identifikation und selbstverantwortete Mitgestaltung der oranisationalen Prozesse durch die Mitarbeitenden sowie eine Neudefinition der Managementrolle (Überwindung des „Machertums"). Gleichzeitig verlangen die neueren Konzepte (Lean Management, Lernende Organisation, Entrepreneurship, usw.) einen zentralen Umbau der Organisation und nicht selten eine „Revolution" in der Organisationskultur. Die damit in Verbindung stehenden Aufgabenstellungen sind mit dem Begriff des Change Management verbunden.

Was sollten Managerinnen und Manager neben dem einschlägigen Wissen insbesondere mitbringen, wenn sie gute Arbeit machen und etwas verändern wollen?

Führungspersönlichkeiten sollten kommunizieren und soziale Kontakte aufbauen können. Darauf aufbauend sollten sie sich ein Führungsverhalten aneignen, das personenorientierte und sachorientierte Elemente plausibel integriert. Hilfreich dafür sind heuristische Fähigkeiten, neuartige Situationen zu erschließen und zu bewältigen, interpretative Fähigkeiten, um bisherige Umweltdeutungen für ihre Organisationen in Zweifel zu ziehen und einen Weg für die Schaffung einer neuen Ordnung über den Weg der Unordnung zu (er)finden sowie reflexive Fähigkeiten, um die jeweiligen Stadien und das eigene Verhalten richtig einschätzen zu können. Neben der Entwicklung von Ideen und der Fähigkeit, Mitarbeitende damit zu begeistern und bei der Umsetzung einzubinden, ist wesentlich, dass sie mit Unsicherheit und Zeitdruck zurechtkommen und mit Dilemmata und Paradoxien produktiv umgehen können. Ohne hier eine abschließende Aufzählung liefern zu können, soll nicht unerwähnt bleiben, dass Vorgesetztenrollen auch die Fähigkeit verlangen, einsame Entscheidungen treffen zu können, wofür man nicht von allen geliebt und bewundert wird.

Kapitel 6: Sozialmanagement und Management in der Sozialwirtschaft (Wöhrle)

Wie lässt sich die Leistungserbringung der Sozialen Arbeit hinsichtlich ihrer wesentlichen Besonderheiten charakterisieren?

Da in der Sozialen Arbeit keine Produkte erzeugt werden, ist zunächst leicht feststellbar, dass es sich um eine Dienstleistung handelt. Als solche zählt sie hinsichtlich der Wirtschaftsbereiche in Deutschland zum größten, dem tertiären Sektor und nimmt darin den größten Raum ein. Innerhalb der Differenzierung der Dienstleistungen fallen die Dienstleistungen der Sozialen Arbeit unter die Rubrik „persönliche Dienstleistungen", ausgerichtet auf Menschen, also „personenorientiert" und „prozessorientiert". Von den wesentlichen Kennzeichen für Dienstleistungen kann insbesondere die Individualität des Vorgangs hervorgehoben werden, d.h. die Leistung muss im Zusammenwirken der Akteure immer neu und individuell geschaffen werden. Da sich das Ziel der Leistung sowohl aus dem gesellschaftlichen und sozialpolitischen Kontext als „Wohlfahrtsproduktion" mit normierenden Nebeneffekten ableiten lässt, als auch andererseits die professionelle Leistung nicht ohne die Beauftragung durch die unmittelbar Betroffenen, also das Gegenüber, mit dem die Leistung zu schaffen ist und das mit ihr zufrieden sein sollte, erzeugen lässt, entsteht ein „doppeltes Mandat".

Welche Steuerungsbezüge sind für das Management von Organisationen, in denen Soziale Arbeit erbracht wird, zu beachten?

In den Nachkriegsjahren wurde von keinem Management in den Organisationen, die Soziale Arbeit erbringen, gesprochen. Die Leitung war ein Anhängsel der öffentlichen Verwaltung und in deren Bürokratie und Kameralistik eingebunden. Mit der „Ökonomisierungswelle", dem Umbau der Sozialpolitik und der Neuen Steuerung in der öffentlichen Verwaltung begann eine Suche nach einem eigenständigen Verständnis von Führung und Leitung in Organisationen der Sozialen Arbeit. Einfache Andockmöglichkeiten an die öffentliche Verwaltung waren nun nicht mehr möglich. Wesentliche Bezüge konnten zum Dritten Sektor und den Nonprofit-Organisationen hergestellt werden. Bedeutsam waren hier zunächst die Anhaltspunkte des ehrenamtlichen Engagements und die fehlende Gewinnerzielungsabsicht. Mit der zunehmenden Umstellung auf eine betriebswirtschaftliche Rechnung und dem Zwang, Eigenmittel zu erwirtschaften, haben nun Organisationen, sie Soziale Arbeit erbringen, ihr Betätigungsfeld auch auf Unternehmungen ausgeweitet, mit denen sie Überschüsse bzw. Gewinn erwirtschaften. Die Steuerungsbezüge sind somit komplexer geworden. Zunehmend kommt eine betriebswirtschaftliche Rechnung zum Tragen, wobei nach wie vor besondere Vorgaben öffentlicher Zuschussgeber, solche von Finanzgeber aus der Gesellschaft (Stiftungen, Sponsoren, Spender) und rechtliche Bestimmungen hinsichtlich gemeinnütziger Mittelverwendung zu beachten sind. Darüber hinaus sind die Organisationen weiterhin auf das Wohlwollen unterschiedlichster Stakeholder angewiesen. Eine noch so korrekte wirtschaftliche Rechenschaftlegung ist noch kein Garant dafür, dass alle Interessensgruppen weiterhin zur Organisation stehen.

Das Management ist in einer Phase des Umbruchs entstanden und ist deshalb von Beginn an ein Change Management. Es muss grobe Einschnitte in Organisationen bewerkstelligen, um Umsteuerungen zu bewirken und beständig Feinjustierungen vornehmen.

Welche Besonderheiten sind beim Management in der Sozialwirtschaft zu beachten?

Wenn das Management von Organisationen, die Dienstleistungen der Sozialen Arbeit erbringen und das Sozialmanagement, das auch in anderen Organisationen als den genannten angesiedelt sein kann, eindeutig auf die Fachlichkeit der Sozialen Arbeit ausgerichtet sind, so wurde hinsichtlich des Managements in der Sozialwirtschaft festgestellt, dass es sich auf Organisationen beziehen kann, die mehr als diese Fachlichkeit umfassen.

Arbeitsaufgabe zur Begriffsklärung:

- Suchen Sie das Stichwort Sozialmanagement bei Wikipedia im Internet,
- notieren Sie sich die darin enthaltenen Ungenauigkeiten und Fehler,
- vergleichen Sie Ihre Entdeckungen mit den unten aufgeführten Hinweisen auf Ungenauigkeiten.
- versuchen Sie die wesentlichsten durch die Eingabe eines neuen Textes zu verbessern und
- untersetzen Sie Ihre Aussagen mit wesentlichen Literaturangaben.

Hinweise zu den Ungenauigkeiten:

Die wesentlichsten Mängel im Stichwort „Sozialmanagement" bei Wikipedia waren im September 2012:

- Es wird kein ausgewiesenes Nachschlagewerk (Handbuch der Sozialen Arbeit, Lexikon der Sozialwirtschaft etc.) verwendet, auf dessen Basis eine Definition geliefert wird. Entsprechend ungenau wird das Sozialmanagement insgesamt gefasst.
- Es wird keine der vielen Definitionen eingeführt, geschweige denn, dass auf unterschiedliche Definitionen eingegangen wird.
- Es werden keine Besonderheiten und keine Merkmale des Sozialmanagements herausgearbeitet.
- Es findet keine Abgrenzung zum Management in der Sozialwirtschaft statt.
- Die Literaturangaben sind willkürlich. Sie beinhalten die wesentlichen Meilensteine der Literatur zum Sozialmanagement nicht, von den wichtigen aktuellen Monografien nur wenige und keine Hinweise auf die Veröffentlichungsreihen (z.B. bei Nomos oder Ziel), die einen Überblick zum Thema herstellen.
- Die Bezüge auf einzelne Studiengänge sind irreführend, da ihnen nicht entnommen werden kann, dass zwischenzeitlich 118 Studiengänge im deutschsprachigen Raum existieren und es dazu langjährige Forschungen gibt (Boeßenecker/Markert 2011). Somit sind denn auch Hinweise, dass man nach dem Absolvieren der Studiengänge an einer einzelnen Universität promovieren kann, falsch, da dies auch mit dem Master an Fachhochschulen möglich ist.
- Weitere Schwächen überlasse ich Ihres Spürvermögens, denn die bisherigen genügen bereits für die Note „nicht ausreichend" (5) für Wikipedia.

Die wesentlichen Verbesserungen gegenüber dem Februar 2011 waren allerdings schon:

- Es wurden in der Zwischenzeit Links zu wichtigen Hompages von Organisationen wie der Internationalen Arbeitsgemeinschaft Sozialmanagement und Sozialwirtschaft oder der Bundesarbeitsgemeinschaft für Sozialmanagement und Sozialwirtschaft gesetzt, in denen z.B. Definitionen und vertiefende Texte zu finden sind.
- Der Studienführer von Boeßenecker und Markert wurde zwischenzeitlich in die Literaturhinweise aufgenommen, jedoch blieb im Text der Fehler enthalten, dass nur wenige und nicht einmal die wichtigsten Studiengänge erwähnt werden.
- Zwischenzeitlich ist auch zu einem wesentlichen Anbieter von Literatur für das Sozialmanagement (Hochschulverbund Distance Learning) ein Link gesetzt. Wesentliche andere fehlen nach wie vor.

Autorenangaben

Beck, Reinhilde, Prof. Dr. phil., Diplom-Psychologin, Diplom-Pädagogin, Professorin für Psychologie mit den Schwerpunkten Personalmanagement, Change Management/Organisationsentwicklung, Beratungsmethoden/Coaching an der Hochschule München; Leitung des Masterstudiengangs Sozialmanagement an der Hochschule München; Beratungstätigkeiten und -projekte in den Bereichen Personalentwicklung, Führungs-Coaching, Organisations-/Leitbildentwicklung, Qualitätsmanagement; Mitglied im Vorstand der Bundesarbeitsgemeinschaft Sozialmanagement/Sozialwirtschaft (BAG); Mitglied der Internationalen Arbeitsgemeinschaft Sozialmanagement/Sozialwirtschaft (INAS); Mitherausgeberin der Schriftenreihen „Sozialmanagement Praxis" und Sozialwirtschaft Diskurs" im ZIEL-Verlag Augsburg.

Grunwald, Klaus, Prof, Dr. rer. soc., Jg. 1962, Diplompädagoge, Professur an der Dualen Hochschule Baden-Württemberg Stuttgart, Fakultät Sozialwesen, dort Prodekan der Fakultät, Leiter des Studiengangs „Soziale Arbeit in Pflege und Rehabilitation" und Verantwortlicher für das Modul „Ökonomie und Management der Sozialen Arbeit". Arbeitsschwerpunkte: Lebensweltorientierte Soziale Arbeit, Soziale Arbeit in Pflege und Rehabilitation, Sozialmanagement und Sozialwirtschaft, Organisationsgestaltung und -entwicklung.

Schellberg, Klaus, Prof. Dr., Diplom-Kaufmann, Professor für Betriebswirtschaft von Sozialunternehmen, Evangelische Hochschule Nürnberg, 2004–2008 Professor an der Hochschule München, 1994–2004 Professor an der Katholischen Fachhochschule Norddeutschland, seit 2000 Berater und Gesellschafter bei xit GmbH forschen.planen.beraten Nürnberg, Arbeitsgebiete: Finanzierung von Sozialunternehmen, gesellschaftliche Wertschöpfung / Social Return on Investment, Strategische Unternehmensführung, Marketing.

Schwarz, Gotthart, Prof. Dr., Studium der Politik Geschichte, Soziologie und Philosophie. Professor em. (1998) für Politikwissenschaft im Fachbereich Sozialwesen der Hochschule München mit den Schwerpunkten Wirtschafts- und Sozialpolitik, Kommunalpolitik/Kommunale Sozialarbeit, Sozialplanung; Geschäftsführer des Instituts für Sozialmanagement in München (ISM); Beratungstätigkeiten und -projekte in den Bereichen Personalentwicklung/-führung, Organisations-/Leitbildentwicklung, Qualitätsmanagement; Mitglied in der Bundesarbeitsgemeinschaft (BAG) und Internationalen Arbeitsgemeinschaft (INAS) Sozialmanagement/Sozialwirtschaft; Begründer und Mitherausgeber der Schriftenreihen „Sozialmanagement Praxis" und Sozialwirtschaft Diskurs" im ZIEL-Verlag Augsburg.

Wendt, Wolf Rainer, Prof. Dr. phil., Diplom-Psychologe, Case Manager (DGCC) und Case Manager Ausbilder, lehrt in Stuttgart an der Dualen Hochschule BW und an der Universität Tübingen. Er ist Vorsitzender der Deutschen Gesellschaft für Care und Case Management (DGCC) und Sprecher der Fachgruppe Sozialwirtschaft der Deutschen Gesellschaft für Soziale Arbeit (DGSA).

Wöhrle, Armin, Prof. Dr. rer. soc., Industriekaufmann, Dipl.-Sozialpädagoge, Dipl.-Pädagoge; Professur mit den Schwerpunkten Sozialmanagement, Projektentwicklung und Beratung an der Hochschule Mittweida, Fakultät Soziale Arbeit; Forschungsgebiete: Sozialmanagement, Organisations-, Qualitäts- und Personalentwicklung; Mitglied im erweiterten Vorstand der Bundesarbeitsgemeinschaft Sozialmanagement/Sozialwirtschaft und in der Internationalen Arbeitsgemeinschaft Sozialmanagement/ Sozialwirtschaft (INAS), Mitglied im Fachbeirat der SOZIALwirtschaft und der SOZIALwirtschaft aktuell (Nomos), Mitherausgeber der Schriftenreihen „Sozialmanagement Praxis" und „SozialWIRTSCHAFT Diskurs" im ZIEL-Verlag Augsburg.

Stichwortverzeichnis

Die Angaben verweisen auf die Seitenzahlen des Buches.

Adressat, Adressatin 25, 27, 78, 80, 88, 89, 91, 94–97, 100–102, 114, 191, 202, 205

Bedarf 12, 13, 17, 20, 21, 23, 25–28, 50, 56, 57, 101, 116, 118–120, 125, 145, 164, 202, 203, 209

Bedürfnisse 14, 36, 37, 62, 92, 94, 101, 116, 118, 119, 125, 145, 175, 190–192, 203, 205

Betriebe 125, 127, 194, 211

Case Management 26, 186

Change Management 158, 167, 172, 206, 207

Daseinsvorsorge 19–21, 28, 32, 37, 145, 190

Demokratischer Sozialismus 43, 44, 47

Dienstleistung, personenbezogene, soziale 23, 78, 81, 92–94, 96, 97, 100–103, 114, 128, 129

Dienstleistung, Soziale Arbeit als Dienstleistung 115

Dilemmata und Paradoxien 90, 98, 100, 172–174

Disziplin 77–81, 88, 90, 92, 97, 103, 203, 204, 206, 212

Doppeltes Mandat 202, 203

Dritter Sektor 18, 19, 36, 37, 40, 185, 193, 208

Economie sociale 16, 17

Ehrenamtlichkeit 18, 191, 193, 198, 203

Entwicklungslinien des Sozialmanagements und des Managements in der Sozialwirtschaft 179

Entwicklungsphasen des Managements 160

Finalprinzip 48–51

Finanzierung 27, 38, 39, 56, 64, 65, 72, 116, 123, 129, 131, 134–136, 141, 142, 144, 145, 181, 191, 193, 203, 209

finanzwirtschaftliches Gleichgewicht 122, 127

Formalziel Gewinn 200

Führung 12, 14, 43, 70, 84, 87, 98, 132, 137, 156–158, 163, 166, 169–172, 174, 180, 181, 198, 208, 209, 213

Führungspersönlichkeit 158, 171, 172, 175

Fürsorge 20, 29, 38, 44, 50–52, 71, 181, 183

Genossenschaften 14, 16, 17, 135, 194, 198, 201

Gesetzgebung 45, 52, 53, 58

Gesetzgebungskompetenz 51, 58

Gesetzgebungsverfahren 52

Gesundheitswirtschaft 25, 30, 31, 90

Gewinnmaximierung 113, 192

Governance 32, 71, 86, 91, 92, 175

Handlungsebenen des Managements 159, 162

Haushalt 14, 15, 22, 23, 121–123, 195

Hilfesysteme 36, 40, 48, 50, 51, 118

Kausalprinzip 48, 49, 51

Klient, Klientin 28, 61, 95, 96, 114, 118, 129, 191, 203, 204

Kommunale Finanzverfassung 55

konkurrierende Gesetzgebung 52

Kontextsteuerung 86, 87, 98, 99, 103, 161

Kosten 31, 63, 73, 117, 118, 120, 121, 123, 124, 195, 201, 204

Kostenträger 100, 126, 133, 141, 200

Krise des Sozialstaates 35, 61, 67

Kunde, Kundin 96, 114–117, 119–122, 125, 126, 128–131, 134, 136–138, 140, 141, 191, 197–200

Kybernetik 83, 86, 87, 161

Leadership 158, 160, 169–172, 185

Lebenswelt, Dimensionen der Lebenswelt 26, 42, 61, 78, 88–92, 96, 103, 154

Lebensweltorientierte Soziale Arbeit 78, 81, 88–90, 92, 95, 99, 101, 103, 191

Legitimation, Legitimationsmodi 204

Leistungserbringer 17, 22, 29, 38, 59, 141, 199, 200
Leistungsträger 22–24, 29, 49, 50, 60
Management 26, 71, 78, 82–84, 87, 88, 93, 98, 101–103, 131, 133–135, 149, 153, 157–166, 168, 169, 172, 174, 179–184, 186, 191, 194, 196–198, 201, 204–214
Management des Sozialen 102
Management in der Sozialwirtschaft 149, 206–208, 213, 214
Managementfunktionen 84, 87, 157, 179
Managementlehre 83, 100, 149, 154, 156–159, 163, 173, 182, 185, 209–211
Managementregelkreis 84
Marketing 119, 130, 132, 134, 136, 141, 145
Marktliberalismus 62
Maschinenmodelle 149, 150

Neue Institutionenökonomik 124, 125
Nicht-schlüssige Tauschbeziehungen 198
Nongovernment-Organisationen 18, 193, 198, 208
Nonprofit-Organisationen 18, 123, 136, 185, 192–194, 198, 208, 209
Normalisierungsarbeit 93, 202
Nutzen 13, 40, 114, 117, 118, 120, 121, 123, 127, 145, 189

Offenheit, strukturierte 90, 103
Organisation 12, 20, 22, 29, 40, 78, 84, 85, 87, 90–92, 99–103, 114, 122, 129, 131, 134, 135, 138, 149–155, 157–159, 162–169, 171, 172, 174, 175, 194, 196–198, 200, 201, 204–206, 209, 210, 212–214
Organisationskultur 90, 91
Organisationstheorie 149, 150

Personal 114, 127, 131, 133, 136, 140, 163, 175
Personalführung 99, 133, 135, 144, 168, 169
Personalisierung 25
Personalmanagement 158
Produktion 13, 28, 29, 31, 44, 94, 97, 102, 128, 131, 134, 136, 140, 189

Profession 15, 77–81, 89, 90, 93, 97, 101, 103, 115, 203, 204, 206, 212, 214
Professionalisierung 79, 179, 184, 203

Qualifikation von Führungskräften 172
Quangos 19

Rechnungswesen 111, 131, 134, 136
Regelung 49, 53, 82, 155
Regulationssphären 192
Rollen im Management 91, 121, 122, 168, 175
Rollen im Management, Führungsrollen 166

Sachziel, Sachzieldominanz 11, 14, 16, 19–21, 29, 30, 194, 200–202
Selbsthilfe 14–16, 20–22, 24, 26, 37, 40, 49, 118, 119, 121, 192, 193, 195
Shareholder 197
Social Return on Investment 118, 123, 145
Solidaritätsprinzip 48
Soziale Arbeit 15, 16, 42, 52, 58, 77–81, 88–97, 99–103, 111–119, 124, 127–129, 134, 135, 143, 145, 153, 175, 180–189, 191–193, 195, 197–199, 201–205, 208–215
Soziale Dienste 18, 23, 55, 94, 100, 102, 114, 120, 191, 193
Sozialer Ertrag 202
Sozialer Kapitalismus 43, 44
Sozialgesetzgebung 46, 53, 67
Sozialleistungen 17, 20, 23, 25, 37, 39, 45, 49, 53, 57–59, 64, 66, 71, 119–121
Sozialmanagement 15, 35, 41, 66, 71–73, 77, 78, 81, 97, 100, 102, 103, 144, 149, 179, 181–186, 197, 206, 207, 209–211, 213, 214
Sozialrechtliches Dreiecksverhältnis 141, 199, 200
Sozialstaatsmodelle 35, 43
Sozialstaatsprinzip 45–47
Sozialversicherung 39, 42, 44, 50, 51, 187
Sozialwirtschaft 11–21, 24–26, 30, 31, 76, 77, 90, 98, 100, 102, 111, 113, 118, 120–122, 124, 126, 127, 130–132, 136, 141, 143–145, 149, 164, 169, 179, 180, 182–186, 191, 192, 195, 196, 198, 201, 204, 206–208, 210–214

Stichwortverzeichnis

Stakeholder 28, 72, 92, 197, 200, 209
Steuer- und Interventionsstaat 66, 72, 74
Steuergesetzgebung 17, 55, 57
Steuerung, Steuerungsbezüge 196, 214
Steuerungskonzepte 46, 65, 82, 83, 185, 186, 199
Strategisches Management 135
Subsidiaritätsprinzip 48, 49
Systemtheorie 83, 86, 151

Theorien der Sozialen Arbeit 112

Verhaltenswissenschaftliche Ansätze der Organisationstheorie 150
Versicherung 29, 48, 50, 51, 120, 121, 195
Versorgung 11–14, 16, 19–23, 25–31, 48–51, 54, 112, 121, 195, 211
Welfare Mix 37
Wertschöpfung 19, 30, 31, 64, 66, 72, 125, 127, 131, 136, 145, 147, 187, 205
wirtschaftliches Prinzip 125
Wirtschaftseinheiten 22, 120, 122, 125
Wohlfahrt 13, 15, 18, 21, 22, 27–29, 31, 75, 97, 117, 123, 188, 192, 195, 202
Wohlfahrtskapitalismus 58
Wohlfahrtsproduktion 21, 22, 26–28, 30, 64, 95, 210